―――― *Dangnei Faguixue Jiangyi* ――――

党内法规学讲义

刘练军 ◎著

北京大学出版社
PEKING UNIVERSITY PRESS

图书在版编目(CIP)数据

党内法规学讲义/刘练军著.—北京:北京大学出版社,2023.8
ISBN 978-7-301-34229-9

Ⅰ.①党… Ⅱ.①刘… Ⅲ.①中国共产党—党的纪律—法规—教材 Ⅳ.①D262.6

中国国家版本馆 CIP 数据核字(2023)第 128180 号

书　　　名	党内法规学讲义 DANGNEI FAGUIXUE JIANGYI
著作责任者	刘练军　著
责 任 编 辑	徐　音　吴康文
标 准 书 号	ISBN 978-7-301-34229-9
出 版 发 行	北京大学出版社
地　　　址	北京市海淀区成府路 205 号　100871
网　　　址	http://www.pup.cn　新浪微博:@北京大学出版社
电 子 信 箱	zpup@pup.cn
电　　　话	邮购部 010-62752015　发行部 010-62750672　编辑部 021-62071998
印 刷 者	天津中印联印务有限公司
经 销 者	新华书店
	730 毫米×1020 毫米　16 开本　25.5 印张　458 千字 2023 年 8 月第 1 版　2024 年 5 月第 2 次印刷
定　　　价	78.00 元

未经许可,不得以任何方式复制或抄袭本书之部分或全部内容。
版权所有,侵权必究
举报电话:010-62752024　电子信箱:fd@pup.cn
图书如有印装质量问题,请与出版部联系,电话:010-62756370

本书系国家社科基金项目
"完善党和国家监督体系研究"(21AZD088)的阶段性成果

【目录】 CONTENTS

绪 论 ··· 001
  一、从"党内法规"到"党内法规学" / 002
  二、党内法规学的研究对象 / 006
    (一)党内法规的基本原理 / 006
    (二)党内法规的发展沿革 / 007
    (三)党内法规的制度体系 / 007
    (四)党内法规的实践运行 / 008
  三、党内法规学的学科体系 / 009
  四、党内法规学的研究方法 / 013
    (一)辩证方法 / 014
    (二)系统方法 / 015
    (三)规范分析方法 / 016
    (四)价值分析方法 / 017
    (五)比较分析方法 / 017
    (六)历史分析方法 / 018

第一编 党内法规学总论

第一章 党内法规的概念和本质 ································· 023
  一、"党内法规"概念的形成 / 023
    (一)"党规""党规党法""党的法规"等概念的提出 / 023
    (二)"党内法规"概念的确定 / 026

二、"党内法规"内涵的界定 / 027
三、党内法规的本质 / 029
　　（一）党内法规是"法"吗？/ 029
　　（二）党内法规的特征 / 033
　　（三）党内法规的本质 / 038
四、党内法规与国家法律的关系 / 042
　　（一）国家法律的特征 / 042
　　（二）党内法规与国家法律的一致性和差异性 / 045

第二章　党内法规的分类与结构　　　052
一、党内法规的分类 / 052
　　（一）既有的分类状况 / 052
　　（二）基于制定主体的分类 / 054
　　（三）基于调整对象的分类 / 056
　　（四）基于名称的分类 / 058
二、党内法规的结构 / 060
　　（一）党内法规的形式结构（党内法规渊源）/ 061
　　（二）党内法规规范及其结构 / 068
　　（三）党内法规体系及其结构 / 074

第三章　党内法规的制定与修改　　　080
一、党内法规制定权 / 080
　　（一）党内法规制定权的性质 / 081
　　（二）党内法规制定权的界限 / 084
　　（三）党章制定权与制宪权的比较 / 087
二、党内法规修改权 / 088
　　（一）党内法规修改权的界限 / 089
　　（二）党内法规修改权的依据 / 090
三、党内法规的制定与修改主体 / 092
　　（一）党章的制定与修改主体 / 093
　　（二）一般性党内法规的制定与修改主体 / 094
　　（三）混合性党内法规的制定与修改主体 / 095
四、党内法规的制定与修改程序 / 097

（一）党章的制定与修改程序 / 098
　　（二）一般性党内法规的制定与修改程序 / 099
　　（三）混合性党内法规的制定与修改程序 / 102
五、党内法规的备案审查 / 104
　　（一）党内法规备案审查概述 / 104
　　（二）党内法规备案审查主体 / 107
　　（三）党内法规备案审查程序 / 108
　　（四）党内法规备案审查结果 / 109
六、党内法规的清理 / 111
　　（一）党内法规清理的主体 / 111
　　（二）党内法规清理的原则 / 112
　　（三）党内法规清理的模式 / 113
　　（四）党内法规清理的程序 / 114
　　（五）党内法规清理的结果 / 115

第四章　党内法规的解释 …… 116

一、党内法规解释概述 / 116
　　（一）党内法规解释的含义 / 117
　　（二）党内法规解释的功能 / 119
二、党内法规解释的原则 / 122
　　（一）尊重党内法规规范的文义 / 124
　　（二）弘扬党内法规精神 / 125
　　（三）坚持民主集中制 / 126
　　（四）适应党的事业发展需要 / 127
　　（五）符合宪法和党章的规定 / 128
三、党内法规解释的主体 / 128
　　（一）制定主体 / 129
　　（二）授权主体 / 130
　　（三）多元主体 / 131
　　（四）其他主体 / 133
四、党内法规解释的程序 / 134
　　（一）党内法规解释的启动 / 134
　　（二）党内法规解释的承办 / 136

（三）党内法规解释的审核 / 136

（四）党内法规解释的审批 / 137

（五）党内法规解释的发布 / 138

五、党内法规解释的效力 / 139

（一）同等效力 / 139

（二）说理性效力 / 140

第五章　党内法规的实施 ……………………………………… 141

一、党内法规实施概述 / 141

（一）党内法规实施的概念 / 141

（二）党内法规实施的功能 / 144

（三）党内法规实施对党内法规学的意义 / 147

二、党内法规的遵守 / 149

（一）党内法规遵守的概念 / 149

（二）党内法规遵守的主体 / 150

（三）党内法规遵守的路径 / 152

三、党内法规的执行 / 154

（一）党内法规执行的概念 / 154

（二）党内法规执行的主体 / 156

（三）党内法规执行的路径 / 158

四、党内法规实施的监督 / 161

（一）党内法规实施监督的概念 / 161

（二）党内法规实施监督的主体 / 162

（三）党内法规实施的监督方式 / 163

五、党内法规实施的评估 / 163

（一）党内法规实施评估的主体 / 164

（二）党内法规实施评估的对象 / 165

（三）党内法规实施评估的指标体系 / 165

（四）党内法规实施评估的方法 / 166

（五）党内法规实施评估的结果及其运用 / 167

第二编
党内法规学分论

第六章 党章 …………………………………………………… 171

一、党章概述 / 171

（一）党章的概念 / 171

（二）党章的历史 / 174

（三）党章的地位 / 179

（四）党章与宪法的关系 / 182

二、党章的总纲 / 185

（一）总纲的特征 / 185

（二）党的性质 / 187

（三）党的指导思想 / 188

（四）党的路线 / 190

（五）党的建设 / 191

三、党章的正文 / 192

（一）党的组织 / 193

（二）党员与党的干部 / 194

（三）党的纪律 / 195

（四）党的象征 / 196

第七章 党的组织法规 ………………………………………… 198

一、党的组织法规概述 / 198

（一）党的组织法规的概念 / 199

（二）党的组织法规的分类 / 200

二、党的组织结构 / 201

（一）党的组织构建原理 / 201

（二）党的组织结构 / 205

（三）党的组织的设置与定位 / 208

三、党的组织产生 / 212

（一）党的组织产生方式 / 212
（二）党的组织产生程序 / 215
（三）党的组织调整与撤销 / 217

四、党的组织职权 / 219
（一）党的组织职权概况 / 219
（二）党的组织职权配置原则 / 223
（三）党的组织职权与国家机关职权的衔接 / 226

第八章　党的领导法规 ······ 230

一、党的领导法规概述 / 230
（一）党的领导法规的概念 / 231
（二）党的领导法规的分类 / 232

二、党的领导地位 / 236
（一）党的领导地位的形成 / 236
（二）党的领导地位的确立 / 238

三、党的领导行为 / 242
（一）党的领导行为特征 / 243
（二）党的领导行为主体 / 244
（三）党的领导行为内容 / 246
（四）党的领导行为方式 / 251

四、党的领导法治化 / 254
（一）党的领导法治化概述 / 254
（二）党的领导法规的完善 / 256
（三）党的领导机制的优化 / 258

第九章　党的自身建设法规 ······ 260

一、党的自身建设法规概述 / 260
（一）党的自身建设法规概念 / 261
（二）党的自身建设法规特征 / 261
（三）党的自身建设法规分类 / 262
（四）党的自身建设责任规定 / 265

二、党的政治建设法规 / 272
（一）坚定政治信仰 / 273

（二）坚持党的政治领导 / 274
　　（三）提高政治能力 / 275
　　（四）净化政治生态 / 276
三、党的思想建设法规 / 278
　　（一）坚定理想信念 / 279
　　（二）强化科学理论武装 / 279
　　（三）加强思想政治工作 / 280
　　（四）完善学习制度 / 282
四、党的组织建设法规 / 283
　　（一）建设高素质、专业化的干部队伍 / 283
　　（二）完善党的人才队伍建设 / 284
　　（三）完善党的组织体系建设 / 285
　　（四）完善党的党员队伍建设 / 286
五、党的作风建设法规 / 286
　　（一）继承和发扬党的优良作风 / 287
　　（二）抓住"关键少数" / 287
　　（三）纠正"不正之风" / 288
六、党的纪律建设法规 / 289
　　（一）确立党的纪律检查体制机制 / 289
　　（二）完善党的纪律体系 / 291

第十章　党的监督保障法规 …………………………… 294

一、党的监督保障法规概述 / 294
　　（一）党的监督保障法规概念 / 295
　　（二）党的监督保障法规分类 / 296
二、党内监督规定 / 297
　　（一）抑制腐败的监督模式 / 297
　　（二）党内组织监督 / 298
　　（三）纪委专责监督 / 300
　　（四）党内民主监督 / 302
　　（五）党外各种监督 / 303
　　（六）监督方式规定 / 304
三、考察考核规定 / 313

（一）考察考核内容 / 314
　　（二）考察考核程序 / 315
　　（三）考察考核结果 / 318
四、问责追责规定 / 319
　　（一）问责追责的主体与对象 / 320
　　（二）问责追责前提 / 321
　　（三）问责追责方式 / 322
五、正向激励规定 / 323
　　（一）表彰奖励 / 324
　　（二）关怀帮扶 / 325
　　（三）容错纠错 / 327

第十一章　党员的义务与权利 ······ 330

一、党员的概念与地位 / 330
　　（一）党员的概念 / 330
　　（二）党员的地位 / 334
二、党员的义务 / 336
　　（一）党员的主要义务 / 336
　　（二）党员义务的功能 / 339
三、党员的权利 / 341
　　（一）党员的主要权利 / 342
　　（二）党员权利的功能 / 347
四、党员干部 / 349
　　（一）党员干部的选拔 / 350
　　（二）党员干部的地位 / 351
　　（三）党员干部的义务 / 352

第十二章　依规治党 ······ 358

一、依规治党的概念 / 358
　　（一）"依规治党"概念的提出 / 358
　　（二）从制度治党到依规治党 / 360
　　（三）依规治党的核心要义 / 362
二、依规治党的意义 / 365

（一）依规治党是管党治党的基本方式 / 366
　　（二）依规治党是依法执政的题中之义 / 368
　　（三）依规治党是完善党和国家治理体系的必然要求 / 370
三、依规治党与依法执政 / 372
　　（一）依法执政概念的提出 / 372
　　（二）依法执政的关键在于依规治党 / 373
　　（三）依规治党与依法执政的有机统一 / 375
四、依规治党与依法治国 / 378
　　（一）依法治国概念的提出 / 378
　　（二）依法治国的关键在于依规治党 / 380
　　（三）依规治党与依法治国的有机统一 / 382

主要参考文献 ……………………………………………………… 386

后记 ……………………………………………………………… 390

绪　论

在全面从严治党的新时代,我们迎来了一门全新的法学学科——党内法规学,让我们一起携手走进党内法规学的知识与学术世界。

可以毫不夸张地说,党内法规学的创立是中国学术创新的一项伟大成就,是中国学科建设的一个重大进步。全世界都知道"舌尖上的中国",但对于"学术中的中国""理论中的中国""哲学社会科学中的中国",世界了解得并不多。世界各国都有活跃的政党,但唯独我国形成了一门将政党治理规范化、理论化和学术化的党内法规学,为人类政党与政治文明做出了卓越贡献。作为一门新的中国哲学社会科学学科,党内法规学向世界展现了"学术中的中国""理论中的中国"。

党内法规学的规范基础是党内法规。人类制定规范,在很大程度上是出于对确定性的追求。作为一种富有中国特色的社会规范,党内法规也是我们党就党内事务和国家事务谋求一种"确定性"的结果。当今社会充满着各种风险,不确定性有增无减。包括党内法规在内的制度文明,实际上都是人类应对不确定性的产物。

创设党内法规学,是适应中国特色社会主义新时代依规治党的现实需要。致力于党内法规解释与适用的党内法规学,是一门最有"中国性"的哲学社会科学学科。这次的"绪论"课,主要向大家介绍四个方面的话题:(一)从"党内法规"到"党内法规学";(二)党内法规学的研究对象;(三)党内法规学的学科体系;(四)党内法规学的研究方法。

一、从"党内法规"到"党内法规学"

1921年7月23日,中国共产党第一次全国代表大会在上海召开,这是中国共产党的成立大会。这次会议的举行(出于安全考虑,会议最终闭幕于浙江嘉兴南湖的一艘游船上)标志着中国共产党的诞生,会议通过了《中国共产党第一个纲领》《中国共产党第一个决议》等文件。在今天看来,这两个文件就是最早的党内法规。但在当时,"党内法规"这个词还没有出现。之后,每一次党的全国代表大会都会制定或修改党章,并发布其他决议文件等,在今天看来,它们都具有党内法规的性质。

2021年是建党100周年,截至2021年7月1日,全党现行有效的党内法规就有3615部,其中,中央党内法规211部,部委党内法规163部,地方党内法规3241部。可以说,经过百年发展,我们党的党内法规数量已然非常惊人,几乎是应有尽有,这也在很大程度上标志着我们党的运行越来越制度化、规范化。

本教材将更关注中央党内法规和部委党内法规,因为大多数的地方党内法规,都是基于中央党内法规和部委党内法规衍生出的细则性规定。对于那些中央党内法规和部委党内法规尚未规定的事项,地方党委一般也无权自行制定党内法规予以规范化处理。另外,党内事务不像国家管理事务,其一般不存在民族差别。在党内法规中,类似民族自治条例这样具有民族地区特性的地方党内法规,几乎没有。所以,我们对党内法规的关注,应当以中央党内法规和部委党内法规为主。

就地方党内法规而言,同一种类型的党内法规,其内容差别一般不会太大,甚至雷同之处甚多。2017年,《中国共产党党务公开条例(试行)》[以下简称《党务公开条例(试行)》]颁布,2018年,各地方省委纷纷制定相关实施细则。从内容上看,各地方省委出台的实施细则内容高度雷同,并没有太多值得深入讨论的差异。在规范内涵上,地方党内法规相似性明显高于差异性,这是地方党内法规的一个特点。地方党内法规实施细则的性质,直接决定了它们在党内法规中居于次要地位。

为什么要制定那么多的党内法规呢?这得从我们党的数量规模说起。当今世界其他任何国家的任何政党,都没有中国共产党这么多的党内法规,也没有中国共产党这么大的党员规模。根据2022年《中国共产党党内统计公报》,中国共产党有9600多万名党员,490多万个党的基层组织。这两个数字在世界政党史上都是极为罕见的。全世界有两百多个国家,而人口规模超过9600万的国家只有15个,也就是说,中共党员的人数超过世界上绝大多数国家的人口数量。德国的人口为8000多万,英国和法国人口都只有6000多万,这三个世界大国的人口与中共党员人数相比都少很多。

党员的规模如此巨大,除了我国是拥有14亿人口的超大型国家外,还因为中国共产党既是我们这个超大型国家的执政党,又是它的领导党。可以说,中国共产党也是世界上最有权力的政党。对于这种掌握国家权力的超大规模政党而言,如何实现管党治党,始终是它时刻要直面的重大难题。毫无疑问,管党治党的效果如何,不但直接决定着我们国家的法治事业发展状况,而且影响着我国社会主义现代化建设的方方面面。如果党不能够把它自己控制好,自然也难以把这个国家领导好。所以,习近平总书记在2016年庆祝中国共产党成立95周年大会上指出:"办好中国的事情,关键在党。"总而言之,管党治党,兹事体大。

在政党和宪法体制上,我们国家跟西方国家明显不同。在国家治理方面,西方国家单纯地面临着国家权力的配置问题,因而它们基本上没有党内法规这一概念,更不存在作为一门学科的党内法规学。西方国家的政党主要是那种通过竞争性选举,以获得执政机会的政党。以美国为例,美国是一个典型的两党竞争体制,这两个政党各自掌握的权力本身是有限的。现今美国总统拜登是民主党人,行政权掌握在总统手中,但是民主党的权力也是有限的,因为参众两院里面有很多共和党议员,共和党虽是在野党,但他们对立法、行政和司法的影响都很大,民主党议员不可能一手遮天。所以,美国不是一个党说了算的。此外,它们的竞选体制也决定了各个政党的规模都不大,其党员的人数有限,且党员构成也不是很稳定,比如今天加入民主党的人,昨天可能还是个共和党党员,这种在不同政党之间切换身份的现象,在西方国家司空见惯。例如,美国前总统特朗普就是为了竞选总统而加入共和党的。特朗普只是一个知名的房地产商人,他以前从未担任过任何国家公职。在美国,一个毫无从政经历的"政治素人",能够代表共和党竞选美国总统并成功当选。这种情况,在我们国家是很难想象的。中国绝大多数领导人,都是从基层一步一步地提拔上去的。比较而言,我们国家有它的特殊性。我们国家的现行政治体制是二十世纪中国革命的结果。我国是一个按照马克思主义的国家理论所建立起来的社会主义国家,与西方资本主义国家在性质上截然不同。我们在学习党内法规学这门课时,这一点要时刻谨记。

随着社会主义建设和改革事业的蓬勃发展,我们党充分认识到以党内法规来管党治党的重要性,所以在 1990 年中共中央就颁布了《中国共产党党内法规制定程序暂行条例》。这个条例有总则、规划、起草、审定、发布、附则等 6 章,共计有 33 条。

自从这个条例发布后,法学界开始关注党内法规,相关的研究文献也开始出现。从 1921 年到 1990 年中间经历了 69 年,我党在这段不短的历史时期内制定了大量的党内法规,但是从来都没有对党内法规应该如何制定出来进行规定。因此,该暂行条例本身就是一部相当重要的党内法规,对于规范党内法规的发展功不可没,在党内法规中发挥着相当于国家"立法法"的作用。

1996 年,柳亚东、陈本立等中央党校的学者公开出版了《党内法制概论》一书,可以说是一部较早的关于党内法规(党内法制)的学术专著。叶笃初先生在 1996 年写了一篇有关此书的书评,发表在《江汉论坛》1996 年第 6 期上。叶先生认为,这本书的公开出版,标志着"中国共产党党内约法研究的重大进步",它是作为执政党的中国共产党,努力加强党内法规建设实践的一种反映,同时又是与实践相适应的一个理论研究成果。

党内法规的大量出台,以及党内法规学作为一个学科日渐成长的重要契机,是党的十八大以来依规治党理念的大力提倡与深入人心。2012 年党的十八大报告提出,"坚持党要管党、从严治党,全面加强党的思想建设、组织建设、作风建设、反腐倡廉建设、制度建设"。为此,2013 年中央办公厅发布了《中央党内法规制定工作五年规划纲要(2013—2017 年)》,要求"在对现有党内法规进行全面清理的基础上,抓紧制定和修订一批重要党内法规,力争经过 5 年努力,基本形成涵盖党的建设和党的工作主要领域、适应管党治党需要的党内法规制度体系框架,使党内生活更加规范化、程序化,使党内民主制度体系更加完善,使权力运行受到更加有效的制约和监督,使党执政的制度基础更加巩固,为到建党 100 周年时全面建成内容科学、程序严密、配套完备、运行有效的党内法规制度体系打下坚实基础"。

2014 年,党的十八届四中全会通过了一个具有历史意义的重要文件,即《中共中央关于全面推进依法治国若干重大问题的决定》,党内法规之所以能够在较短时期内成长为一门学科,与这个文件息息相关。该文件也是我国法学界引用比较高的党的文件之一,因为此前中共中央从未专门作出有关依法治国的决定,它是党史上第一个专门论述依法治国的决定。

该文件为何会对党内法规学的形成产生一个巨大的推动作用呢?因为

该文件提出了这样一个目标："形成完善的党内法规体系。"首先，这是"党内法规"一词第一次出现在党的正式文件中。其次，该文件第一次将党内法规视为国家治理体系的一个有机组成部分。"党内法规既是管党治党的重要依据，也是建设社会主义法治国家的有力保障。党章是最根本的党内法规，全党必须一体严格遵循遵行，完善党内法规，制定体制机制，加大党内法规备案审查和解释力度，形成配套完备的党内法规制度体系，注重党内法规同国家法律的衔接和协调，提高党内法规执行力，运用党内法规把管党治党、从严治党落到实处，促进党员、干部带头遵守国家法律法规。"从这段论述中就可以看出，党内法规在我们国家的治理体系中具有举足轻重的作用，它能为社会主义法治国家建设提供有力的保障。

2016年12月，党中央召开了第一次全国党内法规工作会议，并专门印发了《关于加强党内法规制度建设的意见》，要求"到建党100周年时，形成比较完善的党内法规制度体系、高效的党内法规制度实施体系、有力的党内法规制度建设保障体系，党依据党内法规管党治党的能力和水平显著提高"。总而言之，来自党中央的有力推动，乃是党内法规学作为一个学科强势崛起的根本原因。

2014年《中共中央关于全面推进依法治国若干重大问题的决定》发布之后，党内法规研究就迎来了它的一个"风口"。不少法学研究单位纷纷抓住这个宝贵的"风口"，创设独立的党内法规研究机构，如2015年西北政法大学成立了党内法规研究中心，武汉大学、湘潭大学、中国政法大学等高校也都成立了实体性的党内法规研究机构，有专门的研究人员、独立的办公场所和研究经费，招收党内法规方向的硕士生、博士生，有专门的招生名录和招生名额，形成了较为完备的研究队伍和人才培养体系。东南大学党内法规研究中心是2021年成立的，2022年第一次面向法学院硕士、博士研究生开设党内法规学课程。相信接下来会有很多大学的法学院、马克思主义学院等教学科研单位，开设党内法规学这门课程。党内法规学在未来会成为一个新的二级学科，这点应该是确定无疑的。

2020年"马克思主义理论研究和建设工程项目"的党内法规学教材就已出版，这是关于党内法规学的最权威的教材。马工程有党内法规学这门教材是一个非常重要的信号，它预示着党内法规学迟早会被正式列入教育部学科目录。法学、政治学、党建学等学科，必将更加重视有关党内法规学方面的教学和科研工作。

总体上说，党内法规学能成为一门新的学科，是新时代管党治党的需要。

我们现在正处于中国特色社会主义新时代，我国的社会主义现代化建设，正面临着管党治党以及反腐倡廉的历史重任。如果管党治党搞不好，不能够做到依规治党，那么我们国家就难以实现全面依法治国，就不可能推动中国特色社会主义制度更加巩固，而中国特色社会主义制度的优越性，也就不可能充分展现出来。

习近平法治思想提出了全面依法治国的法治兴国方略，而中国共产党的执政党和领导党地位意味着依法治国首先要依规治党，没有依规治党就不可能有依法治国。如何做到依规治党呢？对于大学法学院而言，最重要的当然是研究和传播有关依规治党的理论，将党内法规现象作为一门学科来研究和讲授，使更多的人了解和认识党内法规与党内法规学，推动党内法规学成为一门重要的彰显中国智慧、中国气派和中国之治的新学问。

二、党内法规学的研究对象

学科的独立性，首先就表现在其研究对象的独立性上。没有特定的研究对象，就不可能成为一门独立的学科。党内法规学之所以能成为一门独立的学科，是因为党内法规一直并未受到既有的某个学科的深度关注。党内法规学以党内法规为最主要的研究对象，是研究党内法规及相关问题、相关现象的一门新兴学科。研究对象的独特性是党内法规学区别于其他学科的一个主要标志。在研究对象上，党内法规学既关注党内法规的基本概念、本质、分类、结构、解释、实施等基础性问题，又关注党内法规与国家法律等其他社会现象的联系和区别等外部性问题。党内法规学不仅仅研究静态的党内法规，还研究动态的党内法规。一言以蔽之，党内法规学的研究对象具有广泛性。下面从四个层面展开具体的论述。

（一）党内法规的基本原理

一个学科的基本原理绝对是该学科不可或缺的研究对象。基本原理搞清楚了，其他很多问题往往也就迎刃而解了。党内法规学也是如此。党内法规学的基本原理主要包括以下问题：党内法规现象背后的本质、原理与规律；党内法规蕴含的理念、价值与精神追求；党内法规存在和发展的政治基础；党内法规的分类与结构；党内法规与国家法律的关系，等等。

我们都有一个最基本的常识，那就是党内法规严于国家法律。党章规定，中国共产党的最高理想和最终目标是实现共产主义。现阶段我们党的目标是推动物质文明、政治文明、精神文明、社会文明、生态文明协调发展，实现共同富裕。要实现这一奋斗目标，并不容易。正因为如此，党内法规对党员尤其是党员干部的要求比较高，其核心理念是义务优先于权利。对于这种理念，党内法规学要展开深入的阐述，领会并弘扬它的精神实质。国家法律并不指望作为公民的党员做一个高尚的人，但党内法规有这方面的明确要求。如果做不到，那就不能算是一个合格的中共党员。总体上看，党内法规表征着一些核心理念，如何诠释这些核心理念，可谓是党内法规学的重要研究内容。

（二）党内法规的发展沿革

党内法规经历了一个从无到有、由粗到细的发展过程。党内法规的发展沿革，属于党内法规学当然的研究对象。通过纵向考察党内法规产生和发展的历史脉络，挖掘党内法规的历史基因和主旨精神，总结党内法规发展的客观规律，为当代依规治党提供历史镜鉴，这是党内法规学的基本内容之一。

党内法规从1921年第一次至今，已有百余年历史。党内法规的历史发展规律与中国共产党的历史发展规律，具有相当的一致性。在1949年之前，中国共产党只在延安等少数地方执政，党内法规数量及相关的思想史、制度史和实践史都比较简单。自1949年在全国范围内全面执政之后，各种类型的党内法规才开始全面发展起来，当然这中间也经历了一个艰难探索和曲折反复的过程。如何从党内法规的发展历史中总结经验教训，这是党内法规学的一项重要研究内容。历史是最好的老师。了解党内法规的历史沿革，把握党内法规发展的基本规律，才能为今后党内法规的发展指明正确的方向。

（三）党内法规的制度体系

不言而喻，党内法规涉及党的组织、党的领导、党的自身建设、党员的权利义务等诸多方面。它们的每一个方面都足以形成一个制度，而这些制度有机地勾连在一起，就构成了党内法规的制度体系。每个方面的制度及其组成的制度体系，都是党内法规学的研究对象。党内法规学一般是从党内法规的文本和规范出发，就党内法规建构的各项制度及其制度体系、制度框架、调整内容、调整方式、规范要求等问题进行研究，以全面把握党内法规对上述各方面所作的制度安排，并剖析制度及制度体系背后的机理与逻辑。

党内法规之所以需要构建成一套制度体系，是因为任何单一的制度，往往都难以真正有效地运行，它离不开其他制度的支持与帮助。例如，党员干部的选拔就涉及很多问题，不单单是一个党内干部选任制度就足够。它还需要其他的制度如党内组织制度、党内民主制度、党内监督制度等制度来进行配合和参与，否则，难以保证选拔过程足够透明和公正。这就像国家法律的运作一样，民事权利的保护不能仅仅依靠民法典，它还离不开法院和法官，而法院和法官又是根据法院组织法、法官法等建立起来的。简言之，党内法规和国家法律一样，也需要形成一个稳定的制度体系。

总之，任何一项制度的有效运行都离不开其他制度的支撑，没有一个制度能够单独地存在，因此需要有一个制度体系。在党内法规学的学习过程中，我们应当要有一定的体系化思维，不能深陷在党内某个制度而难以自拔。如研究党的组织制度，就不能只关注这一个制度，而对党的建设制度、党的领导制度、党员的权利义务制度等视而不见。只见树木，不见森林，这是万万不行的。在学习和研究党内法规时，我们务必要认真对待党内法规制度体系，法学上有一个学习方法叫体系思维，党内法规学也要求有体系化的思维。

（四）党内法规的实践运行

党内法规的基本原理、发展沿革和制度体系，更多的是静态的党内法规。党内法规学还应当关注动态的党内法规，即关注党内法规的实践运行。党内法规的制定过程，尤其是党内法规在管党治党中的规范功效发挥状况等实践活动，属于党内法规学的重要研究对象。研究动态的党内法规，有助于准确把握其内涵要素和规范旨趣，并有利于推进党内法规实践的民主化、科学化与制度化，进而为党内法规更好、更强地发挥其规范作用提供学理支持。

所谓动态的党内法规，实际上就是党内法规的实施状况。实践中，党内法规的实施遇到了哪些问题，它们面临的实施阻力来自何方以及如何消除，不同类型的党内法规的实施效果有何差异，凡此种种问题，党内法规学都必须予以认真研究，并尝试从理论上提供具有一定操作性的解决方案。如何通过党内法规的实践运行，来达到管党治党、从严治党的目标，这是将动态党内法规作为研究对象的意义所在。

要真正认知党内法规，不能满足于掌握静态的党内法规，更要充分了解实践运行中的党内法规。比如，在一个单位里如何贯彻和执行党的领导？党的组织部门对某一个党员或干部实施处罚，需要经过哪些程序？如果被处罚的党员或干部对处罚结果不服，那又该怎么办？凡此种种，其实都只能借助动态的党内法规镜头,才能看清其中的道道或者奥妙。静态的党内法规研究,难以告诉我们这些事情的真相。相对而言,党内法规的实践运行,是更为关键的党内法规研究对象,因为党内法规像国家法律一样,重要的不是它的文本状态如何,而是它在国家政治和社会生活中的实施状态如何。

以上四个方面的研究对象,不是彼此孤立地存在的,它们之间有着非常紧密的联系。比如,要想研究党内法规的制度体系,就不能不关注党内法规的历史沿革,不能不了解党内法规的基本原理,同时,还不能不考察党内法规的实践运行。所以,党内法规学上述四个方面的研究对象具有内在的统一逻辑,它们共同构成了党内法规学的研究体系。

在党内法规学的研究对象上,应当坚持原理、历史、制度和实践的统一性,深刻把握上述四个研究对象之间的内在联系,统筹兼顾各个研究对象的广度与深度。当然,党内法规学是一门新兴学科,在研究对象问题上,它必然是开放的而不是封闭的,是动态发展的而不是静态僵化的。每当有新的党内法规现象或党内法规问题出现,就意味着党内法规的研究对象又增加了一个。总而言之,党内法规的研究对象是随着依规治党形势的发展变化而变化的,其研究对象一方面在已有研究对象上向纵深发展,另一方面又不断向外延伸和拓展,以丰富其研究对象的类型。决定党内法规研究对象边界的,是依规治党的实践需要,而不是党内法规学教科书的界定。

三、党内法规学的学科体系

简单来说,学科体系是指根据研究旨趣的不同,而对学科内部所作的划分。任何一个哲学社会科学的学科,一般都有它较为固定的学科体系,换言之,就是都可以划分为几大块。以宪法学为例,其学科体系可以划分为宪法基础理论研究、宪法应用研究等。而就民法学而言,其学科体系可以划分为民法总则研究、物权研究、人格权研究、婚姻家庭研究等。

党内法规学的学科体系是什么,尚未有较为权威的答案。首先,官方目前的态度是,党内法规学可以作为一个独立的学科。2018年9月,国务院学位委员会办公室印发了《关于推进部分学位授予单位设置"党内法规"研究方向的通知》(学位办〔2018〕33号)。该通知指出,推进部分有条件的学位授予单位,在法学一级学科下自主设置党内法规研究方向。如条件具备,也可在政治学、马克思主义理论这两个一级学科下面设立党内法规研究方向。由此可知，党内法规学究竟是设在法学的一级学科下面，成为法学的二级学科，还是设在马克思主义理论或者政治学下，尚未可知。

现实的情况是，关于党内法规学的学科定位，学界还没有达成共识。有些人认为，它可以作为一个独立的学科，有些人则强调党内法规学是一个交叉性学科，还有些人甚至觉得党内法规学只是法学、政治学或者马克思主义理论下面的一个研究方向而已，并不能算作一个独立的学科。当然，关注党内法规研究的绝大多数法学学者，都主张党内法规学应该是法学一级学科下面的二级学科，但也有个别法学学者认为，党内法规学可以成为一个与法学一级学科并列的一级学科。无论如何，党内法规的话语体系正在不断地丰富和完善，党内法规学学科建设、学术发展的内生需求和直接动力，都早已是一种看得见的存在，党内法规学也已经在事实上成为我国的一个独立学科。

关于党内法规学的学科体系划分，党章学的提出可以算是一种自觉的尝试。它是由山东大学法学教授肖金明倡导的，肖教授认为，党章学可以作为党内法规学的一个分支学科。党章学应当是党内法规学的一个基础课题，在党内法规学知识体系、理论体系和学科体系中处于基础地位。他主张在法学学科体系中，创建和发展党章学，使党章学成为一门相对独立的学问。为此，就需要厘清党章学的研究对象和范畴体系，然后确立其研究内容和框架结构，明确它的方法论和研究方法，界定它的理论价值和实践意义，以及阐明党章学作为一门基础课程的教材体系和学理逻辑。在法学学科体系中创建和发展党章学，不仅有利于推进党内法规学的学科化，完善党内法规学的知识体系、理论体系，创新中国公法学的理论体系和学科体系，构建中国法学知识体系和学科体系，以及形成中国特色、中国风格、中国气派的法治理论，而且对深化全面从严治党，依章管党治党实践，实施全面依法治国，建设法治中国战略，推进国家治理体系和治理能力现代化都具有重大意义。尽管2019年肖教授文章发表之后，法学界的响应并不热烈，但是党章学的提出足以说明党内法规学的学科体系意识已经"萌芽"，而且它至少可以划分为两大块，那就是党章学和其他部门党内法规学。

那么，党章学是否可以（也可以说是否应当）成为党内法规学中的一个独立学科呢？这个问题很值得展开讨论。如果党章学能够成立，相应地，就得有部门党内法规学。因为党章不是一般的党内法规，在党内法规体系中，党章居于"母法"的地位，其他的党内法规都是直接或间接依据党章而制定出来的。因而，党章不应跟其他党内法规相提并论。其他所有的党内法规，都是为实现党章所设定的党的奋斗目标而存在的。从其规范事项内容上看，其他的党内法规可以划分为党的组织法规、党的领导法规、党的自身建设法规、党的监督保障法规等。尽管这些部门性的党内法规，在价值目标上都是一致的，尤其其核心理念是一致的，但它们所规范的事项以及具体的规范内容与方式是不一样的，有的彼此之间甚至存在着鸿沟般的差异。与此同时，不同部门的党内法规，其规范效力也是不一样的。一般来说，中央党内法规的规范效力高于部委党内法规和地方党内法规，而党章的效力又高于其他所有部门党内法规。

有鉴于此，党章应当与其他党内法规区分开来，在党内法规学的学科体系中，党章单独成为一个学科即建立党章学，是可能的，甚至说是必要的。就像在法学学科体系中，宪法学是一个独立的学科一样。同时，其他部门党内法规也可以各自成为一个独立的学科，比如可以设立党的组织法规学、党的领导法规学、党的建设法规学、党的监督保障法规学等。这与法学学科体系除宪法学之外，还有民法学、刑法学、法制史、国际法学、诉讼法学等不同学科一样。总之，在党内法规学的学科体系中设立党章学是可行且应当的。

在党章学之外，党内法规学的学科体系是不是完全可以按照党内法规内容的类型，将之划分为党的组织法规学、党的领导法规学、党的建设法规学、党的监督保障法规学等不同学科，还需要进一步的理论探讨和实践摸索。但在当下党内法规学的学科体系草创阶段，暂时将上述划分类型作为党内法规学学科体系建构的一种方案，是可行的。

当然，除以上方案之外，还有一种可供参考的党内法规学科体系建构方案，那就是把党内法规学的学科体系划分为基础理论研究和实践应用研究两个板块。

党内法规学的基础理论研究，主要是运用法学、政治学等学科既有的学术理论资源，如民主、法治、权利、义务、责任、资格、政党学说、马克思主义理论等学术话语和理论，来探讨和分析党内法规及相关现象，并逐步建立起党内法规学独有的理论分析框架和学术话语，同时借鉴政治学的基本范畴和基本原理、法学的基本价值和基本理念等，将之灵活地运用到党内法规学的基础理论研究当中去，最终形成党内法规学自身独特的理论体系、话语体系、价值目标和逻辑结构。

如今我们正处于中国特色社会主义新时代。新时代要求我们勇于开拓创新，尤其是要创立属于我们自己的话语体系。自由、平等、公正、法治、人权等，都不是我们中国自己原创的话语体系，然而，党内法规就不一样了，它完全是本土的,其他国家基本上没有作为一种规范体系的党内法规,更没有党内法规学这样一门学科。可以说,党内法规学就是我国独有的一门学科。有关党内法规学的理论话语,都是我国原创,是我们党一百年来管党治党的经验总结。党内法规学的基础理论,不但丰富了世界政党治理理论的宝库,而且也丰富了世界国家治理理论的宝库,可谓是中国共产党对人类社会的重大贡献。

世界各个政党都有它们自己的内部规矩与制度,但是它们往往是不成文的,而成文的,也往往是不成体系的。如英国的保守党,它有自己的规章制度,那些规章制度也是一种党内法规。但是,它正式适用的范围小、适用的场合少。因为英国的保守党本来就是一个选举政党,是为选举而存在的,在几年一次的选举过后,它的存在感就很弱。这种选举政党没有专职的党的干部,对国家和社会的领导,都局限于政治权力运行这个狭小的层面。作为执政党和领导党,中国共产党有大量专职的党员干部,它对国家和社会的领导是全面的,因而,中国共产党完全是一种新型的政党,不是西方传统意义上的选举政党,它的存在本身就是大大丰富了世界政党制度。

不过,我们的党内法规学的话语体系和理论体系,远未达到成熟的状态,甚至还未真正系统地建立起来。我们还需要经过一个较长的过程,才有可能形成一个比较完善的党内法规的学科体系、话语体系和理论体系。

党内法规学学科体系的第二个板块,是党内法规的实践应用研究。马克思曾经指出,理论在一个国家实现的程度,总是决定于理论满足这个国家的需要的程度。革命导师的这句话,简单来说就是强调理论是要为现实需要即社会实践服务的,没有社会实践的需要,就没有理论的产生,现实需要乃理论之母。理论的发达程度在很大程度上取决于现实的需要程度。在我国的管党治党实践中,对党内法规的理论需求很强烈,我国惩治党内腐败的压力很大,有很多党员,尤其是个别党员干部的理想信念和依规用权意识还比较淡薄。凡此种种,都需要借助于党内法规学的理论,来设计系统性的解决方案。所以,党内法规的实践运用研究,理应是党内法规学的一个重点,是党内法规学的一个重要学科研究方向。

党内法规的实践运用研究,旨在面向政党政治、治国理政、参政议政、政党内部治理等重大现实需要,分析依规治党、制度治党、依宪执政和依宪治国过程中存在的种种问题,尤其是党的干部滥权专断、行贿受贿等腐败现象产生的根源,以及有效处理的方式方法。同时,有关党内法规的制定、实施和监督,不同于国家立法、行政和司法的独特实践形态,以及党规与国法在实践中的分工与合作，特别是执政党的自身治理，如何遵循法治—共治—自治—善治的共生逻辑，凡此种种，都是党内法规的实践运用研究不容回避的重要议题。

人类历史经验表明，唯有通过法治的方式，才能最终达成善治的目标。党内法规学实践运用的研究目标，应该是如何实现依规治党的法治化。解决管党治党实践中，与法治化方式背道而驰的各种问题，乃是党内法规学实践运用研究的重点。当然，在管党治党实践中，如何贯彻民主精神，也是党内法规学实践运用研究关注的重要议题之一。

党内法规学的基础理论研究和实践运用研究，不是彼此分离的两个独立学科，它们之间存在着千丝万缕的联系，相互支撑、彼此借力，才是它们之间应有的状态。任何时候，我们都不应当将它们两者完全割裂开来。相反，应当使党内法规学的基础理论研究中，有实践运用研究佐证的身影，而在实践运用研究中，也可以看到基础理论研究升华的愿景。

总体上来说，党内法规学的学科体系建设还在摸索当中，最终较为成熟的学科体系还需要我们不断摸索。不过，上述党内法规学学科体系二分法，暂时作为党内法规学的学科体系框架是可行的。同样地，上述根据党内法规的"1+4"体系框架，将党内法规学的学科体系，分为党章学、党的组织法规学、党的领导法规学、党的自身建设法规学、党的监督保障法规学，也不失为一种更为精致的学科体系。而且这种条块划分模式，也比较符合我国社会科学通行的体系建构传统。因而，这一划分方式，完全可以作为党内法规学学科体系建设的基础。

四、党内法规学的研究方法

党内法规学要成为一个独立的学科，那它就应该有自己独立的研究方法。没有一套属于自己的研究方法，就不足以成为一门成熟的学科。在研究方法上，我国哲学社会科学与其他国家有一个显著的不同，那就是坚持马克思主义的指导地位，任何时候都不得偏离马克思主义的方向。当然，我们也不应当将马克思主义教条化，马克思主义本身并不是教义而是方法。欧洲知名马克思主义者卢卡奇指出：

> 正统马克思主义并不意味着，无批判地接受马克思研究的结果。它不是对这个或那个论点的"信仰"，也不是对某本"圣"书的注解。恰恰相反，马克思主义问题中的正统仅仅是指方法。它是这样一种科学信念，即辩证的马克思主义是正确的研究方法，这种方法只能按其创始人奠定的方向发展、扩大和深化。

在讨论党内法规学的研究方法时，我们应当反复琢磨卢卡奇的这个论断。马克思主义是科学的理论，创造性地揭示了人类社会发展规律，为我们研究党内法规学，提供了基本的世界观和方法论。在研究方法上，党内法规学应当坚持辩证唯物主义和历史唯物主义的方法论，做到实事求是、理论联系实际。关于具体的党内法规学研究方法，我们可以作如下的展开。

（一）辩证方法

唯物辩证法，是马克思、恩格斯在总结革命实践经验和自然科学新成果的基础上创立的。他们把辩证法看作客观世界本身所固有的规律，把思维中的辩证法视为客观规律在人的头脑中的自觉反映，论证了辩证法的规律来源于客观现实，而不是来自什么主观精神或绝对观念。对立统一规律是根本规律，是辩证法的实质和核心。所以，列宁深刻指出，可以把辩证法简要地确定为关于对立面的统一的学说，这样就会抓住辩证法的核心。除了对立统一规律外，唯物辩证法还包括质量互变规律、否定之否定规律。其中，对立统一的基本观点，可谓正确理解辩证法其他规律和所有范畴的"钥匙"。

运用辩证方法来研究党内法规，其实就是运用它所揭示的三大规律来考察、分析党内法规，以此来推动党内法规的进一步完善，推进党内法规学的进一步发展。要把党内法规作为一个在实践中不断发展变化的事物来对待，利用辩证法的对立统一规律、质量互变规律、否定之否定规律，来揭示党内法规发展和完善的基本规律。比如，我们的党内法规数量非常庞大，但它并不是短时间内就发展到这个庞大规模的，这里面有一个长达百年的发展历程。大多数的党内法规都经过了试行或暂行、正式颁布、多次修改的过程，如《中国共产党章程》（以下简称《党章》）就经过了十几次的修订，修改党章是每次党的全国代表大会的基本动作，当然修改的幅度有大有小。完全没有经过"试行（暂行）"阶段，且从未被修订的党内法规少之又少。这实际上就是党内法规从生成到发展的"否定之否定"规律。

总之，我们要运用唯物辩证法所阐发的三大规律来解构党内法规，而解构之后再来建构，不是从一个即时的眼光，而要从一个历史的眼光，来审视党内法规。同时，运用对立统一规律来解释党的领导，与人大、政府、监察、法院、检察院等国家机关依法独立行使职权之间的关系，而这种解释工作又是为加强和完善党的领导所服务的。一句话，辩证方法堪称党内法规学研究的首要方法，在以后的学习和研究过程中，要自觉运用来自马克思主义的这套方法。唯有如此，方得窥见党内法规之堂奥。

（二）系统方法

一般来说，系统是一个揭示事物整体的哲学范畴，其含义是事物都是由若干相互联系、相互作用的要素，按照一定方式组成的统一整体。所谓系统方法是一种满足整体、统筹全局、把整体与部分辩证地统一起来的科学方法，它将分析和综合有机地结合起来，甚至可能运用一些定量数据，以精确地描述研究对象的运动状态和规律。党内法规学不是以专门研究某一部具体的党内法规为己任，它需要覆盖到所有的党内法规，它研究的不是作为"树木"的党内法规，而是作为"森林"的党内法规。在党内法规的学习和研讨过程中，我们应当自觉地把党内法规作为一个系统进行分析，考察它的构成要素、组织原则、运行机理与目标使命等，同时还要将党内法规放置在更为宏大的党和国家治理体系中，考察它们在党和国家治理事业全局中的地位和作用。只有把党内法规的内在系统与它的外在系统有机结合起来，才是对系统方法的全面掌握。

比如，在研究党的监督保障法规时，应当自觉地将它们与党的领导法规、党的组织法规、党的自身建设法规联系起来，只有这样才是系统方法的研究，也只有这样才能避免坠入单一零散、支离破碎的片面化研究陷阱。而对于党的领导法规的研究，我们不能仅仅局限在党的领导法规这一个内在系统里，应当将目光转向党和国家治理事业全局这个更大的系统。大多数的党内法规都有辐射效应或者说溢出效应，都能够对国家和社会的治理产生一定的规范效力。党内法规和国家法律息息相关，治党与治国紧密相连。党依规治理好它自身，尔后才能够依法领导好、治理好这个国家。只有充分运用系统方法，才能认识到党内法规的全貌，才能看得清党和国家、依规治党与依法治国之间的紧密联系。同学们在以后的学习过程中，要重视系统方法的运用。

(三)规范分析方法

实际上,规范分析方法对于党内法规学的研究是相当重要的。在广义上,党内法规也是一种法,其最主要的表现形式就是法条性质的条款,像《关于新形势下党内政治生活的若干准则》那样,以"段落"而不是条款形式存在的党内法规是极少数。党内法规最大的特点在于,对党组织、党员干部和普通党员的权力、职责、义务、权利等方面,作出了较为详细具体的规定,而且这些规定是各级各类主体最为重要的行为标准,也是依规治党、制度治党最为重要的评判标准。不管是行为标准还是评判标准,它们都直接来自党内法规的各个条款规定,都是源于对党内法规各个条款的解释与适用。而对党内法规任何条款的解释与适用,都离不开对其规定文本展开规范分析。脱离了规范分析,几乎不可能有对党内法规各个条款正确的解释和适用。所以,规范分析方法属于党内法规学最为重要的技术性方法,在学习过程中必须掌握它。

如《中国共产党纪律检查委员会工作条例》(以下简称《纪律检查委员会工作条例》)第55条规定,"纪检干部有以案谋私、跑风漏气、滥用职权以及其他违规违纪违法行为的,必须严肃查处;构成犯罪的,依法追究刑事责任。纪检机关及其领导干部履行职责过程中失职失责造成严重后果或者恶劣影响的,应当严肃问责"。对于该条中的"以案谋私""跑风漏气""滥用职权""失职失责""严肃问责"等规定用语,需要结合具体的案情展开细致的规范分析,才能明白其真正的内涵,才好适用到具体的纪检机关和纪检干部身上。没有规范分析,就不会有对它们具体内涵的解释与确定,这些党内法规就难以得到准确有效的适用。可以说,规范分析是解释与适用的基础,是党内法规学学者和实务人员必备的一项技能。

与政治学等学科相比,党内法规学与法学之间的联系更加紧密。法学最主要的研究方法就是规范分析法,简单来说就是要分析研究法条。严格意义上的法学,就是围绕着规范形成结论,就是围绕着法律规范形成法学研究结论的法教义学。在某种程度上,党内法规学也是如此。一定要把党内法规作为一种规范来进行规范化分析,否则,就不足以准确把握每一个条款到底是什么意思,适用它的时候就可能内心没底,当然不可能把党内法规实施好。作为一种规范条款,多数党内法规都包含着假定条件、行为模式、规范后果等内容,它们都是针对或防范某种普遍现象而制定出来的,离开了分析和解释,就不可能有正确的党内法规适用,也不可能有真正意义上的党内法规学。

（四）价值分析方法

包括党内法规在内的所有规范性文件，实际上都是某种价值的公开表达。党内法规是中国共产党价值理念最正式且最重要的载体，因而，对于党内法规的研究来说，价值分析方法是不可或缺的。所谓价值分析方法，简言之，就是深入研究党内法规制度背后的目标追求、价值导向、行为宗旨，准确把握党内法规的价值属性。党内法规是中国共产党意志的规范表达，一般来说，对党组织、党员干部和普通党员的思想和行为期待，都可以通过党内法规表达出来。而思想和行为期待的背后，又都是一种价值选择的结果。所以说，有什么样的价值选择，就有什么样的党内法规的具体规定，它们两者是决定与被决定的关系。

在党内法规的适用过程中，价值分析方法往往是非常重要的、把握正确解释方向的研究方法。党内法规是全面从严治党的重要依据和手段，它承载着我们党的初心与使命，促进实现"第二个百年奋斗目标"和中华民族伟大复兴的中国梦是其实体价值。当党内法规的某个条款规定存在多种解释的可能和空间时，我们应当选择最有利于这种实体价值实现的解释方案。在党内法规的解释和适用过程中，价值分析方法有利于精准认知和把握党内法规的实体价值，从而对之予以更为恰当的解释与适用。

（五）比较分析方法

比较是人类认识事物的基本方法之一。有一句流行语叫"没有比较就没有伤害"，这句话更直白的意思是，通过比较就容易暴露出自己的缺陷与不足。换言之，通过比较更容易发现差异，找到完善和提升自己的方式与方法。对于党内法规的学习和研究来说，比较分析方法也是一种较为常用的方法。通过对不同部门、不同类型的党内法规的比较分析，更容易发现不同的党内法规在功能定位、价值取向、体系地位、规范内涵、具体要求等诸多方面的共性与个性，以使不同的党内法规制度之间可以相互取长补短，从而达到党内法规整体功能更大更强的目的。

关于党内法规学的比较分析方法，有一个现象很值得关注。那就是各个地方党委就同类事项，尤其是就同一种中央党内法规颁布的实施细则上，可能存在着一定的差异。通过比较来发现它们之间的差异之处，并进一步分析差异产生的根源，对于全面掌握地方党内法规的生成规律，尤其是深刻认识我国各个省市区之间的差异，无疑是大有裨益的。

除上述不同省市区的横向比较外，我们还可以进行国际的横向比较分析。比如，可以将我国的党内法规制度与域外国家的政党规范制度进行比较。现代政党制度及党内法规实际上是个舶来品，不是我国原产的。在政党内部的治理问题上，域外国家的政党多少有值得我们党参考借鉴的地方，因而通过国际的横向比较，一定可以发现我国的党内法规及依规治党实践中存在的问题，并可能从中获得可行的化解之道。当然，在进行这种比较分析时，要注意将各国的政党治理体系与本国的政治、经济、文化等背景结合起来，不能脱离各国的国情去进行机械的比较，那样的话，比较结论一定是片面的或孤立的，而通过比较所得出的结论的参考价值就会大打折扣。

（六）历史分析方法

历史分析方法是人文社会科学常用的研究方法之一，党内法规学自然也不例外。这种研究方法主要是运用历史资料，挖掘研究对象的历史发展顺序，剖析研究对象的发展脉络和发展规律，以获得某些对研究对象今后的发展有所借鉴的研究结论，或者从中寻找到研究对象生成与发展的历史逻辑。对党内法规的学习和研究来说，历史分析方法同样重要。我们不但要通过大量的历史资料，来了解党内法规现象的产生和发展的缘起，而且还要透过历史的镜头，去发现它的内在实质和优化路径，深刻认识党内法规历史发展过程中遭遇的种种艰难曲折，客观分析各种党内法规现象，不断总结党内法规的历史经验和理论逻辑。

党内法规学的历史分析方法，应当坚持唯物史观，全面收集整理第一手的历史资料，仔细梳理各种党内法规现象发展的历史脉络，把握各种党内法规历史现象之间的内在联系，并注意总结各个历史阶段的发展特征。历史分析方法实质上是为当代党内法规学的发展服务的。历史既是今天的参与者，又是明天的预言者。认知党内法规的过去，才能更好地掌握它的现在，并预测它的未来。在党内法规学的学习过程中，没有理由轻视历史分析方法的运用。

党内法规学研究可以同时运用以上六种研究方法，当然，也可以有侧重地运用其中的一种或两种研究方法。在研究方法的选择问题上，重点是研究的对象和研究的目的，而不是研究方法本身。总括而言，党内法规学研究必须以马克思主义方法论为指导，综合运用辩证方法、系统方法、规范分析方法、价值分析方法、比较分析方法和历史分析方法等多种研究方法。唯有如此,作为一门学科的党内法规学,才能不断地走向成熟。而党内法规学的成熟程度以及实践应用程度,直接影响着依规治党的完善程度,也很大程度上影响着依法治国的完善程度。所以,关于研究方法问题,研习党内法规学时必须高度重视。

第一编 党内法规学总论

第一章
党内法规的概念和本质

学习党内法规学,当然首先要了解党内法规是什么,党内法规的概念和本质是党内法规学的基本内容之一。在绪论中,我给大家介绍了党内法规学的四个研究对象,从中可知党内法规学研究对象的复杂性。实际上,每个研究对象本身也都不简单,这就是党内法规的概念和本质要作为一章内容来单独讲授的原因。当然,任何领域的学术研究,都有将简单问题复杂化的特质。人类只有先将简单问题复杂化,然后才能将复杂问题简单化,这大概是人类认识世界的一个基本规律。

一、"党内法规"概念的形成

党内法规其实在1921年就出现了,党的一大所制定的《中国共产党第一个纲领》和《中国共产党第一个决议》就是典型的党内法规,党内法规是伴随着党的诞生而问世的。然而,这只是党制定党内法规的开端,它并不意味着作为一个对所有正式党内规矩予以概括统称的"党内法规"概念的诞生。实际上,党内法规作为一个统称概念,有一个较长时段的历史演变过程。

(一)"党规""党规党法""党的法规"等概念的提出

"党内法规"作为一个概念,尤其是作为一个对中国共产党党内重要规章制度的概括简称,是在党成立十余年后才出现的。最早提出这个概念的是毛泽东。1938年,在党的第六届中央委员会第六次全体会议上,毛泽东代表党中央作了《论新阶段——抗日民族战争与抗日民族统一战线发展的新阶段》

的政治报告。在这个报告里,毛泽东第一次提出了"党内法规"这个概念,这是党内法规学界关于党内法规概念起源的通说。

不过,历史的细节并不完全是这样的。"党内法规"这个概念,实际上并没有在1938年的政治报告里出现,这个报告只是提到了"党规"这个概念。当时,毛泽东从抗日战争的大背景出发,提出了要制定一种党规与健全党的法纪的主张。其报告中相关的原话是这样的:

> 在这里,几个基本原则是不容忽视的:(一)个人服从组织;(二)少数服从多数;(三)下级服从上级;(四)全党服从中央。过去经验证明:有些破坏纪律的人,由于他们不懂得什么是党的纪律……党的纪律是带着强制性的;但同时,它又必须是建立在党员与干部的自觉性上面,决不是片面的命令主义。为此原故,从中央以至地方的领导机关,应制定一种党规,把它当作党的法纪之一部分。一经制定之后,就应不折不扣地实行起来,以统一各级领导机关的行动,并使之成为全党的模范。

由此可知,在1938年的报告中,毛泽东提出的实际上是"党规"概念,而不是"党内法规"概念。那么,党内法规概念问世于1938年的学界通说是怎么来的呢?真实原因是,在1950年至1953年间,在编辑出版《毛泽东选集》时,毛泽东亲自参与了此书的编辑工作,对其中的部分文稿进行了一定程度的修订,其中就有关于上述这段原话的修订。他亲自修订后的版本如下:

> 必须重申党的纪律:(一)个人服从组织;(二)少数服从多数;(三)下级服从上级;(四)全党服从中央。谁破坏了这些纪律,谁就破坏了党的统一……为使党内关系走上正轨,除了上述四项最重要的纪律外,还必须制定一种较为详细的党内法规,以统一各级领导机关的行动。

简单来说,在1950年编纂出版《毛泽东选集》时,原始的"党规"被修改为"党内法规",从而使"党内法规"概念问世的时间比其真实历史早了那么十几年。不过,由于"党规"与"党内法规"之间并无本质上的不同,所以,这种历史的改写并无大碍。

在党的六届六中全会上,刘少奇也作了一个报告——《党规党法的报告》。也就是说,除了"党规"("党内法规")这个概念之外,还出现了类似的概念——"党规党法"。

在这篇专题性的报告中,刘少奇重点讲述了三个"决定"的内涵与意义等,三个"决定"分别是《关于党的组织决定》《关于中委工作规则及纪律的决定》《关于各级党部工作及纪律的决定》。在这个报告里,刘少奇强调,之所以需要制定这些党规党法,是因为经过十余年的发展,党的队伍日益壮大,且由过去的秘密状态转为公开半公开状态,但是,仅仅依靠党章的规定,不能够满足党的发展需要,所以,有必要去制定新的更多的党规党法。简单来说,党内法规日益增多,实际上是为了满足党自身的发展需要。在这次会议上,张闻天在报告中也提到了"党规党法"这个概念。他强调,要"服从组织决定,服从党规党法,遵守党纪"。可以说,党规党法这个概念在当时比较流行。

几年后,刘少奇还使用了另外一个新的概念——"党的法规"。在1945年5月,刘少奇在党的七大上作了关于修改党章的报告。在这个报告中,刘少奇对党的经验进行了系统性的总结,特别强调了严密的组织和铁的纪律的重要性。与过去"党规党法"表述不同的是,刘少奇使用了"党的法规"这样一个新概念,并把它与党章并列。他说:

> 党章,党的法规,不只是要规定党的基本原则,而且要根据这些原则规定党的组织之实际行动的方法,规定党的组织形式与党的内部生活的规则。党的组织形式与工作方法,是依据党所处的内外环境和党的政治任务来决定的,必须具有一定限度的灵活性。

当然,在内涵与外延上,这里所用的"党的法规"与之前的"党规党法"并无实质性的不同。

1962年,邓小平提出了党规党法这个概念,他说:"我们还有一个传统,就是有一套健全的党的生活制度……这些都是毛泽东同志一贯提倡的,是我们的党规党法。"1978年,邓小平在《解放思想,实事求是,团结一致向前看》中特别强调了党规党法地位的重要性。在这个报告中,邓小平赋予了"党规党法"这个概念更为丰富的含义,他说:

> 国要有国法,党要有党规党法。党章是最根本的党规党法。没有党规党法,国法就很难保障。各级纪律检查委员会和组织部门的任务不只是处理案件,更重要的是维护党规党法,切实把我们的党风搞好。对于违反党纪的,不管是什么人,都要执行纪律,做到功过分明,赏罚分明,伸张正气,打击邪气。

显然，邓小平对党规党法这个概念作了展开论述，而不只是一笔带过。邓小平这个报告中有一句点睛之笔，即"没有党规党法，国法就很难保障"。它揭示了党规党法在国家规范体系中的基础地位。没有党规党法，或者有了党规党法但不能有效实施，国家法律就缺乏保障实施的环境条件。国家法律对党规党法存在着某种依赖关系。简言之，国家法律制定得再好，如果没有党内法规，国家法律就可能处于一种"裸奔"的状态，没有办法来保证它得到切实有效的实施。邓小平的这个论断十分深刻，它非常直观地告诉我们党内法规有多么的重要，以及党内法规为什么要被作为一门学科来对待。

（二）"党内法规"概念的确定

"党内法规"作为一个概念，正式载入党内法规是在1990年。该年7月，中共中央发布了《中国共产党党内法规制定程序暂行条例》，该暂行条例第2条规定："党内法规是党的中央组织、中央各部门、中央军委总政治部和各省、自治区、直辖市党委制定的用以规范党组织的工作、活动和党员的行为的党内各类规章制度的总称。"该暂行条例于2012年被修订，成为正式条例。修订后的《中国共产党党内法规制定条例》（以下简称《党内法规制定条例》）第2条第1款重新对党内法规进行了定义：党内法规是党的中央组织以及中央纪律检查委员会、中央各部门和省、自治区、直辖市党委制定的规范党组织的工作、活动和党员行为的党内规章制度的总称。

这两个版本定义之间最大的差别在于制定党内法规的主体有所不同，1990年版本强调了中央军委总政治部也是制定主体，而2012年版本将它替换为中央纪律检查委员会。这意味着中央纪律检查委员会的地位是在不断上升的，能够被专门授予党内法规制定主体地位，证明其地位比过去提高了。当然，这也是中央纪律检查委员会作为维护党纪的专责机关的性质使然。

2019年，《党内法规制定条例》被再次修订。修订之后的新版条例对党内法规的定义是这样的："党内法规是党的中央组织，中央纪律检查委员会以及党中央工作机关和省、自治区、直辖市党委制定的体现党的统一意志、规范党的领导和党的建设活动、依靠党的纪律保证实施的专门规章制度。"过去的"总称"被改为"专门规章制度"，"中央各部门"则被改为"党中央工作机关"。根据《中国共产党工作机关条例（试行）》[以下简称《工作机关条例（试行）》]第2条，党的工作机关是党实施政治、思想和组织领导的政治机关，是落实党中央和地方各级党委决策部署，实施党的领导、加强党的建设、推进党的事业的执行机关，主要包括办公厅（室）、职能部门、办事机构和派出机关。根据这个定义可以发现,中共中央办公厅就是典型的工作机关,是制定党内法规的主体之一。总之,党内法规的制定主体变得更明确。

二、"党内法规"内涵的界定

在学习党内法规学的时候,我们应尽可能地避免对党内法规下定义。经验告诉我们,下定义其实是一件吃力不讨好的事情。根据《现代汉语词典》,定义是指对于一种事物的本质特征或一个概念的内涵和外延的确切而简要的说明。党内法规(其实也包括其他概念)具有开放性,要确切而又简要地界定它的内涵和外延,难度很大。仔细分析的话,上述2019年版条例中有关党内法规的定义,其实是一个有关党内法规的说明。

一言以蔽之,在定义党内法规时需要照顾到方方面面,确实不容易。最为显著的是,从《党内法规制定条例》所下的定义中,我们完全看不出党章和其他党内法规之间的区别。党章当然属于党内法规,就如同宪法属于法律范畴一样。但在内涵与外延方面,党章与其他党内法规之间的区别是非常明显的。所以,《党内法规制定条例》在定义党内法规之后,又规定:党章是最根本的党内法规,是制定其他党内法规的基础和依据。但这个补充性规定,并不属于上述定义的有机组成部分,因而,这个定义对党章与其他党内法规不作区分,这种做法不能不说有欠妥当。此外,上述定义只是从制定主体上确定了形式意义上的党内法规的范围,却并未覆盖到实质意义上的党内法规——即不满足制定形式要件,但又在制度治党实践中起到党内法规作用和功能的党内文件、党纪等。

总之,我们在学习和研究党内法规的过程中,重要的是关注党内法规具体的内涵,而不应太在意它的定义如何,尤其自己不要试图去定义党内法规。

《党内法规制定条例》对党内法规的制定主体有明确的规定,有权制定党内法规的主体,主要有党的中央组织、中央纪律检查委员会、党中央工作机关和省、自治区、直辖市党委。经中央批准,有关中央国家机关部门党委,也可以就特定事项制定党内法规,这是一个例外性的授权规定。由此可见,党内法规的制定主体其实是很有限的。

制定主体的有限性,决定了党内法规外延的有限性。我们经常在微信朋友圈里看到的某个党组织所发布或者下达的报告、批示、意见、决议、通知、决定以及领导人的讲话等,都不属于党内法规范畴,它们中有一部分属于党内规范性文件。尽管它们对于党内法规的制定、解释与适用具有一定的影响,甚至可以说发挥着决定性作用,但是它们依然不属于党内法规,因为它们往往并不是针对某一种党内现象、某一类党内事务所作出的具有一定操作性的规范。它们常常针对的是具体的党内事务,其自身的抽象性不足,但具体性则非常的明显。

从其内涵上看,党内法规是中国共产党统一意志的规范化的表达,是正式文本的呈现,是一种稳定的制度化要求与承诺的文本载体。《党章》第10条规定,党是根据自己的纲领和章程,按照民主集中制组织起来的统一整体。强调整体性,是我们党作为一个政党的鲜明特征。党的统一意志一旦形成,就要以刚性的党内法规确定下来,并保障其得到贯彻执行。党的统一意志以党内法规的形式表现出来,表明其具有高度的严肃性、权威性和拘束性,所以,党内法规应当且必须能够有效地抑制党的组织、党员干部的冲动草率与恣意专断。对党来说,它就是一种有力的武器。任何人都容易成为激情的奴隶,只有规矩、法律和程序等规范化的武器,才能使人恢复理智,摆脱激情的纠缠。党内法规的存在,对于广大党员抑制冲动、战胜激情、保持理性都是必不可少的。

对于个人和社会的健康发展而言,规章制度属于一种必要的引导性和制约性的向上力量。人治是任性的,是靠不住的,只有法治靠得住。对于管党治党来说,党内法规就是一种法律,所有党组织、党员干部和普通党员,都应自觉地把党内法规视为一种积极的向上力量。

党内法规主要靠党的纪律来保障实施,这是党内法规实施的特点。《党章》第39条规定:"党的纪律是党的各级组织和全体党员必须遵守的行为准则,是维护党的团结统一、完成党的任务的保证。党组织必须严格执行和维护党的纪律,共产党员必须自觉接受党的纪律的约束。"关于党纪,我们经常听到的一个词就是"铁的纪律",而党员也常常被宣称是"用特殊材料制成的",因此一般都能够自觉遵守党的纪律。中国共产党是马克思主义政党,它必须把纪律作为最重要的、保障党内法规得到严格实施的一种基础性手段。不自觉遵守党的纪律的人,是不应该继续保持党员身份的,更不应该成为党员干部,所以,对于党纪的态度是衡量党员特别是党员干部是否合格的重要标准。

党内法规的形式要素是什么呢?内涵总是要借助一定的形式表现出来,党内法规作为党的制度的高级形态,同样有自己独特的外在形式。根据《党内法规制定条例》第 5 条,党内法规的名称有党章、准则、条例、规定、办法、规则、细则等七种。党组织根据其权限在制定党内法规时,应当规范地使用这些党内法规名称。同时,《党内法规制定条例》第 6 条规定:"党内法规一般使用条款形式表述,根据内容需要可以为编、章、节、条、款、项、目。"当然,实践中以段落而非条款的形式表述的党内法规也是有的,但是比较少,绝大多数是以条款的形式表述。

党内法规的内容要素比较复杂。从内容上看,党内法规主要是规范党内事务的,但也涉及一些国家和社会事务。党内法规既是中国共产党管党治党的重要依据,又是党领导和管理国家与社会事务时的重要遵循。党的各级组织之间的关系、党员之间的关系、党组织与党员之间的关系等,都要由党内法规予以调整与规范。与此同时,党与非党组织之间的关系,也就是党与人大、政府、政协、监察机关、审判机关、检察机关、武装力量、人民团体、事业单位、基层群众组织、群众自治组织、社会组织等之间的关系,也属于党内法规所要调整的对象。一句话,党内法规调整的对象覆盖面相当广,差不多可以说是无所不包,经济建设、文化建设、生态文明建设等都有所涉及,内容的广泛程度与国家法律不遑多让。

三、党内法规的本质

内涵与本质之间是什么关系呢?个人认为,本质是对内涵的一个高度概括,也就是说内涵是比较丰富的,而它的本质可能只需一两句话就能概括。所以,了解党内法规的内涵是基础,在这个基础之上,还应当进一步追问它的本质是什么。马工程的党内法规学教材并没有这一节,但其实这一节的内容还是很重要的。

(一)党内法规是"法"吗?

关于党内法规的定性,党内法规学界大致有以下四种说法:

第一种是"软法论"。该学说认为,党内法规是一种软法。"软法"是相对于正式的国家法律而言的,有关软法的讨论在 20 世纪 90 年代比较盛行,以当年北大法学院的罗豪才教授为代表。

什么是软法呢?简言之,就是没有法律名分,但事实上又有一定拘束力的各种规章制度,如某大学制定的有关教师的规章、学生守则、教务处发布的关于教学的各种规定等,它们都属于软法的范畴。在各个国家,软法的治理都十分重要,以东南大学规章制度为例,如果一位老师上课迟到,根据《东南大学本科课程课堂教学质量综合评价办法(试行)》第2条,在教学奖励、绩效分配、教师岗位聘任与职称晋升等方面,迟到的老师都将受到影响,其后果相当严重。所以,我们老师上课只有提前到,迟到现象极为罕见,因为承受不起这种软法的后果。

大致来说,软法规范主要有四类形态:一是国家立法中指导性、激励性、宣示性的非强制性规范,在现行国家规范体系中,此类规范十分常见;二是国家机关制定的规范性文件,它们通常属于不能运用国家强制力保证实施的非强制性规范;三是政治组织创制的各种治理性规范,上述东南大学教务处的规定就属于此类;四是社会共同体创制的各类自治规范,以中国法学会为例,其作为一个社会共同体,也有其创制的自治规范。如中国法学会为了进一步规范其下面各个学科研究会的换届工作,专门制定了《中国法学会研究会换届工作细则(试行)》。可以说,有人的地方就有规章制度。作为一个事实,规章制度在所有的组织机构中都存在。

软法论者认为,党内法规在制定主体、规范形式、表述方式、制定程序等方面,与软法具有相似性,因而党内法规的基本定位应属于社会法和软法。同时,基于中国共产党的特殊地位,它又具有一定的国家法和硬法的因素,是坚硬的软法。不能不说,所谓坚硬的软法的定调有点不伦不类。从主体性质上说,我们党也确实属于社会团体。政党在各个国家都属于社会团体范畴,只不过在我国,中国共产党具有高度的特殊性,主要体现为它是我们国家的执政党和领导党。因此,党内法规具有也应当具有一定的"硬法"因素。软法论难以成立的一个原因在于中国共产党作为一个社会组织,和其他的政党、社会团体是完全不同的,所以,作为其自治规范的党内法规,还兼顾着对国家和社会事务的调整。任何时候都不能把中国共产党和其他的社会团体相提并论。

第二种是"硬法论"。在"软法论"产生一定学术影响力的同时,运用法律多元主义理论资源,把政党制定的在一定范围内有一定约束力的法规范看作是另外一种法律,将中国共产党党内法规视为直接或间接依靠国家强制力保障实施的"硬法论",也流行开来。硬法论强调,党内法规在制定主体、所体现的意志及执行的强制力等方面,都具备了法律规范所具有的特征。同时,它还有溢出效应,能够规范国家和社会事务。所以,党内法规应该"归入"国家法律范畴,属于具有特定性的国家规范。

"硬法论"尽管与"软法论"相对立,但它同样很难成立。原因在于党内法规无法依靠国家强制力保障实施。如在王某诉江苏宿迁宿城区教育局纪委案中,法官就明确指出:"在性质上属于党的机构依照党内法规对管理对象作出的内部处理行为而非行政行为,依法不属于行政诉讼受案范围"[参见最高人民法院行政裁定书(2019)最高法行申 13000 号]。这个案例足以说明,党内法规的实施并不依赖于国家法律的强制力。实际上,党内法规是靠党的纪律来执行的,它和国家法律的实施方式截然不同。党内法规主要依靠党的纪律检查机关来实施,纪检部门是中国共产党组织系统中一个非常重要的机构,以南京市为例,中国共产党南京市纪律检查委员会(简称"南京市纪委")履行党的纪律检查工作和行政监察两项职能。南京市纪委就是南京市范围内最主要的党内法规执行机关,负有保障党内法规在南京市范围内严格实施的职责。南京市公安局、检察院和法院,基本不参与党内法规在南京市的执行问题。

第三种是"平行论"。多数学者认为,党内法规虽然与国家法律不同,但是两者之间又存在着一定的联系。它们之间的区别体现在:在调整范围上,党规小于国法;在规范数量上,党规少于国法;在规定要求上,党规严于国法;在逻辑顺序上,党规先于国法;在规范效力上,党规低于国法;在治理体系中,党规保障国法。从数量来看,党规少于国法是显而易见的。截至 2021 年 12 月,我国现行有效法律 291 件,行政法规和监察法规 611 件,而截至 2022 年 6 月,全党现行有效的党内法规共 3718 部,其中,中央党内法规共 221 部,部委党内法规共 170 部,地方党内法规共 3327 部。在制定程序方面,党内法规相对简单,党内法规的制定一般要经过规划与计划、起草、审批与发布等程序,而国家法律的制定程序则要复杂得多,往往要经过广泛的调研和漫长的公开征求意见等程序。而从规范效力来看,所谓党规低于国法的观点也是值得商榷的。

也有"平行论"学者侧重于党内法规与国家法律之间的联系,认为它们主要表现为:价值取向的一致性、规范对象的相融性、功能发挥的互补性、文化倡导的层级性、制度建设的衔接性。总之,"平行论"认为,党内法规和国家法律是并行存在的,两者没有主次之别,也没有高低之分。与上述"软法论"和"硬法论"相比,"平行论"不失为一种更为成熟的观点。

第四种是"法源论"。这种观点认为,狭义上的法源是指法的认识渊源,即承认某种东西为法的原因,更具体地说,是所有影响法官据以形成判决意见的规则的因素。党内法规因具有抽象性和普遍性，可以作为实质意义上的法律，但鉴于我国并不区分形式意义上的法律与实质意义上的法律，因此，党内法规更适合成为一种法源。党内法规具备了成为法源的可能。首先，党内法规是依照一定的党内民主程序产生的；其次，党内法规在司法实践中被一些法院在裁判中适用；最后，党内法规主要对党员产生内部效力，但有时会对非党员产生外部效力。

"法源论"也有一定的道理。检索"中国裁判文书网"即不难发现，司法实践中确实存在法官将党内法规作为其裁判判决理由的现象。如在"罗某先受贿案"中，北京市第一中级人民法院认为：

> 对于罗某先关于其已受到党纪政纪处理，不应再接受刑事处罚的辩解，经查：作为一名共产党员，违反党章和其他党内法规，违反国家法律法规，危害党、国家和人民利益的行为，依照规定应当给予纪律处理或者处分的，都必须受到追究；同时，其行为触犯法律，构成犯罪的，也必然受到刑法的制裁。罗某先作为一名曾经的党员领导干部，违背入党誓言，严重违反政治纪律和廉洁纪律，利用职权进行权钱交易，其行为不仅违反了党规党纪，更触犯了国家法律，应当受到法律的严惩。罗某先的该项辩解，缺乏法律依据，本院不予采纳。[北京市第一中级人民法院刑事判决书(2017)京 1 刑初 23 号]

又如在"吴某浓与赵某崧排除妨害纠纷一案"中，法院指出：纪检机关受理群众举报后展开调查，系检查党的组织或党员是否存在违反党的章程和其他党内法规的行为，其结果为是否追究党纪责任，并不是对行政机关的具体行政行为进行审查，不属于法定中止审理的情形。故上诉人吴某浓要求中止审理本案的上诉理由于法无据，本院不予支持。[湖南省张家界市中级人民法院民事判决书(2014)张中民一终字第 71 号]

但是，司法实践中极少有法官直接将党内法规作为裁判依据，因为说理依据和裁判依据存在着较为明显的差别，说理依据主要起到加持的作用，而裁判依据则是直接根据它来判决原告胜诉或者败诉，我们不应忽视这两者的差别。总之，法源论只是认为党内法规具有法的属性，但不属于法本身。

实事求是地说，以上几种关于党内法规定性的观点都各有优点，但也都存在着某些方面的不足，它们对党内法规的认知都带有一定的片面性。从局部上看，它们都是客观而又正确的；但从整体上观察则又发现，它们都对党内法规的某个方面有所忽视,从而存在一定的缺陷。但无论如何,它们对于认知党内法规,尤其对于党内法规学的形成和发展,都在某些方面作出了重要的智识与知识贡献,都是值得赞赏的有益探索。

党内法规学是一门新兴的学科,说它还在襁褓之中都不为过。对党内法规的定性讨论必将持续下去。只有到学界对这个问题形成某种稳定的"通说"时,我们才可以说党内法规学作为一门学科,已经发展到一个新阶段,已经较为成熟了。关于党内法规的定性,需要从党内法规的特征、本质,以及它与国家法律关系等方面,进行深入考察。在全面考察的基础上,或许能得出一个比上述几种看法更为全面、深入的认知。

(二)党内法规的特征

在讨论党内法规的本质之前,得先了解一下党内法规的特征。所谓特征,就是指表明一个事物特性的外在象征、标志、特点等,也就是一个事物区别于另外一个事物的显现于外的东西。

关于党内法规的特征,马工程的党内法规学教材提出了三个特征:政治性、规范性和权威性。党内法规具有这三个方面的特征,这一点是确定无疑的。不过,私以为,党内法规最大的特征在于它规范要求上的忠诚性。当然,忠诚性也可以算是党内法规具有政治性特征的一个重要标志。

党内法规的一个鲜明特征是它的忠诚性。举例来说,2022年,中央纪委国家监委对第十九届中央委员、最高人民法院前常务副院长任沈德咏严重违纪违法的情况进行了立案调查。在中央纪委国家监委网站上,有关这个立案调查的公告上有这么一句话:"经查,沈德咏丧失理想信念,背弃职责使命……违反组织原则,对党不忠诚不老实,隐瞒不报个人有关事项。"这句话大概可以说是党员干部被立案调查公告中的标配,所以,大家经常见到,耳熟能详。同年,原司法部部长傅政华被中央纪委国家监委立案调查,公告指出:"经查,傅政华完全背弃理想信念,从未真正忠诚于党和人民,彻底丧失党性原则……"这些公告措辞足以说明,不忠诚绝对属于明显违反党内法规的行为,忠诚性是党内法规的一项基本特性。

《党章》第6条规定:"预备党员必须面向党旗进行入党宣誓。誓词如下:我志愿加入中国共产党,拥护党的纲领,遵守党的章程,履行党员义务,执行党的决定,严守党的纪律,保守党的秘密,对党忠诚,积极工作,为共产主义奋斗终身,随时准备为党和人民牺牲一切,永不叛党。"这里面的"对党忠诚""永不叛党",就告诉我们,忠诚乃是一个合格党员的基本品质,对党不忠诚的人不配成为一名党员。

追溯历史,忠诚文化在我国可谓源远流长。东汉时期,有个著名的经学家叫马融,他曾经模仿《孝经》体例,撰写了一篇流传甚广的《忠经》。这本《忠经》既是中国传统忠诚文化的记载,也为传统忠诚文化的发扬光大做出了莫大的贡献。《忠经》的核心观点是:

> 天下至德,莫大乎忠。
> 忠者,中也,至公无私。
> 忠也者,一其心之谓矣。
> 善莫大于作忠,恶莫大于不忠。

把它翻译成白话文,就是忠诚属于一种最为高尚的道德品质;忠就意味着一个人不偏不倚,心底里没有任何的私心杂念,就是一心一意;善良不但意味着忠诚,而且忠诚是最大的善,是至善;恶则意味着不忠诚,并且不忠诚就是最大的恶。在任何社会制度环境下,忠诚都是一种可贵的品质,忠诚于家人、朋友和国家,是一个人最基本的道德责任。如果人与人之间缺乏最基本的忠诚,那各种社会组织乃至社会自身都难以形成或迟早解体。所以,马融在《忠经》里还这样说:"夫忠,兴于身,著于家,成于国,其行一焉。"每个人在日常生活中,都应当积极培育自己的忠诚意识,并严格践行忠诚观念。

党内法规忠诚性特征的内涵是什么呢?党章第6条中的"对党忠诚,积极工作,为共产主义奋斗终身,随时准备为党和人民牺牲一切,永不叛党",其实就很好地诠释了党内法规忠诚性的内涵。忠诚所指向的目标是一种理想信念——实现共产主义的理想信念。根据马克思主义的国家发展学说,人类社会有一个从低级到高级的发展过程,中间要经历原始社会、奴隶社会、封建社会、资本主义社会和社会主义社会,最后进入到它的最高发展阶段——共产主义社会。"为共产主义奋斗终身",就表明相信共产主义一定会到来。而忠诚的对象是党,具体来说就是党的组织,尤其党的最高组织。在中国特色社会主义新时代,忠诚于党就是要做到"两个维护",即坚决维护习近平总书记党中央的核心、全党的核心地位,坚决维护党中央权威和集中统一领导。忠诚的外在表现,就是随时准备为党和人民牺牲一切,永不叛党。

国家法律并没有类似的忠诚规定,忠诚性是党内法规的一个重要特征,是党内法规与国家法律的主要区别所在。国家法律不要求任何公民随时准备为党和人民牺牲一切,这其实只是党内法规对党员尤其是党员干部提出的思想要求,在行为上如何做到随时准备为党和人民牺牲一切,这个几乎不可能有客观的评价标准,可操作性不强。从这个意义上说,党内法规跟国家法律不一样,其部分规范内容的可执行性并不显著。

党内法规往往规定义务优先于权利,党内法规的忠诚特征主要表现为一种党性义务。党章明确规定了党员的义务准则,即要求党员必须全心全意为人民服务,不惜牺牲个人的一切,为实现共产主义奋斗终身。党性义务具体表现在:在思想上忠于党的指导思想;在行动上自觉遵守党的纪律;在组织上对党忠诚老实、言行统一;在利益冲突面前,恪守党和人民的利益高于一切,个人利益服从党和人民的利益。由此可见,忠诚的内涵十分丰富。

党内法规的第二个特征是规范性。党内法规在表现形式方面,与国家法律存在着高度的相似性,党内法规都是由条款组成的,而且不同的党规与不同的国法一样,都构成了一个有机联结的无矛盾的整体。当然,也存在着例外,有个别的党内法规由段落而不是条款组成,如《关于新形势下党内政治生活的若干准则》就是典型。这个事实也告诉我们,党内法规与国家法律有所不同,不可将前者纳入后者范畴。

党内法规不属于道德或社会公德范畴,它具有相当明确的强制性拘束力。这就决定了党内法规必然具有法律规范属性,规范性是其一项基本特征。绝大多数的党内法规都具有可执行性和强制性拘束力,且由党的纪检部门来保证它的有效实施,这是党内法规具有规范性的重要外在表征。关于党内法规的规范性特征,具体表现在以下几个方面:

一是制定过程和表现形式的严肃性。关于党内法规的制定程序,《党内法规制定条例》有明文规定。当然,比较《立法法》和《党内法规制定条例》,就会发现两者在程序规定上存在一定的差距。党内法规的制定要经过规划与计划、起草、审批和发布等程序,而国家法律的制定首先是要纳入立法规划,其次是提出法律草案,然后是对外公开草案听取社会各方的意见,再次是对草案进行审议和表决,最后由国家主席签署对外公布。相对而言,党内法规的制定程序较为简略。不过,与党内其他规范性文件相比,党内法规的制定程序还是要复杂得多,它对民主集中制的贯彻程度更深。与此同时,党内法规有特定的表现形式,不同主体制定的党内法规,其表现形式略有差异。首先,党内法规有自己特定的名称,如党章、准则、条例、规则、规定、办法、细则等。其次,在其规范内容的结构形式上,有编、章、节、条、款、项、目等。

二是规范内容上的抽象性。像国家法律一样,党内法规绝不可能针对具体的人或事作出某种规定。就具体的人或事予以规定的,一般是党的决定、批示、意见、通知、公告、命令等,它们一般都不属于党内法规范畴。党内法规所针对的都是党的领导和党的自身建设活动中带有一定普遍性的宏观问题。它首先得对这些宏观问题进行概括和抽象,然后,对之作出具有一定抽象性的规范,以表明党组织对这类问题的立场与态度。为此,在党内法规的具体适用过程中,离不开对党内法规的解释。通常来说,规范内容上的抽象程度与其规范适用范围和效力层级呈正比例关系,抽象程度越高,其适用范围就越广、效力层级也越高,抽象程度越低则适用范围越窄,效力层级也越低。总之,抽象性乃是党内法规规范性特征的基本内涵之一。

三是适用上的普遍性。党内法规内容上的抽象性,决定了其适用范围的普遍性。党内法规一般是针对不特定的党组织、党员干部和普通党员制定的,它的适用范围和拘束范围势必是非常宽泛的。对于同类的人和事,党内法规都能够反复地适用,这是党内法规规范性特征的一项基本要求。在党内法规面前,任何党组织、党员干部和普通党员都不能搞特权,对于党内法规的规定,他们都应当一体遵循,决不能搞特殊化。所有被党内法规纳入调整范围的党组织、党员干部和普通党员,都一律适用该党内法规,任何的规避适用行为,都是明显违反党内法规的。

以《工作机关条例(试行)》为例,该条例适用于中央和地方党的工作机关。党委直属事业单位、设在党的工作机关或者由党的工作机关管理的机关,参照本条例执行,法律法规和中央另有规定的除外。该条例第26条规定:"党的工作机关领导班子成员违反本条例有关规定的,根据情节轻重,给予批评教育、责令作出检查、诫勉、通报批评或者调离岗位、责令辞职、免职、降职等处理;应当追究党纪政纪责任的,依照有关规定给予相应处分。"由此可见,即便是领导班子成员,也要遵循党内法规的要求,他们也是党内法规的适用对象,一旦违反党内法规规定,同样要承担一定的不利后果。总之,适用上的普遍性是党内法规具有规范性的一个外在表征。

四是适用过程的程序性。所有的党内法规规范,都有它特定的适用主体,不是任何党组织和党员都可以适用党内法规去实施惩戒。如党的组织部门不能行使党的纪律检查部门的职权,党的宣传部门也不能够行使党的组织部门的职权。党内法规在适用程序上有明确的规定。党内法规的适用过程,必须严格遵循既定的程序要求,不按照党内法规的程序规定来适用党内法规的,本身就是一种违反党内法规的行为。如《纪检监察机关派驻机构工作规则》第5章属于专门的"履职程序"规定,其第32条规定了派驻机构开展日常监督的方式有参加会议、谈心谈话、听取汇报、查阅资料、沟通情况、分析研判、廉政把关、实地调查等。其第 37 条规定:"派驻机构应当指定专人负责管理涉嫌违纪和职务违法、职务犯罪问题线索,逐件编号登记,建立管理台账。派驻机构应当结合日常监督掌握的情况,对问题线索进行综合分析、适当了解,采取谈话函询、初步核实、暂存待查、予以了结等方式进行处置。线索处置意见应当自收到线索之日起一个月内提出。处置问题线索应当报派驻机构主要负责人审批,并按照规定报派出机关备案。"由此可知,派驻机构工作的程序要求非常之高。党内法规都有严格的程序规定,这是它具有规范性的一项基本要求。

党内法规的第三个特征是权威性。"权威"是一个极为重要的政治概念。在《论权威》一文中,恩格斯曾对权威这个词作了相当"权威"的诠释,他说:"这里所说的权威,是指把别人的意志强加于我们;另一方面,权威又是以服从为前提的。"恩格斯的这个论断表明,权威是指一个人做某事并非完全出自他的本意,其中有一部分是源于对他人意志的服从。但是,这种服从又不是完全迫于外部的强制作用,也包含着个人对这件事情本身某种程度的认可。

权力和权威之间存在着较为明显的差别。一般认为,权力与权威相互交织。不过,权力的服从性要显著高于权威,享有权力就意味着可以要求绝对的服从,但享有权威则不然。恩格斯告诉我们,权威包含着两大根本原则——强制性与服从性:一方面是将自己的意志施加于他人的强制,另一方面是他人自身对该意志的一定的服从,二者缺一不可,辩证统一。正是强制性与服从性的辩证关系,才使得权威区别于权力,并能使人与人之间的权威关系带有先天的平衡性。人与人之间的权力关系,是要靠外部的强制力来维持的。人与人之间的权力关系,一般难以自觉地保持某种平衡状态,但权威关系常常能够在较长的时间段内保持平衡,且无须借助外力的干预。

一言以蔽之,权威是意志施加与自愿服从的辩证统一。人类社会在任何时候都离不开权威的存在,没有权威就难以形成有效的制度规范体系,人类社会终将沦为一盘散沙。权威现象是随着社会结构的稳固而长期存在的客观现实。没有一个国家或一个组织不具有权威,例如,在课堂上,授课老师就是权威。如果老师没有权威,对学生没有任何的管教能力,那有没有课堂教学秩序,讲授活动还能否开展下去,大家可想而知。国家也是如此,法律在任何国家都代表着一种权威。党内法规尽管不是法律,但对于党组织、党员干部和普通党员来说,它并不亚于国家法律,是权威的象征。

党内法规权威性特征的内涵主要有以下两个方面。

一是党内法规的强制性。党内法规具有一定的强制性,它对各级党组织和所有党员都具有直接的拘束力。与此同时,它对某些国家事务和社会事务也具有深刻的影响力,因而,能够对国家机关和人民群众发挥一定的强制性效果。党内法规的这种强制性作用,是由多个方面因素所决定的,如党内法规是由特定的党组织,经过既定的程序制定出来的行为规则,其合法性和合理性都不容置疑。而我们党的执政党和领导党角色,决定了它处于总揽全局、协调各方的至上地位,它所制定的党内法规必定会对党内事务、国家事务和社会事务产生决定性影响,具有外在的强制性。正因为必要时党内法规可以对党组织、全体党员乃至国家机关、普通群众施加某种强制力,所以说,党内法规具有权威性特征。

二是党内法规的服从性。所谓党内法规的服从性,是指作为党内法规主要规范对象的党组织、党员干部和普通党员,一般都能够自觉地遵守党内法规,对于党内法规的规范要求,常常能够做到发自内心地服从。与国家法律所规范的对象——国家机关、社会组织和公民相比,党内法规规范的对象往往具有更高的思想觉悟,他们都具有建设社会主义社会的理想信念,对自身的要求比较高,能够做到严于律己。党内法规一般都是他们自己参与制定的,至少他们对党内法规的各种规定和要求,都是充分知情的。党组织和党员一般都熟悉党内法规的规定内容,理解其精神实质,在日常的工作和生活中不会对党内法规的种种规定产生抵触情绪,更不会对党内法规的规范要求采取抗拒态度,所以说,党内法规的规范对象对党内法规有着自觉的服从。

也正是从这个意义上说,党内法规具有自治性,且自治正是党内法规的重要功能定位之一。所谓自治性,实际上是指党内法规作为我们党自我约束和自我革命的产物,旨在对党的自我治理。在我们国家,中国共产党自身就是最大的权威,需要通过自我约束和自我革命来实现党内权力的制约。在这一点上,中西之间的差别是很大的。总之,服从性是党内法规权威性的一项重要内涵,正是通过它的服从性,党内法规才能在党内事务和国家事务中发挥着拘束与调整功能。

(三)党内法规的本质

对于党内法规学来说,如何看待党内法规的本质,是一个高度"本质性"话题。党内法规学要成为一门真正的学科,就必须直面党内法规的本质问题。

马克思主义哲学家艾思奇告诉我们,事物的性质,对于它的量来说叫作质,对现象来说叫作本质。由此推论可知,所谓党内法规的本质,是相对于作为一种政党规范现象来说的,它旨在揭示复杂的党内规范现象背后的东西。

透过现象看本质,是马克思主义方法论的核心,其独特之处在于,认识到现象与本质之间可能存在着冲突。本质有时表现为与自身相适应的真实现象,有时又表现为与自身相矛盾的虚假现象。真象和假象都是客观存在的,假象正是科学得以存在的前提。马克思主义哲学认为,如果事物的表现形式和事物的本质能够直接合二为一,一切科学就都成为多余的了。这句话的意思是:表象和本质相分离现象带有一定的普遍性,所以我们需要借助科学来揭示和解构它们之间的这种分离现象,从而把它的本质真实地呈现出来。认识其本质,这是人类考察、分析自然与社会的直接目的所在。是否清晰地揭示其本质,可谓是衡量考察、分析行为本身成败的一个关键性标准。同理,能否透过种种现象去剖析党内法规的本质,也是评价党内法规学作为一门学科成熟与否的重要标准之一。

关于党内法规的本质,我们认为,党内法规属于党的自治规范。

在探究党内法规的本质时,我们首先应当立足于中国共产党的马克思主义政党身份,并与马克思主义的法律观相协调。运用现象与本质、一般与特殊、内容与形式等马克思主义的分析方法,可以把党内法规的本质界定为:由特定党组织所制定的、旨在实现本党治理民主化与法治化的自治规范。我们党之所以需要这种具有强制效力的自治规范,不仅是因为它是中国这个世界大国的执政党和领导党,而且还因为它是以最终在中国实现共产主义为历史使命的马克思主义政党。为了长期的执政和领导,为了历史使命的最终实现,我们党必须对自己提出更高的要求、采取更严的措施。如今绝大多数国家都有政党,而且国家权力一般都是由政党掌握,但其他国家的政党都没有像我们党这样拥有体系化且由专门党内机关保障实施的党内法规,作为高度"法律化"的政党规范的党内法规,是我们中国特有的政治与法律现象。党内法规现象在我国出现的根本原因就在于中国共产党是一个长期执掌国家权力,并全面领导国家的马克思主义政党。

作为自治规范的党内法规,其核心的自治内涵之一就是实现党内治理的民主化。

尽管在民主的要求方面,党内法规和国家法律存在一定程度上的差别,但是党内法规作为我们党的自治规范,它离不开民主:一方面,它的制定和修改始终要贯彻民主集中制;另一方面,它的实施过程同样要贯彻民主集中制。民主是现代人类社会的一项基本价值和政治诉求,也是各种政党制度正当性的基石。2021年国务院新闻办公室发表的《中国的民主》白皮书,开篇就指出:民主是全人类的共同价值,是中国共产党和中国人民始终不渝坚持的重要理念。习近平总书记所提出的"全过程人民民主"理念,正是新时代人民民主实践的新形态。在党内法规的制定和实施过程中,必须全过程贯彻党内民主。全过程党内民主,应该成为发展党内法规的一项基本原则,同时它也应该是党内法规学的一项基本原则。

政党制度是现代民主政治的重要实现形式,是国家政治制度的重要组成部分。以党章为代表的党内法规,全面彰显着我们党的民主理念与诉求,并把坚持和完善党内民主视为党的生命,使党内决策、执行、监督等制度实践深深烙上了社会主义民主的印记。在民主价值转向民主制度的实践中,党内法规体现出了独特的制度优势,从宗旨到规则,党内法规无不散发着全过程人民民主的精神光芒。我们党制定党内法规的一个重要目标,就是致力于实现党内治理的民主化,以保证党内各种事务关系的处理能够经得起人民民主的考验,以使党的各项事业能适应新形势下全过程人民民主的发展要求。对此,我们还可以从多个方面来具体检视各个党内法规,以佐证作为自治规范的党内法规的一个基本目标是实现党内治理的民主化。

有关实现党内选举民主化的党内法规主要有《中国共产党基层组织选举工作条例》(以下简称《基层组织选举工作条例》)、《中国共产党地方组织选举工作条例》(以下简称《地方组织选举工作条例》)、《中国共产党全国代表大会和地方各级代表大会代表任期制暂行条例》(以下简称《代表任期制暂行条例》)等,它们的存在足以证明:党内选举的每个细节都滴着现代民主的露珠,党内选举是实现党内治理民主化的一种重要方式。

有关实现党内管理民主化的党内法规包括《中国共产党党员权利保障条例》(以下简称《党员权利保障条例》),其专门赋予了党员广泛参与党内事务管理的权利,党内管理的民主化程度在不断地加深。其他的党内法规如《党务公开条例(试行)》《党政领导干部选拔任用工作条例》《县以上党和国家机关党员领导干部民主生活若干规定》《中国共产党重大事项请示报告条例》(以下简称《重大事项请示报告条例》)等,都规定对党内事务的处理需要充分彰显民主精神,各级党组织、党员干部和普通党员都能够切实参与各项党内事务的管理工作。

有关实现党内决策民主化的党内法规主要有《中国共产党中央委员会工作条例》(以下简称《中央委员会工作条例》)、《中国共产党地方委员会工作条例》(以下简称《地方委员会工作条例》)、《中国共产党农村基层组织工作条例》(以下简称《农村基层组织工作条例》)、《中国共产党党组工作条例》(以下简称《党组工作条例》)等。它们的主要内容之一就是保障党的政策和主张可以通过常规化的民主决策程序,转化为具有可操作性的方案与办法。决策民主化是决策科学化的基础条件,各级党组织在制定党内法规时,对此都有充分的认知。

有关实现党内监督民主化的党内法规主要有《中国共产党党内监督条例》(以下简称《党内监督条例》)、《中国共产党纪律处分条例》(以下简称《纪律处分条例》)、《中国共产党问责条例》(以下简称《问责条例》)、《防范和惩治统计造假、弄虚作假督察工作规定》等。这些党内法规将民主理念有效地融入党内监督、问责、教育、惩戒等过程,全面营造了不敢腐、不能腐、不想腐的民主防范机制,补齐了管党治党的制度短板,保障了党内民主的有效运行。

概括而言,现有的党内法规充分贯彻了民主精神,它使得党内选举、党内管理、党内决策和党内监督都能够有效实现民主化。积极推动党和国家治理的民主化,可谓是党内法规作为自治规范的核心内涵之一。

作为自治规范的党内法规,其核心的自治内涵之二就是实现党内治理的法治化。

2022年,由中央全面依法治国委员会办公室组织编写的《中国共产党百年法治大事记(1921年7月—2021年7月)》将百年来党领导人民建设法治中国的重大事件,按照年月日顺序进行了系统性梳理,描绘了我们党百年法治征程的历史画卷。1997年,党的十五大就正式提出了"依法治国,建设社会主义法治国家"的现代化命题,同时,"依法治国"还被确立为"党领导人民治理国家的基本方略"。过去一百年的历史经验告诉我们,法治始终是中国共产党的奋斗目标,是中国共产党治国理政的基本方式,是中国共产党的重要价值追求。

在新时代,制度治党、依规治党得到了前所未有的强化,不但大量的党内法规像雨后春笋般地制定出来,而且以党内法规现象为研究对象的新兴学科——党内法规学正在形成。作为一种政党自治规范,党内法规应当且必须将实现党内法治作为其基本价值目标,法治的理念与精神应当融入所有的党内法规规范条款之中。唯有如此,党内法规才是一种真正意义上的现代化自治规范,依规治党才能以法治的方式实现对党内事务的有效治理。

党内法规的快速发展与党的十八届四中全会通过的《中共中央关于全面推进依法治国若干重大问题的决定》关系巨大。正是该"决定",将党内法规体系纳入到了中国特色社会主义法治体系之中。由此可见,党内法规与国家法律一样,也是法治价值的承载者和践行者。总而言之,法治乃是党内法规的重要本质,这就要求我们党必须将法治的理念植入党内法规,并以依规治党的方式来实现和保卫党内法治。

事实证明,法治价值在党内法规中得到了较为充分的体现,以《党组工作条例》为例,该条例一是强调党组的设立必须严格依规,具体包括设立主体、设立程序、主体权限等规范性内容;二是强调党组的职责必须是法定的,不可恣意变更,其职责主要包括履行领导责任、履行全面从严治党主体责任、履行党建第一责任人职责等;三是决策与执行同样必须严格依规,并保障执行程序的法治化。从这些规定内容上看,我们党各级党组的所有工作,只能按照党内法规所设定的权限和程序进行,具有较高的法治化程度,这点是毋庸置疑的。

法治价值在党内监督方面同样有充分的体现,业已建立了相当完备的法治化问责制度体系。《问责条例》《纪律处分条例》《党内监督条例》等党内法规都明确规定了法治化的问责原则,即"有权必有责、有责要担当,用权受监督、失责必追究"。这些党内法规,均从责任主体、违纪情节、处罚程序、担责方式、救济途径等方面作出了具有可操作性的规定。这些党内法规为党内监督法治化的实现提供了坚实的规范基础。

一言以蔽之,法治理念和法治思维应当贯穿党内法规制定与实施的全过程,这是党内法规作为我们党自治规范的本质需要,是新时代依规治党的基本经验。

四、党内法规与国家法律的关系

由于党内法规学受法学的影响最大,且党内法规与国家法律的关系如何还取决于怎样看待国家法律的特征。因而,需要详细探讨国家法律的特征。

(一)国家法律的特征

所谓国家法律的特征,实际上就是指法律的特征,前面加个"国家"主要是为了与党内法规中的"党内"相对应,强调法律的调整范围包括各个政党在内的所有国家事务,不像党内法规那样主要调整的是党内事务。

法律的特征是个非常宏大的话题,存在着多种法学流派的思想学说。因为我们国家是以马克思主义立国的,所以,马克思主义法学在我国法学中居于主流地位。马克思主义法学关于法律特征的学说,在我国法学界具有"通

说"的权威地位。关于法律的特征,张文显主编的《法理学》教材把它概括为如下四个方面:

第一,法律是一种调整社会关系的行为规范。它通过规范人们的行为,而达到调整社会关系的目的。法律作为一种社会规范,具有一定的特殊性,在形式上具有规范性、一般性和概括性等特征。

第二,法律是由国家制定或认可的一种行为规范。国家制定的法,即通常所说的"成文法",是由有权创制法律规范的国家机关制定的。国家认可的法,一般指习惯法。习惯法是根据调整社会关系的需要,由国家立法机关或司法机关,赋予社会上既存的某些习惯、教义、礼仪等以法律效力而形成的法律规范,或者是法官在裁判过程中对特定地方习惯的认可。由于它们一般不是通过规范性文件表现出来的,所以被称作"不成文法"。

第三,法律是一种规定权利和义务的社会规范。法律规定人们的权利和义务,以权利义务机制影响人们的行为动机,指引人们的行为,从而实现对社会关系的调整。这是法律与道德、宗教、习惯等明显不同的地方。道德、宗教、习惯往往是只倡导义务,而淡化和弱化权利。

第四,法律是一种由国家强制力保证实施的社会规范。法律规范的实施,需要依靠国家的系统性暴力机制。当然,这并不意味着国家强制力是保证法律得到实施的唯一力量。

综合上述四个方面的特征,马克思主义法学就把法律定义为:法律是由国家制定或认可,并依靠国家强制力保证实施的,反映由特定社会物质生活条件所决定的统治阶级意志,以权利和义务为主要内容,以确认、保护和发展对统治阶级有利的社会关系和社会秩序为目的的行为规范体系。

关于法律的特征,除了上述马克思主义法学的观点外,还有其他不同学术流派的观点。如周永坤教授在其独著的教材《法理学——全球视野》中对法律的特征作了相当细致的分析。他指出,研究法律的基本特征,应当注意两个方法问题:一方面,应当尽可能地将各种法源纳入观察对象范围,防止以偏概全。例如,法律有社会法、国家法、超国家法,不能将目光局限于国家法;法律有强行法和任意法,不能只观察强行法而无视任意法;法律有制定法和判例法,不能只重视制定法而忽视判例法;等等。另一方面,应当注意法律特征的相对性。法律是一种社会规范,它与其他社会规范存在着交叉,在法律与道德规范、政策规范、习俗规范之间必然存在着灰色地带。法律与其他规范现象具有一定的相似性,这种相似性使得任何法律的特征都具有相对性。这就决定了区分"法律现象"与"非法律现象"不能从单一特征出发,而应当从法律的"特征群"出发。

在周永坤教授看来,不同法学流派在思考法律特征时的着眼点存在差异,自然法学派着眼于正当,实证主义学派着眼于规范的来源与效力,而社会法学派则着眼于规范的实效。所以,对于法律基本特征的描述,不同法学流派也各不相同。周永坤教授指出,我国法学界关于法律基本特征的通说存在明显的缺陷,它所观察的对象只局限于国家法,而忽视了社会法、超国家法等,应对这种主流观念作出必要的修正。对于法律的基本特征,周永坤教授归纳为以下几个方面。

(1)法律是社会规范。所谓社会规范是调整人际关系的标准、准则、范式。社会规范的种类很多,如道德规范、宗教规范、政治规范、经济规范、礼仪规范、社团内部的规章和纪律等。法律只是社会规范的一种,而不是全部。法律作为社会规范是以法律规范和原则的形式表现出来的。

(2)法律具有普遍性和形式性。普遍性是指法律不是针对某一特定对象的,而是针对不特定对象的、可以统一反复(在生效期间)适用的规范。法律不同于命令,命令针对的是单一对象或事项,不可重复。法律的普遍性决定了法律必须是形式化的。法律的形式化要求它将不同的主体概括抽象为相同的法律关系主体,同时对外部世界进行归类,并在此基础上对权利、义务关系作出形式上的规定。

(3)法律是以正义为价值导向的社会关系调整器。法律作为规范的功能,在于调整社会关系。法律调整的社会关系具有多样性,按照主体可分为个体间、个体与团体间、团体与团体间的关系;按照社会关系的领域可分为物质关系和精神关系等。任何时代的法律都是为了或至少声称其是为了正义和社会公共利益而存在的。同时要注意的是,违宪的法律、违反上位阶立法的法律以及侵犯基本人权的法律,都不是真正意义上的法律。也就是说,恶法非法,纽伦堡审判和东京审判就是否定非法之法的著名案例。

(4)法律是权威的社会规范。权威性是指在众多的社会规范中,法律具有优先适用性。在法治社会中,法律的权威表现为法律具有至上性。所谓至上性,一是指法律高于其他社会规范,其他社会规范不得违反法律;二是指所有人(包括自然人和社会团体、政党等拟制人)都有服从法律的义务。

(5)法律在总体上是以强制力为后盾的。法律的贯彻落实通常不需要暴力,但是必要的强制力是不可或缺的。没有强制力作为后盾,"法律机会主义者"将泛滥成灾,最终势必会吞噬法律的权威。法律的强制力将其与道德、意识形态、习俗等区别开来。强制力是法律的普遍性所必需的,但法律的强制力不能脱离法律的正当性。强制力是法律的后盾,这并不是说法律的实现主要靠或者只能靠强制。实现法律的要素是多元的,如道德、利益关系、社会压力、信仰等,强制力只是必要条件之一。还应看到,法律的强制力并非仅仅来自于国家,如原始法的强制是部落社会的强制,宗教法的强制主要是教会的强制,国际法的强制主要来自国际社会等。

必须承认,周永坤教授关于法律特征的论述具备相当高的水准。略有遗憾的是,与马克思主义法学的观点一样,他对程序问题同样有所忽视。在讨论法律的特征时,应当将程序视为法律的一项特征,正是严格的程序将法律规范与道德等社会规范区分开来。诚如美国法学家哈罗德·伯尔曼所指出的,法律是一种特殊的创造秩序的体系,一种恢复、维护或创造社会秩序的,介于道德和武力之间的特殊程序;法律的特点——精巧、明确、公正性、客观性、普遍性——使得它成为解决种种外部干扰,维护社会正常秩序的一种有机程序。由此可知,伯尔曼特别重视程序性价值,把程序性作为法律的一个根本特征。

夏立安教授就认为,法律具有程序性,它是由专门机关依照既定的程序来实施和执行的。郑成良教授也指出,法律是由程序来保障实施的社会规范。程序对于法律的实施具有保证性。还有学者认为,法律是通过程序而强制予以实施的。换言之,程序本身的强制作用是对法律实施的保障。因而,法律是一种具有程序性的他律规范。法律规范的他律性,不仅体现在法律作为国家规范的强制性特征中,还体现在作为法律创制者和实施者的国家机关本身也要受到法的"强制",法律创制者不能为所欲为地创制法律,实施者更不能恣意地实施法律。总之,法律的程序性特征,对适用法律的公民和法律的创制者与实施者,都予以了限制与保障。

综上所述,作为一种社会规范的法律是各种社会关系的调节器,它具有普遍性、形式性、权威性、程序性、强制性等特征。若要探讨党内法规与国家法律之间的关系,首先应当全面认识国家法律的上述特征,这是剖析两者之间关系的基本前提。

(二)党内法规与国家法律的一致性和差异性

在正式阐述党内法规与国家法律关系之前,需要了解学术界对党内法规与国家法律关系的既有认知,较为主流的观点有如下三种:

1. 对立论

有学者认为,法治就是国家法律之治,对于国家和社会的治理,应当且只能依据国家法律进行，包括党内法规在内的其他规范制度，都不属于依法治国中的"法"。在国家法律之外，再搞一套党内法规，并将它纳入"法"的范畴，这会明显影响到国家法律和法治的纯洁性，会削弱国家法律的权威性。这种将党内法规与国家法律对立起来的观点，无疑是值得商榷的。

总体而言，对于什么是"法"，我们人类社会到今天为止，都没有达成真正的共识。众所周知，一些单位内部的规章制度对员工的要求甚至超越了国家法律。如大学食堂里的师傅如果不遵守食堂内部的卫生制度，其后果常常比违反《中华人民共和国治安管理处罚法》还要严重。显然，我们不能直接断言大学食堂内部的卫生制度不是"法"，因为它也具有法律的特征——普遍性、形式性、强制性等。同理，党内法规也具有法律的基本特征——普遍性、形式性、权威性、程序性等。对于党组织、党员干部及普通党员来说，党内法规的强制性是毋庸置疑的。所以，党内法规可以且应当纳入"法"的范畴，属于依法治国中的"法"。对"法"作过于机械片面的理解，将党内法规与国家法律对立起来，在认知上较为片面。党内法规与国家法律之间绝不是"有你没我""有我没你"的不相容关系，两者完全可以携手并存。

2. 等同论

有学者认为，党内法规与国家法律之间没有什么显著的差别，两者都是党和人民意志的规范表达，都是依法治国的手段和工具。党内法规可以调整国家事务，而国家法律也可以处理党内事务，因而，我们完全可以把两者等同视之，没有必要刻意去区分彼此。还有一种类似的观点，即主张将党内法规"纳入国家法律体系之中"。这种"纳入论"的代表性学者有刘松山、王春业等。刘松山教授认为，将党的各项制度上升为严肃的国家法律，依法治党，对保证党的肌体健康、遏制腐败、贯彻落实宪法、保障党和国家的长治久安，都具有十分紧迫而重要的现实意义。王春业教授则认为我国的立法法没有把中国共产党规定为立法主体是落后过时的，应当尽早修订立法法以使各级党组织成为名正言顺的国家法律制定主体。这种等同论只看到了党内法规与国家法律的一致性，而忽视了两者的差异性。

"纳入论"实际上主张取消党内法规与国家法律之间的差异性，而这是以认识到党内法规不同于国家法律为前提的。纳入论显然不值得提倡，正如刘长秋教授所指出的，党内法规既具有法律属性，又具有政治属性，其政治属性应当优先于其法律属性；党内法规的政治与法律双重属性，决定了党内法规不宜被上升为国家法律，而更宜固守其与国家法律之间的边界。而强梅梅研究员通过实证分析再次表明，党内法规和国家法律尽管在规范事项上存在着交叉领域,但各自都有互不介入的"自留地",党内法规与国家法律在规范事项上的分工是明显而又明确的;在处理二者关系的过程中,要警惕党内法规和国家法律不分、党内法规具有"溢出效力"、党内法规只能调整党内事务等错误认识。这种实证研究充分证明,党内法规并不等同于国家法律。事实上,党内法规的自治性规范本质决定了它应当与国家法律保持一定的距离,它对国家与社会事务的介入必须是有限的。

3. 高级法论

高级法论的提出者是强世功教授。强教授分析认为,从西方法律传统的角度上看,党法与国法的关系类似于高级法与国家法的关系,或者说自然法与实定法的关系;而在中国法律传统语境中,党法和国法的关系,就类似于天道自然法下礼和法的关系。简单来说,强教授的意思就是党内法规是一种类似于自然法的高级法,在必要的时候,国家法律这种实定法需要让位于党内法规这种高级法。根据西方自然法理论,当实定法与自然法产生冲突时,实定法就应该丧失作为"法"的资格,不得按照这种违反自然法的国家法律来调整社会关系,这样才能在社会上维护自然正义。如果将党内法规视为自然法,意味着当党内法规和国家法律发生冲突时,国家法律会因与党内法规不一致而归于无效。这个结论显然与党章规定的"党必须在宪法和法律范围内活动"相冲突,也明显与我们党一直倡导的"宪法法律至上"原则相背离。

还需要注意的是,所谓自然法,实际上是一种不成文法。有正式规范文本的,绝对不是自然法。而所有的党内法规都是成文的。另外,自然法的适用是例外状态下的偶然事件,对社会关系的调整主要依赖于实定法而非自然法。但党内法规对党内事务的调整是时刻都在进行着的,党内法规绝不是有了例外状态,就偶尔调整一下党内事务。总之,高级法论对党内法规与国家法律关系的认知带有相当的片面性,甚至罔顾了一些基本事实,不应继续坚持。

关于党内法规与国家法律之间的关系,欧爱民教授的《党内法规与国家法律关系论》一书对此作了深入研究。党内法规与国家法律的关系具有两面性,两者之间既存在着一致性,又具有一定的差异性。"对立论""等同论""高级法论"要么忽视了党内法规与国家法律的差异性,要么抛弃了两者的一致性,因而都是片面的。

(1) 党内法规与国家法律的一致性

众所周知,在我们国家,中国共产党并没有自己的特殊利益,党的主张事实上是由人民的意志转化而来的,两者是有机统一的,而不是对立的。因而,人民意志、国家利益与党的主张,三者在根本上是一致的,这就决定了党内法规与国家法律具有一致性,它们都属于中国特色社会主义法治体系的重要组成部分,都是致力于实现中华民族伟大复兴的制度规范。在根本目标上,党内法规与国家法律具有一致性,这也是由中国共产党是我们国家的执政党和领导党所决定的。不管是党内法规还是国家法律,它们都是党的路线、方针和政策的规范化、制度化,它们都体现了党的意志与人民意志,都是党和人民意志的承载者,也都是国家利益的维护者。具体来说,党内法规和国家法律的一致性,可以概括为以下几个方面:

第一,在规范对象上,党内法规与国家法律具有一定的重合性。党内法规是党务关系的调节器,重点是规范党员干部和党组织的公权力行为。当然,它也对普通党员形成一定的规范约束。而国家法律的调整对象是各个国家机关之间、社会组织之间、公民之间、公民与国家机关之间、公民与社会组织之间的关系。表面上看,在调整对象方面,党内法规不同于国家法律。然而,防范和惩治各级政府公职人员的滥权专断,无疑是党内法规和国家法律共同的、最为重要的规范功能。而在我国的公务员队伍中,具有党员身份的占绝大多数。在县处级以上的领导干部中,党员比例超过95％。从这个意义上说,党内法规与国家法律的调整对象,具有高度的一致性。国家监察体制改革后,党的纪检机关与国家监察机关合署办公,这实际上是党内法规与国家法律在规范对象方面具有一致性的结果。

第二,在调整内容上,党内法规与国家法律也具有一致性。无论是党内法规还是国家法律,都旨在规范政党和政府行为,使之具有可预期性、稳定性、程序性。党内法规和国家法律在调整内容上具有一致性,例如,《中国共产党地方委员会工作条例》第3条规定:"党的地方委员会在本地区发挥总揽全局、协调各方的领导核心作用,按照协调推进'四个全面'战略布局,对本地区经济建设、政治建设、文化建设、社会建设、生态文明建设实行全面领导,对本地区党的建设全面负责。"简言之,该条赋予了地方党委对本地区重大事项的决定权。《中华人民共和国地方各级人民代表大会和地方各级人民政府组织法》(以下简称《地方各级人民代表大会和地方各级人民政府组织法》)第11条第3项同样授予县级以上的地方各级人民代表大会对本地区重大事项的决定权。由此可见,作为党内法规的《中国共产党地方委员会工作条例》与作为国家法律的《地方各级人民代表大会和地方各级人民政府组织法》在诸多规范内容方面具有一致性。

第三,在规范效力上,党内法规与国家法律同样具有一致性。关于党内法规与国家法律的效力问题,法学界有一个备受关注的观点,即认为党内法规的效力低于国家法律。与之类似的观点是国家法律优先原则,制定党内法规时,不得侵犯国家立法权的界限。在制度定位、权威地位和实际效力等层面,国家法律无疑要高于党内法规。如屠凯博士就认为,党章统领党内法规制度体系,党章之上仍有宪法这个最高权威;党内法规规范党的各领域和各方面,但党员在每一领域和每一个方面的行为也要同时遵循国家法律的规定,党内法规不能作出与国家法律相违背的规定;国家法律高于党内法规,这大概是绝大多数法律工作者和研究者的认识。

我认为,不管是党内法规效力低下论,还是国家法律优先论,都不准确。事实上,在效力方面,党内法规与国家法律具有一致性,彼此之间并无高低之分。可以说,国家法律是对包括党员在内的所有公民行为的第一次调整,而党内法规则是对党员行为的第二次调整。在某些规范对象权益方面,党内法规与国家法律"相抵触",是带有必然性的"常态",而不是偶然性的"意外"。"相抵触"最典型的标志,就是党内法规对党员的要求比国家法律严格得多,所谓党内法规不得作出与国家法律相违背的规定显然与事实不符。党内法规的基本原则是义务优于权利,它对党员作出了一系列义务性规定,且其中绝大多数都是国家法律丝毫没有涉及的。在权利义务关系的调整内容和形式方面,党内法规与国家法律确实有着明显的差异。

例如,我国《宪法》第35条规定公民有言论自由,第41条规定公民对国家机关及其工作人员有提出批评、建议的权利,这两条中的公民当然包括党员,因为中国共产党党员首先是中国公民。然而,《纪律处分条例》第46条对党员的言论自由权和批评建议权予以了一定的限制。显而易见,如果坚持国家法律高于党内法规的观点,自然会得出《纪律处分条例》第46条违反了宪法;而如果坚持党内法规高于国家法律的观点,则会得出宪法丧失权威的结论。事实上,这两个结论都是错误的。

总而言之,在规范对象、调整内容、规范效力等方面,党内法规与国家法律都具有明显的一致性。此外,从实践运行层面上看,它们也具有一致性。在中国特色社会主义法治体系的建构过程中,依法治国与依规治党常常是"统筹推进、一体建设"的,而不是"兄弟登山、各自努力"的。

(2) 党内法规与国家法律的差异性

党内法规与国家法律之间,除了具有一致性关系,同时还存在着一定的差异性。一旦人为地否定两者的差异性,就有可能造成这样两种不利的后果:一是党内法规大举"侵入"国家事务领域,不当压缩国家法律的生存空间,造成党政不分、以党代政等不良现象;二是国家法律广泛"渗透"党内事务领域,造成党内事务国家法律化现象,从而使得党内法规失去它的特色和优势,不利于中国特色社会主义法治体系的健康发展。具体而言,党内法规与国家法律的差异性,可以概括为以下三个方面:

第一，在制度理念上，党内法规异于国家法律。这主要表现在两个层面：党内法规遵循义务优先的理念，而国家法律则相反，它遵循的是权利本位理念。所以，党内法规要求党员一定要献身于党的社会主义建设的伟大事业，要有奉献精神、牺牲精神。普通公民则可以积极维护其各种合法权益。在对权利、义务的理解上，党内法规与国家法律是不一样的。党内法规坚持思想建设与义务优先相结合的理念，而国家法律则秉承权利主导下的规则建构理念。

一般来说，国家法律不会对人作任何思想上的严格要求，也不会强行对公民进行共产主义教育、理想信念教育等，更不会要求公民在日常工作中做到全心全意为人民服务。关于法律只关注外在的行为，而不管内在的思想倾向，马克思指出，"凡是不以当事人的行为本身，而以他的思想作为主要标准的法律，无非是对非法行为的实际认可""追究倾向的法律取消了公民在法律面前的平等。这是制造分裂的法律，不是促进统一的法律"。而党内法规除了规范党员的行为之外，还注重对党员进行政治思想教育，以确保党员思想上的先进性。如《关于新形势下党内政治生活的若干准则》就要求严格党的组织生活制度，坚持"三会一课"制度：党员必须参加党员大会、党小组会和上党课，党支部要定期召开支部委员会会议；"三会一课"要突出政治学习和教育，突出党性锻炼，坚决防止表面化、形式化、娱乐化、庸俗化。由此可见，强化对党员的意识形态和理想信念教育，乃是党内法规的一项重要内容。总之，在人的思想倾向问题上，党内法规与国家法律之间的差异是显著的，前者强调要时刻关注人（党员）的思想动态，而后者只关注行为、不关注思想。

第二，在特定事项上，党内法规先于国家法律。所谓特定事项，主要是指某些党内法规和国家法律都可能要予以规范的事项。对于此类事项，一般来说，是先由党内法规进行党内规定，而后国家法律再从国家层面予以规定。简单来说，党内法规对某些特定事项的规定往往走在国家法律前面，党内法规先行，国家法律后续跟上。

以"双规""留置"为例，早在1994年3月，中共中央纪律检查委员会就印发了《中国共产党纪律检查机关案件检查工作条例》（以下简称《纪律检查机关案件检查工作条例》）。该条例第28条规定："凡是知道案件情况的组织和个人都有提供证据的义务。调查组有权按照规定程序，采取以下措施调查取证，有关组织和个人必须如实提供证据，不得拒绝和阻挠。……（三）要求有关人员在规定的时间、地点就案件所涉及的问题作出说明。"该条款中的"规定的时间、地点"，就是我们通常所说的"双规"——一项重要的反腐手段。多年的党纪检查实践表明，党内法规所规定的"双规"等反腐举措是有效的，它值得也需要国家法律来参考和借鉴。

于是,以国家监察体制改革为契机,全国人民代表大会将这种党内反腐手段法律化,在《中华人民共和国监察法》中创设了"留置"这一与"双规"基本相同的反腐手段。《监察法》第43条、第44条对留置的条件、时间、场所、主体、审批程序等事项,作出了详细的规定。从发生学的视角上看,党内法规的制度创新领先于国家法律。党内法规的规定在实践中被证实有效可行后,国家法律再来引进和运用。

第三,在规范力度上,党内法规要大于国家法律。《中共中央关于全面推进依法治国若干重大问题的决定》强调:党规党纪严于国家法律,党的各级组织和广大党员干部不仅要模范遵守国家法律,而且要按照党规党纪以更高标准严格要求自己,坚定理想信念,践行党的宗旨,坚决同违法乱纪行为作斗争;对违反党规党纪的行为必须严肃处理,对苗头性倾向性问题必须抓早抓小,防止小错酿成大错、违纪走向违法。

对于党员来说,党内法规比国家法律严得多。党员尤其是党员干部,仅仅做到不违法是远远不够的,他们还必须严格遵循党内法规对其言行举止、思想倾向的各项规定,而且有些党内法规不但对党员自身提出了要求,而且还对其配偶、子女等身边人提出了要求。对于党员干部来说,放纵自己的配偶、子女等亲属违纪犯法,实际上等同于自己违反党规党纪,同样要承担一定的后果。《纪律处分条例》第85条规定:"党员干部必须正确行使人民赋予的权力,清正廉洁,反对任何滥用职权、谋求私利的行为。利用职权或者职务上的影响为他人谋取利益,本人的配偶、子女及其配偶等亲属和其他特定关系人收受对方财物,情节较重的,给予警告或者严重警告处分;情节严重的,给予撤销党内职务、留党察看或者开除党籍处分。"这些规定表明,党员干部要时刻以党规党纪严格要求自己,用党规党纪来规范自身的思想与言行,并从严要求自己的所有亲属,成为遵守党内法规,而不只是遵守国家法律的模范。

党内法规严于国家法律的根本原因在于,中国共产党是我们国家的执政党和领导党,"党政军民学,东西南北中,党是领导一切的"。我们党要自信地、有底气地领导中央和地方国家机关、军队、经济组织、社会组织、文化组织、人民团体和其他组织,就必须对自己的各级党组织、党员干部和普通党员从严要求,否则,就缺乏应有的说服力。毕竟,对自己从严要求,才能真正做到以德服人、以理服人,才能真正带领我们国家和人民阔步迈向新征程。

第二章
党内法规的分类与结构

本章内容是党内法规学的基础。对党内法规进行分类并剖析其结构,是认识与理解它的一种有效方式。经过分类和解析,党内法规之间的逻辑关系会变得更清晰、更容易懂。与此同时,分类和解析还能催生新的党内法规学概念的产生,并使相关概念之间的界限变得更为明确。

分类是人类认识自然和社会的基本方法之一。分类能力几乎是人的一种天生的基础能力,人首先是从分类中开始认识自然与社会的,没有分类,人几乎不可能在自然之间、自然与社会之间建立起基本的逻辑关系,更无法进一步把握它们之间的关系本质。所以,对于人文社会学科来说,分类是基本的功课,无法回避。成熟的分类类型是一门学科形成的重要标志之一,党内法规学作为一门新兴学科,自然不能不重视党内法规的分类问题。

一、党内法规的分类

关于分类,最重要的是分类的标准问题。有什么样的分类标准,就有什么样的分类结果。对同一个事物常常有多种不同的分类,原因在于分类标准的不同。得到什么样的分类结果,主要取决于选择了什么样的分类标准。人们对事物的分类标准的选择往往都带有一定的主观性,因而,谋求分类结果的完全一致,既不必要,也不可行。

(一)既有的分类状况

有学者曾提出"党内法规部门"这一概念,进而以此概念为基础,提出了独特的党内法规分类。所谓党内法规部门,就是按照所调整的党内事务关系的不同,以及与之相适应的调整方法上的差异,对现行党内法规所进行的分类,把同类的党内法规规范归为一个党内法规部门。其将党内法规部门划分为党章部门、组织法规部门、纪律法规部门、党员和党员干部法规部门和其他法规部门。也就是说,它把党内法规分为五个部门,形成了党内法规分类的五分法。

蒙慧教授则提出了"六分法"。她认为,党内法规在横向层面上可以划分为"党的领导法规""党的组织法规""党的权力运行法规""党员教育管理法规""党的保障类法规"等五种类型。这五个门类再加上党章,共同构成了"1+5"的类型框架。应该承认,这个"六分法"具有一定的独特性。它是从中国共产党政治活动的视角来进行分析的,具有相当的新颖性。过去我们常见的分类更多的是一个静态性的分类,而她的这种分类所针对的是动态运行中的党内法规,这是该"六分法"的优势所在,我在该六分法基础上,对党内法规类型进行进一步优化,如图2-1所示。

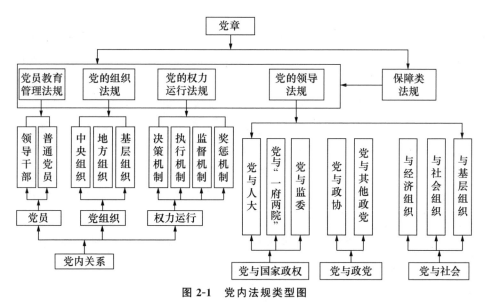

图 2-1 党内法规类型图

2013年,王振民教授在他的一篇论文中提出了一个"八分法"方案:(1)党章;(2)党的思想建设法规,如中央和国家机关工作委员会印发的《中央和国家机关职工思想动态分析报告办法》;(3)党的组织建设法规,如《地方组织选举工作条例》;(4)党的队伍建设法规,如《党政领导干部选拔任用条例》;(5)党的作风建设法规,如《关于新形势下党内政治生活的若干准则》;

(6) 反腐倡廉建设法规，如《中国共产党党员领导干部廉洁从政若干准则》；(7) 党内工作程序法规，如《中国共产党机关公文处理条例》；(8) 其他党内法规，如关于党校工作、密码工作、机要交通工作等方面的专门法规等。

根据相关党内法规规范在组织型社会系统中的不同功能定位，赵谦教授认为，党内法规规范可以划分为体系架构规范、干部人事规范和纪律检查规范三类。其中，体系架构规范从执政党这一组织体的系统功能建构角度来设定执政党的组织系统行为事项；干部人事规范从执政党这一组织体的成员资格自生性维护角度来设定执政党的组织成员行为事项；而纪律检查规范则从执政党这一组织体及其成员的任务、行为监控角度来设定执政党的组织风险控制行为事项。由此，党内法规规范体系被划分为三类：整合性规范体系、具象化规范体系和惩戒性规范体系。我们可以把赵教授的观点简要概括为党内法规"三分法"，即体系架构法规、干部人事法规和纪律检查法规。

除了学者的分类版本外，还有来自官方的分类版本。如 2013 年发布的《中央党内法规制定工作五年规划纲要（2013—2017）》将党内法规分为"党的领导和党的工作""党的思想建设""党的组织建设""党的作风建设""党的反腐倡廉建设"和"党的民主集中制建设"等六种类型。而 2018 年印发的《中央党内法规制定工作第二个五年规划（2018—2022 年）》在党内法规分类问题上又有了新的认识，该"规划"首先将党内法规的分类框架确定为"1+4"，其中的"1"指一部党章，而"4"分别指"党的领导法规""党的组织法规""党的自身建设法规"和"党的监督保障法规"。新的分类将原有的思想建设、作风建设、民主集中制建设等分类类型抛弃，而将它们统统归入党的自身建设类型之中。这种新旧变化表明，对于党内法规的分类问题，中共中央的认识也是在不断深化发展着的。总之，党内法规的分类始终处于不断的摸索之中，对分类结果的优化永远不会停息。

概括而言，党内法规的分类可以从制定主体、调整对象和名称等视角展开。

（二）基于制定主体的分类

党内法规由不同的主体（党组织）来制定，根据其制定主体的不同，对党内法规进行分类，是一种常见的分类方法。按照《党内法规制定条例》的相关规定，党内法规的制定主体主要有三类，据此可以将党内法规划分为中央党内法规、部委党内法规、地方党内法规三种类型。

所谓中央党内法规，主要是指党的中央组织所制定的党内法规。中央党内法规是党内法规的核心主干。中央党内法规对全党的路线、方针、政策予以规范化，发挥着创设制度、指引方向的重要作用，以充分体现党中央权威和集中统一领导，并致力于党的伟大历史使命的阶段化实现。典型的中央党内法规有《党章》《中国共产党政法工作条例》（以下简称《政法工作条例》）、《中国共产党组织工作条例》（以下简称《组织工作条例》）、《中国共产党政治协商工作条例》（以下简称《政治协商工作条例》）、《中国共产党党内功勋荣誉表彰条例》（以下简称《党内功勋荣誉表彰条例》）等。

部委党内法规，是指中央纪律检查委员会和党中央的工作机关，为了贯彻执行党章和其他中央党内法规确定的路线、方针、政策，或者为了履行党章和其他中央党内法规所规定的职责，而制定出来的党内法规。对于加强和规范党的各方面的工作来说，部委党内法规是非常重要的一种党内法规类型，是处理党内各种"条""块"工作的基本指南和依据。如《纪律检查机关案件检查工作条例》《信访工作责任制实施办法》《司法机关内部人员过问案件的记录和责任追究规定》等，都是典型的部委党内法规。

所谓地方党内法规，是指省、自治区、直辖市党委，为贯彻和执行党章、中央党内法规和部委党内法规，或者履行党章、中央党内法规和部委党内法规所规定的职责，而制定的在本行政区范围内适用的党内法规。地方党内法规最主要的功能是对上级党内法规的进一步细化，它在党内法规体系中的地位类似于地方性法规在国家法律体系中的地位。地方党内法规是加强和规范党的各个地方党务工作，及有关国家事务工作的重要遵循，在地方的党政事务及社会事务治理中，扮演着重要的角色。一般来说，中央党内法规制定出来之后，各省、自治区、直辖市党委，都会制定相应的实施细则，以具体指导中央党内法规在本行政区域范围内的有效实施。有些部委党内法规发布之后，各省、自治区、直辖市也会制定进一步细化它的地方党内法规，以使部委党内法规可以在本地区得到更好的贯彻执行。由此带来的结果是，在数量上，地方党内法规远远大于中央党内法规和部委党内法规。

根据制定主体的不同将党内法规分为中央党内法规、部委党内法规、地方党内法规三种类型，只是从制定主体视角所作出的一种分类形式。其实，从制定主体视角出发，还可对党内法规进行另外一种分类，即把党内法规分为党章、一般性党内法规和混合性党内法规三种类型。

鉴于党章在党内法规体系中的至高地位，把它单独作为一种类型的党内法规并无不可。所谓一般性党内法规，是指除党章之外的，由党的中央组织、党的部委组织和省、自治区、直辖市党委制定的党内法规。而所谓混合性党内法规,则是由党的机关和国家机关联合制定的党内法规。这种由党和政府两类机关携手制定的规范性文件被称作党内法规主要是基于两个原因:一是在制定过程中,党的机关往往是牵头机关,而政府机关一般处于协同配合地位;二是一般由党的机关来印发,且冠以党内文件字号。因而,它们一般不属于国家法律范畴,而被认定为党内法规。如《领导干部报告个人有关事项规定》就是由中共中央办公厅和国务院办公厅联合制定的,发文主体是中共中央办公厅,发文字号是"中办发〔2017〕12号"。这就属于典型的混合性中央党内法规。又如《河北省党政机关国内公务接待管理办法》就是由河北省委办公厅、省政府办公厅联合发布的,它属于典型的混合性地方党内法规。

与中央党内法规、部委党内法规和地方党内法规这种流行的党内法规三分法相比,党章、一般性党内法规和混合性党内法规的党内法规三分法,或许更值得关注。这不仅仅是因为它属于一种新的从党内法规制定主体视角所作的分类方法,更重要的是,这种分类方法充分关注到了党内法规制定主体的复杂性,以及由此决定的党内法规自身的复杂性。

(三) 基于调整对象的分类

根据党内法规所调整的党务关系的不同,可以将党内法规划分为党章、党的组织法规、党的领导法规、党的自身建设法规和党的监督保障法规五种类型。这种分类方法最早见于《中央党内法规制定工作第二个五年规划(2018—2022年)》。因此,这种分类带有明显的官方性质,而不单纯是一种学理性分类。在众多的党内法规分类模式中,这种基于调整对象的五分法具有相当的影响力。本书也将采用这种分类方法,来设计和讲授党内法规部门。

党章即《中国共产党章程》的简称。党章明文规定了党的性质和宗旨、党的理论、路线、方针、政策以及党的重要主张,还规定了党的组织结构及其运行的体制机制。党章就是党的根本大法,是全体党员都必须共同遵守的根本行为规范,是全党必须遵循的总规矩。在党内法规体系中,党章居于"母法"地位,类似于宪法在国家法律体系中的地位。建立健全党内法规制度体系,应当以党章为根本依据,判断各级党组织、党员干部与普通党员的行为,应当以党章为基本标准。同时,党章还是解决党内矛盾纷争的根本规则。总之,党章是效力位阶最高的党内法规,堪称党内法规体系的拱顶石。

党的组织法规,是指规范和调整党的各级各类组织产生、组成、职权职责及党员干部等的党内法规,它为党管党治党与执政治国提供重要的组织制度保障。党的组织分为中央组织、地方组织、基层组织、党组、党的纪律检查机关、党的工作机关等多种类型,每种类型又分为多个层级。党的组织法规是调整与规范党组织及其运行的规范的集合,具有独特的系统建构和规范功能,对党的建设和党的执政能力的提升具有重要价值。

  与世界上其他国家的政党相比,中国共产党有一个鲜明的特点,那就是它的组织严密,执行力特别强。组织严密源于党历来高度重视组织法规建设,党章中就有大量篇幅是关于党组织的规定。2021年5月,中共中央专门发布了《组织工作条例》。这是党内法规体系中的一部重要党内法规,是中国共产党的第一部专门的组织工作条例。中共中央办公厅法规局发布的《中国共产党党内法规体系》指出,截至2021年7月,现行有效党的组织法规共153部,其中,中央党内组织法规15部,部委党内组织法规1部,地方党内组织法规137部。当然,这个党内组织法规数据,每过几年就会有一定的增减。

  党的领导法规,是指规范和保障党对各方面工作实施领导的党内法规。党与人大、政府、政协、监察机关、审判机关、检察机关、武装力量、人民团体、企事业单位、基层群众自治组织、社会组织等之间的领导与被领导关系,主要由党的领导法规明确和调整,为党发挥总揽全局、协调各方的领导核心作用提供制度保障。就其具体规范事项来说,党的领导法规的主要规范内容有四项:(1)谁来领导,即领导主体事项;(2)领导什么,即领导职责事项;(3)怎么领导,即领导行为事项;(4)如何保障,即领导保障事项等。总的来说,党的领导法规是规范党的领导和执政活动,旨在提高党科学执政、民主执政、依法执政的能力与水平的党内法规。《中国共产党农村工作条例》(以下简称《农村工作条例》)、《中国共产党机构编制工作条例》(以下简称《机构编制工作条例》)、《政法工作条例》《党委(党组)网络安全工作责任制实施办法》《健全落实社会治安综合治理领导责任规定》《中国共产党统一战线工作条例》(以下简称《统一战线工作条例》)等,都是典型的党的领导法规。中共中央办公厅法规局发布的《中国共产党党内法规体系》指出,截至2021年7月,现行党的领导法规共计772部,其中,中央党的领导法规44部,部委党的领导法规29部,地方党的领导法规699部。

  党的自身建设法规,是指规范与强化党自身的政治建设、思想建设、组织建设、作风建设、纪律建设等活动的党内法规。它旨在为提高党的建设质量、永葆党的先进性和纯洁性提供制度保障,以不断增强党的创造力、凝聚力和战斗力。党章规定,中国共产党代表中国先进生产力的发展要求,代表中国先进文化的前进方向,代表中国最广大人民的根本利益。为了确保党的先进性,自然就要不断加强党自身的制度建设,以永葆党的先进地位。制定党的自身建设法规时,应当充分汲取党的自身建设的百年历史经验,结合党建的总体布局,划定党的自身建设法规与其他党内法规的规范边界。

从功能上看,党的自身建设法规大致可以分为思想政治型、能力锻造型、队伍建设型和作风建设型等几种类型。典型的党的自身建设法规有《关于实行党风廉政建设责任制的规定》《中国共产党党委(党组)理论学习中心组学习规则》(以下简称《党委(党组)理论学习中心组学习规则》)、《干部教育培训工作条例》《中国共产党廉洁自律准则》(以下简称《廉洁自律准则》)、《中国共产党发展党员工作细则》(以下简称《发展党员工作细则》)等。中共中央办公厅法规局发布的《中国共产党党内法规体系》指出,截至2021年7月,现行有效党的自身建设法规共1319部,其中,中央党内法规74部,部委党内法规76部,地方党内法规1169部。党的自身建设法规在党内法规体系中的比重较大。

党的监督保障法规,也可以称为党内监督法规。是指规范党内监督、考核、激励、奖惩、保障等事项的党内法规,其规范对象涉及党的各级组织、党员干部和普通党员,其规范事项包括党组织的工作、活动,以及党员干部与普通党员的行为、思想等。党的监督保障法规的主要任务是:规范党的领导机关,尤其是党的各级领导干部的用权行为,促进党员干部履行职责与义务,并保障普通党员的党内民主权利,从而形成有权必有责、有责要担当、用权受监督、失责必追究的党内权力运行与制约机制。《党内监督条例》《党政领导干部考核工作条例》《党内功勋荣誉表彰条例》《党员权利保障条例》等,都属于党的监督保障法规。中共中央办公厅法规局发布的《中国共产党党内法规体系》指出,截至2021年7月,现行有效党的监督保障法规共1370部,其中,中央党内法规77部,部委党内法规57部,地方党内法规1236部。由此可见,党的监督保障法规在党内法规体系的比重也不低。

(四)基于名称的分类

党内法规名称,是党内法规文本内容的正式代表符号,是党内法规相互区分开来的一个基本标识。党内法规命名是党内立规活动的一项重要内容,一个完整的党内法规名称应当包括制定主体、适用范围、表现形式、效力位阶等形式性要素,还应包括调整事项、调整内容等实质性要素,这两种要素使得党内法规名称具备了识别、区分和体系集成等功能。党内法规的名称,一般能够反映其基本内容、适用范围、效力位阶等内涵。所以,党内法规如何命名,对于党内法规的制定、遵守、执行都具有重要意义。《党内法规制定条例》

第 5 条将党内法规的名称分为党章、准则、条例、规定、办法、规则、细则等七种，这就意味着基于名称上的不同，党内法规也可以划分为七种类型。这种基于名称的不同而对党内法规所作的分类，既是一种形式分类，也是一种实质分类。

（1）党章。党章既是一部党内法规的名称，也是一部最根本的党内法规，具有最高效力。党章对党的性质和宗旨、路线和纲领、指导思想和奋斗目标、组织原则和组织机构、党员义务权利以及党的纪律等作出根本规定，是其他党内法规制定和实施的基础。

（2）准则。准则往往是某些党章内容的直接展开，它集中体现了党章的精神，对全党的政治生活、组织生活和全体党员行为等作出基本规定，在党内法规体系中居于主干地位。从规范效力上看，准则在党内法规中的地位较高，是仅次于党章的重要党内法规，所以，准则权威性和稳定性都很高。在现行有效的党内法规中，以"准则"命名的只有三部，分别是 1980 年 2 月党的十一届五中全会通过的《关于党内政治生活的若干准则》，2015 年 10 月中共中央印发的《廉洁自律准则》，以及 2016 年 10 月党的十八届六中全会通过的《关于新形势下党内政治生活的若干准则》。《关于党内政治生活的若干准则》和《关于新形势下党内政治生活的若干准则》的篇幅都比较长，均超过一万字，两者的行文都采用了段落式而不是条文式。在政治纪律的规范尺度上，《关于新形势下党内政治生活的若干准则》要严于《关于党内政治生活的若干准则》。

（3）条例。作为党内法规的条例，基本上是党章精神和党章内容的具体展开。它一般是对某一领域重要的党务关系，或者某一方面的重要工作作出较为全面的规定，是党的领导活动和其他各项建设工作的基本遵循。条例的制定主体一般都是中共中央。在党内法规体系中，条例居于主干地位。在党内事务关系的各个领域，都有一定数量的条例存在。像《农村基层组织工作条例》《中国共产党普通高等学校基层组织工作条例》（以下简称《普通高等学校基层组织工作条例》）、《地方组织选举工作条例》《重大事项请示报告条例》《党政机关厉行节约反对浪费条例》《党政领导干部考核工作条例》等，都是典型的党内法规条例。

（4）规定。规定是调整党内生活中的一般性问题，或者某一方面工作程序的党内法规，其规范的范围和对象都比较集中，措施和要求都比较具体，如 2015 年 3 月中共中央办公厅、国务院办公厅印发的《领导干部干预司法活动、插手具体案件处理的记录、通报和责任追究规定》就是典型。

（5）办法。办法是就开展某项工作的方法、步骤和措施等，它具有较强的针对性、程序性和可操作性，如 2019 年 5 月中共中央办公厅印发的《干部选拔任用工作监督检查和责任追究办法》就是典型的例子。该"办法"有较强的操作性，它是专门针对党员干部选拔任用这一特定事项，进行具体规定的党内法规。

（6）规则。规则一般是对党的有关组织运行机制以及工作程序方法等作出具体规定的党内法规，如 2017 年 1 月中共中央办公厅印发的《党委（党组）理论学习中心组学习规则》、2018 年 12 月中共中央办公厅印发的《中国共产党纪律检查机关监督执纪工作规则》(以下简称《纪律检查机关监督执纪工作规则》)等。在内容上，规则大多是关于某类具体的党组织开展工作的程序性规定。

（7）细则。细则一般是为了保证综合性党内法规正确实施而制定出来的配套性规范。细则的功能在于，对综合性党内法规中有关内容的含义、界限、程序、责任等进行细化、具体化。细则一般具有很强的可操作性特征，如 2015 年 6 月中共中央组织部印发的《关于组织人事部门对领导干部进行提醒、函询和诫勉的实施细则》就是典型。该"细则"对提醒、函询和诫勉的主体、程序、方式、内容等事项，规定得特别清晰，操作起来非常简单。

基于制定主体、调整对象和名称对党内法规进行分类，只是三种较为可行的分类方式，它们绝不是党内法规分类方式的全部。严格来说，每个学习、研究党内法规的人，都可以根据自己的需要，采用不同的标准对党内法规予以分类，以达到认识党内法规的目的。例如，还可以将党内法规分为一般党内法规和特别党内法规，类似于国家法律被分为一般法和特别法。这种根据党内法规规范内容适用的普遍性程度所作的分类在特定情境下，往往也具有一定参考价值。总的来说，党内法规如何分类，取决于分类的目的。分类本身往往不具有目的性，它只是为目的服务的一种方式和手段。

二、党内法规的结构

党内法规的结构问题主要从三个方面展开：一是党内法规的形式结构（党内法规渊源）；二是党内法规规范及其结构；三是党内法规体系及其结构。

（一）党内法规的形式结构（党内法规渊源）

在讨论党内法规渊源之前，需要先评介一下作为法理学概念的法律渊源。

各位同学首先要清楚的是，党内法规渊源不是一个立规概念，而是一个党内法规学概念，即一个学术概念。所谓立规概念，就是指党内法规中存在的概念，即制定党内法规的主体所创制的概念。而学术概念，是学者为了学术研究的方便而提出来的一个概念。所以，党内法规中的立规概念和党内法规学中的学术概念，两者所提出的主体是不一样的。一般来说，学术概念往往是在立规概念的基础上建构而来的。立规概念都可以且必然会成为党内法规学中的学术概念，但反之则未必。也就是说，有些党内法规学中的学术概念，可能仅限于学术研究领域。尽管如此，学术概念的出现对于党内法规学来说，还是非常必要的。如果学者提不出一些学术概念，学术交流常常无法进行下去，这门学科自然会随之陷入僵化的状态。

学术概念实际上是所有领域的科学研究基础。可以说，学术概念是一种研究工具，党内法规学要走向繁荣、趋于成熟，就必须有更多的学术概念产生。实事求是地说，当前党内法规学中的学术概念，还远没有达到足够丰富的地步，我们更多的是在使用立规概念进行研究。党内法规学要发展，就需要我们勇于提出更多更好的新概念。

党内法规渊源是对法律渊源概念的借鉴与仿造。要知道，党内法规学的多数概念都来自法学。法律渊源一词发源于古罗马法上的"Fontes juris"，意思是"法的源泉"，因而，我国台湾地区学者韩忠谟将法律渊源解释为："研究或适用法律者所有汲取法律之泉源，正如水之有源然。"此话的大意是，水有水的源头，研究法律也要知道法律的源头。法律渊源不是立法概念，而是一个法学学术概念。对于这个概念，不同的学者有不同的理解，大致可以概括为五种学说：

一是表现形式说。这种观点在法学界具有一定的影响力。表现形式说认为，所谓法律渊源或法的渊源，就是法的存在形式或者说法的具体表现形式。当然，法理学界对这种观点的批评之声也从未间断过。

二是本质渊源说。这种观点认为，法律渊源其实就是一定社会的物质生活条件与统治阶级意志的表现形式。本质渊源说源自马克思主义，它是马克思主义关于法的本质的理解在法律渊源上的呈现。马克思主义认为，法律是统治阶级意志的载体，而这种意志的内容是由这一阶级的物质生活条件所决定的，也就是所谓经济基础决定上层建筑。这种论断显然具有一定合理性。

法律被马克思主义视为一种上层建筑,成熟的法律之治依赖于强大的物质基础,这个说法是有一定道理的。马克思主义的法律渊源本质说,在我国马克思主义法学中居于通说地位。

三是效力渊源说。这种观点认为,法律渊源就是有效力的法律的表现形式。这种学说把法的效力作为法的表现形式的依据或基础。该观点确实有一定的道理,当一条法律规范没有效力即外部拘束力的时候,它其实就不是法了。所以,我们若要判断一部法律是不是真正的法律,只要去看看它有没有效力就可以了。效力渊源说将所有没有效力的法律都排除在真正的法律之外,它把效力视为法律的生命线,将法律直接理解为一种效力的存在形态。

四是内容渊源说。这种观点认为,法律渊源并不是指法的表现形式,而是法律得以形成的原料或内容的来源。据此,习惯、判例、外来法、国际条约、道德、宗教戒律、村规民约、政策、法理(学说)等都可以成为法的渊源,因为立法者就是以此为基础形成法律规范内容的。据此,一个国家有什么样的道德、宗教戒律、村规民约,这个国家就有什么样的法律。我国在民法典的制定过程中,并没有系统开展民事习惯调查,对村规民约等民事习惯不够尊重,所以受到了一些学者的诟病,也给民法典的实施带来了一定的阻碍。最典型的就是,关于农村外嫁女是否有继承权,民法典的规定与不少地方的村规民约是不一样的,使得裁判法官有点无所适从。总之,内容渊源说也有一定的道理。我们都应该承认村规民约、社会道德等属于法律的塑造力量,否则,法律难免与置身其中的社会相脱节。

五是司法渊源说。该学说认为,法律渊源就是帮助法官寻找到判决的基础,或者说法律推理的大前提。这是司法中心主义的法律渊源观,相应地,前面几种可以称为立法中心主义的法律渊源观。那么,立法中心主义与司法中心主义之间最大的不同点在哪里呢?立法中心主义强调立法者的意志;而司法中心主义则认为,法律是什么,由法官说了算,而不是立法者说了算,司法中心主义强调法律对现实生活真正的拘束力。一般来说,大陆法系国家都是坚持立法中心主义的。相对于英美法系的法官而言,大陆法系法官的自由裁量空间是很小的。

严格来说,以上五种关于法律渊源的观点,本身没有对错之分。毕竟,法律渊源是个解释性的学术概念,而不是具有法律效力的立法概念。对于解释性概念,每个人都能自由地表达自己的见解,而且这些见解都是平等的,没有高低之分。

同理,从法律渊源借鉴过来的党内法规渊源也是个学术性概念,它没有标准答案。由于党内法规学才刚刚起步,有关讨论党内法规渊源的文献并不多。党内规范渊源与党内法规的概念相比,虽然二者具有一定的关联性,但由于考察它们的视角不同,两个概念的外延范围、适用场域自然有所区别。

党内法规渊源是党内法规学学者提出来的一个学术概念。学者创设这个学术概念的目的就是为了全面认识党内法规现象。广义上说,但凡有助于认知党内法规的各种素材,或者说所有作为党内法规活水源头的事物,都可以算是党内法规渊源。这种广义党内法规渊源说,意味着党内法规渊源的对象范围过于广泛而不可能穷尽。因而,需要一个狭义上的党内法规渊源概念,或者说一个内涵更为精准的党内法规渊源概念。

我个人认为,所谓党内法规渊源,是指实践中党内法规的存在形式,除有权主体所制定的正式的党内法规之外,还包括党内法规解释、党内规范性文件、党的文件、党的决定、党的决议、党的纪律、党的传统、党的惯例,等等。中国政法大学柯华庆教授主编的《党规学》一书将党内法规渊源界定为:被承认具有党规的效力、党规的权威性或具有党规意义,并作为党组织及其相关党务部门处理党内外事务依据的规范或者准则。这个党内法规渊源概念中有"效力""权威""规范""准则"等多个概念,有点过于复杂。当然,它的意思还是非常的明确,那就是党内法规渊源的外延比较广泛,这点我们是认同的。

从党内法规渊源的角度来看,可以把党内法规解释、党内规范性文件、党的文件、决定与决议、党的纪律、党的传统与惯例等,称为非正式的党内法规。它们自身不属于正式的党内法规,但它们属于党内法规现象和党内法规范畴,它们对于认知正式的党内法规不可或缺,尤其是在某些情况下,它们同样发挥着党内法规的规范效力——一种隐性的规范效力。

综上可知,党内法规渊源主要有以下七种。

第一种党内法规渊源:正式的党内法规

这是由有权主体制定的具有普遍适用性的党内法规,它包括党章和其他党内法规。其中,党章是党的总章程,是全党最高理性与整体意志的庄重载体,效力位阶上居于党内法规制度体系的顶端,为全面从严治党提供了根本遵循。党章无疑是最根本的党内法规渊源。

党章之外的其他正式党内法规,主要是根据《党内法规制定条例》所制定出来的党内法规。它们是党内法规的主体,是最重要的党内法规渊源,也是党内法规学研究的重点对象。《党内法规制定条例》第4条规定:"制定党内法规,主要就以下事项作出规定:(一)党的各级各类组织的产生、组成、职权职责;(二)党的领导和党的建设的体制机制、标准要求、方式方法;(三)党组织工作、活动和党员行为的监督、考核、奖惩、保障;(四)党的干部的选拔、教育、管理、监督。凡是涉及创设党组织职权职责、党员义务权利、党的纪律处分和组织处理的,只能由党内法规作出规定。这实际上是在告诉我们,党的文件、党的惯例、党的报告等都不算正式的党内法规,它们都不得就以上列举的四个方面的事项作出规定。"另外,《党内法规制定条例》第5条第1款规定,"党内法规的名称为党章、准则、条例、规定、办法、规则、细则"。这个规定意味着作为党内法规渊源的正式党内法规,都有自己特定的名称。

第二种党内法规渊源:党内法规解释

《党内法规制定条例》第34条规定:"党内法规需要进一步明确条款具体含义或者适用问题的,应当进行解释。中央党内法规由党中央或者授权有关部委解释,中央纪律检查委员会以及党中央工作机关和省、自治区、直辖市党委制定的党内法规由制定机关解释。党内法规的解释同党内法规具有同等效力。"这个条款告诉我们,党内法规解释必定属于党内法规渊源。又因为它与党内法规本身具有同等效力,所以党内法规解释在党内法规渊源的地位还比较高。

一般而言,党内法规解释可以划分为两种:抽象解释和具体解释。不管是何种解释,都是党内法规规范功能及意义的进一步阐发,它们必须以成文规范为中心,不得脱离规范文本去恣意解释。从功能与效力的角度来看,有权主体所作出的党内法规解释,无疑对党组织、党员干部和普通党员具有拘束力,是对党内法规的重要补充,理应属于党内法规渊源的重要组成部分。

第三种党内法规渊源:党内规范性文件

《中国共产党党内法规和规范性文件备案审查规定》(以下简称《党内法规和规范性文件备案审查规定》)第2条第2款规定,"本规定所称规范性文件,指党组织在履行职责过程中形成的具有普遍约束力、在一定时期内可以反复适用的文件"。这个中央党内法规条款规定向我们透露了很多重要的信息,如规范性文件与党组织的履职行为紧密相关、规范性文件具有普遍拘束力、规范性文件可以反复适用,等等。由此可知,规范性文件尽管不属于党内法规,但它与党内法规具有诸多的相似之处,算是党内法规的"近亲"。正是它的这种"近亲"身份,使得它属于党内法规渊源。又由于党内规范性文件数量非常的庞大,在制度治党、依规治党乃至依法治国过程中,都扮演着重要的角色,因而,党内规范性文件属于一种重要的党内法规渊源,对于认识和适用党内法规起着难以替代的作用。

第四种党内法规渊源：党的文件、决定与决议

通说所说的党的文件、决定与决议的作出主体，一般都是党的全国代表大会或中共中央。党的地方委员会当然也可以制定在本地区、本单位适用的文件、决定与决议，但它的适用范围比较有限，这就决定了它对普遍适用的党内法规的影响也是有限的，因而，要不要将它们列入党内法规的渊源范围值得考虑。私见以为，党的地方委员会所发布的文件、决定与决议，可以作为地方党内法规的渊源，也即属于党内法规渊源的范畴。例如，山东省委发布的《中共山东省委关于深入学习宣传贯彻党的二十大精神的决议》尽管只在山东省范围内有效，但它对于山东省范围内的制度治党、依规治党实践的影响是显而易见的，因而，应当将这个"决议"作为党内法规的渊源。

党的文件、决定与决议，是一个约定俗成的表述。文件、决定与决议之间的差异有哪些？这个问题好像从来没有人专门研究过。一般来说，党的决定或决议都可以称为文件，都是以文件的形式存在的。如2019年通过的《中共中央关于坚持和完善中国特色社会主义制度 推进国家治理体系和治理能力现代化若干重大问题的决定》，这个"决定"本身就是一份文件。在日常的交流中，党的决定与党的文件之间往往没有差别，它们之间完全可以画等号。

党的决议也是这样。如1945年通过的《关于若干历史问题的决议》、1981年通过的《关于建国以来党的若干历史问题的决议》、2021年通过的《关于党的百年奋斗重大成就和历史经验的决议》，这就是党史上著名的三大决议。而它们同时又属于党的文件，所以，党的决议与党的文件之间，并没有什么值得细致辨别的异同。

当然，还有相当一部分的文件不是以"决定""决议"命名的，如2022年中共中央办公厅、国务院办公厅印发的《"十四五"文化发展规划》，2022年中共中央办公厅印发的《关于加强新时代廉洁文化建设的意见》等，都属于党的文件，但它们就不是以"决定""决议"命名的。比较而言，以"决定""决议"命名的党的文件的重要性往往比较高，其制定主体的位阶也很高。但值得注意的是，地方党委也常常会就某个党内事务作出"决定"或"决议"，而且类似这种针对某个人、某个组织或某件事情作出"决定""决议"的频率还不低。因而，在"决定"与"决议"问题上，中央和地方之间的差别值得我们关注。

在制度治党、依规治党实践过程中，党的文件、决定与决议扮演着重要的角色。尽管它们不属于正式的党内法规，但在某些时刻某些事项上，它们的拘束力不亚于甚至高于正式的党内法规。根本原因在于，有相当一部分的党内法规是党的文件、决定与决议的具体化，党的文件、决定与决议的精神，就

体现在党内法规的具体规范条款中。当然,也有相当数量的党的文件、决定与决议,是党组织在履行党内法规规定的职责时所制定出来的,是党内法规的具体化。所以,党的文件、决定与决议和党内法规之间有两种关系:(1)党内法规是对前者原则精神的具体展开;(2)前者属于党内法规内涵的进一步展开。总之,对于认识和执行党内法规来说,党的文件、决定与决议是非常重要的,我们必须把它们作为党内法规的渊源。

第五种党内法规渊源:党的路线、方针与政策

与党的文件、决定与决议相比,党的路线、方针与政策可能更为抽象,而它们的规范效力却比较高。

党章总纲规定,中国共产党在社会主义初级阶段的基本路线是:领导和团结全国各族人民,以经济建设为中心,坚持四项基本原则,坚持改革开放,自力更生,艰苦创业,为把我国建设成为富强民主文明和谐美丽的社会主义现代化强国而奋斗。由此可知,党的路线的内容特别丰富,它既包括手段又涵盖了目的,是目的与手段的有机统一。那么,党的方针、政策是什么呢?党章并未予以明确的规定。

其实,路线主要指从宏观上做比较长期的规划,其思考的出发点是作为整体的党和国家;路线规划好之后,就是制定具体的方针、政策等,它们都是以路线的实现为目标的。因此,路线的制定必须要有长远的战略眼光,要有对事物敏锐的洞察力和超强的逻辑分析能力,否则,难以制定出正确的富有战略意义的路线。一般来说,方针是在战略规划之时所作的一种纲领,具有具体的指导性质。方针是对整个计划的高度概括,也是整个计划的中心思想。政策往往是短期内党为实现一定的路线、方针,而制定出来的一种行动准则。可以说,从党的路线到方针再到政策,它们的抽象性是在递减的,可操作性则呈递增之势。

在讨论党内法规渊源时,我们不必纠缠于党的路线、方针与政策之间的概念辨析。重要的是,要意识到它们对于认知党内法规的影响,明白它们与党内法规之间的关系。党的基本路线能明确地载入党章,这个事实就足以证明,党的路线在党内法规渊源中具有重要地位。同理,党的方针、政策对于党内法规的形成及实施,也有着很深的影响。总之,党的基本路线、方针、政策,应当且必须成为党内法规渊源。

第六种党内法规渊源:党的纪律

众所周知,党内法规的实施,靠的是党的纪律,而不是检察官和法官等国家司法力量。在百年来的革命、建设和改革过程中,党的纪律扮演着无法替

代的角色,堪称是革命、建设和改革的"守护神"。所以,习近平总书记指出,纪律不严,从严治党就无从谈起。

我们党历来高度重视党的纪律建设,党的纪律无疑是依规治党的重要依据,是党内法规渊源的重要组成部分。作为党内法规渊源的党的纪律,与作为党内法规的党的纪律是不一样的。作为党内法规渊源的党的纪律,主要指那些并未以党内法规形式呈现出来,但对于党的组织、党员干部和普通党员具有约束力的党的纪律。由此可见,作为党内法规渊源的党的纪律和党的纪律法规是两个概念,不容混淆。例如,2021年江苏省泰州市委组织部出台了《关于在疫情防控中进一步发挥党组织战斗堡垒作用和党员先锋模范作用的通知》,这个"通知"对各级党组织和党员在疫情防控中该干什么、怎么干予以了规定。这对于当地的党组织、党员干部和普通党员来说,就是一种有拘束力的党的纪律。

在依规治党的同时,还有一个制度治党,这里的"制度"显然是指党内法规之外的党的各项制度,也包括党的纪律,如党政干部队伍建设中的"三大纪律"等。党的纪律内容,是随着实践的发展而不断丰富的。党的纪律对于党内法规的实施,起着不容忽视的敦促作用,当然属于党内法规渊源范围。

第七种党内法规渊源:党的传统与惯例

在宪法学上,在讨论宪法渊源时,一般都把宪法惯例作为一种宪法的法源。林来梵教授在《宪法学讲义》中指出,宪法惯例指的是在长期的宪法实践中形成的、被反复沿用并被普遍认可的惯习或先例。所以,宪法惯例在各国的宪制实践中起着重要的作用。例如,英国前首相鲍里斯·约翰逊在2022年7月宣布辞职,这就是典型的遵循宪法惯例。一旦首相得不到多数内阁成员的支持(当时英国内阁中有近60位政府官员接连撂挑子,首相约翰逊完全陷入孤立),首相就应当辞职,新首相将从议会多数党中选举产生。这是英国行政权运行的一个宪法惯例。在许多国家的政治实践中,很多东西并非来自权威文本的规定,而是源于历史悠久的惯例。

在百年来的革命、建设与改革过程中,我们党内部也形成了相当多的惯例,它们同时也是我党的优良传统。正如习近平总书记在第十八届中央纪律检查委员会第五次全体会议上的讲话所指出的,"党内很多规矩,是我们党在长期的实践中形成的优良传统和工作惯例,经过实践检验,约定俗成、行之有效,反映了我们党对于一些问题的深刻思考和科学总结,需要全党长期坚持并自觉遵循"。习近平总书记的这段话足以说明,党的传统惯例对于制度治党、依规治党而言不可或缺,各级党组织、党员干部和普通党员都应当严格遵循。

关于党的传统与惯例,一个重要的案例就是设立委员会。当为了贯彻党的路线、方针、政策,而需要建立某个议事协调机构,或为了处理某种事务而需要创立一个临时性机构时,一般都是组建一个委员会,赋予它某种权限或使命。2018年3月,中共中央根据《深化党和国家机构改革方案》组建的中国共产党中央全面依法治国委员会,就是一个中共中央决策议事协调机构。遇事就设立一个委员会,而不是交给某个人来处理,这是党的传统与惯例。历史经验证明:这种传统与惯例,对于贯彻党的民主集中制,对于党内法规精神的贯彻实施,都具有重要的意义。因而,党的传统与惯例也应算是党内法规渊源之一。

上述正式党内法规之外的其他六种党内法规渊源之间,没有高低之分,它们都是服务于制度治党和依规治党的。创设党内法规渊源这个学术概念的目的在于,对党内法规现象展开更为全面深入的探讨。

(二)党内法规规范及其结构

关于党内法规规范及其结构,相关的研究文献比较有限,学界对这个议题尚处于探索阶段。

在党内法规结构中,党内法规规范可以说是它的基本单元。所谓党内法规结构,实际上探讨的是党内法规规范之间的逻辑关系问题。所以,分析党内法规规范,是认知其结构的前提基础。

我们首先要明白的是,党内法规规范具有多义性。在展开讨论之前,我们先来看看宪法规范的概念。宪法学界的通说认为,宪法规范是指调整宪法关系,并具有最高法律效力的各种规范的总和。对此,林来梵教授认为,学界通说意义上的宪法规范,就相当于实质意义上的宪法。有关宪法规范的学界通说,对于我们讨论党内法规规范具有一定的参考价值。

关于党内法规规范,对它的第一种理解,是指调整党务关系及部分国家事务关系的、具有一定拘束力的各种规范的总和。这个有关党内法规规范的含义,几乎等同于实质意义上的所有的党内法规。虽然,这一理解只是笼统地揭示了党内法规规范的总体样貌,属于一种相当粗浅的关于党内法规规范的解释。如要深入分析党内法规规范,还需要对这个概念作更为细致、精深的分析。

关于党内法规规范的第二种理解,指的是某一部党内法规中的某一个条款,或者说某一条规范。这个理解相当于把党内法规规范看作是党内法规结构的基本单元。如《工作机关条例(试行)》第6条第1款规定,"党中央工作机关的设立、撤销、合并或者变更,由中央机构编制管理部门提出方案,按程序报党中央审批决定";第2款规定,"地方党委工作机关的设立、撤销、合并或者变更,由同级机构编制管理部门提出方案,按规定程序由本级党委讨论决定后,报上级党委审批"。应该说,这两个条款是具有完整意义的党内法规规范,对于中央和地方党委工作机关的设立、撤销、合并或者变更问题,它们规定得较为清晰。作为党内法规结构的基本单元,它们几乎可以独立存在。不过,大多数的党内法规规范都没有如此完整的规范意义,需要与其他党内法规规范结合,才能构成一个具有完整意义的规范。

党内法规规范概念的第三种理解,指的是党内法规规范不同于党内法规条文本身,而是党内法规条文语句中的意义,也就是党内法规条文语句本身所蕴含的含义。换言之,党内法规规范不应简单地理解为党内法规条文,应当存在一种语义学上的"党内法规规范"概念。作为语义学概念的党内法规规范,重点在于探究规范语句背后所隐藏的"语义"。例如,2022年中共中央、国务院发布的《信访工作条例》第3条规定:"信访工作是党的群众工作的重要组成部分,是党和政府了解民情、集中民智、维护民利、凝聚民心的一项重要工作,是各级机关、单位及其领导干部、工作人员接受群众监督、改进工作作风的重要途径。"该条款中的"了解民情、集中民智、维护民利、凝聚民心""接受群众监督、改进工作作风"等规范,赋予了信访工作全新的使命与任务,其具体含义如何,需要结合时代背景和该"条例"中的其他规范来展开进一步的讨论,绝不像其纸面文本那么简单。而要发掘这些党内法规规范语句的含义,就不能没有党内法规解释。所以,作为语义学上的党内法规规范概念,与党内法规解释密切相关。

需要注意的是,在分析党内法规规范概念时,不宜把它与党内法规的规范性相提并论,两者尽管有一定的联系,但它们终究是两个不同的问题。

关于党内法规的规范性,祝捷教授曾从历史和学理的双重维度进行考察,认为党内法规是党的政治建设的产物,其规范性一方面来自维护党的团结统一,构建党内有序统一的政治秩序的原初目标;另一方面来自党自身价值的正当性,及其对党内法规体系以及具体条款的价值传导,党的价值导向和意识形态取向,通过党内法规变迁机制、义务权利机制以及规范性表达式,传导至党内法规并获得贯彻实施的保障。这种党内法规的规范性研究,本质上还是在讨论党内法规存在的正当性问题。其重点不在于规范本身,而在于规范存在的合理性。所以,在学习和研究党内法规学时,需要注意比较党内法规规范与党内法规的规范性之间的异同,不能为了追问党内法规规范的正当性,而放弃了对党内法规规范含义的思索。

下面我们来探讨一下党内法规规范的逻辑结构问题。关于党内法规规范的逻辑结构,曾有人提出了这样一种观点:党内法规作为法的一种形态,其规范结构自然与国家法律的规范结构存在着共性。按照此种理论进路,党内法规的逻辑结构也应该由假定条件、行为模式和规范后果三部分构成。缺少其中的任何一项要素,党内法规的规范结构都是不完整的,不符合法的规范结构要求。应该说,这种理论进路本身没有错,但它有点理想化,忽视了党内法规与国家法律之间的差别。

要知道,有相当比例的党内法规并非行为规范,而是一种党内法规特有的思想规范,它旨在提升并保障全体党员的思想境界。我们在第一章中就提到,国家法律只关注人的外在行为,不在意人的内在思想。但党内法规不同,它坚持思想建党和制度治党同向发力。内在思想不同于外在行为。党内法规中思想规范的规范结构,无疑与其中的行为规范的规范结构有所不同。

尽管上述有关党内法规规范结构"三要素"的认知,在学界具有一定的代表性,但必须承认,其也存在一些问题。一个基本的事实是,完整具备假定条件、行为模式和规范后果三个要素的党内法规规范并不多,大多数党的组织法规规范、党的领导法规规范都不具备这三个要素,至于党内法规中的思想规范就更是如此了。在党内法规规范的逻辑结构问题上,对法律规范三要素说采取"拿来主义"是不严谨的,它完全忽略了党内法规与国家法律之间的差异性。

如《党组工作条例》《地方组织选举工作条例》《中央委员会工作条例》《中国共产党支部工作条例(试行)》[以下简称《支部工作条例(试行)》]、《公务员辞退规定》《党内功勋荣誉表彰条例》《关于新形势下党内政治生活的若干准则》《县以上党和国家机关党员领导干部民主生活会若干规定》等,这些党内法规中的绝大多数规范都没有设定所谓的"规范后果",有的甚至连"假定条件"都没有,如果借用德国法学家拉伦茨的说法,那么它们都属于"不完全法条"。

当然,这也只是类似于拉伦茨笔下的"不完全法条",因为真正意义上的"不完全法条"借助其他法条,还是不难找到"规范后果"的。然而,不少的党内法规规范,即使借助其他党内法规规范,也不一定能找到其"规范后果"。党内法规中有不少规范条款,在性质上属于说明性法条。这种说明性法条往往以定义的体裁展现出来,它只单纯地对党内法规所要调整的事务给予定义性的说明,而不同时赋予它们一定的规范后果,如并未赋予相关主体的资格、能力、权限或权利等,从而具有不完全性。以《县以上党和国家机关党员领导干部民主生活会若干规定》为例,该党内法规第4条规定:

> 民主生活会应当遵循"团结—批评—团结"的方针,贯彻整风精神,充分发扬民主,开展积极健康的思想斗争,增强党内政治生活的政治性、时代性、原则性、战斗性。参加民主生活会的党员领导干部应当严肃认真开展批评和自我批评,坚持实事求是,讲党性不讲私情、讲真理不讲面子,按照"照镜子、正衣冠、洗洗澡、治治病"的要求,严肃认真提意见,满腔热情帮同志,达到统一思想、增进团结、互相监督、共同提高的目的。

这一条款是《县以上党和国家机关党员领导干部民主生活会若干规定》的目的性条款,它告诉我们制定该党内法规的目的在于"统一思想、增进团结、互相监督、共同提高"。作为一个党内法规规范,它不但自身没有规定"假定条件"和"规范后果",而且这部党内法规中的其他规范也很少涉及假定条件和规范后果。原因在于:这部党内法规与其说是为了解决党员与领导干部的"行为"问题,不如说是为了解决党员与领导干部的"思想"问题。行为问题是外在的,而思想问题是内在的,是看不见、摸不着、说不清、道不明的。所以,不能像规范行为那样去规范思想,我们可以给外在的行为设定某种模式,但不太可能给内在的思想设定某种模式。思想问题常常只能通过事前的教育来"柔性"解决,行为问题则可以通过事后的惩罚来"刚性"解决。有些学者把党内法规定性为一种软法,因为违反党内法规的后果一般都是柔性的,而不是直接刚性的。党内法规软法论的观点在这种情况下就具有一定的合理性。

确实,从规范后果上看,党内法规与国家法律明显不同,前者的规范后果以柔性为主,而后者则以刚性为主。最严厉的党内法规规范后果是开除党籍。然而,即使被开除了党籍,对个体而言,也只是党内政治生命的终结,并不影响其生物生命和社会生命,法律公民身份照旧不变。因此,党内法规的规范后果不同于国家法律的规范后果,两者是分离的。现在实行党内纪委与国家监委合署办公,其目的就在于:实现党内法规规范后果与国家法律规范后果的"双管齐下"。党的纪检部门是不能剥夺一个党员(人)的生命、自由和财产的,唯有国家司法机关才能如此。因此,拥有党员身份的落马官员受党内纪律处分之后,还需要再走国家司法程序的原因就在于此。

不过,党内法规中的监督法规规范结构,与国家法律规范结构具有类似性,它们一般都由"假定条件、行为模式、规范后果"这三个要素组成。如《纪检监察机关处理检举控告工作规则》第27条规定:"承办的监督检查、审查调查部门应当将实名检举控告的处理结果在办结之日起15个工作日内向检举控告人反馈,并记录反馈情况。检举控告人提出异议的,承办部门应当如实记录,并予以说明;提供新的证据材料的,承办部门应当核查处理。"这个党内法规规范所针对的就不是"思想"而是"行为",它就承办监督检查、审查调查部门、对实名检举控告的处理时限等作出了明确规定。而结合该党内法规第9章"工作要求和责任"中的有关规定,对于违反本条规定的行为模式,追究其"规范后果"是相当容易的,因为它针对的就是行为本身。不过,大多数的党内法规并不像该党内法规规范一样,同时具备三个构成要素。

综上所述,党内法规规范的逻辑结构问题是比较复杂的,不能完全套用流行的法律规范逻辑结构认知模式来分析和评价党内法规的规范逻辑结构。党内法规是一种义务本位的政党自治规范,它依靠党的纪律来保证实施,致力于维护党的"先锋队"形象,实现党的"先锋队"功能。因而,其有关思想信念认知的规范不在少数。而思想信念认知问题,一般很难通过所谓的"规范后果"来解决,它需要的是"说服"和"教育"。强制性的"规范后果",对于化解思想信念认知问题的效果有限。

党内法规规范的基本特点,主要取决于党内法规所调整的社会关系的特点。在前几章中,我们反复强调,党内法规以调整党内事务关系为主,以调整国家事务关系为辅。党内事务关系,大致可以分为以下五种:

(1) 党员与党员之间的关系;
(2) 党员与党组织之间的关系;
(3) 党员干部与党员干部之间的关系;
(4) 党员干部与党组织之间的关系;
(5) 党组织与党组织之间的关系。

关于党员与党员之间的关系,比如说张某和李某都是党员,当他们都以党员的身份活动的时候,他们之间就形成了受党内法规规范的党员与党员之间的关系。关于党员与党组织之间的关系,每一位党员都隶属于一个党支部,受某个党组织管理。比如说党员同学与院党委之间的关系,就属于一种党员与党组织之间的关系。关于党员干部与党员干部之间的关系,比如说院党委书记与校党委书记之间，就属于党员干部与党员干部之间的关系。关于党组织与党组织之间的关系，比如说院党委与校党委之间的关系，它们之间就属于这种关系。这些关系实际上都要靠党内法规来调整。

关于党内法规所调整的国家事务关系，大致可以分为以下五类：

(1) 党员与国家机关之间的关系；
(2) 党员干部与国家机关之间的关系；
(3) 党的组织与国家机关之间的关系；
(4) 党员干部与群众之间的关系；
(5) 党的组织与群众之间的关系。

党内法规所调整的国家事务关系中，为什么没有党员与群众之间的关系呢？因为党员与群众之间，基本上不存在值得用党内法规来调整的关系。但是为什么有党员干部与群众之间的关系呢？因为群众有的时候会受党员干部管理，很多党员干部同时也是国家机关工作人员。所以，没有所谓群众与党员之间的关系，只有群众与党员干部之间的关系。

党员只是部分公民的一种政治身份，而党员干部则是部分党员的另一种政治身份。在普通公民面前，普通党员和党员干部都是具有一定特殊性的身份。而由普通党员和党员干部所组成的党的各级组织，除了要管理本区域、本单位的普通党员和党员干部之外，还掌握着一定的国家权力，即执政权和领导权，而这些权力最终都是由党的各级组织中的党员干部来行使的。所以，党内法规规范是一种管理党的各级干部、规制党的各级组织的政党自治规范，这是党内法规规范的特殊性所在。

党内法规的效力源于全体党员的认同和承诺。党章第 1 条明确规定了申请加入中国共产党的基本条件。所有的党员都是志愿加入中国共产党这一先锋队组织的，成为党员即意味着价值认同与党规遵循。其中，价值认同以"入党申请"和"入党宣誓"等程序、仪式表现出来，并借此实现党内法规的规范效力和党员义务的形塑。预备党员面向党旗进行入党宣誓，象征着他们承诺自愿接受党内法规制度的约束。所以，有学者认为，角色认同与受约束承诺是党内法规约束力的直接来源。这个观点大体上是正确的，为什么党内法规对你有约束力，那是因为你承诺"志愿加入中国共产党，为共产主义奋斗终身，永不叛党"，"志愿"两字其实是特别神圣的。所以，希望每位同学都能慎重对待自己的"志愿"入党行为。

正是党内法规的这种自治性,决定了党内法规与国家法律并非同质规范。两者之间的差异性,表现在党内法规规范并非一种严格包含"假定条件、行为模式、规范后果"这种三段论式的结构。大多数的党内法规规范都不具备这种逻辑结构,关于党内法规的规范结构,需要结合不同的党内法规类型作具体的分析,一概而论,往往只能得出一些似是而非的粗糙结论。

(三)党内法规体系及其结构

有关党内法规体系的概念,源于法律体系这个古老的法学概念。法律体系也不是立法概念,像法律渊源一样,属于法学学者所创造的一个法学概念。

在讨论党内法规体系之前,我们需要先评介一下法律体系这个概念。早在古罗马时期,法律体系的思维与实践就已经出现,所以,法律体系是一个历史悠久的法学概念。法律体系不只是众多法律要素的简单叠加,构成法律体系的法律要素及其结构问题,只是法律体系概念的形式,而非其实质。

正如法律不仅仅是语句、概念和文义的展示,更是价值、目的和意义的表达一样,法律体系概念的真正重心,不是构成它的法律要素或内在结构,而是组成法律体系的各部法律要素之间无矛盾地和谐共存,是一个通过解释即可构成一个无矛盾的法秩序统一体,或者说是有价值的意义整体。当某一部法律与另外一部法律存在某种矛盾的规定的时候,这就难以构成一个具有法秩序意义的体系,和谐共存是体系得以形成并维持的关键。由于组成法律体系的各个部门法律都是由规范所构成的,而且法律体系的意义终究只能通过法律规范表现出来,所以,英国法学家拉兹才说,法律体系也就是法律规范的体系。法律体系和法律规范体系之间是可以画上等号的。

正是法律体系的这种特性,使得它成为一个必不可少的法学分析工具。对于立法和司法来说,法律体系是一个随时可能用到的概念工具。尤其是在司法裁判中,体系解释就是一个被频繁运用的解释方法。体系解释意味着在讨论法律的时候,我们务必既要看到"树木",又要看到"森林",不能只见树木不见森林。体系解释的重要功能在于,让你意识到任何的法律规范都是一个有机体系的组成部分,它不是孤立地存在的,而且也难以孤立地存在。

法律体系的核心问题,在于组成它的各个部门法律之间的效力层级关系,在于不同效力层级的法律之间的授权或效力关系问题。奥地利著名法学家凯尔森认为,任何一部法律的效力都来自它的上位法,上位法就是高级法,最后的高级法就是他所说的基础规范——宪法。一个国家的法律体系,就是依据宪法规范一级级地创设出来的,最后构成一个树形的网状法律体系。这些有关法律体系的知识,对于我们讨论党内法规体系话题大有裨益。

党内法规体系的理论研究,实际上是产生于现实党内法规建设的需要。早在2006年1月,胡锦涛就在十六届中央纪委第六次全体会议上提出,要适应新形势和新任务的要求,加强以党章为核心的党内法规制度体系建设。这是官方第一次公开提出"党内法规制度体系"这个概念,它也算是党内法规体系概念的"官方源头"。所谓党内法规制度体系实际上指的就是党内法规体系,两者之间并没有实质性的差别,是可以等同视之的。

关于党内法规体系问题,学界已经有很多的研究,如周叶中教授对党内法规如何实现"体系化"提出了自己的见解,认为党内法规体系化需要满足目标任务一致性、制度统筹整体性、实质内容统一性、形式结构层次性等构成要素。王建芹教授则指出,党内法规横向体系中存在的主要问题有四个方面:整个体系缺乏顶层设计,结构不尽合理;法规内容重叠交叉,部分规定相互冲突;党政不分、纪法不分现象普遍存在;条文规范性不足,缺乏实际操作性。而孟涛副教授更是对党内法规体系如何走向完善提出了详细的论证。此外,魏治勋教授和伍华军副教授都强调完善的党内法规体系是执政党实现善治的前提,应注重从党规结构的合理性、立规程序的规范性、立规技术的恰当性以及党规效力范围的特定性等方面,去构建类似于法律科学的"党规科学"。

马工程的党内法规学教材指出,所谓党内法规体系是指党内法规制度体系的核心组成部分,是由党内法规制度体系中的党内法规构成的、在党内法规制度体系中发挥基础骨干作用的"子体系"。这一定义十分晦涩,估计它的本意是说,党内法规体系是党内法规制度体系的分支。但如上所述,党内法规制度体系与党内法规体系的意思差不多,两者根本不是整体与部分的关系。更关键的是,就算两者是整体与部分的关系,这个概念界定依然完全回避了党内法规体系的本质问题,而仅仅陈述了两者之间的所谓的整体与部分关系,这显然是远远不够的。

在最一般的意义上,党内法规体系不外乎是由各部党内法规以一定的方式联结而成的整体。关于党内法规体系,值得讨论的主要是这样两个问题:第一,它由哪些党内法规所构成,即构成要素问题;第二,这些要素以何种方式相互联结在一起,即联结方式问题。

关于党内法规体系的构成要素,比较有争议的是,党内规范性文件算不算党内法规体系的构成要素?根据官方的理解,党内规范性文件属于党内法规体系的一个组成部分。《党内法规制定条例》四次提到了"规范性文件"。该条例第27条要求审核党内法规草案"是否同上位党内法规和规范性文件相抵触",以及"是否与其他同位党内法规和规范性文件对同一事项的规定相冲突";第31条要求中央纪律检查委员会以及党中央工作机关和省、自治区、直辖市党委制定的党内法规,不得同中央党内法规和规范性文件相抵触;第32条将违反第31条的情况列为党中央予以责令改正或者撤销的情形之一。

这些党内法规条款规定足以表明,一些党内规范性文件的效力高于某些党内法规,党内法规制定主体在立规之时,除了要认真研究上位的党内法规的规定外,还要全面掌握党内规范性文件对相关事项的详细规定,否则,就有可能涉嫌"违规"。在此,有几个问题值得讨论。

一是党内规范性文件的范围问题。通常意义上的党内规范性文件的数量非常庞大,因此,要不要给《党内法规制定条例》意义上的党内规范性文件范围予以限定,就是个值得注意且必须明确的问题。如果不进行某种程度上的范围限定,那在制定党内法规时,审查是否与有关党内规范性文件相抵触的任务太重、压力太大。

二是党内规范性文件的制定主体问题。也就是说,低位阶的党组织所发布的规范性文件,对高位阶的党组织制定党内法规的行为能否构成一定程度上的约束。如果答案是肯定的,那又该如何解释这个"能"的问题。

三是党内规范性文件的解释问题。党内规范性文件在适用过程中需要解释,这是无须赘言的常识。但究竟由谁来解释,解释的启动程序如何设定等问题不容回避。

四是党内规范性文件之间的冲突问题。如几部党内规范性文件,对同一事项或同一个主题都作出了规定,但相互之间存在着某些冲突,这时该如何化解冲突,关键是由谁来化解以及化解的程序如何,这些问题同样不容忽视。

有鉴于此,我认为,党内规范性文件不宜纳入党内法规体系。党内规范性文件对于认识正式的党内法规有所助益,因而属于党内法规渊源的范畴,但它不属于正式的党内法规本身。严格的党内法规体系,是由正式的党内法规所组成的一个规范整体。当然,我们也可以说党内规范性文件属于党内法规制度体系的范畴。党内法规制度体系是一个比党内法规体系更开放的概念,党内法规制度体系的外延比党内法规体系要大一点。

总体上说,对于党内法规体系,可以从纵向和横向两个层面来审视。在纵向层面即党内法规的效力位阶层面,形成党内法规阶层体系;而在横向层面即党内法规部门层面,形成党内法规部门体系。党内法规阶层体系和党内法规部门体系的直观示意图如下:

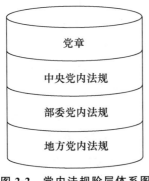
图 2-2 党内法规阶层体系图

图 2-3 党内法规部门体系图

上面这两张党内法规体系示意图,分别从两个视角描述了党内法规体系的结构。图 2-2 是党内法规阶层体系图,它主要是从党内法规的制定主体和党内法规效力的维度,来展示党内法规体系的构成。其中,党章是由党的全国代表大会制定和修改的,它的效力最高,堪称是党内法规阶层体系中的基础规范。效力第二高的是中央党内法规,第三高的是部委党内法规,最低的是地方党内法规。党内法规阶层体系主要由这四种类型的党内法规构成。

图 2-3 是党内法规部门体系图,它是从党内法规所规范的事项内容上对党内法规体系结构所作的一个展示。根据党内法规规范事项内容的不同,可以将党内法规划分为不同的党内法规部门,如党的组织法规部门、党的领导法规部门、党的自身建设法规部门、党内监督法规部门。与此同时,党章也可以算是一个独立的部门。至于党内综合性法规部门,主要有《党内法规制定条例》《党内法规和规范性文件备案审查规定》《中国共产党党内法规解释工作规定》(以下简称《党内法规解释工作规定》)、《党内法规执行责任制规定(试行)》《机关档案工作条例》《党政机关公文处理工作条例》《党政机关办公用房管理办法》《党政机关公务用车管理办法》等,它们一方面对党内法规本身的制定等事务予以调整,另一方面就党内机关运行事务予以规范。总体上,这种党内综合性法规部门属于党的监督保障法规范畴。

关于党内法规体系的结构,既有的党内法规研究文献并不多,而那些涉及这个论题的研究文献也常常把党内法规体系的结构等同于党内法规的组成部分,他们表面上是在论述党内法规体系结构,但实际上是在讲党内法规体系的各个组成部分,如王勇主编的《党内法规教程》、秦强独著的《读懂党内法规》等都是如此。实际上,党内法规体系结构所要讨论的是党内法规体系的各个组成要素是如何联结成一个整体的,也就是要分析党内法规体系各个组成部分的联结方式问题。简单来说,党内法规体系的结构问题主要讨论部分为什么会组成整体(体系),它们又是如何组成整体(体系)的。前者是原因,后者是方式,但原因与方式又是紧密联系的。

关于原因,可以用一句话概括,即在终极意义上,所有的党内法规都是为了建构民主化和法治化的党内秩序,所以它们应当且必须结合成一个彼此协调的体系。简言之,共同的使命使得不同的党内法规结合成一个相得益彰的体系。可以说,各部党内法规与党内法规体系之间的桥梁纽带,就是使命上的一致性。离开了共同的使命,就难以认识和理解党内法规各个部分与党内法规体系之间的关系。关于各部党内法规联结成一个体系的方式问题,大致可以从两个层面来分析。一是党内法规阶层体系,主要通过其组成部分之间的效力等级联结成一个体系;二是党内法规部门体系,主要通过其规范事项之间的关系而联结成一个体系。

如上所述,不同的党内法规的效力等级有差距,党章是效力等级最高的党内法规,中央党内法规次之,部委党内法规再次之,而地方党内法规效力等级最低。与此同时,下一级的党内法规常常以上一级的党内法规为基础,如部委党内法规和地方党内法规,都是根据党章和其他中央党内法规制定出来的。不同党内法规之间的这种效力差异和规范依据关系,实际上就是它们能够联结成一个立体性的党内法规体系的关键,而效力差异和规范依据则是党内法规阶层体系的联结方式。如果它们之间不存在这种效力上的差异和制定上的依据关系,那立体性的党内法规阶层体系就不可能建立起来。也正是这种效力差异和依据关系,要求构成党内法规体系的各部党内法规之间功能清晰,在规范内容上彼此之间不重叠、不冲突、不越位、不抵触,从而能够真正形成一个稳定可靠的有机体系。

对于党内法规部门体系来说,组成该体系的各个党内法规部门尽管在规范事项上彼此独立,但在具体的规范内容上,它们之间又存在着千丝万缕的联系。如对于其他所有部门的规范事项及其规范内容而言,党内综合性法规部门的规定既是依据又是界限,而对于党的领导法规部门来说,党的组织法规部门是前提、党内监督法规部门则是保障,离开了党的组织法规部门,党的领导法规部门往往无法真正发挥有效的领导职责,而没有了党内监督法规部门,党的领导法规部门将会被某些领导干部误用或滥用,这势必会严重危害到党的领导。对于所有其他党内法规部门来说,党内监督法规部门都是一种随时需要的保障性存在。概括而言,不同的党内法规部门之所以能够结合成一个稳固的党内法规部门体系,是因为部门与部门之间在规范内容上有着紧密的联系,它们几乎不可能独立存在。规范内容上的相互依赖就是党内法规部门体系得以形成的关键,相互依赖关系可以称得上是它们之间的联结方式。

党的十八大以来,党中央统筹推进各领域党内法规的制定工作,致力于建构以党章为根本、以准则条例为主干,覆盖党的领导和党的建设各个方面,内容科学、程序严密、配套完备、运行有效的党内法规体系。2021年7月1日,习近平总书记在庆祝中国共产党成立100周年大会上宣布,我们党在坚持依规治党上取得了重大成就,已经"形成比较完善的党内法规体系"。可以说,这是党的十八大以来,坚持高质量构建党内法规体系的结果。面对新时代的党内法规体系建设成就,党内法规学界应当将关注的重点,从党内法规体系的建构论转向党内法规体系的结构论和解释论,运用体系化的思维来诠释党内法规体系的结构,理顺并优化党内法规体系内部的逻辑关系,以形成自主性的党内法规体系知识话语和逻辑框架,为丰富和发展党内法规学的话语体系与逻辑构造而努力。

第三章
党内法规的制定与修改

在法学中,法律的制定与修改是非常重要的内容,具有基础地位。法学中有一个分支学科——立法学,就是专门研究立法及相关话题的。立法,是一门制定规则的技术,它的最高境界是成为一门规制规则的艺术。作为一种实践智慧,立法的目标是有效性。它有两重含义:良法与善治。这两者之间的关系非常紧密,有了良法才能实现善治。所以,宋代改革家王安石说,立善法于天下,则天下治;立善法于一国,则一国治。王安石这个论断的关键词是"善"。确实,立法不难,但立"善法"则不易。同理,立规(制定党内法规)不难,难的是立"善规"——具有清晰性和实效性的党内法规。

党内法规的制定是依规治党的"起点"。起点如何,对过程和终点的影响都极为深远。所以,对于党内法规学来说,党内法规的制定问题是个重要论题。为了进一步推动党内法规的制定研究,将来或许可以创设立规学,藉此拓展党内法规学的学科分支。一般来说,有制定就有修改,所以,党内法规的修改问题也值得认真研究。这一章的内容比较多,将从六个部分分别予以详细讲解:(一)党内法规制定权;(二)党内法规修改权;(三)党内法规的制定与修改主体;(四)党内法规的制定与修改程序;(五)党内法规的备案审查;(六)党内法规的清理。

一、党内法规制定权

党内法规的制定和修改实际上涉及两个权力:一个是制定权,一个是修改权。不是所有的党组织都有制定党内法规的权力,而且不同的党内法规的制定主体也不一样,也就是说,其制定权之间也是有差别的。

(一) 党内法规制定权的性质

关于党内法规的制定问题,最关键的应当是党内法规制定权的性质。关于党内法规制定权,马工程的党内法规学教材用的是"党内法规制定权限"这个概念,并将其含义明确为:是指党内法规制定主体行使党内法规制定权的界限,体现的是党内法规制定权在不同制定主体之间的配置,反映了党内法规的制定体制。这个说法当然没错,不会引起什么争议。问题在于马工程的党内法规学教材所讨论的"制定权限"其实只是"制定权"的一个很小的方面。也就是说,"制定权"这个概念的内涵要比"制定权限"这个概念的内涵大得多。因此,使用"制定权"而不是"制定权限"概念,不失为一种更合理的选择。值得注意的是,马工程的党内法规学教材两次使用了"党内法规制定权"这个概念。由此可知,马工程的党内法规学教材对党内法规制定权这个概念是认可的,至少是不排斥的。但为什么要用党内法规制定权限这个概念,而不直接用党内法规制定权呢?

一种可能的解释是,在党内法规学界,"党内法规制定权限"比"党内法规制定权"更流行。党内法规制定权限这个概念,并不是马工程的党内法规学教材的原创,徐信贵教授此前就在一篇论文中指出:党内法规制定权限是党内法规的核心内容,制定权限分配是否合理,直接关系党内法规质量的高低;对党内法规的制定权限问题的研究,还涉及党内法规与国家法律之间的协调关系,要实现二者之间的制度衔接等。可以说,党内法规制定权限是一个被学界广泛使用的概念,马工程的党内法规学教材使用它而不是"党内法规制定权",估计是考虑到党内法规制定权限这个概念在党内法规学界具有约定俗成性。

当然,也有学者提出了"党内立规权"这个概念,并把它概括为:依照党章和党内法规制定条例等规定,从事与党内法规的制定相关的活动,并能够产生相应法定效力的权力。"党内立规权"的这个说法也有一定的影响力,但我个人更倾向于用"党内法规制定权"这个概念。

此外,还有学者提出了"党内法规制定体制"这个概念,并把它界定为:由党章等党内法规对有关党内法规制定权限、党内法规制定权运行和党内法规制定主体的规定所确立的、由体系和制度两方面构成的有机整体。从其界定可知,这个概念把"党内法规制定权"视为其子概念。但这个概念内涵过于宽泛,更不适宜使用。

不管是党内法规制定权限、党内立规权,还是党内法规制定体制,它们最主要的含义都是指:制定主体依据党章和其他党内法规所规定的权限及程序来制定党内法规的活动。这三个概念之间没有什么本质上的差别。党内法规学正在发展之中,对于本学科的同一种研究对象,学者使用不同的概念来诠释,这也是新兴学科发展过程中的正常现象。相信经过一段时期的探索,党内法规学界同时使用几个概念解释同一主题的现象就不大会出现。

值得注意的是,"党内法规制定权限""党内立规权"和"党内法规制定体制"这三个概念都忽视了一个重要问题,那就是最初制定党章的权力来自哪里?党章之外的其他党内法规的制定,都可以依据《党内法规制定条例》制定出来。而这个"条例"本身则是根据党章制定出来的,其第 1 条规定:"为了规范党内法规制定工作,提高党内法规质量,形成完善的党内法规体系,推进依规治党,根据《中国共产党章程》,制定本条例。"由此可见,党章是《党内法规制定条例》的立规依据。这就决定了该"条例"不可能是党章的制定依据。一个基本的法学常识是,下位法不能规定上位法如何来制定,否则就违背了法律之间最基本的效力逻辑关系。上位的党内法规可以规定下位党内法规如何制定,如中央党内法规可以规定地方党内法规的制定程序,但是地方党内法规不能规定中央党内法规如何制定。

党章的制定权来自哪里,或者说,党章制定权的依据是什么,这才是党内法规制定权的核心问题。关于党章之外的其他党内法规的制定权问题,《党内法规制定条例》已经规定得很清楚。但对于党章,它仅仅规定"党章是最根本的党内法规,是制定其他党内法规的基础和依据"。也就是说,《党内法规制定条例》并未解决党章制定权问题,而且它也不可能解决这个问题,因为它自身都是依据党章制定的,党章是它的上位法规。

党章在党内法规体系中的地位,酷似宪法在国家法律体系中的地位。所以,关于党章制定权问题,我们可以参照宪法制定权理论,从事实论和规范论两个视角来进行思考。

所谓事实论,就是讨论事实本身是什么,也就是分析"to be"的问题;而所谓规范论,就是讨论应该是什么样子,也就是分析"ought to be"的问题。用英国哲学家大卫·休谟的话来说,事实论就是事实判断,而规范论则是价值判断。休谟所说的事实判断和价值判断,其大意是指,事实可以从科学的角度来分析,而价值则不然。比如,你认为这件事应该做,但可能也有人认为这件事不应该做。当然,还有些人对是否做这件事丝毫不关心,是否做这件事本身就涉及价值判断,它是科学难以回答的问题。只有区分事实判断和价值判断,才能有效地展开讨论。

从事实能否直接推导出规范呢？休谟认为,推导不出来,它们之间是有鸿沟的。也就是说,基于事实判断来作出价值判断,始终存在着逻辑上的断裂,难以成立。对于价值判断,人与人之间始终存在一定的分歧。如果没有分歧,那它有可能就是一个事实判断问题,而不是价值判断问题。正是因为在价值判断上有分歧,所以对于同一件事情,就有很多不同甚至截然相反的规范要求。

对事实问题和价值问题不予区分,是一个常见的理论研究误区。在今后的党内法规学的学习与研究过程中,大家应该自觉地把这两个问题分开。尽管从事实不能推导出价值,但事实判断对于价值判断的影响还是很深远的。一旦不尊重甚至偏离了最基本的事实,那价值判断一定存在问题。大多数情况下,事实判断是基础、前提,而价值判断则是结论、后果。事实判断越客观理性,价值判断本身就越有价值。

所谓党章制定权事实论,就是党章事实上是由谁制定的,以及它具体制定的内容如何。而党章制定权规范论,讲的是党章应该由谁来制定,尤其是它应该如何制定,即党章的具体规定内容问题。这完全是两个不同的问题。当然,事实论和规范论的结果有可能是一致的,这种一致的情形就说明,事实状态与你心中的价值期望状态是吻合的。当然,不吻合的冲突情形也是存在的。

不管是事实论上的党章制定主体,还是规范论意义上的党章制定主体,其行使的都是党章制定权。关于党章制定权问题,我们首先要关注的是事实论意义上的党章制定权。中国共产党党史告诉我们,1921 年 7 月,党的第一次全国代表大会制定了《中国共产党第一个纲领》;1922 年 7 月,党的第二次全国代表大会制定了党的第一部党章——《中国共产党章程》。1922 年党章与我国 1954 年宪法一样,它的制定本身就是一种真正意义上的创造,是没有任何规范基础的"创制"。从这个意义上说,关于党章制定权,我们只能坚持事实论,而无法从规范论的视角予以分析。

党章制定权是一种创设最高党内法规规范的权力,是一种创制权,一种在党内法规体系中最高的创制权。其他的党内法规制定权也是一种创制权,但它们跟党章创制权无法相提并论,它们实质上是党章或其他党内法规所赋予的创制权,而作为制定党章的创制权才是一种最初的创制权,是一项真正的创制性权力。作为一项最具有根本性和基础性的权力,党章制定权旨在为党内法规体系大厦奠基。这就是党章制定权的性质,也是党内法规制定权的性质。

党内法规制定权,尤其是党章制定权,是一种不同于党内其他权力的基础性权力。它和党内其他权力是产生与被产生的关系,是创设党内所有权力的一种"母权力"。遗憾的是,市面上大多数的党内法规学教材,都回避了党章制定权这个原问题。我们专门把这个原问题提出来,并尽可能地展开深入的讨论,就因为它是建构党内法规体系的原点,是一个不容回避的重要论题。当我们在讨论党内权力的时候,要意识到党内权力的源头就是党章制定权。有了党章的制定权,然后才有党章、其他党内法规以及所有的党内权力与权利,这就像国家有宪法之后,才有其他的部门法,然后才有了各种国家机构的权力和公民的权利。可以说,制宪权、立法权有多重要,党章制定权、党内法规制定权就有多重要,它们之间的理论渊源十分深厚。

(二)党内法规制定权的界限

关于党内法规制定权的界限,《党内法规制定条例》第二章"权限"对党的中央组织、中央纪律检查委员会、党中央工作机关和省、自治区、直辖市党委等不同主体,制定党内法规的权限予以了较为明确、具体的规定,如第10条规定:"中央纪律检查委员会以及党中央工作机关就其职权范围内有关事项制定党内法规:(一)为贯彻执行中央党内法规作出配套规定;(二)履行党章和中央党内法规规定的党的工作相关职责。确有必要的,经党中央批准,有关中央国家机关部门党委可以就特定事项制定党内法规。"部门党委是党在对下属单位实行集中统一领导的国家工作部门中所设立的领导机构,有时候,部门党委经授权也享有党内法规制定权。

《党内法规制定条例》第9条规定了党的中央组织制定中央党内法规的事项范围,如"党的各级各类组织的产生、组成和职权职责的基本制度""党员义务权利方面的基本制度""党的纪律处分和组织处理方面的基本制度"等都只能由党的中央组织通过中央党内法规的方式来规范,不管是中央纪律检查委员会、党中央工作机关,还是省、自治区、直辖市党委,都不能就这些基本制度作出规定。

将第9条与第10条的规定进行比较就不难发现,在党内法规的制定权限方面,党的中央组织与中央纪律检查委员会、党中央工作机关之间的差异较为明显。针对《党内法规制定条例》第9条的规定,党内法规学界提出了"中央保留事项"概念,还有人将之称为"党规保留"。这显然是受法学中"法律保留"概念的启发,是法律保留概念在党内法规学上的运用。

法律保留,是指对于诸多国家与社会重要事项,如基本经济制度、司法诉讼制度等,只能由全国人大以立法的方式予以规范,而不能由其他主体制定的法规、规章来规定。如涉及公民人身自由的法律(行政拘留、留置等),只能由全国人大的立法来规定,所以监察体制改革后制定的《中华人民共和国监察法》,就规定了"留置"这种有关人身自由的强制措施。

对于《党内法规制定条例》第9条所创设的"中央保留事项",党内法规学界之所以称之为"党规保留",是因为其目的和创设法律保留是一样的,都是为了提升中央党内法规自身的正当性与权威性。

《党内法规制定条例》还有其他诸多条款,对各种党内法规制定主体的制定权界限作出了明确的规定,如其第7条要求党内法规的制定必须坚持以党章为根本,贯彻党的基本理论、基本路线、基本方略;坚持民主集中制,充分发扬党内民主,维护党的集中统一;坚持党必须在宪法和法律的范围内活动,注重党内法规同国家法律衔接和协调等。该条实际上就是有关党内法规制定权的界限范围条款,任何主体在制定党内法规时,都不得超出此条款规定的制定权界限。

不过,党内法规制定权界限的核心问题是党章制定权的界限在哪里,《党内法规制定条例》对此未作任何规定。事实上,由于该"条例"的效力位居党章之下,它也不可能就这个核心问题作出规定。同样地,作为制定权产物的党章,自身也不可能就这个制定权界限问题作出规定。这就意味着恰恰是最核心的党章制定权的界限问题,是没有任何规范依据的。

所谓党章制定权的界限,简言之,就是特定主体在制定党章时,要不要受到一定的制约,以及制约本身有无边界。在党章制定权界限问题上,无界限论是难以成立的,我们应当坚持有界限论。为什么说党章制定权一定要有界限呢?概括来说,有界限论的主要依据有三个方面:一是我国宪法的规定;二是党章自身的规定;三是马克思主义理论学说的要求。

我国《宪法》序言最后一段规定:"本宪法以法律的形式确认了中国各族人民奋斗的成果,规定了国家的根本制度和根本任务,是国家的根本法,具有最高的法律效力。全国各族人民、一切国家机关和武装力量、各政党和各社会团体、各企业事业组织,都必须以宪法为根本的活动准则,并且负有维护宪法尊严、保证宪法实施的职责。"《宪法》第5条再次强调:"中华人民共和国实行依法治国,建设社会主义法治国家。国家维护社会主义法制的统一和尊严。一切国家机关和武装力量、各政党和各社会团体、各企业事业组织都必须遵守宪法和法律。一切违反宪法和法律的行为,必须予以追究。任何组织或者个人都不得有超越宪法和法律的特权。"

不用说,《宪法》序言和第 5 条中的"各政党和各社会团体""任何组织或者个人",自然就包括了中国共产党及其党员干部和普通党员。我国宪法中的规定,对包括党章在内的所有党内法规的制定都具有拘束力,它意味着在制定党章的时候,务必要遵循宪法的这些规定,从党章的原则精神到具体条款,都不得违反宪法或者超越宪法。总之,宪法序言和第 5 条的规定,构成了党章制定权的一个界限,党章制定权要受到来自宪法的约束,它绝对不是没有界限的。

党章制定权的第二个限制实际上来自党章自身的规定。1981 年 6 月,党的十一届六中全会通过的《关于建国以来党的若干历史问题的决议》首次明确要求:"党的各级组织同其他社会组织一样,都必须在宪法和法律的范围内活动。"此后,党的十二大通过的新党章正式规定:"党必须在宪法和法律的范围内活动。"这个根本原则的确立,在科学社会主义史和我们党的历史上均属首次,它丰富并发展了马克思主义政党学说和科学社会主义理论,具有里程碑式的重大意义。

党章规定"党必须在宪法和法律的范围内活动",这是党章对党的行为的限制,也是党章对其制定权的一个自我设限。它意味着为党章的制定设置了一个自然法性质的实证法规定。党章在创制党内机构及其权力时,其各个机构都只能在宪法和法律的范围内活动,尤其是授予它们的党内权力,只能是一种受制约的有限权力,而不是不受党内民主与法治原则限制的权力。"党必须在宪法和法律的范围内活动",是我们党在深刻吸取历史经验教训基础上的"自我革命"与"自我承诺",在党章的制定、修改及解释过程中,都应恪守这个根本原则,自觉地把它作为全党一切活动的最高遵循。

党内法规制定权第三个方面的限制是马克思主义理论学说的要求。我们党是一个马克思主义政党。2018 年在纪念马克思诞辰 200 周年大会上,习近平总书记指出:马克思主义为中国革命、建设、改革提供了强大思想武器,使中国这个古老的东方大国创造了人类历史上前所未有的发展奇迹。历史和人民选择马克思主义是完全正确的,中国共产党把马克思主义写在自己的旗帜上是完全正确的,坚持马克思主义基本原理同中国具体实际相结合、不断推进马克思主义中国化时代化是完全正确的! 2021 年,在庆祝建党 100 周年的讲话中,习近平总书记再次强调:马克思主义是我们立党立国的根本指导思想,是我们党的灵魂和旗帜。

既然我们党是一个马克思主义政党,马克思主义理论是它的灵魂与旗帜,那么马克思主义理论应当且必须被载入党章,党内机构的设置及运行原则都必须符合马克思主义理论的要求。也就是说,在党章制定过程中,制定者必须以马克思主义为指导,马克思主义理论成为其制定权的一个重要限制,不受马克思主义理论限制的党章制定权,是明显与党的性质相冲突的。党章在规定党内组织架构及其运行机制时,必须严格遵循马克思主义的国家与政党学说,而不得背离它。

作为党章制定权界限的宪法规定、党章要求和马克思主义的理论学说三者能否在限制党章制定权时协调一致,彼此之间会不会有矛盾冲突,会不会使得党章制定者无所适从也是一个重要的问题。在内涵上,这三者之间不可能相互抵触,相反,它们是有机统一的。马克思主义不但是建党理论,也是建国学说,我国宪法本身就是一部马克思主义宪法,马克思主义理论是我国宪法制定和实施过程中的基本指导思想。而党章中"党必须在宪法和法律的范围内活动"的规定,实际上是对宪法序言和宪法第5条内容的重申。由此可知,这三者之间的关系是有机统一的。

综上所述,宪法规定、党章要求以及马克思主义的理论学说,可谓党章制定时绝对不可逾越的三个"雷池"。不管是党章的规定事项范围,还是党章对各个事项的具体规定,都不得违反、背离这三个方面的基本要求。这三个方面的要求,堪称党章制定之时必须严格遵循的"自然法"。任何主体在行使党章制定权时,都应当对这三个方面的内涵要求保持足够的敬畏,使之成为党章制定权的三个戒尺,以使党章制定权成为一项事实上受限制的创制权。

(三) 党章制定权与制宪权的比较

为了更深入地认识党内法规制定权,我们可以将其中的党章制定权与制宪权进行比较观察。作为一个学术概念的党章制定权,是党内法规学从宪法学那里借鉴而来的,是制宪权理论在党内法规学中的运用。在我国,党章与宪法之间存在着紧密的联系,所以,把党章制定权与制宪权进行比较,无疑有助于丰富党章制定权的理论内涵,也有利于拓展党内法规制定权的理论视野。

最早明确提出制宪权概念的是18世纪法国大革命时期的政治思想家西耶斯,此后也有很多学者对制宪权作过系统性的研究。如德国学者卡尔·施米特就对制宪权提出过不少颇有影响力的观点,而日本著名宪法学家芦部信喜教授还专门出版了一本题为《制宪权》的专著。可以说,在大陆法系国家,制宪权是一个非常经典的宪法学论题,制宪权理论已经非常精致缜密。我将党章制定权作为党内法规学的一个重要论题,其实也是受制宪权理论的启发。

比较党章制定权与制宪权不难发现，两者有以下几个方面的差异：

一是两者的制定主体不一样。党章制定权的主体是党的全国代表大会。严格来说，党的全国代表大会只是形式意义上的主体，实质意义上的主体应该是全体中国共产党党员。而制宪权的行使主体是全国人民代表大会。当然，实质意义上的主体应当是每一个中国公民，只不过我们都被全国人民代表大会代表所代表了。总之，真正的党章制定权主体应该是全体党员，制宪权的主体则是全体中国公民。党的全国代表大会、全国人民代表大会等，都只是具体的党章制定机关和制宪机关。

二是两者的行使程序不一样。一般来说，党章制定权的行使程序要比制宪权的行使程序简单一些。我国是先有党章后有宪法。第一部党章是在1922年制定的，那时出席党的第二次全国代表大会的代表只有12人，代表全国195名党员。代表们制定党章的程序比较简单。但1954年宪法的制定程序就复杂得多，1954年我国专门成立了一个制宪委员会来草拟宪法。现行的1982年宪法，原计划是在1981年五届全国人大第四次会议上通过，由于修订（实际上是重新制定）程序复杂，最后延迟到了1982年底，由五届全国人大第五次会议审议通过。人类历史上第一部成文宪法——美国联邦宪法也是如此。制宪会议55位代表在费城经过了长达116天的辩论，才完成联邦宪法草案定稿。总之，与党章制定权的行使程序相比，制宪权的履行程序明显复杂得多。

三是两者的效力范围不一样。这也是两者最为显著的区别。制宪权的效力范围远大于党章制定权，前者是对一国之内的所有公民都有拘束力的至上权力，而后者主要是在一个政党范围对全体党员具有拘束力。党章是规范党的活动的一种自治性规范，党章制定权本质上是一种自治权。我们党的执政党和领导党地位并没有赋予它超越宪法和法律的特权，更没有赋予它违宪和违法责任豁免的资格。因而，包括党章制定权在内的所有党内权力，都应该服从制宪权，或者说都应当服从由制宪权所产生的宪法。

二、党内法规修改权

接下来我们来讨论党内法规的修改权。有制定一般就有修改，为什么要有修改呢？这是因为党内法规也好，国家法律也罢，都一定会随着时势的变迁而发生变化。没有一部党内法规可以永久适用，这是党内法规基本的实践规律。党内法规就是用来调整所有党内关系及部分国家与社会关系的。社会政治经济形势发生了变化，党内关系自然会随之发生变化，相关的国家与社会关系也会随着发生变化。这就需要有关主体对党内法规进行修订，以使之适应这些变化。永不修改的党内法规适应不了时代的发展要求，注定是要被时代抛弃的。例如，我们反复提到的《党内法规制定条例》就经历了两次修订，党的二十大也再一次对党章作了修订。总之，党内法规修改是党内法规运行中的常见现象，而党内法规修改权也是党内法规学的一项基本内容。

党内法规的修改实际上是党内法规制定的延伸，只能制定而不能修改，或者说只有制定权而没有修改权是违反逻辑的，也是背离常识的。尽管如此，党内法规修改权与制定权却并不是完全同质性的权力，应对它们予以分开论述。党内法规制定权是一种原生性的权力，而党内法规修改权则是一种实定性权力。党内法规修改权是党内法规制定权所创设的一项权力，前者派生于后者，后者高于前者。严格来说，党章之外的其他党内法规制定权其实并非一种原生性权力，因为它也是根据党章而来的一种实定性权力，这个权力的规范依据是《党内法规制定条例》。

（一）党内法规修改权的界限

党内法规修改权可以划分为两种：一种是党章修改权，一种是党章之外的其他党内法规修改权。不宜把这两种修改权放在一起笼统地分析，因为党章修改权和其他党内法规的修改权是不一样的，它们在修改主体、修改程序等方面都有差别。不过，无论何种党内法规修改权，它们都是有界限的。不受任何制约的党内法规修改权是不存在的，这是党内法规修改权的一个基本特点。

蒋清华认为，党章创制权是一种始原性、自我证立性的权力，修改权则是创制权所派生的权力。所以，党章修改权应服从党章创制权确立的核心价值和基本秩序，不可逾越党章"根本规范"的界限。

关于党章修改权的界限，主要来自以下两个方面：

一是党章制定权的界限同时是党章修改权的界限。一旦党章修改权可以逾越党章制定权的界限，那就意味着党章修改权凌驾于党章制定权之上，这显然背离了基本的事理逻辑。所以，上述关于党章制定权的三个"雷池"，同样是党章修改权不可逾越的。

二是党章确定的基本原则与核心条款不得修改。修改党章时，无论如何都不得触及党章的基本原则与核心条款,否则,就意味着以修改党章的名义在改变党的性质与宗旨,这明显超越了党章修改权的界限。一旦可以通过修改党章的方式变更党的性质,那这种党章修改权实际上就成了党章制定权——以修改的名义制定了一部新党章,创造了一个新的政党。这种明显超越修改本质的修改权,在实践中不会被任何政党所接受,在理论上也难以被党内法规学所认可。

概言之,党章修改权是有边界的,实践中的党章修改绝对不可逾越上述两个界限。至于党章之外的其他党内法规修改权的界限问题,我们同样可以从两个层面来展开论述。

一是有关党章修改权的界限,同样也是其他党内法规修改权的界限。换句话说,能够限制党章修改权的,也必定能够限制其他党内法规的修改权,这是由党章乃效力最高的党内法规、其他党内法规都不得违反党章的党内法规效力层级所决定的。

二是其他党内法规的修改,不能违反党章和作为其上位规范的其他党内法规。同时,也不得滥用修改权,对不属于本党内法规规范的事项作出规定。比较而言,对于其他党内法规修改权的限制比较多,其修改的幅度和空间都相对比较有限。举例说明,假如中共江苏省委在修改它发布的《关于贯彻〈党务公开条例(试行)〉实施细则》时,对党员的基本权利和义务作了个别调整,尽管调整的幅度非常的有限,但它的这种修改还是无效的,因为它超越了修改权限。根据《党内法规制定条例》第 9 条的规定,党员的基本权利和义务问题属于中央党内法规规定的事项,地方党内法规是不能对这类事项作出规定的。总体上,每一部党内法规的规定事项和权限都是比较明确的,在对它作修改时,如果超越了事项与权限范围,自然就是无效的。同样,中央党内法规也不宜自我"降级",去规范地方党内法规范围内的事项。各个党内法规制定主体都应该在自己的职权范围内立规,并且仅仅在自己的职权范围内修改党内法规。

(二)党内法规修改权的依据

关于党内法规修改权的依据问题,同样可以分为两种情况来分析:一是党章修改权的依据;二是党章之外的其他党内法规修改权的依据。

党章和其他党内法规修改权的依据是完全不同的。当然,它们之间也存在着一定的联系,那就是一旦有关主体行使了党章修改权,往往意味着其他党内法规的修改权也要随之启动,以对其他党内法规进行相应的修改,使之适应党章修改的需要,保持党内法规体系的协调统一。这一点跟国家法律体系是一样的,当宪法修改后,其他一些部门法往往都要作出相应的修改。下位法随着上位法的修改而修改,是下位法的"宿命",是法律体系化的基本要求。上位的党内法规变了,下位的党内法规也要跟着变,这也是维护党内法规体系稳定协调的基本要求。所以,一旦党章修改了,其他一些党内法规要跟着作相应的调整,正是从这个意义上说,党章修改权本身就是其他党内法规修改权的一个重要依据。

《党内法规制定条例》第 40 条第 2 款规定,"党章的修改适用党章的规定"。而在党章中,"修改"二字只出现了一次,党章第 20 条第 4 项规定党的全国代表大会的职权是"修改党的章程",这一规定其实就是有关党章修改权的最权威的依据。

是否启动党章修改以及具体如何修改,最现实的依据当然是党和国家的总体发展状况,党和国家现实的发展需要永远是党章修改权启动的最直接的原动力。党的二十大对党章作了适当的修改,关于为何要修改,党的二十大秘书处负责人是这样说的:"修改党章是深入学习贯彻党的创新理论的需要,是推进党和国家事业发展的需要,是深入推进新时代党的建设新的伟大工程的需要,是贯彻落实党的二十大精神的需要。"这里面所概括的"四大需要",实际上就是适应党情与国情变化的需要。任何一部党内法规都要承受稳定性和变迁性之间的张力,党章过于频繁地修改,肯定不利于维护其稳定性与权威性,然而,党章完全不修改又是不可能的。所以,如何在稳定和适应这两者之间,拿捏好一个合理的尺度,考验着全党尤其是党中央的政治智慧。对此,党中央达成了一个共识:修改党章时,尽可能做到最低限度的修改,以维护党章的稳定性和权威性。

关于其他党内法规修改权的依据,《党内法规制定条例》第 40 条第 1 款明确规定,"党内法规的修改,适用本条例"。由此可知,《党内法规制定条例》同时也是有关党内法规修改的"条例",是党内法规修改权的实定法依据。《党内法规制定条例》第 37 条规定:"制定机关应当组织开展党内法规清理工作,及时开展集中清理,根据需要开展特定内容或者特定范围的专项清理,在制定工作中同步开展即时清理。根据清理情况,作出修改、废止、宣布失效等决定。"该条中"修改"二字表明,《党内法规制定条例》第 37 条也是其他党内法规修改权的一个依据。此外,《党内法规制定条例》第 38 条还规定:"制定机关应当及时修改滞后于实践发展的党内法规。视情可以采取修订、修正案或者修改决定等方式修改,对相关联的党内法规可以开展集中修改。修改后,应当发布新的党内法规文本。"

所以,《党内法规制定条例》第37条、第38条和第40条,都可以称得上是党内法规修改权的正式依据。其中,"制定机关应当及时修改滞后于实践发展的党内法规"的规定,就是在告诉我们,真正推动其他党内法规修订的力量是国家、社会以及党自身的实践发展需要。党内法规是为了调整党内关系而存在的,一旦党内关系发生了变化,调整它的党内法规自然要跟着作出修订。简言之,修订党内法规主要是为了防范党内法规落后于实践的发展需要,所有的党内法规都必须跟上时代发展的脉搏。

总之,同学们要始终牢记一点:党和国家实践的发展需要,是党内法规修改的最重要的动力,也是党内法规学作为一个学科兴起和发展的最重要的动力。没有政治、经济、文化等领域的新实践,没有党内关系新形态的产生,就不可能有真正意义上的党内法规的修订。正是社会实践的不断丰富,在驱使着党内法规推陈出新。一言以蔽之,实践需要是党内法规修改权的真正依据,而党章和《党内法规制定条例》等有关党内法规修改的规定,只不过是这种真正依据的一个文本表达罢了。同理,党内法规学发展的真正推手,不是党内法规学学者,而是党和国家的实践发展状况。大家应当时刻关注党内关系的发展变迁,从动态的政治实践中窥探并总结党内法规学的内在发展动力。

三、党内法规的制定与修改主体

党内法规的制定权和修改权具体由谁来行使,这对党内法规的制定和修改来说非常关键。再完美的制定权和修改权理论,最后还得依赖相关主体来正确地运用它。所谓党内法规的制定与修改主体,是指党内法规制定与修改行为的具体实施者,它们一般都是特定的党组织。尽管所有的党组织都是由党员(人)组成的,但所有作为个体的普通党员和党员干部都没有权力去制定或修改党内法规,他们都不属于党内法规的制定与修改主体范畴。简言之,党内法规的制定与修改主体,只能是党组织这种机关,而不是作为个体的普通党员或党员干部。

关于党内法规的制定与修改主体,需要分三种情形分别展开论述。一是党章的制定与修改主体;二是一般性党内法规的制定与修改主体;三是混合性党内法规的制定与修改主体。

（一）党章的制定与修改主体

关于党章的制定主体，党章并没有规定，而《党内法规制定条例》更不可能规定。这里用个"更"字，是因为《党内法规制定条例》本身就是"根据党章"制定出来的，它要规定党章的制定主体自然是不够格的。所以，关于党章的制定主体，这是个事实问题而不是规范问题。

从党章制定史上看，党章的制定主体一般都是党的全国代表大会。在党的历史上，由党的全国代表大会以外的党组织制定和修改党章的，仅仅出现过一次。1927年，党的第五次全国代表大会选举产生的中央政治局制定和修改了党章——《中国共产党第三次修正章程决案》。由中央政治局会议以决议的方式制定和修改党章，只是党史上的一个特例，它并不能否定党的全国代表大会是唯一的党章制定与修改主体这个论断。

1922年7月，党的二大通过的《中国共产党章程》是我们党的第一部正式党章，标志着党的创建工作基本完成。1945年6月，在延安举行的党的七大上通过了新的党章，这是我们党独立自主制定的第一部党章。为什么要强调是独立自主呢？这是因为以前的党章制定工作，多少受到了共产国际的影响，关于党的性质、宗旨、指导思想等重要议题，共产国际有很大的发言权。但到七大召开的时候，我们党已经形成了自己的指导思想和建党理论。七大党章将毛泽东思想确立为党的指导思想，它标志着中国共产党的建党理论实现了一次质的飞跃。1956年，党的第八次全国代表大会通过了党执政后制定的第一部党章。1982年，中国共产党在全面拨乱反正的基础上制定了一部新的党章——十二大党章，它也是我们党的现行党章。党的十二大之后，党就没有再制定新的党章，而只是对党章进行了必要的修改。

关于党章的修改主体，党章直接予以了规定。1921年党的一大通过的《中国共产党第一个纲领》第15条规定，"这个纲领经三分之二全国代表大会同意，始得修改"。这个条款不但说明了党的纲领的修改主体是全国代表大会，而且强调修改的门槛是三分之二以上的多数同意，符合这个多数规定，修改才真正有效。这个规范事实足以表明，关于党的纲领修改主体问题，从党的一大开始就得到了应有的重视，这当然也是维护党的纲领严肃性与权威性的需要。

二大党章第28条规定，"本章程修改之权，属全国代表大会，解释之权属中央执行委员会"。该条规定直接赋予了全国代表大会的党章修改权，这是党章直接规定修改主体的真正起点。不过，党的一大通过的只是党的纲领而不是党章,在规范内容方面,纲领往往比党章简单得多,因此,1922年党的二大党章才是第一次明确规定修改主体的党章,而二大党章自然也就成为党章规定修改主体传统的源头。

现行党章第20条规定,党的全国代表大会的职权之一是"修改党的章程"。此外,党章并未授予党的任何其他组织修改党章的权力,可见,党章的修改主体具有唯一性。

党章修改是最为严肃的党内法规修改,党章的任何修订一般都会引发连锁反应,因而,党章修改主体不但具有唯一性,而且还应当具有至上权威性,赋予党的最高组织——全国代表大会党章修改主体资格,实乃党章自身的地位决定的。

(二) 一般性党内法规的制定与修改主体

关于一般性党内法规的制定与修改主体,《党内法规制定条例》规定得较为详细,它是一个规范问题而不是事实问题。一般性党内法规的制定主体与修改主体具有同一性,党内法规的制定主体同时也是它的修改主体,同一部党内法规由党组织甲制定,但又由党组织乙来修改的情形是相当罕见的。因此,关于一般性党内法规的制定与修改主体,实行的是"谁制定,谁修改"原则。

在具体的制定和修改主体上,中央党内法规由党的中央组织负责制定和修改。中央纪律检查委员会以及党中央工作机关,则是部委党内法规的制定和修改主体。地方党内法规则由省、自治区和直辖市党委来负责制定与修改。

此外,《党内法规制定条例》第10条强调,经党中央批准,有关中央国家机关部门党委可以就特定事项制定党内法规。部门党委是党在对下属单位实行集中统一领导的国家工作部门中所设立的领导机构,如中共中央组织部内设办公厅、党建研究室、组织局、干部监督局等机构,这些作为内设机构的各个部门都有自己的部门党委。这些中央国家机关部门党委,也可以是某些党内法规的制定和修改主体,前提条件是获得党中央的批准。

值得思考的是,党中央的授权批准行为是一次性的具体授权,还是长期性的抽象授权?对于这个问题,我的观点是,党中央的授权批准应该是一次性的具体授权,而不是长期性的抽象授权。也就是说,党中央批准某个中央国家机关部门党委就某特定事项制定党内法规时,该部门党委仅仅只能就该特定事项制定党内法规。如果要就其他特定事项制定党内法规,还需要党中央的再次授权批准。在党内法规学上,党中央的授权批准都应当是具体的,而不是抽象的。也就是说,对授权批准不能作类推性的解释与适用,部门党委不应把一次授权理解为长期授权,解释为可以就自己认为的所有特定事项制定党内法规。那样的话,部门党委也就成了一般性党内法规的常规制定与修改主体,这显然不符合《党内法规制定条例》的原则精神。

值得说明的是,2016年中共中央印发的《关于加强党内法规制度建设的意见》提出:探索赋予副省级城市和省会城市党委在基层党建、作风建设等方面的党内法规制定权。2017年5月,中央决定在沈阳、福州、青岛、武汉、深圳、南宁、兰州等7个副省级城市和省会城市开展党内法规制定试点。然而,这一试点改革的效果并不理想。在一年的试点期间,大多数试点城市党委仅制定了一两部党内法规。有鉴于此,2019年中央政治局会议新修订的《党内法规制定条例》将党内法规制定主体明确限定为:党的中央组织、中央纪律检查委员会、党中央工作机关和省、自治区、直辖市党委,而把副省级城市和省会城市党委排除在党内法规的制定主体之外。也就是说,上述7个城市党委,只是短暂享受过试点性的党内法规制定与修改主体地位,现在它们已经确定不具有党内法规制定与修改的主体身份了。因而,这7个城市党委曾经的党内法规制定与修改主体身份,算是党内法规制定与修改主体话题上的一个小插曲。

(三)混合性党内法规的制定与修改主体

在党领导国家治理的制度体系中,党政联合发文制度已经超越了一般意义上的公文处理方式或工作惯例,它已经从临时性、过渡性的政策载体,演变为一种常态化的治理工具。姚琪在《论党政联合发文的分类治理机制》一文中指出,1979年到2019年,中央党政联合发文一共有822件。2014年以前,每年发文量保持在10—20件左右。自2013年进入全面深化改革时期以来,党政联合发文的数量迅速攀升,2017年到2019年三年间,党政联合发文的数量达到了300件以上,相当于过去30多年的发文总量。有相当数量的党政联合制发的文件是以"条例、规定、细则、办法"等名称命名的,并有相当数量的联合文件在性质上属于党内法规,具体来说就是一种混合性党内法规。如《领导干部报告个人有关事项规定》《党政机关公文处理工作条例》《党政机关厉行节约反对浪费条例》《中国共产党党和国家机关基层组织工作条例》(以下简称《党和国家机关基层组织工作条例》)、《党政机关国内公务接待管理规定》等,都属于党政联合制发的文件,它们也都属于一种混合性党内法规。总体上说,混合性党内法规在党内法规中的占比并不是太高,但它的绝对数量也是很可观的,值得且应当予以重视。

关于混合性党内法规的制定与修改主体,《党内法规制定条例》完全没有提及。在实践中,混合性党内法规的制定与修改一般是由党组织来主导,同级相关国家机关配合参与,由党的机关和国家机关联合署名制发。混合性党内法规既调整党内事务,同时也调整国家与社会事务,其制定主体、制定依据都具有双重性。制定主体的双重性表现为一个是党的机关,一个是国家机关;制定依据的双重性表现在,它既依据高位阶的党内法规,又依据高位阶的国家法律。如作为党内法规的《地方党政领导干部安全生产责任制规定》(中办发〔2018〕13号),其制定主体是中共中央办公厅、国务院办公厅;其制定根据是《中华人民共和国安全生产法》《中华人民共和国公务员法》等国家法律和《中共中央、国务院关于推进安全生产领域改革发展的意见》《地方委员会工作条例》《问责条例》等中央党内法规和规范性文件。这个例子告诉我们,混合性党内法规的制定主体和一般性党内法规完全不一样,它实际上由两个不同性质的机关组成,且其中党的机关处于主导地位,国家机关位居从属地位。

最为常见的混合性党内法规的制定主体有中共中央和中共中央办公厅、国务院和国务院办公厅等。联合制定一般都发生在同等级别的机关之间,混合性党内法规的修改,一般也遵循"谁制定谁修改"的原则,所以,其修改主体与制定主体具有同一性。原来的两个制定主体经过协商一致,才能修改混合性党内法规。绝大多数的混合性党内法规都是由两个党、政机关联合制定的。

混合性党内法规的制定依据比较复杂,难以一概而论。不过,一般来说,《党政机关公文处理工作条例》也可以算是其制定依据之一。但这个"条例"只涉及作为一种党政公文的混合性党内法规的制作与发布问题,并未对有关混合性党内法规的制定与修改主体等问题予以详细规定。有鉴于此,党内法规学界曾有人呼吁修订《党内法规制定条例》,对混合性党内法规的制定与修改问题作出详细的规定。这个呼吁值得提倡,期待党的中央组织尽快修订《党内法规制定条例》,充分增补有关混合性党内法规方面的内容,以使混合性党内法规的制定与修改工作,能够实现有规可依、有规必依。

四、党内法规的制定与修改程序

在我国,实质正义观念历来处于绝对优势地位,程序正义问题则常常被忽视。然而,人类历史经验证明,抛弃程序正义的实质正义,其"正义"的分量必将大打折扣。在任何时候,我们都不应忽视程序,程序是法学研究的一个永恒主题。

美国联邦法院大法官威廉姆·道格拉斯曾在一份判决意见书中提出:"(美国联邦宪法)权利法案的大多数规定都是程序性条款,这个事实绝不是无意义的,正是程序决定了法治与恣意的人治之间的基本区别。"这句话的后半句非常深刻,是否认真对待程序乃是区分法治与人治的根本方法。法治是特别讲究程序的,而人治则把程序视为无关紧要的东西。

法治也是党内法规的根本价值之一,这一点在第一章中就论证过。既然如此,程序问题也应该成为党内法规学的一个基本范畴。从党内法规的制定到党内法规的实施,都应当严格地遵循程序要求,让程序之光洒满党内法规的各个角落,照亮依规治党的各个细节。

党内法规的制定和修改同样有着严格的程序要求。党内法规制定和修改程序,是指主体在制定和修改党内法规时必须严格遵循的方式方法、步骤顺序以及时限要求等。党内法规的制定和修改有着特定的程序要求,这是党内法规与其他党内规范性文件的重大区别之一,也是党内法规自身具有"正当性"的一个显著标志。党内法规的制定和修改程序,既是党内法规制定和修改的形式要求,也是其实质要求,体现的是形式工具性价值和实质目的性价值的有机统一,是党内法规制定和修改顺利进行的基本保证。

人类立法史告诉我们,合理的程序设计往往是立法质量与立法效率的保障。同理,正当的程序设计对于党内法规的制定和修改也是必不可少的。它们可以强化党内法规制定者和修改者的理性思考,引导党内法规制定者和修订者向外界广泛征求意见与建议,以凝聚党内党外的多方共识,增进协商效果,减免可能的冲突,保障党内法规制定与修改的各个阶段顺利进行,提升党内法规的制定和修改活动的稳定性及可预期性。

民主集中制是我们党必须坚持的一项基本原则。党内法规的制定与修改程序,正是贯彻民主集中制的一种重要的形式和手段。党内法规的制定和修改程序,能够最大限度地促进党内法规的制定和修改工作实现民主化、科学化,有效地将民主集中制贯彻落实到制定和修改的全过程,从而为党内法规体系的完善和发展提供坚实的制度性保障。

党内法规的制定程序与修改程序并不完全一样,所以,应当分别进行论述。党内法规可以分为党章、一般性党内法规和混合性党内法规三类。同样的,党内法规的制定与修改程序也可分为党章的制定与修改程序、一般性党内法规的制定与修改程序、混合性党内法规的制定与修改程序。

(一) 党章的制定与修改程序

关于党章的修改程序,1921年《中国共产党第一个纲领》第15条规定,"这个纲领经三分之二全国代表大会同意,始得修改"。这是有关党的纲领的修改门槛规定,它不但是党史上第一个有关党的纲领修改门槛的规定,而且是唯一的规定。之后所有的党章都没有类似的规定。

不过,严格来说,在早年的秘密地下状态及之后的革命烽火岁月中,党章的制定与修改工作并未有严格的程序,一般都是由党的中央机关提出草案,然后由党的领导在大会上对党章修改草案予以说明,最后表决通过。

进入二十一世纪,党章的修改程序日益完善,推进了党章修改程序的规范化。党的二十大再次修改了党章,其修改经历如下七道程序:

(1) 成立党章修改小组。党的二十大筹备工作开始后,党中央认真研究各地区、各部门关于将修改党章纳入党的二十大议题的建议,作出了对党章进行适当修改的决定,并成立了党章修改小组。

(2) 形成党章修改方案。党中央发出通知,专门就党章修改工作向各地区、各部门征求意见,在此基础上提出了党章修改方案。

(3) 产生党章修正案征求意见稿。中央政治局常委会和中央政治局,先后对党章修改方案进行审议,形成党章修正案征求意见稿。

(4) 征求意见。党中央就党章修正案征求意见稿,向各地区、各部门和党的十九大、二十大代表广泛征求意见。

(5) 提出党章修正案。根据各方面反馈的修改意见和建议,对党章修正案征求意见稿进行了再修改,经中央政治局常委会会议、中央政治局会议再次审议后,提交党的十九届七中全会通过,形成了提交党的二十大审议的党章修正案。

(6) 生成党章修正案表决稿。党的二十大期间,全体代表对修正案进行了认真讨论,提出一些修改意见。大会主席团综合考虑这些意见,作了最后的修改,形成了党章修正案大会表决稿。

(7)最终的党章修正案。最后,大会全体会议一致通过了党章修正案。

由此可知,尽管党章的修改程序缺乏党内法规的具体规定,但随着党内民主的发展,党内法规中有关程序性的规定日益增多,党章的修改事实上遵循了严格的程序,充分彰显了党章修改的严肃性和规范性,为修订后的党章的权威性奠定了牢固的程序基础。

(二)一般性党内法规的制定与修改程序

《党内法规制定条例》颁布之后,一般性党内法规的制定与修改程序就不是事实问题,而是规范问题了。该"条例"规定,党内法规的制定工作有"规划与计划""起草""前置审核""审议批准""发布""修改"等程序。

(1)规划与计划

规划与计划,是一般性党内法规制定工作的起点,它是关于未来某个时段内党内法规制定任务的部署与安排,通常是由党内法规制定主体按照一定的权限和步骤编制出来的。一般来说,党内法规制定的规划与计划期限,都以五年为限。

有党内法规制定权的党组织,都是当然的规划与计划编制主体。也就是说,党内法规的规划与计划编制权,实际上是党内法规制定权的一个有机组成部分,是制定权行使的开端,是党内法规制定程序的原点。

(2)起草

起草,是真正的党内法规制定过程的开始。所谓党内法规起草,就是制定主体所作出的一种拟定党内法规条文草案的活动。起草是党内法规制定的必经阶段,是形成党内法规草案的重要环节,起草工作的质量如何,在很大程度上决定了最终制定出来的党内法规的品质。

党内法规起草工作并不简单,它有着较为复杂的步骤程序,是一项高难度的工作。一般来说,起草过程可以划分为这样几个步骤:

① 调查研究。正如毛泽东所指出的,没有调查就没有发言权。党内法规的制定往往是从调查研究开始的,这是保证起草工作品质的重要基础。

具体的起草部门的首要的工作就是组织人力物力,广泛收集相关文献资料,查阅并整理相关的政策法规和理论研究,采取多种方式全面掌握拟规范的党内关系实际状况,查找其中的问题,听取来自各方面的问题处理意见等。

② 拟订草案

在调查研究工作结束后,围绕着拟议中的党内法规所要解决的党内关系问题展开重点分析,形成草案提纲。在此基础上,运用制定技术来确定党内法规的名称、基本原则、篇章结构、条文表述、适用解释等具体内容,从而形成较为完整的草案初稿。

③ 协商与征求意见

为了在党内法规的制定过程中充分贯彻民主集中制,以保证党内法规的制定质量和实施效果,需要广泛征求意见和充分协商。草案形成之后,牵头起草的部门,一般应就草案涉及的其他部门或单位工作范围内的事项,同有关部门和单位进行充分的协商,听取相关意见与建议。之所以这样做,一方面是为了取得相关部门和单位的支持;另一方面则是希望通过这个协商程序,能进一步优化草案内容,提升党内法规草案的质量。一旦协商的部门和单位对某些草案内容提出了明确的反对意见,草案牵头起草部门应当在报送党内法规草案时,附上对相关情况的详细说明,以供被报送部门决策时参考。

与协商不同的是,征求意见没有特定的部门和单位,其对象是较为广泛的,党的各类组织、专家学者、党代表、普通党员,甚至广大人民群众等,都是征求意见的对象。征求意见本身就是为了发扬民主、集思广益,所以,征求意见的范围越广越好。

④ 提出草案及其说明

这是党内法规起草工作的最后一道工序,完成了这道工序就意味着起草工作的终结。党内法规草案部门经过反复的修改打磨之后,就形成了报送审议批准机关审批的草案送审稿。按照常理,草案送审稿出来之后,党内法规的起草工作就结束了。但是,为了便于审议批准机关快速而又全面地把握草案提出的精神旨趣和具体内容,一般还需要起草机关在报送草案送审稿时提交一份草案制定说明。这个草案说明的主要内容有:制定该部党内法规的必要性与可行性、草案的主要内容、征求意见过程、有关部门和单位的意见建议等。在撰写这个草案说明时,起草部门也有可能会对草案本身产生新的认识,从而获得进一步完善草案的机会。从这个意义上说,草案说明不仅仅对草案审议机关有用,对于草案起草部门来说,它也有一定的存在价值。

(3) 前置审核

这是为了保证党内法规制定质量而设计的一道特别程序。所谓前置审核,是指党内法规草案形成后、审核前,先由审议批准机关所属法规工作机构对其政治性、合法性、合规性等方面开展的一个审理过程。

审核的主体一般由专门的党内法规工作机构来承担,它是隶属于党内法规审议批准机关的一个部门。如今绝大多数有党内法规制定权的党组织,都有专职从事党内法规制定工作的机构,这些机构的工作内容之一就是审核党内法规草案。如中共中央办公厅法规局负责中央党内法规草案的前置审核,省、自治区、直辖市党委办公厅所属的法规工作机构则承担着地方党内法规草案的前置审核工作。

前置审核的结果一般有两种:一种是通过,即认为草案的政治性、合法性和合规性都没有问题,建议拟审议批准党内法规草案的机关予以审批同意;另一种是不通过,即认为草案在政治性、合法性和合规性等方面存在一定的争议,并就这些争议问题向审议批准机关全面汇报,并对草案起草部门和单位提出修改意见与建议。起草部门和单位应当积极对待这些意见与建议,有针对性地认真完善草案。如果它们在无正当理由的情况下,不采取一定的措施来完善草案,那前置审核机构一般会向审议批准机关提出修改、缓办或退回的建议。

(4) 审议批准

党内法规草案通过前置审核程序后,还需要审议批准部门的批准,审议批准部门对党内法规草案的态度直接决定了该草案的"生与死"。所以,审议批准是党内法规制定工作中的一个重要程序。

不同层级的党内法规,其审议批准主体自然是不一样的。一般来说,效力仅次于党章的准则,其草案的审议批准主体是中央委员会全体会议,而条例草案通常由中央政治局会议审议批准,规定、办法、规则、细则等中央党内法规草案往往由中央政治局常委会会议审议批准,中央纪律检查委员会以及党中央工作机关制定的党内法规草案则由其领导机构会议审议批准,省、自治区、直辖市党委制定的党内法规草案由党委全体会议或者常委会会议审议批准。

以上讨论的是一般性党内法规的制定程序。关于一般性党内法规的修改程序,相关的党内法规并未作出详细的规定。《党内法规制定条例》第38条只是要求制定机关,应当及时修改滞后于实践发展的党内法规,并规定视情况的不同可以采取修订、修正案或者修改决定等方式修改,对相关联的党内法规可以开展集中修改,但具体的修改程序则未予以明确。不过,《党内法规制定条例》第40条第1款规定,"党内法规的修改,适用本条例"。从这一条款可以推导出一般性党内法规的修改程序可以参照其制定程序的结论。一般性党内法规的修改程序,不应像制定程序那么复杂,当然,起草、前置审核和审议批准程序应当保留,如规划与计划等程序就可以省略。

（三）混合性党内法规的制定与修改程序

有关混合性党内法规制定与修改的正式规定相对比较匮乏，但不少混合性党内法规属于党政机关公文范畴，而《党政机关公文处理工作条例》对党政机关公文的"拟制"程序作了较为详细的规定。因此，我们可以参照相关的"公文拟制"程序，将混合性党内法规的制定程序分为"起草""审核""签发"等几个步骤。

（1）起草

《党政机关公文处理工作条例》第 19 条规定："公文起草应当做到：（一）符合党的理论路线方针政策和国家法律法规，完整准确体现发文机关意图，并同现行有关公文相衔接。（二）一切从实际出发，分析问题实事求是，所提政策措施和办法切实可行。（三）内容简洁，主题突出，观点鲜明，结构严谨，表述准确，文字精练。（四）文种正确，格式规范。（五）深入调查研究，充分进行论证，广泛听取意见。（六）公文涉及其他地区或者部门职权范围内的事项，起草单位必须征求相关地区或者部门意见，力求达成一致。（七）机关负责人应当主持、指导重要公文起草工作。"

根据上述要求，混合性党内法规的起草工作，可以细分为三道程序：一是调查研究；二是拟定起草；三是征求意见。

调查研究程序。这个程序基本上与一般性党内法规的调查研究程序没有区别。当然，在调查研究的主体方面，混合性党内法规要求党内机关和国家机关携手参与，不能只有其中的一方开展调查研究，而另一方完全不闻不问。换言之，党与政两个部门都要深入调查研究，广泛听取各地区、各部门的意见，并进行充分的论证，切实掌握拟制定的党内法规的背景和目标。

拟定草案程序。在调查研究成果能够准确地体现发文机关意图，并同现行有关公文相衔接的前提下，围绕着拟议草案所要解决的问题开展分析，形成草案提纲。拟定草案提纲一定要坚持从实际出发，不可好高骛远。此外，《党政机关公文处理工作条例》还要求草案要做到内容简洁，主题突出，结构严谨，表述准确，文种正确，格式规范，从而形成较为成熟的草案初稿。对于重要的混合性党内法规草案，机关负责人应当主持其起草工作。

征求意见程序。混合性党内法规一般是由党的机关和国家机关联合署名制发的，其制定主体、制定依据具有双重性，因此，混合性党内法规通常会涉及多个部门或单位工作范围的事项。有鉴于此，起草单位必须征求相关部门或者单位的意见，不但要让它们知情，而且力求与它们达成一致。另外，对于涉及其他地区的事项,起草单位也必须征求相关地区的意见,充分考虑各地区的权益,争取得到各方主体的理解与支持。

(2) 审核

《党政机关公文处理工作条例》第 20 条规定:"公文文稿签发前,应当由发文机关办公厅(室)进行审核。审核的重点是:(一) 行文理由是否充分,行文依据是否准确。(二) 内容是否符合党的理论路线方针政策和国家法律法规;是否完整准确体现发文机关意图;是否同现行有关公文相衔接;所提政策措施和办法是否切实可行。(三) 涉及有关地区或者部门职权范围内的事项是否经过充分协商并达成一致意见。(四) 文种是否正确,格式是否规范;人名、地名、时间、数字、段落顺序、引文等是否准确;文字、数字、计量单位和标点符号等用法是否规范。(五) 其他内容是否符合公文起草的有关要求。需要发文机关审议的重要公文文稿,审议前由发文机关办公厅(室)进行初核。"

混合性党内法规草案的审核主体是党的机关和国家机关的办公厅(室),审核的结果要么是通过,要么是不通过。其中,不通过的混合性党内法规又可以划分为两类:一类是经审核不宜发布的混合性党内法规,应当退回起草单位并说明理由;另一类是符合印发条件,但内容需作进一步研究和修改的,由起草单位修改后重新报送。

(3) 审批

《党政机关公文处理工作条例》第 22 条规定:"公文应当经本机关负责人审批签发。重要公文和上行文由机关主要负责人签发。党委、政府的办公厅(室)根据党委、政府授权制发的公文,由受权机关主要负责签发或者按照有关规定签发。签发人签发公文时,应当签署意见、姓名和完整日期;圈阅或者签名的,视为同意。联合发文由所有联署机关的负责人会签。"

混合性党内法规应当经过党的机关和国家机关的负责人共同审批签发,并且负责人签发人签发混合性党内法规时,应当签署意见、姓名和完整日期;圈阅或者签名的,同样视为同意。

对于混合性党内法规的修改程序问题,《党政机关公文处理工作条例》和《党内法规制定条例》均未涉及。不过,混合性党内法规也是党内法规范畴,这两个"条例"有关党内法规修改程序的规定,大体上也适用于混合性党内法规,至少在修改混合性党内法规时可以参照适用。而通过解释《党内法规制定条例》的有关条款,混合性党内法规的修改程序问题也不难化解。当然,最优的方案是在时机成熟时,修订《党内法规制定条例》,对混合性党内法规的修改程序问题直接予以规定。

五、党内法规的备案审查

尽管党内法规的备案审查一般被定性为党内监督的一种表现形式，但它实质上是对党内法规制定品质的一个评判机制，属于党内法规的一道"质检"程序。设计"质检"环节，目的是保证党内法规的统一性和权威性。简言之，党内法规的备案审查制度是对党内法规制定工作的一种"事后"监督，它实质上还是党内法规的制定问题，至少它旨在消除党内法规制定过程中所遗留的实体或程序问题。

（一）党内法规备案审查概述

所谓党内法规备案审查，就是在党内法规出台之后，由其制定主体依据一定的程序，报送中共中央备案并审查，后者在审查过程中如发现问题就按照规定予以处理。实践中，不只是党内法规，党组织制定的所有规范性文件同样要接受备案审查。所以，规范党内法规备案审查的党内法规名称是《党内法规和规范性文件备案审查规定》。在审查主体、审查程序及审查结果的处理上，党内法规备案审查与党内规范性文件备案审查没有太大区别，不用专门分开讨论。

（1）党内法规备案审查的历程

作为一种党内监督方式的党内法规备案审查制度，是我党在长期的革命、建设、改革过程中慢慢形成的，1921年《中国共产党第一个纲领》第12条规定："地方委员会的财政、活动和政策，应受中央执行委员会的监督。"该条中的"监督"就明显包含着对"财政、活动和政策"实施审查的意思。1922年《党章》第21条规定："区或地方执行委员会所发表之一切言论倘与本党宣言章程及中央执行委员会之议决案及所定政策有抵触时，中央执行委员会得令其改组之。"这条规定意味着，中央执行委员会有审查区或地方执行委员会的权力，而且一旦发现存在"抵触"的情形，还有"改组之"的权力。尽管由于种种原因，这两条规定并未得到真正有效的实施，但它代表着党内法规备案审查的思想萌芽，更标志着党内法规备案审查有了初步的制度构造。

1948年9月，中共中央发布了《关于各中央局、分局、军区、军委分会及前委会向中央请示报告制度的决议》，就各项工作如何事前向中央请示、事后报中央备审提出了明确的要求,将备审作为请示报告制度的重要内容。该"决议"的发布,标志着党内法规备案审查制度雏形的形成。

改革开放后,党中央开始着手正式建立党内法规备案审查制度。1990年7月,中共中央出台了党内第一部"立法法"——《中国共产党党内法规制定程序暂行条例》。其中规定,经中央纪委、中央各部门审议批准的党内法规,报送中央备案;各省、自治区、直辖市党委制定的党内法规,应在发布的同时报送中央备案。同年11月,中共中央办公厅还印发了《关于党内法规备案工作有关问题的通知》,就备案材料、报备时限等事项作出了明确规定。

党的十八大以来,党内法规制度建设进入了"快车道",党内法规备案审查制度日趋成熟,其维护党内法规统一与权威的功能不断增强。2012年6月,中共中央印发了《中国共产党党内法规和规范性文件备案规定》。该"规定"对备案审查的基本原则、审查内容、处理方式、报备程序、备案通报等作出了详细规定,共有18个条款,但没有分具体的章节。2016年12月,中共中央发布了《关于加强党内法规制度建设的意见》,其中提出要完善党内法规备案审查制度,建立贯通上下的备案工作体系。2019年8月,党中央对2012年的"备案规定"进行了全面的修改,并将它改名为《党内法规和规范性文件备案审查规定》。新的《党内法规和规范性文件备案审查规定》共计28条,分为总则、主体、报备、审查、处理、保障与监督、附则等七章。《党内法规和规范性文件备案审查规定》为党内法规备案审查工作提供了更全面的规范基础,新时代党内法规备案审查工作呈现出新气象。

(2)党内法规备案审查的特点

党内法规备案审查的特点,主要是相对于国家法律层面的备案审查而言的。有一个现象可能很多人都没有注意到,那就是党内法规备案审查制度与国家法律备案审查制度几乎是同时发展起来的。而促使这两套备案审查制度"比翼齐飞"的"发力点",是2014年《中共中央关于全面推进依法治国若干重大问题的决定》的出台。该"决定"先是强调要"加强备案审查制度和能力建设,把所有规范性文件纳入备案审查范围,依法撤销和纠正违宪违法的规范性文件,禁止地方制发带有立法性质的文件",接着又强调要"完善党内法规制定体制机制,加大党内法规备案审查和解释力度,形成配套完备的党内法规制度体系"。在发展过程中,党内法规备案审查和国家法律备案审查形同了一致的审查原则,即"有件必备、有备必审、有错必纠"。

尽管党内法规备案审查与国家法律备案审查,都共享着同样的原则,但两者事实上是两套不同的制度。相对于国家法律备案审查来说,党内法规备案审查具有两方面特殊性。

第一,党内法规备案审查标准的特殊性。"合宪性""合法性""合理性"等,都是党内法规备案审查和国家法律备案审查共享的审查标准。然而,党内法规备案审查还有自己的标准,那就是将政治性审查作为首要审查标准,以保证"两个维护"要求得到落实。党内法规备案审查的首要任务,是保证建章立制工作同党中央保持高度一致,切实维护党中央权威和集中统一领导。为此,要严格审查所报备的党内法规,是否认真贯彻落实习近平新时代中国特色社会主义思想,是否同党的基本理论、基本路线、基本方略相一致,是否与党中央重大决策部署相符合,是否严守党的政治纪律和政治规矩等。具体而言,政治性审查标准,可以概括为以下三个方面:

① 是否坚持党的领导,确保正确的政治方向。党的领导是中国特色社会主义制度的最大优势,是做好一切工作的基础和前提。政治性审查标准要求党内法规的内容与党章、党的理论、路线、方针、政策保持高度一致,始终坚持党的领导,使党始终发挥着总揽全局、协调各方的领导核心作用。

② 是否贯彻民主集中制,坚持党的群众路线。党内法规的制定程序要践行民主集中制和党的群众路线,其规定内容要承载和体现民主集中制原则及党的群众路线。唯有如此,才能使党内法规获得广泛而深厚的群众基础,增强党在广大人民群众中的号召力与影响力。

③ 是否坚持党性与人民性。何谓党性呢?它一般是指党员在思想上、政治上、组织上所具有的独特个性,它是党的性质与宗旨在党员思想言行中的体现。何谓人民性呢?它一般是指党内法规的所有规定,都应彰显为人民服务的精神,党内法规制定者要时时处处为人民着想,任何背叛人民的规定都是绝不允许的。制定党内法规时务必坚持党性与人民性,党内法规备案审查的一个重要内容在于,是否与党性、人民性保持一致。

在党内法规备案审查时,政治性标准是首要的,这是党内法规备案审查与国家法律备案审查的不同之处,是党内法规备案审查的一大特点。与此特点相适应的,就是党内法规备案审查目的的特殊性。

第二,党内法规备案审查目的的特殊性。国家法律备案审查的一个重要目的在于维护国家法律的权威与尊严,而党内法规备案审查的目的则在于维护党中央的权威,为管党治党提供可靠的制度性保障。对于这个目的,我们同样可以从以下三个方面来解读:

① 党内法规备案审查的主体是党中央,设立备案审查制度就是为了便于党中央全面了解党内法规的制定情况,加强自上而下的党内监督,进一步提

升党内法规制定的科学化和规范化水平。备案审查主体之所以只有党中央一个,根本上还是强化党中央的最高监督地位,以维护党中央的权威。

② 党内法规备案审查的一个重要功能是消除党内法规之间的抵触或矛盾,保证党内法规同党章、党的路线、方针、政策相一致,并与宪法和法律相衔接、协调,维护党内法规体系的统一与权威。而这实际上还是为了维护党中央的权威,因为党内法规体系的建构者就是党中央。党中央之下的党组织在很大程度上都只是党内法规体系的参与者,而不是建构者。

③ 设立党内法规备案审查制度,是为了保障中央令行禁止和政令畅通,为依规治党和治国理政提供有力的制度保障。党内法规最重要的制定主体是党中央,管党治党最大的责任承担主体也是党中央。这两个事实决定了党中央必须具有足够的权威,党内法规备案审查,本质上是维护中央权威的一种手段,它自身并不是目的。

为了更为深入地了解党内法规备案审查制度,我们还可以从主体、程序和结果等方面来展开论述。

(二) 党内法规备案审查主体

所谓备案审查主体,是指履行备案审查职责,并承担相关责任后果的党组织。包括党员干部在内的党员个人,都不是党内法规备案审查主体,只有党组织才是备案审查的主体。

备案审查主体其实有两个：一个是报备主体,一个是审查主体。所谓报备主体,实际上就是党内法规的制定主体,但不包括作为制定主体的党中央。报备主体相对复杂些,它可以分为四类：① 中央纪律检查委员会以及党中央工作机关；② 各省、自治区、直辖市党委；③ 牵头党组织,由多个党组织联合制定的党内法规或由党组织与国家机关联合制定的混合性党内法规,都由牵头党组织来报备；④ 特殊报备主体,即经党中央批准,有关中央国家机关部门党委就特定事项制定党内法规之后,该部门党委同样要向党中央报备。当然,在实践中,具备的报备工作一般都是由各个报备主体下属的有关工作机构来承担,报备主体"亲自"承担报备事项的比较罕见。

所谓审查主体,是指受理党内法规备案,并对之开展审查,以判断它们在政治性、合法性、合规性、合理性等方面是否存在问题的党组织。与报备主体不同,审查主体具有唯一性,即中共中央是唯一的审查主体。当然,在实践中,中共中央一般会把报备上来的党内法规审查任务,授权给中共中央办公厅,而实际开展审查工作的是中共中央办公厅法规局。

据中共中央办公厅法规局统计,截至2021年年底,各地区、各部门共向党中央报备党内法规和规范性文件约3.5万件,基本实现了应备尽备、及时报备。中央层面备案审查带头树立严的基调、坚持严的标准,共对各地区各部门报备的900余件"问题文件"作出纠正、提醒处理,真正做到了发现一件就处理一件。这两组数据表明,作为报备主体和审查主体的党组织,都在积极扮演好自己的备案审查主体角色,认真对待自己承担的备案审查主体责任。

(三)党内法规备案审查程序

党内法规备案审查程序也可以分为报备程序和审查程序两类。

(1)报备程序

报备,是指党内法规制定主体按照规定的要求,向审查机关报送自己制定的党内法规,以接受备案审查。报备是党内法规备案审查的第一步。报备是否及时、报备材料是否齐全、报备程序是否合理,直接影响着后续审查和处理工作的切实展开。

《党内法规和规范性文件备案审查规定》强调,党内法规发布后,报备机关应当制作完整的报备材料,在30日内完成报送备案工作。对于未按规定时限报备的,审查机关应当责令其限期补报,必要时可以对其延迟报备或不报备的违规行为,予以通报批评。

报备材料包括备案报告、党内法规正式文本和备案说明。其中,备案说明的主要内容有:党内法规的制定背景、政策创新及其依据、重要数据指标来源、征求意见情况、审议签批情况等。所有报备材料应当装订成册,并报送电子文本。

(2)审查程序

审查,是有关机关对报备机关报送的党内法规进行检查核验,判断其有无错误、是否妥当的行为。它是备案审查工作的核心环节,审查主体在审查过程中,能否发现问题、准确判断问题的性质及其严重程度,直接决定了党内法规备案审查工作的水准。审查程序大致可以分为五步:

第一步,书面检查。这是审查机关开展审查工作的起点。它主要是对报送过来的党内法规进行初步的形式审查和实质审查,并就发现的问题提出初步的意见。其中,形式审查重点审查三个方面的问题:① 是否在发布之日起30日内报送;② 报送材料是否齐全、是否符合规定格式;③ 电子文本与纸质文本是否一致。实质审查则是就党内法规是否存在实质性问题而展开的审查,它包括政治性审查、合法合规性审查、合理性审查、规范性审查等。

第二步，征求意见。对于规范内容比较复杂敏感、专业性比较强、涉及面比较广、社会关注度比较高、争议性比较大的党内法规，审查机关可以征求有关方面的意见和建议，甚至直接请求与之进行会商调研。按照中共中央办公厅法规局的解释，备案审查是对党内法规的一种综合性"质检"，具有较强的政治性和专业性，需要借助有关方面的力量，建立备案审查的联动机制，以形成审查合力。

在审查机关征求意见的同时，人大常委会、政府、军队等备案审查工作机构，如果发现党内法规可能存在违法违规问题的，可以向同级党委备案审查工作机构提出审查建议。后者应当研究处理，并以适当方式向它们反馈结果。也就是说，审查机关征求意见与第三方主动提出意见，可以并行不悖、同向发力。

第三步，请予说明。《党内法规和规范性文件备案审查规定》第13条规定："针对审查中发现的问题或者有关方面的意见建议，审查机关可以要求报备机关作出说明。报备机关应当在规定时限内就有关事项说明理由和依据，同时可以提出处理措施。"这条规定使得"请予说明"成为审查过程中的一道程序。当然，并不是所有的党内法规报备主体，都要准备情况说明，它仅仅适用于在审查中发现了问题的情形。为了对该问题作全面深入的研判，审查机关可以要求报送机构就有关情况进行说明，审查中未发现值得说明的问题，这道程序自然不必要。

第四步，提出意见。这是备案审查程序中最核心的一环。审查机关根据党内法规有无问题，以及问题的性质与轻重程度，研究提出处理意见，并按照规定的程序报批。

第五步，结果反馈。这是党内法规备案审查的最后一道程序。它是指将经过批准的审查处理结果，以一定的方式告知报备机关。

《党内法规和规范性文件备案审查规定》第21条第1款规定："对未发现问题的党内法规和规范性文件，审查机关一般在30日内完成审查处理工作。发现可能存在问题的，可以适当延长审查处理时间，但一般不超过3个月。"由此可知，审查机关的审查程序有明确的时限要求，一般是30天，最多是3个月。审查机关应当在规定的时间内完成所有的审查程序。

（四）党内法规备案审查结果

所谓党内法规备案审查结果，它实际上是审查机关根据报备的党内法规是否存在问题，以及问题的性质和严重程度等不同情形，而作出不同的处置。

备案审查结果主要有以下五种情形：

（1）通过

对于审查过程中没有发现问题的党内法规，审查机关应当直接予以备案通过，并及时将结果反馈给报备机关。不过，党内法规通过了备案审查，并不意味着它就完全没有问题。如果审查机关发现，已经备案通过的党内法规存在问题，或者收到问题线索反映，或者在审查其他党内法规时发现问题线索，它还可以对业已通过备案审查的党内法规重新启动审查程序。这是全面贯彻落实"有错必纠"审查原则的需要，它有利于进一步夯实审查机关的审查责任，也有利于加强对报备机关的监督。

（2）建议

对于在审查中未发现有原则性问题的党内法规，审查机关可以附带"建议"地予以备案通过。附带建议所针对的情形主要有：① 报备党内法规的有关规定基本合法合规，但需要在执行过程中把握好尺度的；② 报备党内法规的有关规定实施后，上级政策精神发生变化或者新的改革措施即将出台，需要报备机关了解掌握新情况的；③ 有关方面提出的意见与建议具有较高参考价值。向报备机关提出建议，有助于它们更好地贯彻落实党中央和上级党组织的有关精神，更加准确有效地推动党内法规的实施。

（3）告知

对于在审查中未发现有原则性问题的党内法规，审查机关可以附带"告知"地予以备案通过。附带告知所针对的情形主要包括报备的党内法规存在名称使用、体例格式、文字表述等方面的不规范情形。审查机关应当将这些不规范的情形告知报备机关，一旦报备机关多次出现类似不规范情形的，审查机关还可以视情节予以通报批评。

（4）提醒

对于在审查中未发现有原则性问题的党内法规，审查机关可以附带"提醒"地予以备案通过。附带提醒所针对的情形主要有：① 报备党内法规有关政治表达不够规范的；② 报备党内法规的有关规定，在执行中可能产生偏差或者容易引起误解的；③ 报备党内法规的有关规定不够合理的；④ 报备党内法规的制定程序不够规范的；⑤ 报备党内法规不符合精简文件、改进文风要求的。报备机关在收到书面提醒后应当主动整改，并将相关情况及时通知有关方面，防范这五种不良情形在实践中产生不利影响。审查机关要求报告处理情况的，报备机关应当在收到书面提醒后的 30 日内，向审查机关报告。

(5) 纠正

这是审查机关不予通过备案,要求报备机关进行整改的情形。那些不予通过、需要纠正的报备党内法规,可能存在的问题有:① 违背党章、党的理论和路线方针政策;② 违反宪法和法律;③ 同上位党内法规和规范性文件相抵触;④ 明显不合理;⑤ 不符合制定权限,等等。对于审查中发现的问题,审查机关可以发函要求报备机关纠正,报备机关也可以主动纠正。纠正的方式主要有修改原文件、印发补充文件等。在收到纠正函件后的 30 日内,报备机关应当报告相关处理情况。对于复杂敏感、容易产生不利影响的事项,应当及时会同有关方面,采取有效措施妥善处理。纠正后的党内法规符合要求的,审查机关应按程序予以备案通过。报备机关未在规定时限内纠正问题,或者未报告有关纠正措施,且无正当理由的,审查机关可以作出撤销相关党内法规的决定。

六、党内法规的清理

2022 年 10 月,中央政策研究室副主任田培炎指出:"不断提高党内法规制定的质量,确保各项制度立得住、行得通、管得好;加强备案审查和清理,维护党内法规制度的统一性和权威性。"从这里可以看出,党内法规的清理与党内法规的备案审查居于同等重要的地位。《党内法规制定条例》第 37 条规定:"制定机关应当组织开展党内法规清理工作,及时开展集中清理。根据需要开展特定内容或者特定范围的专项清理,在制定工作中同步开展即时清理。根据清理情况,作出修改、废止、宣布失效等决定。"由此可知,党内法规清理属于党内法规制定范畴,是党内法规制定机关的一项基本职责,是维护党内法规活力和协调统一的重要举措。

(一) 党内法规清理的主体

所谓党内法规清理,是指党内法规制定机关对一定时期和范围内的党内法规进行集中审查与整理,以决定是否废止、修改或宣布失效等。这是《党内法规制定条例》对党内法规制定机关提出的职责要求。党内法规清理实行"谁制定谁清理"的原则,因此,党内法规制定机关就是党内法规清理的主体。

为了强化党内法规的清理工作,2012 年中共中央办公厅专门出台了《关于开展党内法规和规范性文件清理工作的意见》。该"意见"把党内法规的清理主体分为两类：(1) 以中共中央或中共中央办公厅文件形式发布的党内法规和规范性文件，中央办公厅起草或者牵头起草的，由中央办公厅负责清理；其他部门起草的，由起草部门负责清理；两个以上部门联合起草的，由牵头部门负责清理；原起草部门已撤销的，由中央办公厅会同有关部门进行清理；(2) 中央纪委、中央各部门和各省、自治区、直辖市党委制定的党内法规和规范性文件，由制定机关按照中央统一要求组织清理；两个以上部门联合发布的党内法规和规范性文件，由牵头部门负责清理。显然，这个清理主体分类贯彻了"谁制定谁清理"的原则。

经验表明，党章只有废除或修改，没有所谓的清理。作为党章制定机关的党的全国代表大会，不是任何意义上的党内法规的清理主体。一般性党内法规由其制定机关负责清理，所以，党的中央组织、中央纪委、中央各部门和各省、自治区、直辖市党委，都是党内法规的清理主体。而混合性党内法规的清理主体则是牵头部门。

（二）党内法规清理的原则

党内法规清理原则主要有四个：

(1) 合章合宪原则

如上所述，党章在党内法规体系中效力最高，所有其他的党内法规都必须符合党章的规定，不得与之相抵触。对于那些违反党章的党内法规，除非立即修改，否则就只能清理。党内法规也不能与宪法、法律相抵触。对于违反宪法规定的党内法规，同样需要立即修改，否则，也只能通过清理的方式废止它。总之，在开展党内法规清理工作时，首要原则是审查党内法规是否与党章、宪法法律的规定相符合。

(2) 体系统一原则

党内法规清理应当坚持党内法规体系和谐统一原则。居于上位的党内法规的效力高于下位党内法规，党内法规清理要确保下位党内法规不能与上位党内法规相抵触。同时，党内法规清理还需要处理同位党内法规之间相冲突的情形。对于党内法规制度建设中的"地方本位"或"部门本位"现象，党内法规清理机关应当坚决予以制止。

(3) 与时俱进原则

党的一切活动都要适应当代中国国情的发展变化。党内法规清理必须自觉跟上时代发展的步伐与节拍。党内法规清理的基本目标在于废止、修改不适应国情发展的党内法规,以提升党内法规的时代应变能力。我们党要积极推动党内法规制度的改革与发展,破除旧的束缚体制,定期清理那些不合时宜的旧规与错规,以使党内法规体系满足与时俱进的原则要求。

(4) 实事求是原则

众所周知,实事求是是我们党认识世界、改造世界的根本要求,是我们党的基本思想方法和工作方法。实事求是就是要从实际出发,遵循事物发展的内在规律,把握事物内部与外部的联系。推进党内法规清理,就需要厘清清理的客观标准,深刻把握党内法规体系内部的发展规律,在结合历史和现实基础上,将确已滞后的党内法规清理掉,确保清理工作不至于过度超前,防范党内法规清理造成制度供给不足,更应避免出现制度空白。

(三) 党内法规清理的模式

关于党内法规清理的模式,大致有三种:集中清理、专项清理和即时清理。其中,集中清理模式最受关注,且效果最为明显。

(1) 集中清理

党内法规集中清理的实践主要有两次。第一次开始于 2012 年,结束于 2014 年。这次党内法规清理分为两个阶段实施:第一阶段主要清理 1978 年到 2012 年间制定的党内法规;第二阶段主要清理 1949 年到 1977 年间制定的党内法规。这次为期两年多的党内法规集中清理工作,由中共中央办公厅组织实施。纳入此次集中清理范围的党内法规和规范性文件总计 1178 件,其中被废止 322 件,宣布失效 369 件,认定需要适时进行修改的有 42 件。2013 年 7 月,《中共中央关于废止和宣布失效一批党内法规和规范性文件的决定》正式发布,2014 年 10 月,《中共中央关于再废止和宣布失效一批党内法规和规范性文件的决定》公开印发,这两个"决定"标志着此次党内法规集中清理工作圆满结束。

第二次党内法规集中清理开始于 2018 年 11 月,结束于 2019 年 4 月。此次集中清理的对象,是截至 2018 年 10 月现行有效的党内法规和规范性文件。2019 年 4 月,《中共中央关于废止、宣布失效和修改部分党内法规和规范性文件的决定》印发,废止 54 件,宣布失效 56 件,修改 8 件,并对 14 件涉及党和国家机构改革的中央党内法规作出一揽子修改计划。

一般来说,集中清理是针对某个长时间段内数量众多的党内法规所开展的大规模审查活动。它发生的背景是世情、国情、党情发生了深刻变化,党的路线方针政策有了较大调整,一大批党内法规可能已经不适应新时势的发展需要。集中清理的效果显著,可以大幅提升党内法规体系的协调统一程度。集中清理的缺点在于任务繁重,需要一次投入较多的人力和时间来完成。《关于开展党内法规和规范性文件清理工作的意见》规定,一般每五年要对党内法规和规范性文件开展一次集中清理。

(2) 专项清理

专项清理,主要是针对有关某一特定内容或特定事项的党内法规所开展的审查活动。专项清理一般要限定党内法规的范围,如2018年,中共中央办公厅、国务院办公厅和中央军委办公厅就联合对有关军民融合发展的法规文件实施了一次专项清理。相对而言,专项清理的优势比较明显,它针对性强、可操作性强,能够在不占用大量人力物力的前提下,集中解决某一特定领域的党内法规问题。

2018年5月,中共中央发布了《关于涉党和国家机构改革党内法规和相关文件专项清理的决定》。这次专项清理废止了3件、修改了35件中央党内法规和相关文件。这种专项清理,有效解决了部分党内法规与机构改革不适应、不协调、不衔接的问题,对于确保机构改革依法依规进行,具有重要意义。

(3) 即时清理

所谓即时清理,是指在党内法规的制定或修改过程中,对那些与之不协调、不一致的党内法规及时开展审查。党内法规的即时清理意味着,在制定、修改党内法规之时,就可以妥善处理它与其他旧的党内法规之间的关系,有效避免新旧党内法规之间产生不协调、不衔接、不一致现象。这种清理模式的优点在于它的经常性,即时清理是集中清理和专项清理的重要补充,其作用非常的明显。

(四) 党内法规清理的程序

所谓党内法规清理的程序,是指党内法规清理主体在清理党内法规时必须遵守的工作步骤和方法。在程序方面,集中清理模式和专项清理模式大体相同。而即时清理模式的程序,归属于党内法规的制定、修改程序。集中清理和专项清理的程序可以概括如下:

(1) 划定清理范围。需要对哪个时期内的党内法规,或者哪个领域的党内法规实施清理,这个范围问题要优先确定,并制定所要清理的党内法规目录。

(2) 明确责任分工。对各个单位的清理责任范围进行确定,做到各司其职。其中,提出初步清理意见的,是党内法规的起草部门。

(3) 开展集中审核。党内法规清理主体根据清理标准,结合各个单位提出的初步清理意见,逐一研究审核每部党内法规,并提出清理意见。

(4) 广泛征求意见。发扬民主,将清理意见分送有关部门和个人,征求他们的意见和建议。根据反馈来的意见和建议,对清理意见进行修订与完善。

(5) 清理决定报批。在清理意见基础上,起草以清理主体名义印发的清理决定,按规定程序报清理主体审批和印发。

(6) 清理结果汇编。为了促进清理后的党内法规的遵守和执行,将清理后的党内法规汇编成册,供有关部门和单位参考。这是党内法规清理的最后一步。

(五) 党内法规清理的结果

党内法规清理的结果,主要有四种:废止、宣布失效、修改和继续有效。从效力上看,可以把它们归为两类:无效和有效。

(1) 无效。无效意味着党内法规在清理后不再发生效力。无效主要有两种情形:废止和宣布失效。

废止,是对党内法规效力的一种强制终结。通常废止适用的情形有四种:① 与党的路线、政策、方针不相符合,有政治问题等严重瑕疵;② 与宪法法律不符,在合法性方面问题严重;③ 时过境迁,不适应现实发展需要;④ 已有取代它的新的党内法规等。宣布失效,即宣告其效力"自然消失"。它通常适用于这样两种情形:① 该党内法规的调整对象已经消失,事实上已不再适用;② 该党内法规的适用期限已过,客观上已经不再需要它。

(2) 有效。经过清理后,依然有效的情况分为两种:一是修改后有效;二是继续有效。

在清理过程中,发现党内法规存在不适应、不协调、不衔接、不一致等方面的问题,但并不影响该党内法规的整体质量,而且该党内法规依然有执行的必要性,不宜废止或宣告失效,为此就要求对该党内法规进行修改,以使其更好地发挥规范功能。所谓继续有效,是指经审查后,没有发现任何问题,理应让该党内法规继续执行下去。

第四章
党内法规的解释

党内法规的解释,可以算是党内法规学最本质性的内容。可以说,解释也是党内法规学的"骨髓",党内法规的制定对于依规治党有多重要,党内法规的解释对于党内法规学就有多重要。

党内法规学教材理应正视并重视党内法规解释问题,党内法规中的大学问,往往蕴藏在党内法规解释中。党内法规学能够成为一门新兴的独立学科,与党内法规作为一种政党自治规范需要解释密不可分,也与党内法规的解释本身就是一种基于学理的技艺息息相关。所以,党内法规学应当像重视党内法规的制定与实施一样,重视党内法规的解释。

本章将从五个方面展开:(1)党内法规解释概述;(2)党内法规解释的原则;(3)党内法规解释的主体;(4)党内法规解释的程序;(5)党内法规解释的效力。

一、党内法规解释概述

解释是法学上的一个重要概念,作为一种独特的法学现象,解释(interpretation)不同于我们通常所理解的说明(explanation)。说明往往是为了揭示某种现象之间的因果关系,是一种科学手段,具有较强的客观性。而作为法学概念的解释,其主观性常常强于客观性,具有较强的规范性和评价性。也就是说,解释不像说明那样,解释中的因果关系并不是很明确,甚至可以说,解释的重点不在于揭示因果关系。

所谓解释的规范性,是指解释不能脱离法律规范本身而恣意展开,不以法律规范为前提的解释,只有解释之名而无解释之实。法律解释不是法律的续造,它与"法律的续造""法官造法"等概念有很大的差别,法律解释局限于对法律含义与意义的探明。法律解释学是从法律注疏学发展而来的,所谓法律注疏学,就是对法律文本(法条)进行全面分析,以便于正确理解和适用法律条款的一种学术活动。法律注疏学已经成为历史,取而代之的是法律解释学。但法律解释学和法律注疏学一样,都围绕着法律规范做文章,这就是解释的规范性。

除了规范性以外,法律解释还具有评价性的特征。所谓解释的评价性,是指任何的法律解释都包含着解释主体对法律规范的评价。对于同一个法律条款,不同的人即不同的主体有不同的解释,甚至同一个主体在不同时期都会有不同的解释。这背后的根源就在于解释是一种评价,它具有相当的主观性,而人对法律等事物的认知是随着环境的变化而变化的。这是解释和说明之间的一个差别。

其实,法律规范本身也是立法者主观认知的产物,它也代表着立法者的评价。从这个意义上说,法律解释是对立法者评价的再评价。两者的不同之处在于,作为一种评价活动的法律解释,必须围绕承载着立法者评价的法律规范而展开,而立法者的评价则是一种创制性行为,它一般不受既定法律规范的约束。因此,作为一种立法行为的评价和作为一种解释行为的评价的差别是非常明显的。简言之,立法者制定法律的自由度,要比解释者解释法律的自由度大得多,他们几乎不受既定的法律规范的约束。当然,这种不受约束也是相对的,事实上,宪法等上位法规范对立法者的立法评价具有直接的拘束力。立法者在立法的时候,确实有很大的自由度,但它也是宪法之下的自由,而不是绝对的自由。

(一)党内法规解释的含义

尽管党内法规并不是通常意义上的法律,但它与法律之间具有天然的"亲缘性"。它本身也是社会规范的一种,属于我国社会主义法治规范体系的一个有机组成部分。党内法规之所以需要解释,根源在于它本质上是一种有拘束力的规范。党内法规解释之所以重要,是因为党内法规拘束力的有效发挥往往以党内法规的解释为基础。离开了解释,党内法规的实施和适用将受到限制,直接影响到其拘束功能的发挥。

所有的党组织和党员干部在运用党内法规来管理党内事务时,都要对它进行解释,因为没有一部党内法规是为某一具体的党内事务"量身定制"的。

就算是量身定制的,它往往也需要解释。原因在于,组成党内法规的基本材料是"语言",而几乎所有的语言都有一定模糊性,其含义都要经过解释才能明白。有时候,解释不但要结合上下文语境,而且还要结合具体事务及其过程、情节,进行一种综合判断。

比如说,你正在处理一桩党内纠纷的案件。解决这个案件争议的第一步就是寻找相关党内法规,如果该案件适用《纪律处分条例》第87条,即"纵容、默许配偶、子女及其配偶等亲属、身边工作人员和其他特定关系人利用党员干部本人职权或者职务上的影响谋取私利,情节较轻的,给予警告或者严重警告处分;情节较重的,给予撤销党内职务或者留党察看处分;情节严重的,给予开除党籍处分"。这个条款规定的具体含义就需要解释,哪些行为才算是"纵容""默许"?"亲属""身边工作人员""其他特定关系人"的范围如何?哪些表现属于"情节较轻"?哪些行为又该认定为"情节严重"?凡此种种,党内法规的制定者都没有具体说明,只能通过党内法规适用者的解释,才会有答案和结果。

就像国家法律一样,党内法规也是一种抽象的社会规范。作为一门学科的党内法规学,它的研究过程高度依赖对党内法规的解释。它是党内法规学走向成熟的标配,也是党内法规学发达的标志。何谓党内法规解释?马工程的党内法规学教材将它界定为:有权机关根据特定权限和程序,按照一定的原则和标准,对党内法规条文的具体含义进行阐释和说明,以助于党组织和党员更加准确地理解、遵守和执行党内法规。《〈中国共产党党内法规解释工作规定〉释义》将党内法规解释界定为:有权机关根据规定权限和程序,按照一定原则和标准,对党内法规条款的具体含义或者适用问题作出的权威的、具有普遍拘束力的解释。这两种高度类似的党内法规解释概念界定表明,党内法规解释的主体似乎只能是有权机关,其他任何主体都没有资格来解释党内法规,他们应统统被排除在党内法规解释主体之外。

这两种关于党内法规解释概念的界定,尽管在党内法规学界具有"通说"地位,但它们未必就是"真理",这种通说仅仅关注到了有权解释,不无片面与狭隘。就党内法规解释而言,其主体不应当是特定的,而应当且必须是普遍的。也就是说,有权机关之外的其他任何主体,都可以对党内法规进行解释,他们的解释不具有拘束力,并不意味着他们就被剥夺了解释的权利,相反,所有人都应该尊重他们解释党内法规的权利。马工程的党内法规学教材在阐述党内法规解释的种类时,首先就根据解释效力的不同,将党内法规解释划分为有权解释(正式解释)和无权解释(非正式解释)两种。这说明,马工程的党内法规学教材事实上承认了党内法规的解释主体不仅仅限于有权机关,其他主体即无权机关同样享有解释党内法规的"权利"。

总之,党内法规解释就是一种弄清楚党内法规文本含义的活动。其中,有权机关即党内法规适用机关的解释是一种真意解释,也就是一种阐明具体的党内法规规定含义与意义的职务行为,而其他的任何解释都不属于真意解释。非真意解释具有"私人性",对党组织、党员和社会不产生直接的拘束力。

(二)党内法规解释的功能

为了进一步了解党内法规解释现象,我们应当追问党内法规解释的功能何在。从功能的探寻中,不难发现党内法规解释概念具有更多的价值内涵,以及它对于党内法规实施和党内法规学的不可或缺性。关于党内法规解释的功能,可以从以下五个方面来展开讨论:

第一,厘清党内法规规范的含义。

由语言组合而成的党内法规规范,其含义并非清晰可鉴别,相反,其具体含义往往是含糊不清的。含义的模糊性,可谓由语言组成的党内法规规范的"宿命"。所以,党内法规解释的一项基本功能就是厘清党内法规规范的含义。《党内法规制定条例》第14条第2款规定:"制定配套党内法规,不得超出上位党内法规规定的范围,作出的规定应当明确、具体,具有针对性、可操作性。除非必要情况,对上位党内法规已经明确规定的内容不作重复性规定。"这个规定的要求有点理想主义,事实上,不管是上位党内法规还是配套党内法规,模糊性而非精确性语言的运用,在党内法规文本中可谓俯拾皆是、不胜枚举。

要完全避免党内法规用语的模糊性问题几乎是不可能的。例如,石佑启教授指出:"有些党内法规的规范过于笼统、原则,存在着大量的倡导性、号召性等模糊规范,其执行过程的明确性、禁止性、强制性无法保证。"陈光教授也认为:"党内法规文本的模糊性较强,主要表现在一些表程度的动词、副词和形容词使用较多,一些表性质状态和心理活动的词语或语句使用较多,而且很多条款设置了道德性准则或品质性要求。"如《党内监督条例》第8条规定:"党的领导干部应当强化自我约束,经常对照党章检查自己的言行,自觉遵守党内政治生活准则、廉洁自律准则,加强党性修养,陶冶道德情操,永葆共产党人政治本色。"该条款中的"强化""加强""陶冶"等就属于内涵模糊的动词,而"党性修养""道德情操""政治本色"等则是内涵模糊的短语。又如《关于新形势下党内政治生活的若干准则》要求:"着力增强党内政治生活的政治性、时代性、原则性、战斗性，着力增强党自我净化、自我完善、自我革新、自我提高能力，着力提高党的领导水平和执政水平、增强拒腐防变和抵御风险能力，着力维护党中央权威、保证党的团结统一、保持党的先进性和纯洁性，努力在全党形成又有集中又有民主、又有纪律又有自由、又有统一意志又有个人心情舒畅生动活泼的政治局面。"这个规定中的"增强""维护""保证""提高"等动词，其内涵都谈不上明确具体，同时，"净化""革新""先进性""纯洁性""生动活泼"等术语的内涵也比较模糊。

所以，党内法规解释的首要任务是厘清那些用模糊性语言所表达出来的规范到底是什么意思。大多数党内法规规范语句的外延是不明确的，其外延范围具有一定的弹性，其规范语句的具体含义可能在一定范围内摇摆不定，而它具体指涉的对象也可能需要结合实践中的情形作出准确的判断。可以说，离开了解释，党内法规规范条款的可适用性就大大降低，有些甚至根本不具有可适用性，因为其规范含义常常是模糊的而不是确定的，其规范旨趣具有明显的歧义性。总而言之，党内法规规范语言的模糊性决定了解释具有绝对必要性，党内法规解释的一个重要功能在于厘清党内法规规范的含义。

第二，化解党内法规之间可能的矛盾或者抵触。

法律之间可能存在着矛盾或者抵触，这是法学常识之一。党内法规之间亦然。所谓党内法规矛盾，主要是指不同的党内法规条款，就同一种或同类型的党内关系，作出了两种甚至多种相互"打架"、明显不协调的规定。而所谓党内法规抵触，主要是指就同一种或同类型的党内事务，下位阶的党内法规与上位阶的党内法规规定得不一致，前者违反了后者，可以说，抵触是矛盾的一种特殊情形。

不管是矛盾还是抵触，都是党内法规之间产生了冲突。在适用党内法规时，就需要通过解释的方式来化解这种冲突，以消除党内法规适用过程中面临的规范选择难题，为党内法规规范效力的发挥扫清障碍。一般来说，党内法规规范都有一个意义波段，它的规范含义并不像数学那样高度精确，在适用时要通过解释的方式来确定其规范含义。在规范某种党内关系时，两个不同的党内法规条款之间一旦存在着矛盾或者抵触情形，通过解释来选择一种能够回避甚至彻底消除矛盾或者抵触的含义，就是一种可行的化解矛盾或抵触的方案。这也是党内法规解释的重要功能之一。

第三，填补党内法规可能的漏洞。

国家法律可能存在漏洞，作为一种政党自治规范的党内法规也同样会出现漏洞,而填补党内法规漏洞的方式之一就是解释。通过扩大解释或限缩解释,使得相关规范有效覆盖被立规者遗漏的事项,这是一种性价比很高的填补党内法规漏洞的方式,起码它比重新修订党内法规要方便快捷得多。

具体而言,党内法规解释填补漏洞的方式有两种:一是具体解释,即在处理党内事务时发现既有的党内法规规范存在着漏洞,随即申请启动解释以填补漏洞,使既有的党内法规规范能够对正在处理的党内事务发挥规范效力;二是抽象解释,即认为某个党内法规规范可能存在着漏洞,将影响其规范功能的覆盖面,未雨绸缪地申请启动解释,以"提前"填补漏洞。在实践中,具体解释和抽象解释可以"双管齐下"。到底选择何种解释方式来填补党内法规漏洞,取决于多种因素,无法一概而论。与重新修订党内法规以填补漏洞的方式相比,党内法规解释不只具有效率上的优势,而且有利于维护党内法规的稳定性与权威性。所以,面对党内法规漏洞,着手党内法规修订其实是一个次优的选择,最优的方案还是通过解释来填补漏洞。

第四,维护党内法规的稳定与权威。

以解释的方式厘清党内法规的模糊含义、化解党内法规的冲突、填补党内法规的漏洞等,都是旨在维护党内法规的稳定,使得既有的党内法规免于被频繁地修改,同时避免制定更多新的党内法规来解决党内关系问题,致使对党内关系的规范处理陷入"钱穆制度陷阱",即发现一个制度出了毛病,就再制定一个制度来修复它,结果导致制度制定得越来越多,进而造成前后矛盾、执行困难,最终使得所有的制度既没有办事效率也丧失了规范效力。在管党治党过程中,我们也要时刻警惕"钱穆制度陷阱",要充分地利用党内法规解释机制化解既有党内法规制度中的不足之处,以维护党内法规的稳定性与权威性。

美国法学家罗斯科·庞德有这样一句名言:"法律必须稳定,但又不能静止不变。因此,所有的法律思想都力图协调稳定必要性与变化必要性这两种彼此冲突的要求。"党内法规自身也要求稳定,但是它确实又不能静止不变。在稳定与变化之间架设起解释的"桥梁",是在稳定性与变化性之间保持平衡的一种有效方法。通过解释,一方面可以维护党内法规文本最基本的稳定,另一方面又能够促使其规范含义新陈代谢,使之适应党内关系变迁的时代发展需要,这就是党内法规解释的重要价值所在。不少人对党内法规解释的理解有点片面狭隘,以为解释就是单纯地解决党内法规的适用问题。实际上,党内法规解释如同法律解释,它的功能是多方面的。解决党内法规的适用问题,当然是其一项重要的功能,但捍卫党内法规自身的稳定性与权威性,也是党内法规解释的一个具有全局性影响的关键功能。

第五,推动党内法规学的发展。

党内法规解释不只能促进党内法规解释学的产生和发展,还能推动整个党内法规学的发展。没有党内法规解释就没有党内法规解释学,也就没有党内法规学。党内法规解释学属于党内法规学的一个重要组成部分,绝大多数党内法规概念的内涵与外延,都是在党内法规解释过程中变得清晰可辨,并得到不断的发展与完善。与此同时,在党内法规解释过程中,也产生了一批党内法规学的学术概念,为党内法规学话语体系的丰富和发展贡献良多。不管是党内法规固有概念内涵与外延的确定与完善,还是学术概念本身的产生和发展,都是党内法规学作为一个独立学科得以形成并走向成熟的重要动力机制。

实践中,有权机关的解释并不是独立存在的,它们是与其他组织甚至个人的解释携手共存的。事实上,有权解释与无权解释是彼此影响、相互促进的。比如,在党内法规学课堂上,我们不可避免地要对党内法规进行解释。对于有权机关来说,这种学理解释就是一种可资借鉴、参考的有益存在。与此同时,实践中的党内法规有权解释,也为党内法规的学理解释提供权威的素材和鲜活的案例,并为学理解释指引发展的方向。对于党内法规学来说,有权解释和无权解释一个都不能少,其重要性犹如车之双轮、鸟之两翼,离开了它们中的任何一个,都会影响党内法规学的发展进步。所以,有权解释和无权解释同等重要,党内法规学者不应人为地厚此薄彼。

一言以蔽之,党内法规学作为一门学科,想要发展和成熟,必须依赖党内法规解释,这是它所能凭借的最重要的"武器"。正是在解释的过程之中,党内法规学才能找准自己的研究对象,并形成自己独特的研究方法。因此,党内法规解释堪称是推动党内法规学发展的"引擎",党内法规学务必始终高度关注,并深入研究党内法规解释现象。

二、党内法规解释的原则

作为党内法规实施中的一环,党内法规解释属于一种受原则制约的行为。它是正式而又严肃的。关于党内法规解释原则,马工程的党内法规学教材归纳了四项基本原则:一是符合党内法规制定一般原则;二是尊重条文原意;三是适应党的事业发展和党的建设实际;四是不违背党内法规制定目的和基本精神。从其内容上看,这是对《党内法规解释工作规定》第 4 条所规定的四项原则的一个转述。然而,党内法规学上所讨论的党内法规解释原则,不应只停留在对既有规定的重述,还应当在党内法规所规定的解释原则基础上展开深入探讨,唯有如此,党内法规学才能担负起为实践中的党内法规解释提供思想基础和行为指引的学科职责。

《党内法规解释工作规定》要求党内法规解释必须遵循《党内法规制定条例》第 7 条所规定的党内法规制定原则。这是因为,党内法规解释在很大程度上是党内法规制定工作的延伸,党内法规解释工作自然要受到党内法规制定原则的限制。此外,《党内法规解释工作规定》所确定的党内法规解释主体都是有权解释主体,这就意味着《党内法规解释工作规定》意义上的党内法规解释是一种有权解释。由此可知,《党内法规解释工作规定》所确定的党内法规解释原则,实际上只是有权机关必须遵循的解释原则。其他无权解释主体在解释党内法规时,则可以适当突破该四项原则的限制。

在讨论党内法规解释原则时,理应意识到,广大的无权解释主体可以不拘泥于《党内法规解释工作规定》第 4 条确定的党内法规解释原则。对于有权机关之外的其他解释主体来说,党内法规解释与党内法规的制定、实施关系不大,不宜要求他们在解释党内法规时遵循党内法规的制定原则。因此,党内法规学上的解释原则,不应完全等同于《党内法规解释工作规定》所确定的原则,两者理应有所区别。而无权解释主体对党内法规进行解释时,是不是有必须严格遵循的原则? 如果有,具体又是什么原则? 这些问题也是党内法规学在讨论党内法规解释时不应忽略的好问题。

党内法规的制定原则与党内法规的制定目的、基本精神之间,与其说有明显的区别,毋宁说它们之间有更多的相似之处。所以,把"符合党内法规制定一般原则"与"不违背党内法规制定目的和基本精神"视为两个可以相互区分开来的独立党内法规解释原则的观点值得商榷。总而言之,党内法规学上所讨论的党内法规解释原则,不宜局限于对《党内法规解释工作规定》第 4 条的重述,它应当在此基础上有所发展和创新。

关于党内法规解释原则,章志远教授提出了"三个结合原则",即"政治属性与法律属性相结合原则""尊重原意与适应需求相结合原则""整体性与特殊性相结合原则"。总体上看,这个三结合原则是合理而又全面的,但是该三结合原则本身又有点抽象,可操作性并不强,要在党内法规解释实践中,准确运用好这个三结合原则并不容易。例如,政治属性与法律属性具体如何在解释过程中实现结合,两者之间结合的空间又有多大?"整体性与特殊性相结合原则"中的整体性和特殊性的含义是什么?这两者之间又如何才能实现有效的结合?诸如此类的疑问,要回答起来是不容易的。所以,党内法规学需要进一步总结、归纳出更为具体的党内法规解释原则。

在现有研究基础上,我们提出党内法规解释,应当坚持这样五项原则:一是尊重党内法规规范的文义;二是弘扬党内法规精神;三是坚持民主集中制;四是适应党的事业发展需要;五是符合宪法和党章的规定。

(一) 尊重党内法规规范的文义

所有的党内法规都是由语言组成的,而且它也只能由语言来书写。因此,党内法规的任何解释都始于所用词语的文义。词语的文义本身具有一定的弹性,因而,党内法规规范中词语的文义是什么,并不容易在第一时间就能获得准确的答案。在解释党内法规规范时,首先要确定其规范用语的文义,并把该党内法规规范的含义界定在规范用语的文义波段范围之内。这就是划定党内法规解释的界限,超越了这个界限就是不尊重党内法规规范的文义,背离党内法规解释的原则要求。党内法规解释不是党内法规创造,也不是党内法规创制,它要以党内法规规范的文义为基础。

当然,这个文义范围是宽广还是狭小,取决于党内法规规范所用的语言本身,有的甚至没有所谓的文义范围,它只有一个确定的文义,如党内法规中的时间规定用语。有关时间规定的词语一般都是比较明确的,法律也好,党内法规也罢,在时间规定上的解释空间极为有限。例如,《问责条例》第 20 条第 1 款规定:"问责对象对问责决定不服的,可以自收到问责决定之日起 1 个月内,向作出问责决定的党组织提出书面申诉。作出问责决定的党组织接到书面申诉后,应当在 1 个月内作出申诉处理决定,并以书面形式告知提出申诉的党组织、领导干部及其所在党组织。"这个规范条款中有两个"1 个月内"的时间规定,对于这种表示时间的党内法规规范,其文义就非常明确,它一般就是指 30 天。

然而,大多数的党内法规规范都有一定的文义范围。如《政法工作条例》第 13 条第 1 款规定:"中央和地方各级党委政法委员会指导、支持、督促政法单位在宪法法律规定的职责范围内开展工作。"这个条款中的"指导""支持""督促"之间是什么关系?所谓"政法单位"又包括哪些单位?"在宪法法律规定的职责范围内"是否包括党内法规所规定的职责?在解释它们时,首先要确定的就是这些规范用语的文义是什么,然后,从中选择与该条党内法规规范意旨最为协调的一种文义,作为其解释文义。一旦抛弃这些规范用语的基本文义,那就不是在进行党内法规解释,而有可能是在开展党内法规的创制。无论如何,我们一定要明白,解释必须是一种受党内法规规范本身制约的行为,任何时候都不应把它视为一个无原则限制的任性之举。

(二)弘扬党内法规精神

任何党内法规的制定都是一种有目的的活动,所有的党内法规都包含着某种目的精神。党内法规解释除了要明确党内法规规范的含义外,还应当弘扬党内法规精神,使党内法规精神在党内法规实施过程中能够直接呈现出来,并产生相应的规范效力。

在讨论党内法规精神之前,有必要引入"宪法精神"这个概念。对于宪法精神,德国哲学家黑格尔有过分析,他认为宪法就是民族精神的产物。在黑格尔看来,宪法不是凭空创制出来的,而是数世纪以来各民族精神自然而然的"作品",它必然与各国所处的既定发展阶段的民族精神相一致;不同国家在各个时期的宪法迥然不同的原因就在于,不同民族所特有的"民族精神"不同。林来梵教授认为,所谓宪法精神,应可理解为贯穿于宪法规范体系及其主要结构之中的核心价值取向,是整部宪法的根本价值目标。对"宪法精神"的把握,有利于更好地发挥其整合社会价值的功能,并且适合于作为理解、诠释或运用宪法的重要指南。

那么,党内法规精神呢?借用黑格尔的话来说,党内法规也是民族精神的产物,党内法规精神与民族精神具有某种程度上的一致性。我们可以把党内法规精神概括为:贯穿于党内法规规范体系及其主要结构之中的核心价值取向,是作为整体的党内法规的根本价值目标。把握好党内法规精神,有利于更好地发挥其整合党内法规价值的功能,党内法规精神适合于作为理解、诠释和适用党内法规的重要指南。党内法规精神往往会集中体现于党章总纲及其他党内法规的立规目的条款或其他概括条款之中。

例如,《党政机关厉行节约反对浪费条例》第1条规定:"为了进一步弘扬艰苦奋斗、勤俭节约的优良作风,推进党政机关厉行节约反对浪费,建设节约型机关,根据国家有关法律法规和中央有关规定,制定本条例。"这一条是该"条例"的立规目的条款,也是一个概括性条款。正是这个条款表达了该部党内法规的精神,即所有的党政机关都应当厉行节约、反对浪费,发扬艰苦奋斗、勤俭节约的优良作风。在解释该部党内法规的其他条款时,必须把这种精神贯彻到位,使得解释出来的规范文义充分体现,并弘扬这种厉行节约、艰苦奋斗的精神。

在解释党内法规时,弘扬党内法规精神的一种重要方式就是拒绝简单地"就事论事",充分利用体系思维探究党内法规规范条款背后的精神意旨。解释者首先要考虑被解释规范条款的上下文语境,并把它放到党内法规体系之中,寻找并理解被解释党内法规规范的精神脉络。党内法规的精神始终与党内法规所致力于建构的党内法治秩序密不可分,这意味着在对党内法规作解释时,必须具有体系性思维,不能完全被所要解释的党内法规规范牵绊住,应当深入结合该党内法规规范的上下文,践行党内法规的体系思维,从体系协调的视角探究该党内法规规范的精神内涵。

在解释党内法规时要弘扬党内法规精神,还需要考虑历史上党内法规制定者的规定意向及其具体的规范设想。大多数的党内法规都有它的过去,追寻党内法规规范的形成历史,是发现它在当下党内法治秩序中的意义的一种方式,也是寻觅其精神旨趣的一个重要方法。

简单来说,党内法规精神是党内法规核心价值的凝练与概括。在解释党内法规时,应当把弘扬党内法规精神作为一项基本原则,为此,在解释党内法规规范时,解释者应当认真分析党内法规中的立规目的条款、概括性条款,从中发现党内法规精神,并把它注入拟解释的党内法规规范含义中。为此,在解释党内法规规范时,可以采用多种不同的解释方式,如扩大解释、限缩解释、体系解释等。总而言之,要围绕着弘扬党内法规精神进行解释。

(三) 坚持民主集中制

民主集中制是党章规定的党的根本组织原则。习近平总书记多次强调,民主集中制是我们党的根本组织原则和领导制度,是马克思主义政党区别于其他政党的重要标志。根据党章的规定,民主集中制的主要内涵是:在民主基础上的集中与集中指导下的民主相结合。党员个人服从党的组织,少数服从多数,下级组织服从上级组织,全党各个组织和全体党员服从党的全国代表大会和中央委员会。这就是民主集中制最关键的四项"服从"原则。

所谓党内法规解释要坚持民主集中制原则,主要是指有权机关在解释党内法规时,必须贯彻民主集中制原则,既要充分发扬党内民主精神,又要坚持在民主基础上的集中,使得党内法规解释过程本身就是一场民主集中制的演练。换言之,作为党内法规解释原则的民主集中制,是针对党内法规的解释程序而言的,它主要是一个对有权机关解释过程的制度约束。如果有权解释机关在解释过程中不遵循民主集中制原则,其解释结果理应认定为无效。

当然,对于党内法规无权解释来说,就无所谓坚持民主集中制了。它完全可以突破民主集中制的解释过程约束,而表现得"不拘一格",其解释过程基本没有什么制度限制。一般来说,无权解释主要属于个人行为,极少属于党组织行为。即便是后者,它也没有外部的拘束力。所以,党内法规无权解释没有发扬民主的要求,更没有贯彻集中的压力。

(四) 适应党的事业发展需要

在谈到法律解释的时候,德国法学家拉伦茨曾说,"在一定程度上,每个法律解释都有其时代性"。法律解释如此,党内法规解释也是这样。马工程的党内法规学教材也强调,党内法规解释的重要意义之一,就是在党内法规与社会现实之间搭建一座桥梁,使党内法规可以及时准确回应实践并应用于实践。

国家和社会每天都在发生着变化,日新月异,永不停息。党的事业建设必须始终洞察国家与社会所经历的变迁,并时刻准备调整事业建设的方向和步伐,以适应国家与社会的变迁。党内法规本质上是为党的事业建设服务的,它自身并非目的,这就决定了党内法规必须适应党的事业建设的需要,适应国家和社会的变迁需要。从这个意义上说,党内法规具有动态性,而非静态性。简言之,社会变革必然会引起党内法规的变革。

对党内法规来说,最好的适应方式当然是通过解释来使之适应党的事业建设的需要。党内法规的修改等其他方式,诚然也是一种有效的适应手段,但它们远不如党内法规的解释来得方便快捷。在解释党内法规时,需要以开放的胸怀、发展的眼光,来审视党内法规的规范条款,要充分意识到相对于当下的时代来说,它可能是滞后的、落伍的,与日新月异的党内关系需要并不完全契合。有鉴于此,应尽可能地对其规范条款作紧跟时代脉搏、满足时代发展需求的解释。如果在解释的时候,固守所谓党内法规规范条款的"原意",拒绝对规范条款作有利于党的事业发展的解释,这实际上是以解释的名义阻碍党内法规的适用与实施,应当采取必要的措施,坚决防范类似党内法规解释情形的发生。

与此同时,在解释党内法规时,还需要留意党的方针政策和重大任务的变更或转向,并积极配合这种变更和转向,以灵活地确定党内法规规范的具体含义。显而易见,党内法规解释具有高度的政治性,这是党内法规解释不同于国家法律解释的一个鲜明特点,也是党内法规解释要自觉适应党的事业发展需要的一个重要表征。

（五）符合宪法和党章的规定

"党必须在宪法和法律范围内活动"，这是党章规定的一项原则，也是党章对宪法的自觉回应。党内法规解释必须符合宪法的规定，任何党内法规解释都不得违反宪法，这也应是党内法规解释的一项原则。与此同时，党章在党内法规体系中的地位非同寻常，它是效力最高的党内法规，位居党内法规体系的顶端。因而，党内法规解释也不得违反党章。符合宪法和党章的规定，成为党内法规解释的一项原则，其原因就在于此。

法律解释中有一个原则是合宪性解释。作为一种法律解释方法，合宪性解释重在维护宪法和法律的权威。其基本的意思是：只有当一项法律规定根本无法作"合宪性"解释时，才能认定其违宪，并因此而无效。换句话说，当法律规范存在多种可能的解释方案时，应当坚持优先选择最符合宪法精神与原则的解释方案，以维护该法律规范的合宪有效。当然，如果不管怎么解释，它都是违宪的，在这种情况下，就只能认定它是违宪无效的。合宪性解释方法重在强调，除非有万不得已的情形，否则就要尽可能地维持法律的合宪有效。这种合宪性解释同样适用于党内法规解释。也就是说，只有党内法规以任何方法都难以排除其违反宪法，才可以认定党内法规的规定不符合宪法。

在解释党内法规时，对于那些明显与党章的规定相冲突的规定，应该认定其因违反党章而无效。不过，解释主体理应慎重考虑，要尽可能地避免作出无效解释。当被解释的党内法规规范具有两种甚至多种可能的解释方案时，就应当选择不违反党章的解释方案，这是维护被解释的党内法规规范权威的需要，也是维护党章权威的需要。我们也可以把这种解释原则简称为合章性解释，与国家法律中的合宪性解释相对应。有权机关在解释党内法规时，应当恪守合章性解释原则，以维护包括党章在内的党内法规权威。

以上关于党内法规解释原则的阐述表明，在解释党内法规时，法学上的各种法律解释理论资源，差不多都可以拿过来直接运用，这是党内法规解释与国家法律解释的相似之处，也是党内法规学与法学最为接近的一个表现。

三、党内法规解释的主体

对于党内法规解释的结果来说，最重要的不是党内法规解释原则，而是解释主体。再好的党内法规解释原则，也要看解释主体是否自觉地恪守它。一旦解释主体不严格遵循它，一切都会化为泡影。所以，党内法规的解释主体问题，是讨论党内法规解释时不能不认真对待的话题。

严格来说，任何组织和个人在必要时都可以对党内法规规范进行解释，差别只在于这些组织和个人的解释只能用来约束自己，而不能用来规范他人。也就是说，只有部分组织对党内法规的解释具有直接的外部拘束力。这个部分组织就是党内法规解释机关，是党内法规的有权解释主体。有权主体之外的任何组织和个人都属于无权解释主体。从这个意义上说，党内法规解释主体涉及党内法规解释权的科学配置和党内法规解释的效力，是党内法规解释的一个关键性课题。

关于党内法规解释主体的规定性，中共中央办公厅法规局解释说，党内法规是中国共产党管党治党的重要依据，是中国共产党的制度中的高级形态，具有很高的效力和权威性，对党内法规的解释也必然具有很高的效力和权威性，因此必须慎重作出，党内法规解释主体必须严格限定，不能泛化。这一段话旨在强调，对于党内法规的有权解释机关，要予以明确规定。我们通常所说的解释主体，主要是指由党内法规所规定的解释主体，是有权解释的党组织机关。这样做的目的主要是为了避免针对同一部党内法规，出现多个不同的解释主体，防止党内法规解释"政出多门"、相互冲突，影响党内法规的权威与实施。当然，这也是维护党内法规有权解释主体自身权威性的需要。

不过，我们在讨论党内法规的解释主体时，也会对无权解释主体略作展开，以凸显党内法规学上的解释主体的开放性。为此，我们将党内法规解释主体分为四类：制定主体、授权主体、多元主体和其他主体。

（一）制定主体

党内法规的制定主体同时也是它的解释主体。根据《党内法规制定条例》第21条的规定，在制定党内法规时就应该明确其"解释机关"。所以，绝大多数党内法规的解释主体在它诞生的时候就确定了。绝大多数的党内法规都会规定它的解释主体，当然，也有些党内法规是没有规定其解释主体的，如2016年颁布的《关于新形势下党内政治生活的若干准则》就没有规定其解释机关。

关于解释主体，《党内法规制定条例》第34条规定："党内法规需要进一步明确条款具体含义或者适用问题的，应当进行解释。中央党内法规由党中央或者授权有关部委解释,中央纪律检查委员会以及党中央工作机关和省、自治区、直辖市党委制定的党内法规由制定机关解释。"这条规定表明,大多数的党内法规制定主体同时也是它的解释主体,通常所说的"谁制定谁解释"的解释原则就出自这个规定。

党内法规的制定主体作为党内法规的有权解释机关自然是毫无争议的,党内法规解释无非是为了弄清楚,党内法规规范条款的具体含义和适用要求,这背后就涉及对党内法规的制定目的、主旨精神、制定背景和出台过程的精准把握与理解。而对这些问题最为熟悉、能够予以权威回答的,非党内法规的制定机关莫属。所以,党内法规的制定主体作为其解释主体,可谓顺理成章。与其他所有的组织和个人相比,制定机关对党内法规条款的解释,能够最大限度地忠实于党内法规的制定原意和制定目的,因此,制定机关的解释权威性最高、说服力最强。实践中,大多数的党内法规都规定由制定主体作为它的解释主体,而这也是出于保证党内法规解释权威性与说服力的需要。

总而言之,从中央党内法规到部委党内法规再到地方党内法规,谁制定谁解释,这是一个明文规定的党内法规解释主体原则。

(二) 授权主体

党内法规授权解释,一般是指党内法规的制定主体,由于种种原因难以随时满足党内法规解释的需要,而将其党内法规解释权授予其同级或下级党组织,由后者来具体负责党内法规的解释工作。被授予党内法规解释权的同级或下级党组织,就是授权主体。

在党内法规中,制定主体不行使解释权,而直接将解释权授予其他主体的情形具有一定的普遍性。马工程的党内法规学教材把授权解释定位为党内法规解释的"例外情形",这个判断实际上与事实有一定的出入。

事实上,中共中央制定的绝大多数党内法规,其解释主体都是授权主体。中共中央行使党内法规制定权的现象相当普遍,然而,它"亲自"行使党内法规解释权的现象则较为鲜见。对于它自己制定的党内法规,中共中央通常会将其解释权授予下面具体执行的党组织机关。简言之,中共中央制定的党内法规的解释主体一般都是授权主体,中共中央"亲自"承担解释主体角色的倒是例外。

如中共中央发布的《重大事项请示报告条例》第 47 条就规定,"本条例由中央办公厅负责解释"。《支部工作条例(试行)》第 36 条规定,"本条例由中央组织部负责解释"。在中共中央制定的党内法规中,类似的授权解释情形比比皆是。

其实，不只是中共中央制定的中央党内法规如此，省、自治区、直辖市党委制定的地方党内法规也基本上是由授权主体进行解释的。如《内蒙古自治区党委贯彻〈农村工作条例〉实施办法》第29条规定，"本办法解释的办理工作由自治区党委农村牧区工作领导小组办公室负责"。也就是说，该地方党内法规的解释主体并非其制定主体，而是由没有党内法规制定权的自治区党委农村牧区工作领导小组办公室来负责解释。可以说，实践中，省、自治区、直辖市党委极少行使地方党内法规解释权，它们一般都将这种解释权授予负责具体工作的党的工作机关或下级党组织。这种授权主体作为党内法规解释主体现象，在地方党内法规中同样具有相当的普遍性。

由此可能会产生一个值得讨论的问题，即：如果授权主体和制定主体在解释党内法规时有冲突，那该怎么办呢？这种冲突现象是否能够避免呢？实际上，正因为制定主体由于种种原因不去解释党内法规，才有授权主体解释党内法规现象的产生。在授权之后，又"亲自"上阵解释，这实际上是对自身授权行为的不尊重，这种现象可能仅仅存在于理论上，而不会出现于实践中。另外，任何的授权都是可以撤销的。制定主体如果决定撤销授权，由自己来解释所制定的党内法规，它只需要修订一下该党内法规，将授权解释条款废除即可。所以，制定主体与授权主体同时解释党内法规的现象，实际上是不存在的。该问题只是个"假设"之问。

（三）多元主体

有些党内法规是由多个主体共同来解释的，我们可以把这种解释主体称为多元主体。党内法规解释中的多元主体现象，是绝大多数党内法规学教材和党内法规学论文都未关注到的。因此，它更值得在这里稍作展开论述。所谓多元主体，是指对于同一部党内法规，由两个甚至多个主体来进行解释。这里面又有两种情形：一种是既定的多元主体，另一种是授权的多元主体。

一般而言，混合性党内法规的制定主体多元，因而其解释主体自然就不是一个，而是多个了。如中共中央办公厅和国务院办公厅制定的《党政机关公文处理工作条例》第41条规定，"本条例由中共中央办公厅、国务院办公厅负责解释"。这就是党内法规多元解释主体的典型例子。尽管混合性党内法规在党内法规中所占的比重并不是太高，但其绝对数量也是可观的。由此决定了党内法规多元解释主体现象不是个别性的，而具有一定程度的普遍性。

不过，这种由多元制定主体"亲自"解释而产生的多元解释主体现象，在党内法规多元解释主体中所占比重并不高，更多的党内法规解释多元主体是指作为授权主体的多元主体。

所谓作为授权主体的多元主体，是指制定主体在制定党内法规时，就明确将该党内法规的解释权授予一个以上的多元主体来共同负责解释。从中央党内法规到地方党内法规，多元解释主体现象都较为普遍。在中央党内法规方面，如中共中央办公厅和国务院办公厅制定的《关于实行党政领导干部问责的暂行规定》第25条规定，"本规定由中央纪委、中央组织部负责解释"。中央纪委和中央组织部是该混合性党内法规的授权解释主体，它们同时也是一种多元主体。在地方党内法规方面，如《中共上海市委关于贯彻〈党务公开条例（试行）〉的实施细则》第25条规定，"本实施细则的具体解释工作由市委办公厅会同市委组织部承担"。这是地方党内法规解释授权主体多元化的典型例子。可以说，在地方党内法规解释中，多元主体现象同样具有一定的普遍性。

上述授权型多元解释主体主要都是"二元"的，也就是只有两个机关来负责解释。除此之外，还有些混合性党内法规的多元解释主体更为复杂，其多元主体的构成中还有比较含糊的"有关部门"，如中共中央和国务院制定的《党政机关厉行节约反对浪费条例》第64条规定，"本条例由中共中央办公厅、国务院办公厅会同有关部门负责解释"。这里面的"有关部门"到底是哪些很难下定论。唯一可以确定的是，该"条例"的解释主体，不是"二元"意义上的多元，它由中共中央办公厅、国务院办公厅和"有关部门"共同组成。这个多元主体至少是"三元"，甚至不排除"四元""五元"等多种可能性。

其实，党内法规解释主体多元化现象，不只限于混合性党内法规，一般性党内法规也存在解释主体多元化现象。如中共中央制定的《中国共产党巡视工作条例》（以下简称《巡视工作条例》）第41条规定，"本条例由中央纪委会同中央组织部解释"。这种"会同解释"就是制定主体授权两个机关来解释，它是一种典型的授权型多元解释主体。而且，有时候一般性党内法规的多元解释主体也不限于两个，而存在两个以上的高度"多元化"现象，如中央纪律检查委员会制定的《纪检监察机关查办案件涉案财物价格认定工作暂行办法》第24条规定，"本办法由中央纪委、国家发展改革委、监察部、财政部负责解释"。这就是四个部门联合解释的"多元"主体的典型。当然，这里提到的监察部已被国家监察委员会所取代。国家监察体制改革后，有些党内法规未作相应的修改，因此，相关的条款需要作解释才能更好地适用。这种"滞后"问题本身，也是党内法规解释的对象之一。

综上所述，党内法规多元解释主体现象具有一定的普遍性。混合性党内法规和一般性党内法规都存在着解释主体多元化现象，这种多元，既有"两个"解释主体的情形，也有"三个""四个"等高度多元的情形。法学界对党内法规多元解释主体现象的关注远远不够，相关的研究文献颇为鲜见，理应强化有关解释主体多元化现象的研究。

（四）其他主体

除有权机关的解释之外，其他主体在其日常的工作和生活中也需要解释党内法规。最典型的是，在裁判一些涉及党内法规的案件纠纷时，法官就不能不对与案件直接相关的党内法规进行解释，而且这种解释也能够对案件当事人产生拘束力。

如 2020 年湖南省岳阳市中级人民法院在一份驳回申诉通知书中指出："《纪律处分条例》第 7 条第 1 款规定，党组织和党员违反党章和其他党内法规，违反国家法律法规，违反党和国家政策，违反社会主义道德，危害党、国家和人民利益的行为，依照规定应当给予纪律处理或者处分的，都必须受到追究。你作为一名中国共产党的党员，其行为既要受到党内法规的规制，也要受到国家法律法规的约束，你因本案受到的党纪处分不能成为减轻刑罚的理由。"（〔2020〕湘 06 刑申 33 号）在这份法院诉讼文书中，法官就《纪律处分条例》作出了对本案当事人具有拘束力的解释。

在这个案例中，法官重点对作为党内法规的《纪律处分条例》第 7 条第 1 款作出了解释。类似这样的裁判文书还有很多，裁判文书中涉及党内法规的，也占有一定的比例。有些党员甚至党员干部对依据党内法规作出的处罚不服，然后到法院去起诉，法院一般是不受理的。法院普遍认为，党内法规不是由国家司法机关来实施的，而是由党的纪律机关来实施的。

其实，不只是法官，事实上所有受党内法规拘束的党组织、党员干部和普通党员，在其日常工作和生活中都需要对党内法规进行解释。而这也是他们理解、遵循和执行好党内法规的前提条件。正因为每个人对党内法规的认识与解释各不相同，有权解释才有存在的必要。然而，有权机关权威解释的存在，并不能否定其他主体对党内法规进行解释的价值，尤其是不能剥夺每个党员在工作中解释党内法规的"权利"。毕竟，解释也是他们遵守党内法规的一种必要方式，是他们实施党内法规的一个基本条件。离开了解释，他们几乎不可能有效地适用党内法规。

如今，党内法规学已经成为一门学科。对于研究党内法规学的专家、老师和学生来说,他们也都需要基于自己的认知来解释党内法规。离开了对党内法规的解释,党内法规学这门课就不可能教好、学好,而作为一门科学的党内法规学也没有发展的空间。对于党内法规的解释主体,我们不能仅仅满足于对有权主体的关注,同时也应当留意到有权解释主体之外的其他主体的存在。相对于有权主体来说,这种无权解释的主体是党内法规解释主体的大多数。在任何时候,我们都应正视党内法规无权解释主体的存在。

四、党内法规解释的程序

一般来说,党内法规解释程序问题主要适用于有权机关的解释。其他主体对党内法规的解释没有任何的外部拘束力,也就无所谓遵守一定的解释程序。但对于有权机关的解释来说,程序问题直接关系其解释的效力性和权威性,所以,必须予以高度重视。

党内法规解释的程序设计合理与否,对于党内法规的解释非常关键。合理的党内法规解释程序,不但有利于党内法规解释机制效能的发挥,而且可以促进党内法规解释效率与质量的提升。从这个意义上说,解释程序是党内法规解释制度的一个有机组成部分,不合理的程序设计势必会成为党内法规解释制度的绊脚石。为此,党内法规学讨论党内法规解释程序的目的之一在于鉴别解释程序的良莠,并为优化党内法规解释程序提供学理支持。

总体上说,《党内法规制定条例》和《党内法规解释工作规定》对党内法规的解释程序作出了较为明确的规定。根据其规定,党内法规的解释程序主要有启动、承办、审核、审批、发布等几个步骤。

(一)党内法规解释的启动

启动程序是党内法规解释的第一步。没有这一步,其他的解释程序都无法进行下去。关于党内法规解释的启动,《党内法规解释工作规定》第6条设计了两种方式:一是党内法规解释主体根据工作需要,主动对党内法规作出解释;二是党内法规解释主体被动作出解释,即基于党的机关或者党组(党委)的书面请示或者请求,而对党内法规作出解释。简单来说,启动程序有主动开启和被动开启两种。其中,被动开启解释程序的一个特征是申请主体具有特定性,不是任何组织都可以向有权机关申请开启解释程序的,个人更没有资格申请。

从理论和实践上看,党内法规所设定的这两种解释启动程序,还有不少细节需要予以明确和完善,其中有两个问题值得讨论。

第一,主动开启解释也好,被动开启解释也罢,它们到底是一种具体解释还是抽象解释,这个问题并不明确。我们知道,法律解释有抽象解释和具体解释之分,前者与具体的事(案)例无关,单纯地认为只要法律没有规定清楚或者存在漏洞等,就正式启动对该法律的解释工作。而后者则以具体事(案)例的法律适用问题为前提条件,如你成为原告或者被告,再或者成为某个案件的第三人等。唯有如此,才有资格申请对相关法律进行解释,此种情况下对法律的解释就是具体解释。抽象解释与具体的事(案)例没有直接关系,而具体解释恰恰旨在解决具体事(案)件中的法律适用问题,这两种解释之间的区别还是比较明显的。

同样地,党内法规解释也可以分为具体解释和抽象解释两种类型,其划分的标准就是看其与某个具体的事(案)例是否有着直接的关联。如果被动开启的党内法规解释都是只针对某个党内纠纷争议的具体解释,那么申请主体不应限于党的机关或党组(党委),最起码卷入纠纷争议的党员干部甚至普通党员都应有资格申请解释。毕竟,党内法规的解释都是为了实施,而在终极意义上,党内法规的实施关系着具体某个党员的权利或利益,因此,应赋予并保障他们申请启动党内法规解释的权利。

如果主动解释只限于抽象解释,主动解释的条件也应规定得明确一些。也就是说,要明文规定在何种情况下,党内法规解释主体必须主动作出解释,不能让规定的"主动解释"迟迟不主动履行,而最后演变为实践中的"被动解释"。党内法规解释机关的"不作为"现象肯定是有的,对此,我们应当设计合理的程序予以防范。党内法规解释方案设计者应当有个适当的预案,使得有权机关在必要时"主动"开启党内法规解释。

第二,《党内法规解释工作规定》第 6 条强调,关于党内法规解释的请示,应当逐级向解释机关提出,不得越级提出。这个规定的门槛是不是偏高?逐级提出势必使得党内法规解释的启动程序过于漫长,低效且容易出意外状况。为了保证效率,能不能规定申请者可以直接向有权机关提出启动解释,而不是逐级申请呢?这个问题值得研究。法律解释的实践经验告诉我们,党内法规解释的启动条件不宜太高。太高势必会阻碍党内法规解释实践的发展,最终影响党内法规的有效实施。

(二) 党内法规解释的承办

实践中,党内法规的有权解释主体,往往并不直接承担党内法规的解释工作,而是把它交给具体的工作机关来负责,由后者实际承担具体的党内法规解释工作。这里的工作机关主要是指党委办公厅(室)、专职的法规局(处)、与党内法规调整事项具有密切关联的职能部门等,而这些工作机关就是通常所说的党内法规解释承办单位。

党内法规解释承办单位接到解释任务后,首先要做的就是调查研究,这是党内法规解释工作做到从实际出发,解释结果立得住、行得通、管得了的关键一环。调查研究的主要方式有召开座谈会、书面调研、实地调查等。

调查研究结束之后,就开始党内法规解释草案的起草工作。在起草党内法规解释草案过程中,必须严格遵守党内法规解释的基本原则,尤其要考虑到适应党的事业发展需要,以及党内法规执行的特定场景和具体实践。对于党内法规规范文义及适用场景的认定,不可过于机械,要尽量使解释草案具有一定的灵活性。

在解释草案的起草过程中,承办单位有一个规定动作,那就是对外征求意见。这既是一项集思广益、吸收各方面智慧的工作,又是一个反复研究、充分论证、不断增强解释草案科学性与合理性的过程,同时,它还是一个解决分歧争论、统一思想认识的过程。征求意见过程做得越扎实,解释草案的质量也就越高。一般来说,承办单位的征求意见主要从两个方面展开:一是加强同有关部门的沟通协商,认真听取它们对解释草案起草工作的意见与建议;二是在解释草案初稿形成之后,广泛征求社会各方面的意见。征求意见的范围一般包括所有相关部门,必要时还可以听取党代表、基层党组织、党员以及有关专家学者的意见。这两个方面的工作都对具体承办人员提出了很高的要求。

总之,党内法规解释的承办,是决定解释品质非常关键的一步。承办工作事务繁多,流程复杂,同时还对承办者的沟通协调能力有一定的要求。没有足够的耐心和细心,往往做不好承办工作,最终影响党内法规解释的质量。

(三) 党内法规解释的审核

承办单位只是负责提供党内法规解释的草案,这个草案能否获得有权解释机关的认可,最终能不能由草案变为正式的解释,取决于后续的几道程序,审核就是其中一个关键性的前置程序。

在党内法规解释草案形成之后、正式报批之前,需要由党内法规解释机关的法规工作机构对其进行审核把关。未经前置审核或者前置审核未通过的,党内法规解释草案不得向解释机关报请审批。所以,审核对于解释草案的命运影响很大。从本质上看,审核就是更权威的党组织对解释草案的一种评价,其内容主要包括:解释草案是否坚持了正确的政治方向;是否符合党内法规解释原则;解释内容是否合理正当;草案的出台程序是否规范;草案与相关党内法规解释是否重复或者冲突;草案是否符合关于解释名称的要求;等等。

党内法规解释的名称主要有"解释""批复""答复"等:对党内法规执行过程中具有普遍性的问题作出解释,可以用"解释"这个名称;基于下一级党的机关或党组(党委)的请示就具体问题作出解释,可以使用"批复"这个名称;基于同级党的机关或党组(党委)等的请求就具体问题作出解释,就称之为"答复"。由此可知,对于一件具体的党内法规解释,如何命名它,也是很有讲究的。

(四)党内法规解释的审批

党内法规解释草案经过审核之后,就可以报请有权解释机关正式审批了,这是党内法规解释产生拘束力的关键。关于具体的审批主体,主要有两种情形:一是,如果党内法规制定主体与解释主体是同一个主体,那么就由制定(解释)主体来正式审批。例如,对于由中央纪律检查委员会、党中央工作机关和各省、自治区、直辖市党委制定的党内法规,其解释草案当然由它们自行审批,它们是被解释的党内法规的制定者,同时也是这些党内法规的解释者。二是,如果党内法规制定主体和党内法规解释主体并不完全一致,则党内法规解释草案由党内法规制定主体审批。如中央党内法规授权有关部委进行解释,则对于党内法规解释草案,有关部委应当按照程序报请中央审批,部委本身是不宜审批解释草案的,以确保解释草案体现党中央而不是部委的意志。换句话说,党内法规解释就是要体现中央党内法规制定主体的意志,而不是解释主体的意志。可以说,在解释草案的审批权限问题上,制定主体高于解释主体。

根据《党内法规解释工作规定》第 9 条的制度设计,党内法规解释草案审批的方式主要有两种:会议审批和解释机关主要负责同志审批。后者又被称作"传批",所谓"传批",就是将解释草案传递给相关成员审批。

具体采用何种审批方式,取决于解释草案的分量。一般来说,比较重大的党内法规解释草案,应当采取会议审批方式,以更充分地体现党的民主集中制原则。因为会议审批有特定的程序,过半数以上同意才能通过。会议审批都有一个民主讨论、集思广益的过程,为审批行为提供足够的正当性。而比较具体、简单的党内法规解释草案,则可以采取传批的方式。实行传批的话,一般是由领导班子全体成员或者部分相关成员,按照一定的顺序依次签字同意。

(五) 党内法规解释的发布

这是党内法规解释的最后一道程序。党内法规解释草案按照规定审批之后,就应当在一定的范围内发布。为什么说一定范围内发布呢?这是因为有些党内法规本身是没有完全公开的,也就是说有些党内法规有一定的保密要求。对于这样的党内法规,它的解释草案当然也只能在一定的范围内发布,这是党内法规与国家法律的一个明显差别。一般来说,国家法律的解释不可能在一定范围内发布,它一定是面向全国来发布的,任何人都可以查阅,也一定能够查阅得到。当然,绝大多数的党内法规都是对外公开的,有保密要求的党内法规是极少数,同样,绝大多数的党内法规解释也是完全公开的,有限公开的党内法规解释也是极少数。发布是党内法规解释的终点,是一道必经程序,也是党内法规解释公开的一种基本方式。

党内法规的解释应当以普发性文件形式对外发布,它可以采用"解释""批复""答复"等名称。以"解释"为名称的党内法规解释,对外发布的情形分为三种:一是党的中央组织作出的党内法规解释,一般采用中共中央办公厅文件形式对外发布;二是中央纪律检查委员会、中央各部门经授权对中央党内法规作出的解释,一般采用中央纪律检查委员会、中央各部门文件形式对外发布;对其自身制定的党内法规作出的解释,一般采用中央纪律检查委员会办公厅、中央各部门办公厅(室)文件形式对外发布;三是省、自治区、直辖市党委作出的党内法规解释,一般采用省、自治区、直辖市党委办公厅文件形式对外发布。从这里可以看出,党内法规解释本身就是一种党内文件,是一种具有拘束力的规范性文件。

使用"批复""答复"名称的党内法规解释,一般是以解释机关办公厅(室)名义、采用书面形式作出,附上统一发文字号,视情况抄送有关地方或部门。不过,中央纪律检查委员会、中央各部门经授权作出的、使用"批复""答复"名称的中央党内法规解释,一般应当以中央纪律检查委员会、中央各部门名义作出,而不是以办公厅(室)名义对外发布。

总之,党内法规解释的发布,在程序和形式方面有很多具体的要求,我们甚至可以说,党内法规解释发布程序的复杂程度,高于国家法律解释的发布。党内法规与国家法律之间的差别,在其解释文件的发布上也有很直接的体现。

五、党内法规解释的效力

党内法规解释的效力,一般是指党内法规解释在党内法规实施过程中,对党组织、党员干部和普通党员是否产生拘束力的问题。总体上看,有权机关的解释与党内法规具有同等的效力,而无权解释最多只具有说理性效力,即在党内法规的实施之时,为适用者和相对人提供一定的说理证明力,发挥某种程度上的参考借鉴作用。从这个意义上说,无权解释也不是完全没有任何效力的,只是其效力形式和效力内容跟有权解释不一样而已。

(一) 同等效力

如上所述,党内法规解释与党内法规规范是具有同等效力的。所谓同等效力,是指党内法规解释与党内法规规范本身在效力上没有高低之分,具有同一性。在适用对象、调整事项方面,党内法规解释与党内法规规范本身的拘束力是完全相同的,它们都必须得到党组织、党员干部和普通党员的严格遵守和执行。在实践中,如果你只遵守党内法规,而不执行党内法规解释,这同样是在违反党内法规,是要被追究相关责任的。

党内法规解释与党内法规规范自身具有同等效力的原因在于解释主体与制定主体具有同一性。党内法规的解释主体通常是党内法规的制定主体,因此,解释可以视为制定的延伸,是制定活动的进一步展开,是制定的日常化,其效力应当等同于制定行为。此外,解释本身是一种使党内法规规范含义更清晰的行为,它实质上是党内法规规范在实践中的展开,遵守党内法规解释,也就是在遵守党内法规规范本身。

关于党内法规解释生效的时间,主要有两种情形:一是党内法规解释自其规定之日起生效;二是未规定生效日期的,自其发布之日起生效。在党内法规解释实践中,自发布之日起生效的占多数,规定生效日期的是少数。

（二）说理性效力

我们一再强调，党内法规的无权解释现象相当普遍。那么，从效力视角上看，这种解释是不是毫无存在的价值呢？应当承认，无权解释不可能与被解释的党内法规具有同等的效力，但也不能因此而否定无权解释的价值。如果真的没有任何价值，专家学者对党内法规的学理解释，其他党组织、党员干部和普通党员对党内法规的解释就不应当存在。事实上，由那些无权解释主体所作的无权解释，比有权机关的有权解释更活跃，并有一定影响力。如那些著名的党内法规学教授的解释意见对承办单位的影响是不容忽视的。

我们可以把无权解释的影响力称为说理性效力。意思就是说，无权解释也是一种值得关注的解释，对于党内法规的实施，尤其是党内法规的有权解释来说，它可以提供一种说理方面的参考。刚才我们还提到，有权解释草案有个起草过程，这中间有调查研究、征求意见等环节。不管是调查研究还是征求意见，都不应忽视相关党内法规规范无权解释的存在。总而言之，党内法规无权解释确实没有直接的拘束力，但这并不意味着它没有真正的效力。在党内法规解释效力问题上，我们要关注实质性的效力，但也要留意效力的实质性。它的意思就是，对于效力，我们可以且应当作广义的解释，效力本身的内涵是很丰富的，影响力也可以算是广义的效力之一，或者说效力必定包含着影响力。从这个意义上来说，效力的实质其实就是一种影响力。

第五章
党内法规的实施

党内法规的生命在于实施,党内法规的权威也在于实施。本章我们主要讨论五个方面的问题:一是党内法规实施概述;二是党内法规的遵守;三是党内法规的执行;四是党内法规实施的监督;五是党内法规实施的评估。

为什么要专门研究党内法规的实施呢?因为这个实施问题比它的制定问题、解释问题更重要,制定与解释本质上都是为了实施。制定是起点,解释是中间环节,其终点都是实施。有时候,起点在哪里并不重要,但终点在哪里则至为关键。

明朝内阁首辅张居正曾提出:"盖天下之事,不难于立法,而难于法之必行,不难于听言,而难于言之必效。"这句话的意思并不难理解,简单来说,就是制定法律容易,实施法律则难。但制定的目的就是为了实施,所以,要特别关注党内法规的实施问题。党内法规学将它作为一个独立的章节来对待,就是源于党内法规实施是一个非常关键的问题。

一、党内法规实施概述

(一)党内法规实施的概念

按照《现代汉语词典》的解释,"实施"的基本意思就是指法律、命令或政策的实行。在分析党内法规实施概念之前,我们不妨先来看看法律实施这一概念。对党内法规实施概念影响最大的,无疑是法律实施概念。

关于法律实施,国内主流法理学教材一般是从法的运行角度进行诠释的,如张文显教授主编的法学教材《法理学》,将法律实施分为执法、司法和守法三个环节分别予以阐述。

执法是法律实施的基本方式,它有广义和狭义之分。狭义的执法,是指国家行政机关和法律授权、委托的组织及其公职人员在行使管理权的过程中,依照法定职权和程序,贯彻实施法律的活动,这是常见的作为法律实施的执法定义。而广义的执法,除了行政执法主体之外,还包括司法机关等非行政执法主体。执法的过程中要遵循合法性、合理性以及效率等原则,以使行政执法主体的执法活动获得最好的效果。

司法,是指国家司法机关依据法定职权和法定程序,具体应用法律处理案件纠纷的专业性活动。司法是法律实施的最后一道防线,是专属于国家司法机关的活动,它具有很强的专业性、权威性、程序性和专属性。在我国,司法机关包括人民法院和人民检察院。

守法,是指国家机关、社会组织和公民个人依照法律的规定,行使权利(权力)和履行义务(职责)的活动。值得注意的是,守法不仅仅是履行法律义务,它还意味着一个国家和社会主体严格依法办事的活动和状态。而依法办事包含着两层含义:一是依法享有权利(权力)并行使权利(权力);二是依法承担义务(职责)并履行义务(职责)。因此,我们必须意识到,守法除了义务(职责)元素之外,还包含着权利(权力)元素。守法的主体具有广泛性,它包括一切国家机关、武装力量、政党、社会团体、企业事业组织、所有中国公民,以及在我国领域内的外国组织、外国人和无国籍人。

还有学者认为,法律实施不限于上述执法、司法和守法,它还应当包括法律监督,特别是检察院的法律监督活动。检察院拥有法律监督职能,因而,检察院的法律监督活动同样也属于司法活动,应当纳入法律实施的范畴中。法律监督作为法律实施的重要保障,它本身也是法律实施的内容。将法律监督活动纳入法律实施的范畴,不仅符合我国法治体系的实际情况,也有助于从我国国情和中国特色社会主义法治体系的实际出发,解决我国法律实施的问题。

综上可见,法律实施涵盖了法律适用(司法)、行政执法(执法)、法律遵守(守法)和法律监督四个方面的内容,这是我国法学界关于法律实施的通说。

此外,还有学者将法律实施的方式也视为法律实施的重要内容。法律实施的方式可以分为硬实施与软实施两种。所谓硬实施,就是依靠国家强制力去实施法律。其实施主体是国家行政机关、司法机关等,实施手段依靠国家强制力进行,实施保障则依托国家财政和地方财政。所谓软实施,即依靠国家强制力以外的方式去实施法律。其实施主体,主要有企事业单位、社会组织、公民个人等非权力机关;其实施手段不具有国家强制性。一是实施主体自觉地遵守法律,按照法律的要求行事。从广义上说,法律遵守也是一种法律实施。二是实施主体借助国家机关的执法活动,如向行政机关举报违法活动,向人民法院提起民事诉讼、行政诉讼,以此来促成或者实现法律的实施。我们认为,法律实施的方式不应归入法律实施范畴,它只是法律实施的形式,将形式等同于内容是一种常见的误解。

上述有关法律实施概念的分析,对于提炼党内法规实施概念具有相当的参考价值。就像法律实施包括执法、司法、守法和法律监督一样,党内法规实施也主要表现为执行党内法规、适用党内法规、遵守党内法规和党内法规监督等。有关法律实施的理论学说,对于党内法规实施理论的形成和发展来说是最为重要的理论借鉴。

所谓党内法规实施,就是党内法规在党内生活中,以及在国家与社会的现实生活中得到贯彻落实。为什么后面还要加上国家与社会呢?因为党内法规其实不只涉及党的事务关系,它还涉及国家和社会的事务关系,我国社会生活的各个领域都有党内法规,它是无处不在、无时不有的。但马工程的党内法规学教材把党内法规实施界定为:通过党内法规的遵守和执行,使党内法规在党的领导和党的建设实践中得以运用的活动。这个界定将党内法规实施的领域局限于党内,可能有点狭隘。也有学者认为,党内法规实施是指党内法规的实施主体必须严格贯彻党内法规的要求,在党内法规的执行、遵守、监督等活动中,有效地落实党内法规,实现依规管党治党的基本要求。

在上述定义中,出现了一个指向对象更广泛的概念——党内法规的实施主体。严格来说,所有的党员都是党内法规的实施主体,甚至普通公民也有监督党内法规实施的道德义务。从这个意义上说,所有中国人都是党内法规的实施主体。这样的话,党内法规主体的概念就没有实质性意义。而如果将党内法规的实施主体限定为特定的党组织或党员干部,那可能又与党内法规实施的事实不符。所以说,关于党内法规实施的概念,从多个维度进行解释与说明比较可行,而要定义它则难以经得起理论和实践的检验。

党内法规实施的方式主要有两种:一种是积极意义上的实施,也就是党内法规的遵守;一种是消极意义上的实施,即党内法规的执行。党内法规的执行,是在党内法规未能得到较好遵守的情况之下,有关党组织自觉启动的党内法规实施行为。关于党内法规的遵守与党内法规的执行之间的异同,可以从三个维度来分析。

首先,两者在目标上是一致的。党内法规的遵守也好,党内法规的执行也罢,都是在实施党内法规,都是为了党内法规能成为各级党组织、党员干部及普通党员的思想与行为标准,从而在党内形成一种富有团结精神和法治气质的良好秩序。

其次,两者在内涵上又有所不同。党内法规的遵守与党内法规的执行在主体、内容、程序等方面,都各有特点、各有侧重。

最后,党内法规的遵守与党内法规的执行不是相斥关系,而是相辅相成、珠联璧合的。如果广大党组织和党员干部都能自觉遵守党内法规,党内法规执行的需求就大大缩减,否则,党内法规执行主体就任务重、压力大。也就是说,如果大家都能够自觉地遵守党内法规,那么,党的纪检部门就任务轻、压力小。当然,有关主体在党内法规执行问题上,如果能够做到规范、得体,也可以大大地促进党内法规的积极遵守。党内法规执行过于机械、不讲人性,势必使得有关各方对党内法规持某种抗拒心态,为各种不遵守党内法规的行为留下更多的口实与空间。所以说,党内法规遵守与党内法规执行之间,其实存在某种程度上的互补和互利关系。

除了党内法规的遵守和党内法规的执行之外,在讨论党内法规实施时,还应当提到两个概念,那就是党内法规实施的监督和党内法规实施的评估。二者虽然都不是直接的党内法规实施,但不管是监督还是评估,都是为了促使党内法规在现实生活中获得更好的实施。因而,可以把它们视为一种间接的党内法规实施。当然,两者的间接方式又是不一样的,尤其是两者的效力是不一样的。严格来说,党内法规实施的评估,只是为党内法规实施的优化与改进提供一种来自经验研究方面的参考与借鉴,对于各个党内法规实施主体来说,它几乎没有任何直接的拘束力。有相当多的党内法规实施的评估,来自社会上的第三方,所谓第三方,是指既不是党内法规的制定者,也不是它的实施者。评估的重要目的之一在于改进与提升,同时也测量党内法规在党内事务中的地位和影响等。总之,评估主要是为了更好地实施。

而党内法规实施的监督就不一样了。它是严格依据《中国共产党党内监督条例》等党内法规所展开的一种党内监督活动,对于有关各方都具有直接的拘束力。从这个意义上说,党内法规实施的监督,带有直接的党内法规实施的意味,这是它与党内法规实施的评估最大的不同之处。

(二) 党内法规实施的功能

实践经验告诉我们,推进党内法规制度建设,必须坚持"两手抓":一手抓制定,一手抓实施。既要紧贴时代需求,科学民主地制定有效管用的党内法规,又要以钉钉子的精神狠抓党内法规实施,真正让"铁规"发力、禁令生威。党内法规中很多都是禁止性的条款,也就是强调什么事情是不能做的规定比较多,这就是一种最正式的禁令,它理应在生活实践中得到最严格的实施。关于党内法规实施的具体功能,可以把它概括为三个方面:

首先,党内法规实施有利于维护党内法规自身的权威性。

党内法规有没有权威,很大程度上并不取决于它的制定者是谁,更不取决于它要约束谁,而在于它能否得到切实有效的实施。即便是地方党内法规,如果它能够得到有效的实施,其权威性也是毋庸置疑的。所以,党内法规一定要有"牙齿",也就是说,它要能够对那些违规者发挥"明显且即刻的"制约作用。

决定党内法规权威程度高低的,最主要在于它的实施程度。我们党制定大量的党内法规,目的当然不是要把它写在纸上、贴在墙上、挂在嘴上,而是要使它成为规范各级党组织行为的重要制度装置,要让它成为包括党员干部在内的全体党员思想与行为的标尺,要让它能够及时制止各级党组织、党员干部和普通党员的一切违法违规之举。

总之,唯有党内法规之令可行、党内法规之禁能止,党内法规的权威地位才能形成,也才能维护党良好的执政形象与应有的领导权威。各级党组织和广大党员干部对党内法规一体遵循、没有例外,党内法规实施不开"天窗"、不留"后门",党内法规自然会成为各级党组织、党员干部和普通党员心中的"紧箍咒",其制度效果自然能够得到充分的显现。而这才是行动中的党内法规应有的姿态。

其次,党内法规实施有利于党内法规的"立、改、废、释、清"。

党内法规的"立、改、废、释、清"工作主要是实践问题,实践是检验真理的唯一标准,只有在党内法规实施的实践之中,才能切实看清楚作为规范文本的党内法规是否存在问题,以及具体存在哪些问题。也只有通过党内法规实施的实践,才能找到党内法规解释、修改、废除、清理工作的最优方案。对于其"立、改、废、释、清"来说,党内法规实施是一个最基本的条件。没有实施,单纯地为了制定而制定,就完全沦为一种纯粹的智力游戏,而不是满足依规治党的政治实践需要。

在实践中,一旦党内法规得不到各级党组织和广大党员干部的自觉遵守,有关党组织在执行党内法规时就会遇到阻力,甚至要面对党内舆论的压力,此时,极有可能是党内法规自身的"品质"出了问题。党内法规制定时,违反科学社会主义的发展规律,不符合当代中国党的各项事业发展的客观实际,对党组织和广大党员干部的要求过高,或者对广大党员干部及普通党员的思想要求过严,使得他们的主要精力都用于应对思想教育或思想检查,这种不切实际的党内法规,当然会在实践中遭遇实施阻力,面临遵守无门、执行不动的尴尬局面。所以,党内法规制定得好不好,不是一个可以闭门造车的理论问题,它一定要付诸实践,经得起实践检验。

最后,党内法规实施有利于全党统一意志、统一行动。

我们党是马克思主义政党,它以意志统一、组织严密、行动有力著称,而这也是它带领中国取得革命成功和建设、改革成就的关键。新时代党中央不断加强党内法规建设,主要目的还在于促进全党意志,在新时代更加坚定统一、全党行动在新时代更加协调一致。

全党要统一意志、统一行动,就必须做到"两个维护",即坚决维护习近平总书记党中央的核心、全党的核心地位,坚决维护党中央权威和集中统一领导。带头做到"两个维护",是加强中央和地方党的建设的首要任务,也是新时代加强党内法规实施的根本目标。

党内法规本身就是全党统一意志的产物,没有全党意志上的统一,就不可能有党章、中央党内法规等党内法规的出台。然而,这种统一意志是"过去时"的,我们党制定党内法规的目的在于通过党内法规的实施,获得"现在时"和"将来时"的全党意志的统一,尤其是全党行动的一致。

这种现在时和将来时的全党意志统一、全党行动统一,直接依赖于党内法规的严格实施。如果在党内生活中,党内法规既能清化党员干部的思想杂念,又能动员和指挥他们一致行动,这种"双统一"自然是水到渠成。而一旦党内法规只是锁在抽屉里或者挂在墙壁上,各级党组织和广大党员干部,完全不以党内法规来"对标对表"各自的思想、行动,这种在实践中发挥不了拘束力的党内法规自然无助于全党"双统一"局面的形成。由此可见,为了"双统一"目标的实现,除了强化党内法规的严格实施外,别无选择。

总体上说,党的十八大以来,包括党内法规实施在内的党内法规建设事业取得了显著成效。就党内法规实施来说,它具体表现在党组织和党员干部的党内法规实施意识有了明显的增强。在这方面,党中央采取了诸多措施以提高党内法规的普及度和知晓率。如2016年2月,中共中央办公厅印发了《关于在全体党员中开展"学党章党规、学系列讲话,做合格党员"学习教育方案》,并发出通知,要求各地区、各部门认真贯彻执行。开展"两学一做"学习教育活动,是面向全体党员深化党内法规教育的重要实践,是推动党内法规教育,从"关键少数"向全体党员拓展、从集中性教育向经常性教育延伸的重要举措,它在较短的时间内极大地提高了各级党组织和广大党员干部的党内法规实施意识。

意识是行动的先导。有了党内法规实施的意识,就有了期待党组织和全体党员自觉实施党内法规的可能性。而事实上,这种期待可能性正在成为近在眼前的现实,那就是党内法规实施在不断加强,党内"双统一"的良好发展态势超越历史上的任何时期,中国特色社会主义事业正在迸发出新的活力。

(三) 党内法规实施对党内法规学的意义

关于党内法规实施的意义,严格来说,没有标准答案。唯一确定的是,其意义具有多面性。在此,我们仅仅探讨一下它对党内法规学的意义。包括马工程的党内法规学教材在内的党内法规学教材,都未从这个维度上透视党内法规实施的意义。

法律的生命在于实施,这是法学生的常识。与书本上的法(law in books)相比,大家更希望看到、也更需要行动中的法(law in action)。法律制定出来就是要适用的,没有行动中的法,书本上的法再完美也没有什么价值。所以,人类社会在为法律实施方面付出的成本,丝毫不亚于在法律的制定方面所付出的成本,甚至可以说,还要高于后者所付出的成本。

国家设立法院、检察院、公安机关等法律实施机构,其成本是非常高昂的。那么,为什么要建立这些机构呢?当然是为了专门对付那些不尊重法律、不实施法律的组织与个人,各个国家在任何时候都存在违法违规的组织与个人,如果大家都能够自觉遵守法律,各个国家的法律实施机构就可以大量缩减。不幸的是,绝大多数国家的法律实施机构及其人员规模都呈扩张态势。

党内法规也不例外,我们不只需要书本上的党内法规,我们更需要行动中的党内法规。一旦党内法规对于党和国家事务失去了基本的规范效力,那"纸上的党内法规"再多、"墙上的党内法规"再美,都将是徒有虚名的摆设。所以,我们要研究党内法规的实施,要竭尽所能地让党内法规在实践中得到更好的实施。

学术研究,尤其是法学院的学术研究,都是服务于法治实践的,它并不像文学、史学、哲学等学科那样,重在对人的观念与意识产生潜移默化、春风化雨式的影响。法学所追求的,是在实践中可用、可行、有力、有效,它是技术应用性的学科,是需要在法庭上、在生活中拿来维护权益的一门科学。党内法规学也是如此。

作为一门专注于党内事务关系法治化的学科，它坚持将对党组织和党员个人行为的规范化塑造作为自己的目标，为实践中的党内事务调整提供理论指引，甚至直接为党内纠纷争议的处理提供参考答案，这是党内法规学的重要功能。比如，党内法规学不但关注党的纪律检查机关对党员违纪行为的查处，而且支持被立案调查的党员干部或普通党员充分运用它的各种党员权利去为自己辩护。包括查处和辩护在内的所有党内法规实施情况，都是党内法规学的研究对象，也都是党内法规学服务的对象。党内法规学之所以重视党内法规解释，是因为党内法规的实施需要它，只有通过解释才能发现党内法规规范背后的逻辑与意义，才能正确有效地实施党内法规。

党内法规能否实施到位，其后果是多方面的，它直接关系着党内良好政治生态的形成，影响党长期执政能力建设的方方面面，还关系着依规治党、全面从严治党这一重大战略部署的实现。所以，党的十八大以来，党特别重视党内法规的实施问题。2016年中共中央发布的《关于加强党内法规制度建设的意见》就强调，到建党100周年时，形成"高效的党内法规制度实施体系"。

习近平总书记反复强调党内法规建设要"两手抓"，尤其要抓好落实。进入新时代以来，党中央坚持把党内法规实施凸显出来，健全实施责任体系、强化实施刚性约束，充分发挥领导干部"关键少数"作用，推动广大党员干部把党规党纪刻印在心、见诸于行，党内法规制度的严肃性和权威性得到显著提升。

党内法规学研究跟法学研究有一个共同的特点，那就是规范自身变了，其研究内容也要跟着变。德国法学家冯·基尔希曼曾说，立法者的三个更正词，就可以使所有的法学文献成为废纸。这个说法诚然有点夸大其词，但法学研究随着立法的改变而改变，这是基本的事实。党内法规学同样如此，一部旧的党内法规修改了，或者一部新的党内法规出台了，都意味着党内法规学的研究对象要发生一定的改变。

党内法规学为什么能成为一门学科？因为有依规治党的实践需要。依规治党的关键词在于"治"，在于党内法规的实施，在于党内法规对党组织和全体党员的拘束力。这就决定了党内法规学并不是一门高度纯粹、抽象的理论研究学科，而是一门服务于治党实践的应用性学科。因此，党内法规完全得不到实施，或者实施得不好，对于党内法规学来说都是一种"失败"，它意味着党内法规学服务于依规治党实践的特色变得黯然失色。没有党内法规的实施，党内法规学的应用性学科特色将随风而逝，强化党内法规的实施，在很大程度上就是在提升党内法规学自身存在的价值。简言之,党内法规的实施程度与党内法规学的存在价值之间,是一种正比例关系。正在发展中的党内法规学,需要党内法规更全面、更优质的实施。

二、党内法规的遵守

党内法规的遵守,是党内法规实施最主要的一种形态,是各级党组织和广大党员、人民群众对党内法规自觉认同的外在表现,是党员干部和普通党员提升"党性"的一种重要方式,也是党内法规建设事业取得成效的终极性表现形式之一。党内法规学研究党内法规的遵守,旨在探究党内法规遵守的基本规律,为党内法规建设事业,尤其为促进党内法规获得更广泛、积极主动的遵守性实施贡献智力支持。

(一)党内法规遵守的概念

"遵守"的基本词义,是指依照规定而做出相应的行为,也就是一个主体的实际行为与既有规则的要求相吻合,而不是相分离或相抵触。所谓党内法规遵守,就是指各级党组织、党员干部和普通党员严格按照党内法规的要求,履行义务与行使权利的活动。党内法规遵守是党内法规自动得到实施的一种形态,是党内法规具有权威性和拘束力的一种外在表现。可以说,没有党组织和党员对党内法规的自觉遵守,就不可能有党内法规的实施。党内法规的执行,实际上是党内法规的一种被动遵守情形,是党内法规实施的一种例外状况。党内法规遵守,才是党内法规实施的正常形态。

党内法规是一个规则体系。对于任何一个规则体系来说,无论其制定得多么完美无瑕,都并不必然能使得人们严格服从,因此,需要某种内在的理性力量驱使人们去听从规则的安排。而在党内法规的遵守问题上,功利主义的思维显然难以奏效,因为遵守党内法规一般不能给党员带来世俗的名和利。也就是说,党内法规若要得到遵守,就不能没有信仰与觉悟的力量。可以说,崇高的理想信仰和思想觉悟,是党内法规遵守的根源所在,是党内法规遵守成为绝大多数党员自觉实践的关键动力。

正因为如此,为了保证党内法规得到更好的自觉遵守,必须在全党范围内把理想信念与思想觉悟方面的宣传教育常态化,全体党员的党内法规学习教育常态化,以提高党内法规遵守的自觉性,特别是提高党员干部这个"关键少数"遵守党内法规的自觉性,让带头遵守党内法规在全党上下成为一种流行风尚。

有学者指出,党内法规制度建设的最高境界,就是能够让各级党组织和广大党员把党内法规内化于心,从内心产生敬畏和认同。这个说法指出了党内法规实施的根本要害,有了党内法规内化于心在前,后面自然会有外化于行的党内法规遵守。对于党内法规实施而言,最重要的是党员在党内法规遵守方面表现如何,而这又取决于党员是否对党内法规的原则精神做到了内化于心。

在法学上有一种法律意志论的学说。根据该学说,如果公民自身违反了法律,这也是在违背公民自身的意志,因为法律本身就是公民参与制定的,至少是代表公民个体的国会议员或人大代表参与制定的。既然如此,法律当然也是公民的意志体现。对于广大党员来说,党内法规更是如此。所有的党内法规都是党员参与制定的,至少也有其代表在场。因而,明显违反党员意志的党内法规是不存在的。另一方面,所有的党员都是"志愿"入党的,没有人是被迫入党的。如果党员违反党内法规,这实际上是对自己意志的"双重"违反:首先违反了体现在党内法规中的自己的意志,继而违反了自己当初入党宣誓时所表达出来的严守党规的意志。从这个意义上说,党员自觉遵守党内法规,就是对自身意志的尊重,就是对自己志愿入党行为的尊重。

(二)党内法规遵守的主体

党内法规遵守的主体问题,讨论的是谁该遵守党内法规。大致来说,党内法规遵守主体包括两类,一类是各级党组织,另一类是全体党员,尤其是党员干部。对于所有的党组织和党员来说,党内法规都是一种具有普遍约束力的存在。任何时候他们都应当知规、守规、敬规,严格按照党内法规的要求提升自己的思想觉悟,履行自己的党务职责,自觉维护党内法规的权威。

2019年9月,党中央出台了《党内法规执行责任制规定(试行)》。这是一部旨在推动党内法规得到全面深入实施的党内法规,也是一部专门促进并保障党内法规实施的党内法规。《党内法规执行责任制规定(试行)》第2条规定:"各级党组织和全体党员负有遵守党内法规、维护党内法规权威的义务。各级党组织和党员领导干部必须增强'四个意识'、坚定'四个自信'、做到'两个维护',牢固树立执规是本职、执规不力是失职的理念,切实担负起执行党内法规的政治责任。"由此可知,各级党组织和全体党员是党内法规遵守的主体。

(1) 党组织

党组织不但是一个党内法规概念,而且是一个约定俗成的术语。一般来说,党组织是由党员根据党章而联结起来的一个团体,各级党的代表大会、各级党委、所有党的工作机关、各个党支部、各种党组等,都属于党组织范畴。对于各类党组织的设立、职权职责、运行、监督、保障等事项,党的组织法规都有较为明确的规定。根据党章的规定,党的组织划分为中央、地方和基层三种类型。

《党组工作条例》第2条规定:"党组是党在中央和地方国家机关、人民团体、经济组织、文化组织和其他非党组织的领导机关中设立的领导机构,在本单位发挥领导作用,是党对非党组织实施领导的重要组织形式。"由此可见,作为各级组织领导机构的党组,也是最重要的党组织之一。

不管是重要的党组还是地位一般的其他党组织,它们都是党内法规遵守的主体。在党内法规面前,所有的党组织都是平等的,是平等的党内法规遵守主体,这就是党组织在党内法规遵守方面的平等性。

党组织在党内法规遵守方面除了具有平等性之外,还具有特定性。所谓特定性,是指不同的党组织在遵守党内法规的方式、内容等方面,存在一定差异。关于遵守的内容与方式,没有必要也不可能一律平等。

不同的党组织的职权职责千差万别,而同类党组织由于其级别不同,其功能地位亦有差异,这就决定了党组织在党内法规遵守方面不可能如出一辙。相反,从内容到形式,它们彼此之间都存在着这样或那样的差异。比如,在遵守党内法规的方式上,法院党组与卫生局党组之间就有一定的差异。至于党组与党的代表大会这两个党组织之间,其遵守党内法规的内容与方式更是大为不同。党的各级代表大会都是一种党组织,只不过它们不是那种常设的党组织,都属于非常设的党组织,但又不能误以为它们是一种临时性的党组织。

(2) 党员

党员除了在党内享有一定的权利外,更要承担党内义务。对于中国共产党党员来说,遵守党内法规乃是他们的一项基本义务。党内法规是党的统一意志的体现,因而,也是每位党员意志的体现。正因为党内法规是每位党员意志的综合表达,所以,对于绝大多数党员来说,遵守党内法规并不属于来自外部压力的义务性行为,而是一种积极主动的自觉行为。

与党组织相比,党员是最值得关注的党内法规遵守主体。在日常的工作和生活中,党员是否自觉遵守党内法规,对于党内法规的实施来说至关重要。表面上看,党组织和党员是两种截然不同的党内法规遵守主体,但事实上党组织对党内法规的遵守,最后还得落脚于作为党组织细胞的党员干部和普通党员对党内法规的遵守。党组织只是一种拟制的存在主体,它并不是通常意义上的有血有肉、有尊严的人格主体。党员遵守党内法规,在很大程度上也是代表党组织在遵守党内法规,同样地,党组织遵守党内法规,最终也只能表现为隶属于它的党员遵守党内法规。

比如说,党委作为一个党组织,它遵守党内法规,最终体现在党委书记和其他委员遵守党内法规。党委这个主体实际上是一个拟制的主体,任何拟制的党组织主体都是由党员(自然人)构成的。党组织违反党内法规,最终表现为党员尤其是党员干部违反党内法规,而对党组织的违规处罚的方式之一,就是对党员干部予以处罚。

(三) 党内法规遵守的路径

所谓党内法规遵守的路径,并不是讨论党内法规遵守的方式方法问题,而主要讨论如何让党内法规获得党组织和党员更多、更好的遵守,是一个有关提升党内法规遵守程度的实践途径问题。

总结过去党内法规遵守的实践经验,提升党内法规遵守的路径,大致有以下三种方式。

(1) 抓好党员干部这个"关键少数"

在某种程度上,党员干部是党和普通党员、人民群众保持密切联系的中介,是党组织与党员群众相联系、相沟通的纽带。党员干部的言行对于党员群众的影响绝对不容忽视,党员干部带头遵守党内法规,就会在党员群众中间产生巨大的示范作用。"上为之,下效之""榜样的力量是无穷的",这些俗语提醒我们,在党内法规的遵守方面,让党员干部以身作则、率先垂范不失为一种有效的路径。而党员干部自身的思想觉悟也往往高于普通党员,使他们成为党内法规遵守的模范,具有相当的可行性。应尽可能采取更多、更好的措施,推动所有党员干部自觉遵守党内法规,从而在全党上下和党内党外形成一种争当党内法规遵守模范的良好风气。如果广大党员干部都能做到严格按照党内法规办事,坚持在党内法规面前人人平等,不搞任何的特权,其产生的先锋模范效应将是无法估量的。

《党内法规执行责任制规定(试行)》第9条第1款规定:"党员领导干部应当敢于担当、勇于负责,以上率下、以身作则,带头学习宣传党内法规,带头严格执行党内法规ของ"严格来说,该条款中的"执行党内法规"应该更改为"遵守和执行党内法规"。因为"以上率下、以身作则"是党内法规遵守的形式,而不是党内法规执行的方式,下文还将论及遵守与执行的区别。总之,与普通党员相比,党员干部是少数,是党内法规遵守的关键少数,是提升党内法规遵守品质的关键少数。如何充分利用这种"关键少数",对于党内法规的实施意义重大。

(2) 加强党内法规的宣传教育

自觉遵守党内法规的前提条件是对党内法规有足够的认知,只有在知其所以然的情况下,才能真正做到对党内法规的自觉遵守,也才能保证这种遵守不是一种短期行为,而是一种长期的理性选择。如何做到这一点呢?首先要做的当然是加大对党内法规的宣传教育。

2013年发布的《中央党内法规制定工作五年规划纲要(2013—2017年)》明确要求:完善宣传教育机制,把党内法规纳入党校、干部学院培训教材,引导党员领导干部依规办事、依规用权、依规施政。但事实上,有关党内法规的教育宣传机制并未很好地运行起来,有些地方甚至连这种机制都未真正建立。应当像国家法律层面开展的"普法运动"一样,向全体党员开展"普规运动",形成一种强大的党内法规教育宣传效应。有人主张将"党内法规宣传纳入普法",这一方案值得肯定。但最优的方案还是"普法运动"与"普规运动"同时进行,让它们之间开启一种"你追我赶"的竞赛模式,从而达到更好的"普法"与"普规"效果。

2021年中共中央印发的《法治中国建设规划(2020—2025年)》提出,要加强学习教育,把重要党内法规列为党委(党组)理论学习中心组学习的重要内容,列为党校(行政学院)、干部学院重要教学内容,列入法治宣传教育规划重要任务。由此可知,中央已经高度重视党内法规的宣传教育工作。现在重要的问题是,这些文件精神能否转化为全党上下一致的宣传教育行动。不过,有一点值得肯定,那就是各大高校法学院等机构越来越重视党内法规的教学与科研,面向本科生、研究生开设党内法规学的法学院越来越多。不难看出,大学法学院将成为党内法规教育宣传的重要阵地。

(3) 做好党内法规和党务公开工作

党内法规与国家法律的一个不同之处在于,有个别党内法规并不完全对外公开,它只是部分内容公开或在有限范围内公开,难以在网上找到完整内容。当然,绝大多数的党内法规都是公开的。《中央党内法规制定工作五年规划纲要(2013—2017年)》就提出:要按照公开是原则、不公开是例外的要求,做好党内法规及时公开工作;凡是能公开的就不定密,能解密的要及时解密公开,公开时要做好配合宣传工作。而2019年修订后的《党内法规制定条例》第29条第3款更是明确规定,"党内法规除涉及党和国家秘密不得公开或者按照有关规定不宜公开外,应当在党报党刊、重点新闻网站、门户网站等党的媒体上公开发布"。由此可知,党内法规公开已经是一项党内法规的明文要求。

公开是党组织和党员认识党内法规的基本前提,也是党内法规获得遵守的一项基本条件。党内法规都没有公开,自然就没有资格要求党员遵守党内法规。不过,除了党内法规要公开外,党务工作也应当公开。根据《党务公开条例(试行)》的要求,党的中央组织、地方组织、基层组织,党的纪律检查机关、工作机关以及其他党的组织,都应当将其党务向党内或者党外公开。党内法规是规范党务工作的正式规范,党内法规遵守本身与党务的公开程度有着非常紧密的关联。一旦党务工作没有公开,自然会妨碍党员对规范该党务工作的党内法规的遵守。从这个意义上说,党务公开同样是党内法规遵守的重要前提,我们应当像重视党内法规公开一样,重视实践中的党务公开问题。

实际上,党内法规公开和党务公开,既是党员切实享有知情权的条件,也是其知情权的基本内容。为了贯彻党内法规遵守,也为了保障全体党员的知情权,全党上下都应该为党内法规公开和党务公开而不懈努力。

三、党内法规的执行

与党内法规的遵守相比,党内法规的执行是一种被动的党内法规实施,也是一种不得已的事后性党内法规实施。党内法规的遵守做得越好,就越不需要党内法规的执行,反之,党内法规的遵守表现得越糟糕,则就越依赖于党内法规的执行。对于党内法规的实施来说,党内法规的执行像党内法规的遵守一样,是必不可少的。党内法规的执行始终在一定范围内存在,始终是党内法规实施的方式之一。

(一) 党内法规执行的概念

关于党内法规执行的概念,党内法规学界存在一定的分歧。马工程的党内法规学教材把党内法规执行界定为:党组织和党员领导干部根据党内法规履行职权职责,推动党内法规落实的活动。毫无疑问,这个界定实际上把党组织和党员领导干部的党内法规遵守也包括进去了。党内法规执行的内涵不应如此广泛,这个界定无疑是值得商榷的。

有学者将党内法规执行概念界定为:各执行主体对党内法规制度的实际履行,是推进依规治党和制度治党的核心要义,是把文本形态的党内法规转化为现实效果的重要阶段。这里的"实际履行"意味着党内法规执行几乎等同于党内法规实施,也就是说这里面的执行也包括了党内法规的遵守,这依然是一种非常广义的党内法规执行概念。

也有学者将党内法规执行概括为:党的各级、各类组织依据党内法规所规定的权限和程序,把党内法规落实到具体案件、具体事项的活动。同时,党内法规执行所依靠的,是党的政治组织权威和纪律。这里面的"具体案件、具体事项""纪律"等用词表明,党内法规执行类似于国家司法机关对国家法律的执行,属于一种特殊主体维护党内法规权威与效力的行为。

还有学者将党内法规的执行理解为:通过审查党组织和党员行为是否符合党内法规的规范要求的活动。这里面的"审查"二字表明,作者将党内法规执行看作是一种类似于检察机关办案的司法活动,是对不遵守党内法规行为的一种事后性追究。

我认为,所谓党内法规执行,是指特定主体针对党组织和党员不遵守党内法规的行为进行干预,以维护党内法规权威和效力的一种活动。党组织、党员干部和普通党员不遵守党内法规,损害了党内法规权威,这是党内法规执行的前提。抛开这个前提谈党内法规执行,就混同了党内法规执行与党内法规实施。在讨论党内法规执行时,我们务必要把它与党内法规遵守区别开来,同时也要把它与作为其上位概念的党内法规实施区别开来,否则,必将导致概念的紊乱,不利于党内法规的实施实践,也不利于党内法规学的发展。

党内法规执行有一个基本条件,就是已经出现了不遵守党内法规的行为。也就是说,党内法规的执行以党组织或党员违反党内法规为前提。诚然,大多数的党组织和党员都能自觉主动地遵守党内法规,对于他们来说,不存在所谓的党内法规执行问题。只有少数甚至是极少数的党组织、党员干部和普通党员,在党内法规遵守方面表现不佳,需要借助党内法规执行这种"外力",来推动甚至强制他们遵守党内法规。从这个意义上说,党内法规执行是将文本中抽象的党内法规规范要求施加于具体的党组织和党员身上的一种强制性行为。它旨在使党内法规在实践中对所有的党组织和全体党员都能发挥应有的拘束力,使党内法规成为足以规制党组织和党员行为的有效规则。

（二）党内法规执行的主体

关于党内法规执行的主体问题,党内法规学界还未达成共识。大致来说,有两类说、三类说和四类说等几种观点。

马工程的党内法规学教材认为,党内法规执行的主体有两类:一是党的各级各类组织;二是党员领导干部。有学者把党内法规执行主体划分为三类:① 组织层面的执行主体;② 协调监督层面的执行主体;③ 个人层面的执行主体。还有学者把党内法规执行主体划分为四类:① 作为领导核心的党委（党组）;② 作为组织保证的纪委;③ 作为稳步推进的党的机关;④ 作为战斗堡垒的基层党组织。

我认为,党内法规的执行应当是一种党组织行为,而不是党员个人行为。尽管它最终表现为个人尤其是作为党员干部的个人来执行,但他们也都是代表党组织来执行的,体现的是党组织的意志而不是个人的意志。所以,党内法规的执行主体仅限于党组织,不应当有个人层面的执行主体,党员领导干部也不宜被认定为党内法规的执行主体。

严格来说,各级各类党组织都是党内法规的执行主体。根据《党内法规执行责任制规定(试行)》,可以将党内法规执行主体划分为以下几种类型:

（1）领导主体

领导主体又可以划分为两类:地方各级党委和各类党组。《地方委员会工作条例》对地方各级党委的设立与运行作了详细的规定,是地方各级党委开展工作的基本遵循。而《党内法规执行责任制规定(试行)》第 4 条规定:"地方各级党委对本地区党内法规执行工作负主体责任,应当坚决贯彻党中央决策部署以及上级党组织决定,带头严格执行党内法规,并领导、组织、推进本地区党内法规执行工作,支持和监督本地区党组织和党员领导干部履行执规责任。"由此可知,地方各级党委是党内法规执行的领导主体,地方各级党委应当树立执规是本职、执规不力是失职的思想意识,切实担负起执行党内法规的主体责任。

《党组工作条例》《党委(党组)国家安全责任制规定》《党委(党组)意识形态工作责任制实施办法》《党委(党组)网络安全工作责任制实施办法》等党内法规,都对党组的职权职责作出了详细规定,其中包括党组负起严格执行党内法规的主体责任。而《党内法规执行责任制规定(试行)》第 7 条规定:"党组（党委)对本单位(本系统)执行有关党内法规负主体责任,领导、组织、推进本单位(本系统)党内法规执行工作。"由此可知,在党内法规执行方面,党组和地方各级党委都是领导主体,在党内法规执行方面扮演着最核心的角色。

《党内法规执行责任制规定(试行)》第 8 条规定:"街道、乡镇党的基层委员会和村、社区党组织,国有企业党委,实行党委领导下的行政领导人负责制的事业单位党组织,对本地区本单位执行有关党内法规负主体责任,领导、组织、推进本地区本单位党内法规执行工作。"实际上,这个条款是党委、党组领导责任的进一步展开。它的意思是非常明确的,那就是基层党委和单位党组也要负起党内法规执行的主体责任。简言之,所有的党组织都是党内法规执行的领导主体。所以,习近平总书记多次强调,各级各类党组织都是党内法规的执行主体,要把执规责任扛起来。

(2) 协调主体

《党内法规执行责任制规定(试行)》第 5 条规定:"党委办公厅(室)负责统筹协调本地区党内法规执行工作,推动党委关于党内法规执行部署安排的贯彻落实。"而根据《工作机关条例(试行)》第 12 条的规定,党委办公厅(室)是党委的综合部门,负责推动党委决策部署的落实,按照党委要求协调有关方面开展工作,承担党委运行保障具体事务。由此可见,党委办公厅(室)本来就是负责协调的机构,将它作为党内法规执行的协调机构,完全符合其职能的固有定位。所有的党委办公厅(室)都应当认真扮演好自己的协调者角色,积极辅助党委做好党内法规的执行工作。

(3) 牵头主体

《党内法规执行责任制规定(试行)》第 6 条规定:"党委职能部门、办事机构、派出机关、直属事业单位等,对主要规定其职权职责的党内法规,负有牵头执行的责任,并组织、协调、督促、指导有关党组织和党员领导干部执行有关党内法规。其他相关单位应当按照党内法规规定各司其职、各尽其责,协助配合牵头部门共同执行党内法规。"这个条款告诉我们,党委职能部门、办事机构、派出机关、直属事业单位等,都可以称得上是党内法规执行中的牵头主体。

关于党委职能部门、办事机构、派出机关的定位,《工作机关条例(试行)》有具体的规定。该"条例"第 13 条规定:"党委职能部门是负责党委某一方面工作的主管部门,按照规定行使相对独立的管理职能,制定相关政策法规并组织实施,协调指导本系统、本领域工作。"第 14 条规定:"党委办事机构是协助党委办理某一方面重要事务的机构,一般是指党委为加强跨领域、跨部门重要工作的领导和组织协调而设立的议事协调机构的常设办事机构,承担议事协调机构的综合性服务工作,可以根据有关规定履行特定管理职责。"第 15

条规定:"党委派出机关是党委为加强对特定领域、行业、系统领导而派出的工作机关,根据有关规定代表党委领导该领域、行业、系统的工作。"这三个条款说明,党委职能部门、办事机构、派出机关,都在各自的系统里或者领域里扮演着独当一面的重要角色,对于本系统内或者本领域内党内法规的执行负有牵头责任。

上述领导主体、协调主体和牵头主体,都必须在党中央的集中统一领导下,开展党内法规的执行工作。从中央到地方再到基层,都应当建立健全党委统一领导、党委办公厅(室)统筹协调、主管部门牵头负责、相关单位协助配合的党内法规执行体制。所有党内法规执行主体,按照统分结合、各司其职的原则,做到一级抓一级、层层抓落实,以实现党内法规执行到位的共同目标。

(三) 党内法规执行的路径

所谓党内法规执行的路径,是指以什么方式来提高党内法规的执行力,是讨论在实践中具体如何优化党内法规执行的内外环境。

上述有关党内法规执行概念与执行主体的评介表明,党内法规执行是个非常复杂的问题,它几乎涉及所有的党组织,因而,党内法规执行问题是个系统性问题,它绝不是单个党内机关可以胜任的,它需要的是一种体制化的运行机制。如何优化党内法规执行的体制形态,是党内法规学必须充分展开的大问题。

刘长秋教授认为,党内法规执行一方面存在执行不力的情形,另一方面又出现执行过度的现象。党内法规执行力不强表明,相关部门和人员对党内法规执行重要性的认识不足,体现的是个别党组织与党员领导干部政治意识的缺位。而党内法规执行过度,主要是指执行者抱有太大的热情,无论面对何种境况,执行者都会尽力地推动法规制度的贯彻执行,以致对党内法规精神造成某种不必要的"误解"。如2018年11月安徽省全椒县"未接巡视组电话而被处分事件"就为这种"误解"提供了一个有力注脚,这类片面理解全面从严治党、片面强调巡视权威的僵化做法,不仅于规无据,而且曲解了依规治党的要求,使得对相关党内法规的执行明显过了头,对党内法规的执行造成了一定的负面影响。同时,"办公室喝牛奶被处分事件""教师放假自费聚餐被处理"等事件也时常见诸报端,这表明,对党内法规执行把脉不准、问责不当的现象不是个别性的,而带有一定的普遍性。

关于如何化解党内法规执行不力或执行过度问题,有学者提出了三点建议:一是强化对党规党纪执行者执行能力的培养;二是建立健全党内法规执行责任制;三是进一步强化党内法规执行监督。总体上看,这些建议都有一定的道理。我们认为,优化党内法规执行的路径有以下几种方式:

(1) 进一步健全党内法规的执行体制与机制

"体制"指的是有关党组织中的纵向制度问题,它聚焦于上下之间的层级关系。而"机制"是从有机体中借用过来的一个概念,它重在党组织内部各个组成部分之间的机理,即内部相互关系。党内法规执行的体制机制问题是党内法规执行的关键,不管是上下级党组织之间,还是上下级领导干部之间,由他们构成的体制运行不畅,势必会影响党内法规的有效执行。同理,横向层面的党组织内部的机制一旦步调不一,同样会阻碍党内法规的高效执行。党组织是党内法规的执行主体,它们之间的体制与机制问题解决不好,党内法规执行就不可能顺畅,更不可能达到尽善尽美的党内法规执行新境界。

健全党内法规执行的体制与机制,可以从三个方面着手:

一是进一步理顺党组织之间以及上下级领导之间的关系。使这种关系具有基本的规范刚性,不因党组织领导人的改变而改变,不因领导人看法的改变而改变。唯有这种党组织的体制问题解决了,党内法规的执行才具备顺畅运行的基本条件。

二是进一步优化执行方式。所谓执行方式,是指让党内法规发挥效力的手段与举措。在执行方式问题上,没有最好,只有更好,可以且应当不断地优化。执行方式的创新是无止境的,对于不同的党内法规,其执行方式可以灵活选择。在执行进程上要有时间表,将执行任务分解到具体的个人,不可模糊处理;在执行范围上要做到从局部过渡到整体,不必谋求一步到位;在执行力度上谋求刚柔相济,先穷尽说服教育手段,再辅以强制措施,不可一开始就"霸王硬上弓",注意执行的循序渐进。

三是进一步推行执行过程公开。公开就意味着公信力,代表着知情权。大力推进党内法规执行公开,不但能够增强党内法规执行的公信力,而且保障了被执行主体的知情权,同时强化被执行主体和其他党员对执行的监督。各级党组织应当积极推行执行公开,将执行的依据、执行的程序、执行的方式等向其他党组织甚至社会公众公开。执行公开做得越好,越有利于发现执行中的问题,越有利于杜绝暗箱操作,越有助于确保党内法规得到正确的执行。

(2) 进一步健全执行责任制

经验表明,没有执行责任,就不会有积极主动的党内法规执行。强化执行责任,是保障党内法规执行的一项重要举措。党的十八大以来,中央高度重视推行责任制,在加强党风廉政建设、生态环境保护等方面大力推行责任制,取得了良好的效果。党内法规执行责任制,就是为破解党内法规"执行难"而专门建立的一项制度。2016 年《关于加强党内法规制度建设的意见》就明确提出,要建立党内法规制度执行责任制,重点是"提高党内法规制度执行力""加大责任追究和惩处力度"。《党内法规制定条例》更是明确规定,要坚持制定和实施一体推进,健全党内法规执行责任制,确保党内法规得到有效实施。而为了补齐党内法规执行这块"短板",党中央还专门制定了《党内法规执行责任制规定(试行)》。关于进一步健全执行责任制,可以从以下三个方面着手:

一是进一步完善责任主体的界定,切实解决"谁来执规"的问题。人少,责任分明效率高;人多,相互推诿事难成。不管什么党内法规,也不论在什么领域,党内法规的执行主体并不是越多越好,当然,也不是越少越好,关键是得有个度。执行主体多了,就必定存在"我指望你,你指望他"的执行主体虚化问题。尽最大努力实现执行责任主体的最大明确化,是党内法规执行路径优化的关键。

二是进一步完善责任内容的界定,切实解决执规责任分配问题。各级党组织具体承担哪些执规责任,这个要进一步明确,尤其是代表党组织的领导干部具体承担何等的执规责任,应当以党内规范性文件的形式予以进一步划分,做到党内法规执行主体责任到人。

三是进一步强化责任履行,切实解决"怎么执规"的问题。这个问题其实可以分解为两个问题,一是执规责任履行能力问题,二是执规责任履行意识问题。有意识但无能力,或者有能力但意识不强,都会妨碍党内法规的有效执行,应该通过积极部署执规、组织宣传教育、加强执规能力培训等方式来化解"怎么执规"的现实难题。

(3)进一步优化党内法规的执行环境

外部环境始终是一个不可忽视的重要因素。对于党内法规的执行来说,外部环境如何会直接影响执行的品质与效果。若要提升党内法规的执行效能,就必须进一步优化党内法规的执行环境。对党内法规的执行来说,优良的执行环境堪比提升执行动力的"加油站"。

执行环境如何实现优化呢?首先,要进一步保障广大党员和人民群众的知情权、参与权及监督权,依靠党内力量和社会力量推动党内法规的执行。要进一步强化党内法规的宣传解读力度,让广大党员和各界群众都清楚地感知到党内法规的存在,而且对其具体内容也了如指掌。社会各界对党内法规的了解越多、认识越深,越有利于党内法规的执行。其次,要搭建党员和群众参与党内法规执行的平台。参与的渠道与平台如何,直接决定了党内法规执行外部环境的优劣程度。最后,树立典型以达到教育一片、影响一方的党内法规执行效果。既要重视对党内法规执行正面典型的宣传,也要加大对执行党内法规反面典型的曝光。对于正反两个方面的典型案例,都应加大宣传力度,使各级党组织和全体党员都能从这些真实、生动的案例中汲取经验教训,以增强他们认真执行党内法规的自觉性。

四、党内法规实施的监督

党内法规的实施离不开监督,监督是实施的事中与事后保障,一方面可以借助监督保障所有的党内法规都能得到实施,另一方面还可以通过监督来防范实施效果偏离立规的宗旨与目的。无论从哪个角度上看,党内法规的实施监督都是实施活动中不可或缺的贯穿性机制,它体现在党内法规的遵守与执行的各个环节,是党内法规实施的一项重要配套性措施。此外,党内法规的实施监督,也属于党内监督的一个有机组成部分。

(一)党内法规实施监督的概念

所谓党内法规的实施监督,就是指作为党内监督主体的党组织,对党内法规的实施过程予以督促、检查、审查和惩处等。它是党内法规建设制度的重要内容之一,是党内法规实施的重要保障。党内法规实施的监督,在党内法规实施过程中处于必不可少的保障地位,有利于维护党内法规的严肃性与权威性,推动制度治党、依规治党落到实处。

关于党内法规实施监督的功能,可以概括为以下几个方面:

(1)对党内法规的实施具有推动作用。表面上看,特定主体的监督是一种外在的拘束力,但对于被监督者来说,它实际上是一种有益的推动力,能够促使被监督者在党内法规的实施上付出更多的时间与精力,切实履行自身的党内法规实施职责。党内法规的实施监督具有全过程性,涵盖党内法规实施的各个阶段、所有环节,因而,实施主体在任何阶段一旦出现动力不足等问题,来自外部的监督力量都可以为之"加油",促使他们以饱满的热情将党内法规实施到位,从而避免党内法规实施的片面性或碎片化。

(2)对党内法规的实施监督具有纠偏作用。现实生活中,党内法规的实施有正向的正当实施,也有反向的偏执实施或过度实施。实践证明,偏执实施和过度实施都是党内法规实施的异化,往往会带来比较严重的后果,不利于党内法规规范效能的有效发挥。有时候,偏执实施与过度实施还不如不实施。加强党内法规实施监督的一个重要目的在于,及时发现实践中存在的偏执型党内法规实施状况,并在第一时间予以纠偏,将它们纠正过来,使之转化为一种正向的实施。

(3) 对党内法规的实施具有惩戒作用。党内法规的实施监督,是一种非常严肃的党内监督活动,它绝不是"纸老虎",也不是"稻草人",而是特定主体依据党内法规所实行的一种违纪处理机制,其权威性任何时候都不容置疑和挑战。对于任何党组织或者党员干部个人来说,一旦他们被发现不严格实施党内法规,或者在实施过程中发生偏差、出现过度等不良状况,党内法规的实施监督机关必将登门约谈,查清事实,并依据党规予以严肃处理。这种惩戒后果是党内法规的实施监督,本质上是刚性而非柔性的一种表现,也是其监督功能得以发挥的重要保障,还是党内法规本身具有强制力的一个表征。

(二) 党内法规实施监督的主体

党内法规实施监督的主体主要有两类:一类是来自党内的监督主体,另一类是来自党外的监督主体。

关于党外监督主体,《党内监督条例》第 38 条规定:"中国共产党同各民主党派长期共存、互相监督、肝胆相照、荣辱与共。各级党组织应当支持民主党派履行监督职能,重视民主党派和无党派人士提出的意见、批评、建议,完善知情、沟通、反馈、落实等机制。"第 39 条规定:"各级党组织和党的领导干部应当认真对待、自觉接受社会监督,利用互联网技术和信息化手段,推动党务公开、拓宽监督渠道,虚心接受群众批评。新闻媒体应当坚持党性和人民性相统一,坚持正确导向,加强舆论监督,对典型案例进行剖析,发挥警示作用。"这两个条款表明,党外的监督主体非常广泛,各民主党派、无党派人士、社会公众、新闻媒体等都是正当的党内法规实施的监督主体。简单来说,党外监督主体实际上意味着我们每一个人都可以对党内法规的实施进行监督。尽管理论上确实如此,但实践中每个人都会有这样或那样的事务要处理,很难真正有时间精力去监督党内法规的实施,因此,来自党外的监督力量其实是比较有限的。相比而言,来自党内的监督才是主力。

关于党内的监督主体,它又可以分为几种类型,它们各自的监督职责有一定的差别。《党内监督条例》对此有具体详尽的规定。《党内监督条例》第 9

条建构了由五大监督主体所组成的一个监督体系:"建立健全党中央统一领导,党委(党组)全面监督,纪律检查机关专责监督,党的工作部门职能监督,党的基层组织日常监督,党员民主监督的党内监督体系。"由此可知,党委(党组)、纪律检查机关、党的工作部门、党的基层组织、党员等都属于党内监督的主体。当然,作为统一领导党内监督的党中央自然也属于监督主体,而且是最权威的监督主体。

《党内法规执行责任制规定(试行)》第10条规定:"党的纪律检查机关应当带头严格执行党内法规,并对其他党组织和党员领导干部履行执规责任进行监督检查,切实维护党章和其他党内法规。"这个条款表明,就党内法规的实施监督而言,党的纪律检查机关是党内最为重要的监督主体。

(三)党内法规实施的监督方式

一般来说,不同的主体往往有不同的监督方式。就监督方式来说,党的纪律检查机关的监督方式最正式,相关的党内法规对其监督行为作了非常明确的程序性要求。相对而言,其他主体的监督方式较为灵活多样,且有需要的时候可以进行变通。

就纪律检查机关的监督来说,其监督的方式较为"专业",也特别复杂。因为规范其监督方式的党内法规少说也有十几部,如《党内监督条例》《纪律检查委员会工作条例》《纪律处分条例》《问责条例》《巡视工作条例》《纪律检查机关案件检查工作条例》《纪律检查机关监督执纪工作规则》《中国共产党纪律检查机关案件检查工作条例实施细则》《纪检监察机关处理检举控告工作规则》《纪检监察机关派驻机构工作规则》等。对于纪律检查机关具体如何开展监督工作,这些党内法规都有较为明确的规定。对此,我们将在第十章党的监督保障法规中予以详细论述。

五、党内法规实施的评估

《党内法规制定条例》第36条规定:"坚持制定和实施一体推进,健全党内法规执行责任制,加大党内法规宣传、教育、培训力度,对党内法规执行情况、实施效果开展评估,加强监督执纪问责,确保党内法规得到有效实施。"2019年发布的《党内法规执行责任制规定(试行)》第15条等条款,也对党内法规实施评估工作的年度计划、评估范围、评估方式、报告形成等事项作了具体规定。

综合既有的研究文献,可以将"党内法规实施评估"界定为:某个机构在广泛调查研究基础上,就党内法规的质量以及实施效果等事项,进行一种客观公正的评价。党内法规实施评估的目的在于检验党内法规实施的整体效果,评估一般都是运用现代评估技术及制度体系,对党内法规的实施作出预测与验证,发现问题、查找原因、提供对策,从而更好地完善党内法规,提高党内法规质量,推进依规治党,增强治理效能。所以,事后性和实效性是党内法规实施评估最为明显的特征。

值得一提的是,评估也是当代才兴起的一个概念,评估的出现,实际上是学科概念不断丰富、学科研究范畴不断扩张的表现。任何一个学科,为了生存和发展,适应社会政治经济文化的变迁,就需要不断地创造出新的概念,以实现学科概念的新陈代谢。所以,新概念的产生,绝对是好事情,对于学科的发展非常重要。

(一) 党内法规实施评估的主体

所谓党内法规实施评估的主体,是指具体开展党内法规实施评估工作的机构及其人员。简言之,就是党内法规实施评估工作的承担者。

一般来说,这个主体是多元复杂的。首先,任何机构和个人都可以就党内法规的实施状况开展评估。通常来说,评估工作需要团队协作进行,评估具有一定的技术性,如数据分析、图表制作等,常常是评估工作的标配。如果评估者不具备一定的数学统计技能,不会最基本的数据比较分析,欠缺最基本的样本处理能力,评估工作就难以真正展开。即使强行展开,所得出的评估结论也没有多大价值。总之,党内法规的实施评估是一项非常复杂的活动,有一定的技术要求。

大体上说,党内法规实施评估的主体主要有三类:一是党内法规的制定主体;二是党内法规的实施主体;三是社会组织。制定主体作为评估主体属于自主性评估,实施主体和社会组织的评估,则是非自主性评估。最好的评估当然是自主性评估与非自主性评估的结合,以充分发挥两者的优势,提升评估结果的客观性和参考价值。

在实践中,各个地方和部门单位开展党内法规实施评估时,一般实行"谁制定谁评估"的原则,也就是由党内法规制定机关对其制定的党内法规组织开展评估活动。"谁制定谁评估"原则在实践中的应用,具体可以分为四种情形:① 中央党内法规实施评估,一般由党中央授权起草部门或者相关部门、单位开展;② 中央纪律检查委员会、党中央工作机关就其制定的党内法规开展实施评估;③ 省、自治区、直辖市党委就其制定的党内法规自行开展或者授权其他机构实施评估;④ 两个以上部委联合制定的党内法规,一般由牵头部门组织开展实施评估。

(二)党内法规实施评估的对象

所谓党内法规实施评估的对象,是指具体评估什么的问题。党内法规数量众多,不可能一次性对所有的党内法规进行评估,而只能选择一定数量的党内法规进行评估。而且,也不是所有的党内法规都需要评估。对那些刚刚出台的党内法规马上进行评估,既不可行也无必要,因而,党内法规实施评估具有高度的选择性。此外,不少的地方党内法规不具有可评估性,如有些作为实施细则的地方党内法规主要是一些程序性规定,这类地方党内法规基本不具有可评估性,评估结论没有什么参考价值。

根据《党内法规执行责任制规定(试行)》的规定,应当列入实施评估范围的党内法规主要有五种类型:① 上位党内法规和规范性文件作出新规定、提出新要求的;② 相关法律法规作出新规定的;③ 规范和调整事项发生较大变化的;④ 执行过程中遇到较大困难、意见反映较多的;⑤ 试行期满或者没有规定试行期,但试行超过五年的。

值得注意的是,实施评估的对象既可以是整部党内法规,又可以是其中的若干条款,还可以是相关联的若干部党内法规。后者就是一揽子评估,而对若干条款的评估则属于专项评估。总之,评估对象需要根据工作需要进行选择。

评估对象往往取决于评估的目的,有什么样的评估目的,就有什么样的评估对象。而且对同一部党内法规而言,不同主体评估的侧重点也是不一样的,有些主体专门评估它的完整性、周延性,而有些主体就专门评估它实施的可操作性,还有些主体会专门评估它跟国家法律的衔接问题等。此外,社会主体评估与制定主体的评估肯定是不一样的,也就是说自主性评估和非自主性评估是有差别的。因此,不同的评估主体有着不同的评估目的,也会有着不同的评估对象。

(三)党内法规实施评估的指标体系

党内法规实施评估需要一定的指标体系,所谓指标体系,是指用来考察党内法规实施状况的、体现为数字化的标准综合体。一般来说,达到了这个标准就算是好的,如果过度超越标准,就算是不好,而没有达到这个标准,那也是不好的。同时,这个指标不是一个绝对数值,它具有一定的范围。

党内法规实施评估指标体系常常表现为一种数值范围。大致来说,党内法规实施评估的指标体系主要包括:党内法规体系健全程度、党内法规制定质量、立改废释情况、清理与备案审查情况、同国家法律衔接与协调情况、公开宣传教育培训情况、遵规学规守规情况、在管权管事管人上发挥作用情况、推动社会经济发展方面的作用情况、违规违纪查处情况等。严格说来,各个独立的党内法规实施评估主体都可以自行设置评估指标体系,全国统一的党内法规实施评估指标体系是不存在的。比如说,制定机关的评估指标体系就有可能与社会组织的评估指标体系不一样,而且它们也没有必要一模一样。因为指标体系越多,它对党内法规实施评估的分析往往就越全面越深入,各个评估结果的参考价值也就越大。

每一部被评估的党内法规,其实施评估指标体系都具有一定的特殊性。不过,它们之间也有一定的共性,即某些指标体系是大家共有的。典型的共同指标体系有:党内法规与国家法律的衔接指标体系、党内法规公开的宣传教育培训指标体系、在坚持和加强党的全面领导方面发挥作用的指标体系等。假设党内法规公开教育宣传培训评估设置的指标是 10—20 分,而某一部出台三年的党内法规在这个指标体系上只拿了 5 分,这就说明该部党内法规在公开宣传教育培训方面做得不够,需要进一步加大宣传力度。

评估的目的是党内法规更好地实施,一旦党内法规的实施评估做得不严谨,评估结果没有多大的参考价值,势必会影响党内法规的解释、适用、修订与清理等工作。因此,创设党内法规实施评估的指标体系是很有必要的。党内法规实施评估的指标体系设置是否科学、绵密,是判断党内法规学是否成熟的一个重要标志。

(四) 党内法规实施评估的方法

所谓评估方法,实质上是指评估工作具体如何展开。党内法规实施评估的方法所关注的是,在党内法规实施评估过程中,评估主体运用哪些技术性手段来达到评估目的。

一般来说,评估方法的选择与评估指标体系紧密相关。有什么样的评估指标体系,就有实现该评估指标体系的方法。大致说来,党内法规实施评估的方法主要有两种:定性分析法和定量分析法。

所谓定性分析法,是指根据党内法规的实施实践状况,根据评估人员的实践经验以及主观判断和分析能力,推断出党内法规实施事务性质与发展趋势的评估方法。这种方法基本上是一种预测性分析,短期内难以证伪。较为常见的定性分析法有实地调研、座谈访谈、问卷调查、学者论证、专家咨询、文献整理等。不用说,定性分析具有较为明显的主观性。座谈访谈对象不同,定性分析的结论就可能不同。所以,定性分析法得到的评估结论仅供参考。

这就要求在进行定性分析的同时,最好还辅之以定量分析,这种党内法规实施评估方法相对比较客观。所谓定量分析法,是指对党内法规实施现象的数量特征、数量关系与数量变化予以分析的方法,其功能在于精确解释和描述党内法规实施现象之间的相互作用及发展趋势。比较常用的定量分析方法有数据统计分析法、成本—收益分析法、数量模型分析法等。评估主体往往会混合使用定性分析方法和定量分析方法,而不是将这两种评估方法视为相斥关系,用其一就不得用其二。当然,评估方法远不止这两种,评估主体可以根据评估对象、评估目的、评估阶段的不同,而选择不同的评估方法。

(五) 党内法规实施评估的结果及其运用

党内法规实施评估工作结束之后,评估主体一般要撰写党内法规实施评估工作报告,对党内法规的制定质量、执行情况、实施效果及执规责任履行等情况进行一个全面、客观、公正的总结分析,以为党内法规的立、改、废、释等工作提供具有一定权威性的依据。党内法规实施评估结果及其运用,解决的是党内法规实施评估的目的问题。

根据《党内法规执行责任制规定(试行)》的要求,评估本身不是目的,评估的最终目的在于通过评估发现问题和改进工作。所以,一定要高度重视党内法规实施评估的结果运用问题,否则,评估工作就是浪费时间和金钱。大致来说,党内法规实施评估的结果运用表现在两个方面:

(1) 推动党内法规立、改、废、释工作。通过开展实施评估,可以对需要制定、修改、废止哪些党内法规做到心中有数,客观上起到对党内法规制定、修改、废止进行调研论证的作用,进而增强党内法规立改废释工作的科学性、针对性和实效性。

(2) 通报党内法规实施评估的结果并督促其落实。评估结果中需要该党内法规制定者、实施者等有关方面知悉的事项,可以由党内法规制定机关或者党内法规制定机关授权有关部门和单位在一定范围内进行通报。通报的目的不在于批评和问责,而是对相关党内法规实施情况的总结和评价,是为了指导被通报单位更优质地完成有关党内法规的立改废释工作等。对于评估结果中需要跟踪落实的事项,由有关部门和单位根据职权督促落实。这里面要注意两个要点:一是明确哪些事项需要跟踪落实,二是明确具体由谁来督促落实。事项和主体问题含糊不得,否则,就不是党内法规实施评估结果的落实,而是"落空"了。

第二编 党内法规学分论

第六章
党章

本章主要讨论三个方面的问题：一是党章概述；二是党章的总纲；三是党章的正文。每个方面的问题，又都分为若干小点来展开论述。由于在前面的章节中已经对党章的制定与修改展开过详细的讨论，本章就不再赘述，而专门聚焦于党章内容的评介。

一、党章概述

党章是最根本的党内法规，是党内法规体系中的基础规范，是依规治党的总规矩。党章既是党的"出生证明"，又是党组织有序运行的规范依据。在我们国家，党章不但是中国共产党党内法规的基础规范，而且在一定程度上，也是国家法律体系中的基础规范，其重要意义不仅仅限于党内，而且直接关系整个国家的制度架构及其运行秩序。党章在整个国家规范体系中的权威地位是毋庸置疑的，因而，有必要将党章作为单独一章予以专门分析。

（一）党章的概念

通常所说的党章，实际上是《中国共产党章程》的简称。党章是一个政党规定自身活动准则和行为规范的创设文本，是党内效力最高的规范文件，是党的政治态度和组织形态的集中反映。有些西方国家的政党组织比较松散，没有明确的奋斗纲领和严密的组织体系，如美国的民主党、澳大利亚工党等，它们并没有严格意义上的成文党章，其日常的运行主要依赖于党内的各种规定与惯例等。

不过,无产阶级政党的组织性、纪律性一般都比较强,有崇高的奋斗目标。无产阶级政党的建党理论,主要源于马克思主义的政党学说,马克思、恩格斯认为,解放全人类、实现共产主义的历史使命只能由无产阶级政党承担,所以,马克思、恩格斯都非常重视无产阶级政党的建设问题。

早在19世纪40年代,马克思、恩格斯在研究以往工人运动失败的经验教训时就提出了建党的思想。当时,工人运动内部各种流派和思潮都比较活跃,其中德国魏特林的共产主义思想代表了工人阶级的利益,因而,得到了马克思和恩格斯的肯定。遗憾的是,魏特林鼓吹干革命只要有热忱就可以,至于是否组织政党并不重要。有鉴于此,1846年在共产主义通讯委员会的一次会议上,马克思同魏特林展开了辩论,并尖锐指出:无产阶级要胜利地进行革命、完成历史使命,除了热情——魏特林的唯一条件,首先必须具有科学知识和严密的组织。所谓"严密的组织",指的就是无产阶级政党。这是马克思首次提出建党的必要性。

1847年,由马克思和恩格斯起草的第一个无产阶级政党章程——《共产主义者同盟章程》诞生。1848年,马克思和恩格斯为共产主义者同盟起草了它的纲领——《共产党宣言》。这部划时代的作品论述了马克思主义的阶级斗争学说,揭示了资本主义必然灭亡、共产主义必然到来的客观历史发展规律。马克思和恩格斯在"宣言"中强调,无产阶级政党的历史使命是消灭剥削制度、解放全人类。《共产党宣言》同时对无产阶级政党的性质、特点、目的和任务,以及共产党的理论纲领和战斗策略等作了较为详细的说明。

1889年,晚年的恩格斯还再次强调:"要使无产阶级在决定关头强大到足以取得胜利,就必须组成一个……特殊政党,一个自觉的阶级政党。马克思和我从1847年以来就一直坚持这个立场。"可以说,重视政党建设是马克思主义理论的基本特征之一。

有关无产阶级政党建设的基本原理,是马克思主义国家学说的重要内容之一,是组织和推动无产阶级开展实践斗争的重要理论。在马克思主义的党建思想学说中,党的纲领居于核心地位,它是无产阶级政党诞生的标志,也是指引党前进的一面旗帜。纲领的主要内容就是论述党的性质与奋斗目标。

马克思和恩格斯的党建理论,之后被用于指导俄国革命的实践。在俄国革命中,列宁本人也非常重视党的建设,他指出:"只有以先进理论为指南的党,才能实现先进党的战士的作用。"古希腊科学家阿基米德有句名言:"给我一个支点,我就能把地球撬起来。"列宁认为,作为革命家组织的政党,就是俄国革命的"支点",他套用阿基米德的名言说:"给我们一个革命家组织,我们就能把俄国翻转过来!"由此可见,对于无产阶级革命来说或者对于无产阶级的历史使命而言,政党绝对是不可或缺的"主角"。

在列宁的领导下,俄国共产党坚持和发展了马克思、恩格斯的建党学说。俄国共产党所制定的章程成为无产阶级政党党章的典范,对于中国共产党和其他国家无产阶级政党党章的制定产生了强烈的示范效应。

中国共产党自成立之时起,就非常重视党章的制定与修改工作。1921年党的一大就制定了党的纲领,这是党章的重要组成部分。1922年党的二大正式制定了第一部党章。

党章是由中国共产党全国代表大会制定的,它集中体现了党的统一意志,对党的性质、宗旨、路线、指导思想、奋斗目标、组织机构及其组织原则、党员的义务与权利、党的纪律等事项作出根本性规定,是具有最高效力的党内法规。习近平总书记指出,党章是党的总章程,集中体现了党的性质和宗旨、党的理论和路线方针政策、党的重要主张,规定了党的重要制度和体制机制,是全党必须共同遵守的根本行为规范。

对于全体党员来说,党章既是建党的历史经验的概括总结,又是党的组织建构与制度运行的规范依据,还是贯穿党的一切活动的最高行为准则。马工程的党内法规学教材将党章的特点概括为四个方面,即政治性、思想性、实践性和时代性。朱林方博士认为,党章内含了三个根本法,即社会主义是第一个根本法;民族主义是第二个根本法,发展主义是第三个根本法。

总体上看,这些论断都为我们深入认识和理解党章提供了有益的指导。不过,我认为,可以将党章的"精气神"概括为三点:(1)严密的纪律性;(2)强烈的发展性;(3)鲜明的人民性。

所谓"严密的纪律性",是指党是一个具有高度组织性、纪律性的团体,它跟其他的社会团体是不一样的,它的组织性和纪律性特别鲜明。党章从总纲到正文都反复强调党纪的重要性,可以说,严密的纪律性是党章规范内容上的一个表征。"强烈的发展性"指的是什么呢?党章要求我们国家首先要实现富强的社会主义社会,然后进入共产主义社会,所以它特别重视国家富强建设。十八大以来,党中央提出了关于新时代实现共同富裕的一系列重大战略思想。"强烈的发展性"就是指,要实现社会生产力的高度发展,为社会主义国家的富强奠定基础。没有高度发达的社会主义生产力,就没有社会主义制度的优越性。何谓"鲜明的人民性"呢?这主要是指无产阶级政党没有自己的特殊利益,它都是为了人民的利益。在党章中,"人民"一词出现了73次,这是一个特别关键的修辞。要理解党章,就必须深刻认识人民这一政治修辞。人民作为党章的一个关键词,它代表的是我们党服务和服从的对象,代表着党是为了人民而存在的。不理解人民,就很难理解我们党,就难以真正领悟我们党的性质与宗旨。

(二) 党章的历史

认识和理解党章,一个最直观的方法莫过于回顾历史上的十九部党章都各有哪些特点,以及 2022 年党的二十大新修订的党章又有何新内容。从这些历史回顾中,一定可以获得有关党章发展脉络、框架结构、基本内容、主要特点等方面的信息,从而可以对党章有个较为直观而又客观的认识。需要强调的是,对于党章,要重视其文本,文本乃是党章现象中的核心问题,唯有熟悉了它的文本现象,才能把握其本质的基础。

1921 年 7 月,一大纲领。从严格意义上说,纲领并不是党章。一大是党史上唯一一次跨地区举行的代表大会,它开始于上海的法租界,结束于浙江嘉兴南湖。一大制定的党的纲领共有 15 条,全文 700 余字。一大纲领第 1 条规定,本党定名为"中国共产党";第 3 条确定"党的根本政治目的是实行社会革命",这条规定意味着它属于马克思主义政党,跟其他国家的政党不一样,如美国共和党、澳大利亚工党、英国保守党等从来不致力于社会革命,也没有类似的规定。在组织原则方面,纲领规定"本党承认苏维埃管理制度",明确规定了党的各级领导机构采取委员会制度,党的各级组织要体现下级服从上级、个人服从组织的原则。同时,还规定了党的纪律和党章的修改程序等。一大纲领尽管条款简单,但是它并没有遗漏关键性的事项。

1922 年 7 月,二大党章。党的二大制定的《中国共产党章程》是我们党历史上第一部正式党章,它的诞生标志着党的创建工作正式完成。二大党章实行党的政治纲领与组织章程分开原则。党的二大通过的《大会宣言》和《关于中国共产党的组织章程决议案》规定了党的政治纲领、奋斗目标、党的性质等内容。所以,党的二大通过的党章属于纯粹的组织章程类型。从内容上看,党章的程序性规定明显多于实体性规定,如入党程序、党组织活动程序、会议程序、纪律执行程序等。它同时规定了更为严格的组织纪律,对党员没有国籍限制,世界上凡是承认本党宣言及章程的,"均得为本党党员"。

1923 年 6 月,三大党章。党的三大通过了党史上的第一部修正章程——《中国共产党第一次修正章程》。大会制定了专门性的《中国共产党中央执行委员会组织法》,对中央领导机构体制、工作程序等事项作出了详尽的规定,因此,对二大党章只作了局部性的修改。关于入党,规定了更为严格的程序,由原来的一人介绍改为两人介绍,且两人必须是正式入党半年以上的党员;首次规定了候补党员的候补期限制度,有三个月、六个月不等;首次规定了党员可以"自请出党",也就是现在所说的自愿退党。在党组织方面,对二大党章中关于党的各级组织成立的人数作了适当的调整与增加,以更好地发挥地方执行委员会的作用。同时,三大党章取消了干部人员由地方执行委员会随时任免的规定等。由此可见,三大党章在干部任免方面,比二大党章更严肃、更正规。

1925年1月,四大党章。党的四大通过了《中国共产党第四次全国代表大会宣言》《中国共产党第二次修正章程》和十一个决议案。四大党章的特点主要有:首次规定了党的支部成立条件及支部成员产生办法。"凡有党员三人以上均得成立一支部"。规定候补党员参加支部会议只有发言权、没有表决权。简化了发展党员的审批程序,规定由地方委员会审查批准即可。调整了党的全国代表大会的代表基数,由原来的40人以上者派代表2人,改为100人以上者派代表2人。改变了党的中央最高领导人的称谓,将党的中央执行委员会委员长称谓变更为总书记,总理全国党务。这就是我们党现行党的总书记称谓和领导制度的历史源头。

1927年4—5月,五大党章。修改党章的并不是党的第五次全国代表大会,而是由党的五大选举产生的中央政治局。这是党史上唯一一次由中央政治局修改的党章。中央政治局会议根据党的五大通过的《组织问题决议案》,通过了《中国共产党第三次修正章程决案》。这是建党以来第一次对党章进行全面性的修改。五大党章从体例到内容都有根本性的修改,它是党的组织章程规范化的开端,在党章制定史上具有文本上的典范意义。也就是说,现行党章的大致框架结构,其实就是在五大党章的基础上修改而来的。在体例和结构上,它由原来的六章三十一条扩展到十二章八十五条,包括党员、党的建设、党的中央机关、省的组织、市及县的组织、区的组织、党的支部、监察委员会、纪律、党团、经费、与青年团的关系等。五大党章创下了党章制定史上的多个"首次"。首次将党的组织体系划分为五级:全国代表大会—中央委员会;省代表大会—省委员会;市或县代表大会—市或县委员会;区代表大会—区委员会;支部党员全体大会—支部干事会。前者是一次性的会议,后者是它的常设机构,如支部干事会就是支部党员全体大会的一个常设机构。首次在党章中规定了中央政治局和中央常委会的设置和组成。首次规定在中央、省设立党的监察委员会;首次在党章中规定了组建党团的目的与要求;首次对党与青年团之间的关系作了较为详尽的规定。首次对入党志愿者的年龄作出了限制,规定"党员年龄须在十八岁以上"。如此之多的"首次",意味着五大党章在党章史上具有相当重要的地位。

1928年6—7月,六大党章。党的六大是在莫斯科举行的,它通过的《中国共产党党章》是唯一一部在国外制定的党章。它是在共产国际的直接指导下起草的。党章规定,中国共产党为共产国际的一部分,属于共产国际支部,并把服从共产国际作为入党的必备条件之一。第一次明确规定党的组织原则是民主集中制,并将民主集中制原则具体解析为三项内容。第一次明确规定了党员自愿脱党制度,其条件是党员无充分理由连续三个月不缴党费。第一次规定了党的全国会议制度,它一年召集两次,参加会议的代表由中央委员会决定。党章增设了"审查委员会"一章,同时删除了监察委员会一章及其全部条文。取消了党的总书记这个职务。

1945年4—6月,七大党章。党的七大对六大党章进行了全面修改。七大党章是第一部完全独立自主地制定的党章,是新民主主义革命时期最完备的一部党章。在体例上,它第一次将党的总纲和党的章程合为一体,开创了党章的新体例,并一直延续至今;第一次将毛泽东思想确立为党的指导思想;第一次明确规定党的宗旨是为人民服务;第一次明确规定了党的群众路线;第一次规定了中央委员会实行主席制,由中央委员会全体会议选举产生,同时兼任中央政治局主席和中央书记处主席职务;第一次以条文的形式规定了党员的义务与权利;专设了"党的地下组织"一章,增设了"奖励与处分"一章;对党的监察机关予以新的规定。总之,七大党章有很多创新之处,它对现行党章的影响是显而易见的。

1956年9月,八大党章。这是党在全国执政后制定的第一部党章。党章总纲突出了要从执政党的视角加强党的建设,增写了全面建设社会主义的任务、实现现代化的目标,以及党的内政外交政策;丰富了党的群众路线内容;在民主集中制方面突出强调了党内民主和集体领导;强调了党的团结和统一问题。总纲规定"任何政党和任何个人在自己的活动中都不会是没有缺点和错误的",体现了反对个人崇拜的精神。打破了党员没有国籍限制的传统,规定党员应当是"中国公民"。首次规定在党的全国、省一级和县一级的代表大会实行常任制。将党的纪律处分分为警告、严重警告、撤销党内职务、留党察看、开除党籍五种。删除了"经费"这一章,此后历部党章都不再有涉及党的经费的任何规定。

1969年4月,九大党章。这是在非常时期制定的一部党章。它突出强调了"以阶级斗争为纲",在党的性质上,它将党定性为一个对阶级敌人进行战斗的组织,并将"无产阶级专政下继续革命"的理论写入了党章。在入党条件方面,突出强调了阶级成分,取消了党员权利的所有规定,使党员权利与义务相分离。九大党章还取消了党的全国代表大会和地方代表大会的职权,取消了党的监察委员会。

1973年8月,十大党章。这部党章继续强化了"无产阶级专政下继续革命"的理论。十大党章共六章十二条,新增了"中国共产党是无产阶级的政党,是无产阶级的先锋队""全党同志要有敢于反潮流的革命精神"等规定。

1977年8月,十一大党章。这是一部过渡时期的党章。十一大党章包括总纲和正文五章十九条。从其规定内容上看,十一大党章具有两重性:一方面,它总结了党的历史经验与教训并作出了一定调整,如在党的指导思想上基本恢复了八大党章的提法,在总纲中增写了坚持民主集中制的组织原则;还首次规定了坚持"任人唯贤",反对"任人唯亲"的干部路线;另一方面,它又主张无产阶级"文化大革命""今后还要进行多次"。此外,在党的指导思想上,十一大党章用大量的篇幅突出了毛泽东个人的作用等。

1982年9月,十二大党章。这部党章较为全面地回答了新时期执政党建设的目标、途径和方法等基本问题,标志着我们党的建设步入了正确的轨道。它第一次规定"党必须在宪法和法律的范围内活动";首次将党的干部单列一章进行全面规定,在思想上、政治上和组织上对普通党员和党员干部所提出的要求,比历次党章都严厉得多;在党的组织制度方面,强调从中央到地方到基层的各级党组织,都必须严格遵守民主集中制和集体领导的原则;提高了各级纪律检查委员会在党内政治生活中的地位,将各级纪律检查委员会的产生办法修改为由同级党的代表大会选举产生。

1987年10月,十三大党章。党的十三大通过了《中国共产党章程部分条文修正案》,没有修改党章总纲部分,仅对十二大党章中的10个条文作了13处修正。在党的建设上要求积极适应改革开放的新形势,进一步改革和完善党内选举办法,明确规定要用差额选举的方式选举党的各级代表大会代表和党的各级委员会,以更好地体现选举人的意志;新创设了党的全国代表会议这一党的机关,并赋予它讨论和决定重大问题等多项权力,进一步完善了党内讨论和决定重要问题的办法与程序;提高了党的基层组织的功能与地位,对企业和不同领导体制的事业单位中党的基层组织的职能问题作出了明确规定。

1992年10月,十四大党章。党的十四大通过了《中国共产党章程(修正案)》,对党章的总纲和正文都进行了部分修改。规定了邓小平关于解放生产力、发展生产力的社会主义本质论述;充分肯定了党的十一届三中全会的历史地位,以及邓小平建设有中国特色社会主义理论的指导地位,第一次把党在社会主义初级阶段的基本路线载入总纲;对改革开放条件下,党的建设和党的领导提出了新要求,强调党在任何时候都要把群众利益放在第一位,同群众同甘共苦,保持最密切的联系,不允许任何党员脱离群众,凌驾于群众之上;第一次公开提出了与党内腐败现象作斗争的任务,规定"党风问题、党同人民群众的关系问题是关系党生死存亡的问题,党坚持不懈地反对腐败,加强党风建设和廉政建设"。

1997年9月,十五大党章。党的十五大审议通过了《中国共产党章程(修正案)》。十五大党章最大的亮点在于,确定了邓小平理论在我们党和国家发展中的重要历史地位,明确规定"中国共产党以马克思列宁主义、毛泽东思想、邓小平理论作为自己的行动指南",并强调邓小平理论是马克思主义在中国发展的新阶段,是当代中国的马克思主义,是中国共产党集体智慧的结晶。在正文部分,对第3条第1款、第31条第2款和第34条第1款作了相应的补充,规定党员和党的干部要认真学习马克思列宁主义、毛泽东思想、邓小平理论。

2002年11月,十六大党章。党的十六大审议通过了《中国共产党章程(修正案)》,把"三个代表"重要思想写入党章,与马克思列宁主义、毛泽东思想、邓小平理论一道确立为党的指导思想;修订内容突出了增强党的阶级基础和扩大党的群众基础;"依法治国"第一次载入党章,并强调要实行依法治国和以德治国相结合;完善了党委内部议事和决策制度,规定"凡属重大问题都要按照集体领导、民主集中、个别酝酿、会议决定的原则,由党的委员会集体讨论,作出决定";"党内监督"第一次载入党章,规定"加强对党的领导机关和党员领导干部的监督,不断完善党内监督制度";首次倡导社会主义政治文明;增加"党徽党旗"一章。

2007年10月,十七大党章。党的十七大修订后的党章总纲阐述了科学发展观的历史地位和基本要求,并在党章正文中补充了科学发展观的内容;总纲全面阐述了中国特色社会主义事业总体布局内容,对党的领导和党的建设提出了新要求,强调坚持权为民所用、情为民所系、利为民所谋;对党员、党的干部和党的各级组织提出了新要求,完善了相关制度;巡视制度第一次载入党章,第13条规定"党的中央和省、自治区、直辖市委员会实行巡视制度"。

2012年11月,十八大党章。党的十八大对党章只作了适当修改,补充和完善了相关内容。把科学发展观确立为党必须长期坚持的指导思想。对中国特色社会主义的科学内涵作出了全面系统的新阐述。充分肯定了生态文明建设的战略地位,使中国特色社会主义事业总体布局由"四位一体"拓展为"五位一体",即"必须按照中国特色社会主义事业总体布局,全面推进经济建设、政治建设、文化建设、社会建设、生态文明建设";增写了"只有改革开放,才能发展中国、发展社会主义、发展马克思主义",强调要"加强党的执政能力建设、先进性建设和纯洁性建设";首次提出了"建设学习型、服务型、创新型的马克思主义执政党";首次提出了"尊重党员主体地位"的新命题。

2017年10月,十九大党章。这次党章修改最大的亮点是把习近平新时代中国特色社会主义思想确立为党的指导思想。宣告中国特色社会主义进入了新时代,"在新世纪新时代,经济和社会发展的战略目标是,到建党一百年时,全面建成小康社会;到新中国成立一百年时,全面建成社会主义现代化强国",将以往的"现代化国家"修改为"现代化强国"。以鲜明的措辞表达了党的领导地位:"中国共产党的领导是中国特色社会主义最本质的特征,是中国特色社会主义制度的最大优势。党政军民学,东西南北中,党是领导一切的。"在党的四项基本建设基础上,增加了第五项"坚持从严管党治党"这个新要求,强调从严治党永远在路上,指出全党要警惕"四大考验"、防止"四种危险"。

2022年10月,二十大党章。二十大党章将党的宝贵历史经验概括为"十个坚持":坚持党的领导、坚持人民至上、坚持理论创新、坚持独立自主、坚持中国道路、坚持胸怀天下、坚持开拓创新、坚持敢于斗争、坚持统一战线、坚持自我革命;强调要以中国式现代化全面推进中华民族伟大复兴;坚决反对和遏制"台独";弘扬坚持真理、坚守理想,践行初心、担当使命,不怕牺牲、英勇斗争,对党忠诚、不负人民的伟大建党精神;坚持新时代党的组织路线,以组织体系建设为重点,从组织上保证党的基本理论、基本路线、基本方略的贯彻落实;强调要不断健全党内法规体系,宣告党是最高政治领导力量;将学习党的历史,增强"四个意识"、坚定"四个自信"、做到"两个维护",纳入党员义务范畴;决定按照规定向有关国有企业、事业单位派驻党的纪律检查组。

(三)党章的地位

党章涵盖了党的指导思想、政治主张、组织方式,囊括了党的政治建设、思想建设、组织建设、作风建设、纪律建设等核心内容,集中而又权威地承载和表达了党的整体意志和共同理想,是全党必须遵循的总章程、总规矩。党章不但在党内生活中处于极为重要的崇高地位,而且在国家和社会生活中也

占据着极为重要的位置,是存在感最为强烈的党内法规。关于党章的地位,我们从三个方面来分析:

(1) 党章是党的政治意识形态和组织形态的集中而又权威的表达

自党的七大开始,党章制定采取"纲章合体"模式,分为政治纲领和组织章程。党的政治纲领即党章总纲部分,主要采用叙述性语言和段落式体例,在结构和功能方面与宪法序言极为类似。党章的组织章程部分以条文的形式规定党员和党组织的基本行为规范,建构党的各级各类组织体系,为党员和党组织行为的开展提供基本依据。章程部分是总纲部分的规范化展开,总纲统领章程,总纲部分是党章的灵魂,章程部分是党章的肌体,两者是不可分割的相互依存关系。

党章总纲主要阐述了中国共产党的本质属性、意识形态、价值理念,集中表达了全党的意志、信念与目标。党章总纲明确了中国共产党的性质和最终目标:中国共产党是中国工人阶级的先锋队,同时是中国人民和中华民族的先锋队,是中国特色社会主义事业的领导核心,代表中国先进生产力的发展要求,代表中国先进文化的前进方向,代表中国最广大人民的根本利益,党的最高理想和最终目标是实现共产主义。将马克思列宁主义、毛泽东思想、邓小平理论、"三个代表"重要思想、科学发展观、习近平新时代中国特色社会主义思想作为自己的行动指南。明确了党在社会主义初级阶段的基本路线,概括和总结了社会发展规律、中国的发展经验及其基本要求、人类社会发展的普遍规律和选择适合中国国情的发展道路、提出了党的建设必须坚决实现的六项基本要求。对于所有党员和各级党组织来说,总纲所规定的这些内容都应成为他们内化于心的东西,是他们加强党性修养的根本指南。

党章的组织章程部分包括组织结构体系,以及党组织和全体党员的行为准则。证明了党是一个严密的组织体系,具有强大的组织行动能力。所有党员,特别是党员干部,都是党组织的一员,都应当服从党组织的一切安排,将党的组织性和纪律性贯穿于其日常工作和生活的全过程,以维护党的团结,巩固党的统一。

党章的制定与修改历史表明,党的组织经历了一个由简单到复杂、由单一到多元的不断发展过程。这是党员规模扩张的结果,是党由革命党转为执政党的结果,是党从政治、思想、组织领导到全面领导的结果。党章组织章程的内容不断增多,对党组织的规定日益精细化,为的就是使党的组织形态适应党的发展需要,适应大国执政党和领导党的治理需要。

（2）党章是党的根本大法

习近平总书记指出："党章就是党的根本大法，是全党必须遵循的总规矩。"这个概括生动形象地诠释了党章的地位。党章在党内法规中的地位，犹如宪法在国家法律中的地位。关于党章的根本大法地位，我们可以从两个方面进行透视：

第一，党章是党内法规体系中的基础规范。党章在党内法规体系中居于核心和原点地位，其他所有的党内法规都直接或间接依据党章而制定。所以，党章是党内法规体系中的基础规范。从其内容上看，党章对党的组织结构、党内各种关系、党内生活准则和党的一切活动，都作出了较为全面的原则性规定，回答了党的性质、党的旗帜、党的道路、党的组织、党的纪律等重大问题。

第二，党章在党内法规体系中居于最高效力地位。这实际上是由党章的基础规范地位决定的。一旦其他的党内法规可以凌驾于党章之上，那就意味着党章的基础规范地位受到了挑战，为了维护党内法规体系的稳定，就必须承认并捍卫党章的最高权威，用制度约束其他党内法规，以确定并巩固党章的最高效力地位。任何党内法规的制定和修改，都必须以尊重和遵循党章的原则、精神和规范为前提，其规范内容与精神实质只能是党章的延伸与补充，而不得与党章相抵触或相矛盾。

为了维护党章的最高效力地位，我们党制定了《党内法规制定条例》《党内法规和规范性文件备案审查规定》《党内法规执行责任制规定（试行）》等党内法规，建立了党内法规制定制度、党内法规备案审查制度和党内法规执行责任制度。这些党内法规制度的一个根本目的就在于维护党章的最高效力，这些党内法规都提到了党章，不管是备案审查制度，还是执行责任制，都旨在确保党章的权威地位。

（3）党章是管党治党的根本遵循

党章总纲强调：全面从严治党永远在路上，党的自我革命永远在路上。新形势下，党面临的执政考验、改革开放考验、市场经济考验、外部环境考验是长期的、复杂的、严峻的，精神懈怠危险、能力不足危险、脱离群众危险、消极腐败危险更加尖锐地摆在全党面前。要把严的标准、严的措施贯穿于管党治党全过程和各方面。坚持依规治党、标本兼治，不断健全党内法规体系，坚持把纪律挺在前面，加强组织性纪律性，在党的纪律面前人人平等。强化全面从严治党主体责任和监督责任，加强对党的领导机关和党员领导干部特别是主要领导干部的监督，不断完善党内监督体系。深入推进党风廉政建设和反腐败斗争,以零容忍态度惩治腐败,一体推进不敢腐、不能腐、不想腐。

管党治党必须以党章为根本准则。管党也好,治党也罢,都必须要有法度,不可恣意妄为。全面从严治党的主要依据是党内法规,尤其是作为党内法规体系本源的党章。作为全党必须遵循的总章程、总规矩,党章明确规定了党员的义务与权利、党员干部必备的条件,要求党员尤其是党员干部必须具有革命事业心和政治责任感,必须全心全意为人民服务,为实现共产主义而奋斗终身。在管党治党过程中,必须严格按照党章的规定和要求,对全体党员尤其是党员干部进行理想信念教育,特别是强化其依规履职、依规用权,真正做到权为民所用、利为民所谋。全面从严治党本质上就是要求全体党员尤其是党员干部严格按照党章的规定磨砺自己的意志,规范自己的言行,真正成为可以走在广大人民群众前面,并领导人民的先锋战士。这是管党治党的终极目标,也是评价管党治党效果的关键指标。

(四) 党章与宪法的关系

党章与宪法的关系属于党内法规与国家法律关系的核心问题,对于这个关系问题,学界大体有三种观点:一是党章高于宪法说;二是宪法高于党章说;三是党章与宪法并行说。

第一,党章高于宪法说。这一观点主要从所谓"政治效力"的视角论证得出。刘松山教授提出,在一个完整的政治秩序内,除了法律效力的等级外,还存在其他方面的等级如政治效力等级等。在政治效力层面,党章显然具有最高性,党章高于宪法应无疑问。这一观点将"效力"的内涵进行了扩充和丰富,从政治效力层面论证党章高于宪法,从而规避了宪法具有最高法律效力的学界通说,视角独特且新颖。蒋清华博士提出了类似的观点。他认为党章具有政治与法律双重角色,分别与宪法构成两种不同的关系。从党章的政治角色维度上看,党章的效力高于宪法,因为党章总纲所确定的基本理论、基本路线、基本方略是宪法制定、修改和实施的根本指导方针,并且在实践中,党章的修改往往会引发宪法的修改。"政治效力"是个新概念,两位学者对它的阐述也是初步性质的,因此,这一观点还有待进一步分析。

此外,还有从所谓自然法(或曰高级法)的维度来审视党章,把党章比作一种自然法,从而得出党章高于宪法的论证思路。如强世功教授认为,在"政党法治国"的建构中,核心在于处理好党章和宪法的关系。如果说宪法作为中介要打通自然法或"高级法"与"实定法",那么宪法所遵循的自然法或高级法的原则就体现在党章以及由此产生的党所秉持的政治哲学中。国家宪法的权威地位,特别需要由党章的权威地位来保障。只有党"从严治党",服从自己制定的根本大法,从而自觉地按照党章的要求在宪法和法律的范围内活动,宪法的权威才能真正树立起来。

实定法(实证法)要服从自然法,这是西方法理学的一项基本原则。问题的关键在于,党章是由党的全国代表大会制定和修改的,如果把它作为一种法的话,它和宪法一样属于实定法,而绝不是自然法。真正的自然法要么来自上帝,要么来自社会绝大多数人的内心确认,它具有永恒性、普遍性和客观性等特征。通过党代会表决制定出来的规范文本,绝对不属于自然法的范畴。同时,自然法或高级法的原则在宪法中同样存在。比如,人权保障就是一项典型的自然法原则,我国宪法第二章中的多数条款都是该原则的宪法规范呈现。所以,自然法论证路径存在一定问题。

第二,宪法高于党章说。韩大元教授在《论党必须在宪法和法律范围内活动原则》一文中指出,党章中具有普遍性、全局性、与国家治理和人民当家作主密切相关的规定,业已通过法定程序转化为全体人民的共同意志,成为国家意志,从而实现了党的主张与人民意志的有机统一。因此,党章与宪法统一于人民的根本利益,都是人民根本意志的反映。但宪法是国家的根本法,具有最高的法律效力。党章规定的是党的组织活动规则,不是国家法律,不具有全体公民一体遵行的法律效力,其运行过程不能超越宪法的范围。党必须在宪法和法律的范围内活动,这是党章的明文规定,也是宪法的基本内容之一。既然如此,党章作为党"活动"的根本依据,它自然不得违反宪法,否则,党根据党章所开展的活动违反宪法就是必然的。由此可知,宪法高于党章,实乃基本的法理逻辑使然。

第三,党章与宪法并行说。该观点认为党章与宪法没有效力上的高低之分,两者和谐共存、并行不悖。

周叶中教授认为,党章与宪法之间是相互区别、相互呼应、相得益彰的关系。在相互区别方面,宪法和党章分属不同的规范体系,由于各自性质、约束对象、效力形式不同,而不可将两者混为一谈。在相互呼应层面,宪法和党章呈现出一致性,宪法确立了党的领导地位,党章要求党在宪法和法律的范围内活动,党章所确立的治国理政的基本方略,又是宪法制定与实施的基本指针。在相得益彰方面,宪法和党章实质统一于治国理政与从严治党的实践中,统一于"把权力关进制度笼子"的客观需求中,统一于"维护人民根本利益"的目标追求中。

秦前红教授、欧爱民教授和王立峰教授等人则立足于中国特色社会主义法治体系,认为中国特色社会主义法治体系主要由党内法规体系与国家法律体系两部分组成,应以体系共存的相容性、价值追求的同向性、具体规范的无矛盾性和行为指引的连贯性为基准,建构以备案审查衔接联动机制为核心的保障机制,从而使两个规范体系"内在统一"于中国特色社会主义法治体系之中。

上述三种观点都是值得肯定的学术探索,对于我们思考党章与宪法的关系,都富有一定的启发性。我认为,在党章与宪法关系问题上,应注意三方面的内容。

(1) 党章与宪法之间有着非常紧密的联系,它们之间绝对不会像井水与河水那样互不关联。一个基本的事实是,现行宪法的五次修订都发生在党章修订之后,其部分修订内容与党章的部分修订内容尽管在文字表述上有一定的差异,但精神实质是高度吻合的。宪法的一个重要功能,就是将部分党章内容"法律化",使之成为整个国家的最高法律规范。宪法修改与党章修改具有某种程度上的同频性。既然如此,在解释和适用宪法的时候,就应当将党章作为一个参照文本,必要的时候甚至可以适用党章的规范及其精神,以更全面准确地诠释宪法的含义。同理,在解释和适用党章的时候,也不应回避宪法,而应让宪法规范及其精神成为寻觅党章规范含义的一个指路明灯。所以,党章与宪法之间的关系是可以用"亲密"来形容的,任何时候都不应将两者人为地分离开来。

(2) 党的执政党和领导党地位决定了需要用宪法来规范党的执政行为,还需要用党章来规范党的领导行为。从这个意义上说,党章和宪法具有规范对象上的一致性。对于党来说,要严格区分执政行为与领导行为并不容易,甚至这种区分没有什么实质意义。这就意味着对于党的同一种行为,在宪法看来是执政行为,而在党章看来则是领导行为,所以,宪法和党章都同时予以规范的情形就不可避免。对于党的领导与执政行为,党章和宪法的规范视角不一样,其规范力度也有差异。然而,两者的规范视角没有优劣之分、规范效力没有高低之别。本质上,党章是一种内部规范,而宪法是一种外部规范,两者都能起到规范作用。

作为内部规范的党章,其规范对象远不止党的领导行为,它还包括全体党员的理想信念、党组织的产生及运行等。而作为外部规范的宪法,其规范对象除了党的执政行为之外,更包括国家机构的设置及运行、公民的基本权利及其保护等。由此可见,党章与宪法在规范对象上既有共同点,也有差异性,这就决定了两者都是必不可少的。正是从这个意义上说,党章与宪法是比肩而行、兼容并蓄的和谐共存关系。

（3）单纯从规范效力上看，宪法的效力应该高于党章。但是必须承认，宪法实施的效果很大程度上取决于党章的实施效果。换言之，宪法规范效力的发生需要一定的外部环境，其中最主要的莫过于党对宪法的尊崇程度，而这又直接取决于党章的规范效力。如果党章能够被全体党员奉行不渝，那么宪法对各级党组织、党员干部的规范效力就能够充分地展现出来。相反，如果党员尤其是党员干部违反党章的情形具有一定的普遍性，那么宪法也难以对他们产生应有的规范效力。概言之，当党章有权威的时候，宪法往往也同样有权威；而当党章普遍不被遵守的时候，宪法也很难避免"稻草人"的命运。这种"一荣俱荣、一损俱损"关系，才是党章与宪法关系的核心。不管是党内法规学界还是宪法学界，都应认真研究党章与宪法关系中的这个核心问题，为党章和宪法获得更好的遵守，为两者更好地发挥其规范效力提供更加科学的理论指引。

二、党章的总纲

现行党章实行的是"总纲＋正文"体例。总纲部分属于原则性规定，而由条款组成的正文部分属于规则性规定。这也是党章在体例上，区别于其他党内法规的一个重要特征。

党章总纲主要表达了党的性质、指导思想、原则、宗旨、路线、党建等内容，它统领党章的正文，是整个党章的灵魂。对于各级党组织而言，党的总纲发挥着指明方向、统一意志、强化组织的重要作用。所以，列宁曾深刻指出："马克思也好，社会民主党的任何一个理论家或实践家也好，都不否认纲领对于政党的团结一致、始终一贯的活动有重大的意义。"

关于党章总纲，首先要先分析一下它的特征，接着概括讨论一下它的主要内容。对于后者，将重点讲述四个方面的问题：一是党的性质；二是党的指导思想；三是党的路线；四是党的建设。

（一）总纲的特征

大体上说，党章总纲的特征可以概括为三个方面：一是内容上的根本性；二是效力上的最高性；三是实践上的时代性。

(1) 内容上的根本性。总纲总揽整部党章，其重要性不言而喻。对此，党的领导人都有过深刻的阐述。如刘少奇曾说："我们现在制定了党的总纲，加在党章前面，这就是我们党的基本纲领，这也是党章的组成部分，是党章的前提和总则，凡是党员，必须承认这个总纲，并以这个总纲作为自己一切活动的准则。"1956年，邓小平在《关于修改党的章程的报告》中强调："党章总纲，是我们党的最基本的政治纲领和组织纲领。"党章总纲是关于党的性质、宗旨、理论、路线、方针、政策及重要主张的公开表达，是最权威的文本。对于全体党员和各级党组织来说，这些内容是最根本的，在任何时候都必须严格遵循。

(2) 效力上的最高性。从制定主体上看，党章总纲是由党的最高领导机关——中国共产党全国代表大会制定和修改的。党章总纲集中体现了中国共产党的性质宗旨、指导思想，是党的重大方针政策的制度化体现，是坚持党的全面领导，加强党的建设的"根本法"。党章总纲在党章中居于统领地位，党章的组织章程部分即党章正文不得与党章总纲相冲突，依照党章制定的其他党内法规同样不得与党章总纲相违背，否则会被认定为无效。简言之，党章正文及其他所有的党内法规，都必须以党章总纲的规定为指引，其所有的条款规定都不能违反党章总纲的原则与精神。在党内法规体系中，党章具有最高效力。而在党章内部，党章总纲的效力要高于正文。从这个意义上说，党章总纲的效力是最高的，包括党章正文在内的其他所有党内法规，都要无条件地服从党章总纲的规定。

(3) 实践上的时代性。党章总纲是对中国共产党一百年来依章治党重大历史经验的总结，是对马克思主义经典作家关于党章理论的重大思想贡献。党章总纲的内容越来越丰富，源于总纲是党领导中国革命、建设与改革实践经验的总结，具有鲜明的实践性和时代性。党章总纲的修改历程表明，没有党对中国革命、建设与改革的不懈探索，就不可能有党章总纲的发展与完善。党章是由表现为一种规范约束的政治纲领与组织章程组合而成的，其中政治纲领即总纲，而组织章程即正文。政治纲领构成组织章程的价值内核，而组织章程是政治纲领的实现路径。党纲的政治性、思想性和时代性赋予了党章"活的灵魂"，而章程的规范性、组织性、约束性则保障了党纲的贯彻落实。总纲是党章修改最为频繁的部分，这是党章适应社会发展的需要，是保证党章具有实践性和时代性品格的需要。只有积极回应时代发展需求的总纲，才有可能引领全党始终走在时代前列，从而使党真正成为时代的先锋队。

（二）党的性质

中国共产党是中国工人阶级的先锋队，同时是中国人民和中华民族的先锋队，是中国特色社会主义事业的领导核心，代表中国先进生产力的发展要求，代表中国先进文化的前进方向，代表中国最广大人民的根本利益。

这就是党章总纲开宗明义阐明的党的性质。概括来讲，就是"两个先锋队""一个核心"和"三个代表"。

关于党的先锋队性质的界定，最早可以追溯党的八大党章总纲。1956年八大党章总纲第一次从阶级的视角对党的性质作出规定："中国共产党是中国工人阶级的先进部队，是中国工人阶级的阶级组织的最高形式。"这里面的"先进部队"，就是"先锋队"的前身。1982年党的十二大党章总纲，第一次使用了"先锋队"这个表述，即"中国共产党是中国工人阶级的先锋队"，但它只是强调了党是工人阶级的先锋队，而未提及也是中国人民和中华民族的先锋队。直到2002年党的十六大修改党章，才确认中国共产党既是中国工人阶级的先锋队，同时是中国人民和中华民族的先锋队。

所谓先锋队，简单来说，就是走在时代前列、走在大众前面并引导大众的组织。先锋队，是马克思列宁主义政党对自身性质、地位和作用的经典界定。系统提出先锋队理论的是列宁，在创建俄国布尔什维克政党的过程中，列宁认识到，无产者个体未必会有阶级意识的自然觉醒，需要无产阶级的先进分子唤醒其阶级意识，领导其进行革命。列宁指出：共产主义政党"是阶级的先进觉悟阶层，是阶级的先锋队""共产党是无产阶级争取推翻资产阶级压迫的斗争的自觉代表"。通过先锋队理论，在无产阶级政党与广大无产阶级群众之间，建构了一种"觉醒—唤醒"机制，一种以先知先觉政党来唤醒后知后觉群众的引导关系。对于无产阶级革命运动来说，先锋队理论可谓是最根本的革命组织思想，是无产阶级政党领导革命、建设与改革事业的基础理论。

一个核心，凸显了中国共产党在社会主义建设事业中的地位与作用。1982年党的十二大修改党章时，"领导核心"第一次被载入党章总纲。中国共产党领导是中国特色社会主义最本质的特征，是中国特色社会主义制度的最大优势。党的领导核心地位与作用，是在长期的革命、建设和改革实践中逐渐形成的，是中国人民的选择和历史的必然。要顺利推进中国特色社会主义现代化建设的各项事业，就必须始终坚持并不断巩固中国共产党的领导核心地位，这一点已为历史经验反复证明。

习近平总书记指出：全党必须警醒起来；打铁还需自身硬；我们的责任，

就是同全党同志一道,坚持党要管党、从严治党,切实解决自身存在的突出问题,切实改进工作作风,密切联系群众,使我们党始终成为中国特色社会主义事业的坚强领导核心。党的十八大以来,我们党一方面不断强化对党员的理想信念教育,另一方面推进国家监察体制改革以铁腕反腐,如此"双管齐下",为的就是解决党自身的建设问题。一旦不能从速解决自身的问题,不能继续密切联系群众,党的领导核心地位,就势必难以经受得住业已来临的考验和风险。可以说,在当今中国,唯一能挑战党的领导核心地位的,恰恰是党自身。从这个意义上说,厉行制度治党和依规治党,切实解决党自身的问题,实乃全党上下"时不我待"的急迫历史任务。

"三个代表"是"中国共产党始终代表中国先进生产力的发展要求、始终代表中国先进文化的前进方向、始终代表中国最广大人民的根本利益"的简称。2000年2月,江泽民同志在广东省考察工作时,从全面总结党的历史经验和如何适应新形势新任务的要求出发,第一次提出并比较全面地阐述了"三个代表"重要思想。"三个代表"重要思想集中概括了党和国家的全部理论活动、实践活动,包括一切工作的根本方向、根本准则、根本依据,成为指引党和国家在新世纪的行动指南。2002年党的十六大高度评价了"三个代表"重要思想的历史地位和重要作用,把"三个代表"重要思想与马克思列宁主义、毛泽东思想、邓小平理论并列,认定它们都是中国共产党必须长期坚持的指导思想,实现了中国共产党指导思想的又一次与时俱进。

"三个代表"重要思想是中国共产党的立党之本、执政之基、力量之源。代表先进生产力的发展要求,体现了党领导人民不断解放和发展生产力,改善人民物质生活条件;代表先进文化的前进方向,体现了党对社会主义精神文明建设的重视,致力于推动中国特色社会主义文化的大发展与大繁荣;代表中国最广大人民的根本利益,体现了党全心全意为人民服务的根本宗旨,始终把人民对美好生活的向往作为自己的奋斗目标。中国共产党的"三个代表"定性,实际上是在社会主义现代化建设新时期党对自身的一个新定位。

(三) 党的指导思想

确定党的指导思想,是党章总纲的一项重要内容。党的指导思想,简单来说,就是马克思列宁主义、毛泽东思想、邓小平理论、"三个代表"重要思想、科学发展观和习近平新时代中国特色社会主义思想。党章总纲第3—8自然段,对以上六大指导思想的内容,以及为何要将它们作为指导思想,逐一予以了扼要介绍和阐发。

关于马克思列宁主义,总纲指出:马克思列宁主义揭示了人类社会历史发展的规律,它的基本原理是正确的,具有强大的生命力;坚持马克思列宁主义的基本原理,走中国人民自愿选择的适合中国国情的道路,中国的社会主义事业必将取得最终的胜利。

关于毛泽东思想,总纲指出:毛泽东思想是马克思列宁主义在中国的运用和发展,是被实践证明了的关于中国革命和建设的正确的理论原则和经验总结;在毛泽东思想指引下,中国共产党取得了新民主主义革命的胜利,建立了人民民主专政的中华人民共和国,完成了从新民主主义到社会主义的过渡,确立了社会主义基本制度,发展了社会主义的经济、政治和文化。

关于邓小平理论,总纲指出:邓小平理论是马克思列宁主义的基本原理同当代中国实践和时代特征相结合的产物,是毛泽东思想在新的历史条件下的继承和发展,是马克思主义在中国发展的新阶段;邓小平理论阐明了在中国建设社会主义、巩固和发展社会主义的基本问题,引导着我国社会主义现代化事业不断前进。

关于"三个代表"重要思想,总纲指出:十三届四中全会以来,以江泽民同志为主要代表的中国共产党人,在建设中国特色社会主义的实践中,加深了对什么是社会主义、怎样建设社会主义和建设什么样的党、怎样建设党的认识,积累了治党治国新的宝贵经验,形成了"三个代表"重要思想;"三个代表"重要思想,是加强和改进党的建设、推进我国社会主义自我完善和发展的强大理论武器,是党必须长期坚持的指导思想。

关于科学发展观,总纲指出:十六大以来,以胡锦涛同志为主要代表的中国共产党人,根据新的发展要求,深刻认识和回答了新形势下实现什么样的发展、怎样发展等重大问题,形成了以人为本、全面协调可持续发展的科学发展观。科学发展观是马克思主义关于发展的世界观和方法论的集中体现,是马克思主义中国化重大成果,是发展中国特色社会主义必须长期坚持的指导思想。

关于习近平新时代中国特色社会主义思想,总纲指出:十八大以来,以习近平同志为主要代表的中国共产党人,坚持把马克思主义基本原理同中国具体实际相结合、同中华优秀传统文化相结合,科学回答了新时代坚持和发展什么样的中国特色社会主义、怎样坚持和发展中国特色社会主义等重大时代课题,创立了习近平新时代中国特色社会主义思想;习近平新时代中国特色社会主义思想,是中华文化和中国精神的时代精华,是全党全国人民为实现中华民族伟大复兴而奋斗的行动指南,必须长期坚持并不断发展。

从以上评介中可知,对于我们党来说,马克思列宁主义、毛泽东思想、邓小平理论、"三个代表"重要思想、科学发展观和习近平新时代中国特色社会主义思想,都是指导党开展中国式现代化建设的思想武器,是党务必时刻遵循、奉行不渝的理论指南,是党展开自身建设的根本遵循。

(四)党的路线

一般来说,党的路线有基本路线、思想路线、组织路线、群众路线等不同的类型。其中,基本路线可以称得上是总的路线,而思想路线、组织路线、群众路线等则属于不同领域里的分路线。

中国共产党在社会主义初级阶段的基本路线是:领导和团结全国各族人民,以经济建设为中心,坚持四项基本原则,坚持改革开放,自力更生,艰苦创业,为把我国建设成为富强民主文明和谐美丽的社会主义现代化强国而奋斗。"以经济建设为中心"是党的基本路线的核心,任何时候,各级党组织及其领导干部都不应背离这个基本路线核心,思想路线、组织路线、群众路线等也应当把维护"以经济建设为中心"的基本路线作为自己的根本目标。

党的思想路线是一切从实际出发,理论联系实际,实事求是,在实践中检验真理和发展真理。总纲要求全党必须坚持这条思想路线,积极探索,大胆试验,开拓创新,创造性地开展工作,不断研究新情况,总结新经验,解决新问题,在实践中丰富和发展马克思主义,推进马克思主义中国化时代化。由此可知,党的思想路线除了要求全党上下做到实事求是外,更鼓励他们勇于解放思想、与时俱进,在求真务实中开创新局面。

组织路线是党开展各项组织工作的根本原则和根本方针。党的十八大以来,习近平总书记高度重视党的组织工作,提出了新时代党的组织路线:全面贯彻习近平新时代中国特色社会主义思想,以组织体系建设为重点,着力培养忠诚干净担当的高素质干部,着力集聚爱国奉献的各方面优秀人才,坚持德才兼备、以德为先、任人唯贤,为坚持和加强党的全面领导、坚持和发展中国特色社会主义提供坚强组织保证。全党必须增强党组织的政治功能和组织功能,培养选拔党和人民需要的好干部,培养和造就大批堪当时代重任的社会主义事业接班人,聚天下英才而用之,从组织上保证党的基本理论、基本路线、基本方略的贯彻落实。显然,自觉践行这些要求就是执行党的组织路线的一种方式。

党的各项工作都必须恪守群众路线。党章总纲第29段规定:党在自己的工作中实行群众路线,一切为了群众,一切依靠群众,从群众中来,到群众中去,把党的正确主张变为群众的自觉行动。党章总纲第 30 段规定,民主集中制既是党的根本组织原则,也是群众路线在党的生活中的运用。这说明,坚持群众路线,实质上就是在坚持民主集中制,而践行民主集中制也就是践行群众路线。群众路线与民主集中制的关系密不可分,它们属于各级党组织都必须全过程遵循的根本原则。

(五) 党的建设

党的十八大以来,党中央提出并落实新时代党的建设总要求,以党的政治建设统领党的建设各项工作,坚持思想建党和制度治党同向发力。在党的二十大报告中,习近平总书记指出:"全面建设社会主义现代化国家、全面推进中华民族伟大复兴,关键在党。我们党作为世界上最大的马克思主义执政党,要始终赢得人民拥护、巩固长期执政地位,必须时刻保持解决大党独有难题的清醒和坚定。""大党独有难题"是党的二十大提出的一个新概念,这个独有难题主要有全党的思想统一与团结统一、党内利益矛盾的协调、党面临的风险挑战、党的自我革命等。所有这些难题的化解,都依赖于党的建设。

党的建设问题是党章总纲的核心内容之一,总纲用了七个自然段(第25—31 段)的篇幅,分别从六个方面较为详尽地规定了党的建设要求,以不断提高党的创造力、凝聚力、战斗力,使党真正成为学习型、服务型、创新型的马克思主义执政党。

(1) 坚持党的基本路线。党章总纲特别强调,必须把改革开放同四项基本原则统一起来,全面落实党的基本路线,反对一切"左"的和"右"的错误倾向,要警惕右,但主要是防止"左"。必须提高政治判断力、政治领悟力、政治执行力,增强贯彻落实党的理论和路线方针政策的自觉性和坚定性。

(2) 坚持解放思想,实事求是,与时俱进,求真务实。

(3) 坚持新时代党的组织路线。

(4) 坚持全心全意为人民服务。总纲要求,任何时候,党都要把群众利益放在第一位,同群众同甘共苦,保持最密切的联系,坚持权为民所用、情为民所系、利为民所谋,不允许任何党员脱离群众,凌驾于群众之上。我们党的最大政治优势是密切联系群众,党执政后的最大危险是脱离群众。党风问题、党同人民群众的联系问题,是关系党生死存亡的大问题。为此,党必须在自己的工作中实行群众路线。

(5) 坚持民主集中制。民主集中制是民主基础上的集中和集中指导下的民主相结合。党章总纲要求,一方面必须充分发扬党内民主,尊重党员主体地位，保障党员民主权利，发挥各级党组织和广大党员的积极性创造性；另一方面则必须实行正确的集中，牢固树立政治意识、大局意识、核心意识、看齐意识，坚定维护以习近平同志为核心的党中央权威和集中统一领导，保证全党的团结统一和行动一致，保证党的决定得到迅速有效的贯彻执行。党要在自己的政治生活中正确地开展批评和自我批评，在原则问题上进行思想斗争，坚持真理，修正错误。努力造就又有集中又有民主，又有纪律又有自由，又有统一意志又有个人心情舒畅生动活泼的政治局面。

（6）坚持从严管党治党。总纲规定，全党要坚持依规治党、标本兼治，坚持把纪律挺在前面，加强组织性与纪律性，在党的纪律面前人人平等；强化管党治党主体责任和监督责任，加强对党的领导机关和党员领导干部特别是主要领导干部的监督，不断完善党内监督体系；深入推进党风廉政建设和反腐败斗争，以零容忍态度惩治腐败，构建不敢腐、不能腐、不想腐的有效机制。

2022年10月，党的二十大新闻中心举行的发布会披露，党的十八大以来，全国纪检监察机关共立案464.8万余件，其中，立案审查调查中管干部553人，处分厅局级干部2.5万多人、县处级干部18.2万多人。这组数据足以说明，在全面从严治党问题上，我们党是认真的，其效果也是相当明显的。值得党内法规学界反思的是，如何实现法治化反腐？这才是全面从严管党治党的核心命题，是化解大党独有难题的根本之道。

三、党章的正文

现行党章正文部分有十一章、五十五条，共计一万一千七百余字。各章标题分别是：第一章"党员"，第二章"党的组织制度"，第三章"党的中央组织"，第四章"党的地方组织"，第五章"党的基层组织"，第六章"党的干部"，第七章"党的纪律"，第八章"党的纪律检查机关"，第九章"党组"，第十章"党和共产主义青年团的关系"，第十一章"党徽党旗"。

对于这十一章的内容，可以从四个方面予以概述：一是党的组织，二是党员及党的干部，三是党的纪律，四是党的象征。

（一）党的组织

严密的组织是马克思主义政党的鲜明特色，是中国共产党作为马克思主义政党的应有之义。而历史经验业已证明，这也是中国共产党领导中国革命、建设、改革走向胜利的重要"法宝"。所以，习近平总书记指出："党的力量来自组织。党的全面领导、党的全部工作要靠党的坚强组织体系去实现。"确实，没有强大的组织体系，我们党绝对不可能有今天的成就。

党章第二章所规定的党的组织制度主要包括民主集中制、党的代表大会制度和选举制度、党的代表会议制度、党组织的设立制度、巡视制度、党的组织纪律等。其中，民主集中制是最根本的组织制度，贯穿于全党所有组织的所有工作之中。它也是党最根本的领导制度。关于民主集中制的具体内容，党章第10条把它概括为如下六个方面：

第一，"四个服从"，即党员个人服从党的组织，少数服从多数，下级党组织服从上级党组织，全党各个组织和全体党员，服从党的全国代表大会和中央委员会。

第二，党的各级领导机关，除它们派出的代表机关和在非党组织中的党组外，都由选举产生。

第三，党的最高领导机关，是党的全国代表大会和它所产生的中央委员会。党的地方各级领导机关，是党的地方各级代表大会和它们所产生的委员会。党的各级委员会向同级的代表大会负责并报告工作。

第四，党的上级组织要经常听取下级组织和党员群众的意见，及时解决他们提出的问题。党的下级组织既要向上级组织请示和报告工作，又要独立负责地解决自己职责范围内的问题。上下级党组织之间要互通情报、互相支持和互相监督。党的各级组织要按规定实行党务公开，使党员对党内事务有更多的了解和参与。

第五，党的各级委员会实行集体领导和个人分工负责相结合的制度。凡属重大问题都要按照集体领导、民主集中、个别酝酿、会议决定的原则，由党的委员会集体讨论，作出决定；委员会成员要根据集体的决定和分工，切实履行自己的职责。

第六，党禁止任何形式的个人崇拜。要保证党的领导人的活动处于党和人民的监督之下，同时维护一切代表党和人民利益的领导人的威信。

在中央层面，党的组织制度就是党的全国代表大会和它所选举产生的中央委员会，这两者都是党的最高领导机关。中央委员会选举产生中央政治局及其常务委员会,在中央委员会全体会议闭会期间,行使中央委员会的职权。可以这么说,中央政治局及其常务委员会,实际上是党的最高领导机关的常设机关。另外,中央委员会还设有中央军事委员会、中央委员会总书记、中央政治局常务委员会、中央政治局—中央书记处等机构。中央纪律检查委员会的地位非常特殊,它和中央委员会不是平级关系,却由党的全国代表大会选举产生,它在党组织中的地位自然要高于普通的中央机关。

党的地方组织包括党的地方代表大会和党的地方委员会。地方是与中央相对应的一个党内法规概念。凡是中央之外的,都可以叫地方,它主要包括三级:省、自治区、直辖市是第一级;设区的市和自治州是第二级;县(旗)、自治县、不设区的市和市辖区是第三级。以江苏省为例,其中江苏省党的代表大会是第一级,南京市党的代表大会是第二级,南京市江宁区党的代表大会是第三级。

党的基层组织大致可以分为:党的基层委员会、总支部委员会、支部委员会等。党的基层组织的设立一般都要经过上级党组织的批准,不可随意设立。

应当注意的是,对于党来说,党的基层组织是党在社会基层组织中的战斗堡垒,是党的组织体系中的神经末梢,它支配着整个党组织的活动过程,是确保党的路线方针政策和决策部署真正得到贯彻落实的最前线机关。重视党的基层组织建设,既是我们党的优良传统,也是保证党的组织体系有效运行的关键。

在党的组织体系中,还有一个很重要的组织——党组。党组也是一种党的组织,党组自身不是一个独立的机关,它只是一个机关之内的领导该机关的党组织。关于党组的性质、任务及功能等事项,党章第48条规定得十分清楚:"在中央和地方国家机关、人民团体、经济组织、文化组织和其他非党组织的领导机关中,可以成立党组。党组发挥领导核心作用。党组的任务,主要是负责贯彻执行党的路线、方针、政策;加强对本单位党的建设的领导,履行全面从严治党责任;讨论和决定本单位的重大问题;做好干部管理工作;讨论和决定基层党组织设置调整和发展党员、处分党员等重要事项;团结党外干部和群众,完成党和国家交给的任务;领导机关和直属单位党组织的工作。"由此可知,在功能与职责方面,党组与党的委员会并没有本质上的区别,它也是贯彻党的领导的一种组织形式。

(二) 党员与党的干部

党章第 1 章用 9 个条款(第 1—9 条)对党员作出了规定,第 6 章用 4 个条款（第35—38条）对党的干部作出了规定。党章对党员的定位是"中国工人阶级的有共产主义觉悟的先锋战士"，对干部的定位是"党的事业的骨干"和"人民的公仆"。党章在赋予党员八项权利的同时，更对党员施加了八个方面的义务，且义务规定先于权利规定。党的事业离不开党的干部，"关键少数"都出自党的干部队伍之中。不管是反腐，还是党的建设，都要抓住关键少数。而关键少数主要是指党的领导干部。

党章规定，党员必须全心全意为人民服务，不惜牺牲个人的一切，为实现共产主义奋斗终身。党员永远是劳动人民的普通一员。除了法律和政策规定范围内的个人利益和工作职权以外，所有共产党员都不得谋求任何私利和特权。这两个规定也适用于党的干部，因为后者首先是党员。

在党的干部建设方面，党章规定党的干部选拔，始终要以革命化、年轻化、知识化、专业化为目标。所谓革命化，主要是指具有强烈的理想信念；所谓年轻化，主要是指选拔干部时要尽可能把机会留给年轻的党员，党的干部提拔不宜论资排辈；所谓知识化，是指党的干部应该是文化素质比较高的党员，而不是各方面素质都一般的普通党员；所谓专业化，是指党的干部应该在某一领域受过严格的技艺训练，在工作中表现出较强的职业技能，而非职业素养一般的普通党员。

（三）党的纪律

党章正文专门用独立的章节规定了"党的纪律"和"党的纪律检查机关"，这个事实表明，党的纪律及其执行主体在党的事业中居于重要地位。

关于党的纪律的含义与地位，《党章》第39条规定："党的纪委是党的各级组织和全体党员必须遵守的行为规则，是维护党的团结统一、完成党的任务的保证。党组织必须严格执行和维护党的纪律，共产党员必须自觉接受党的纪律的约束。"

党的纪律必须由专门的机关来保证实施，为此党特地设立了党的纪律检查机关。党章第8章对党的纪律检查机关的产生、领导体制、任务、职责、履职程序等基本问题作出了较为具体的规定，《党章》第46条规定："党的各级纪律检查委员会是党内监督专责机关，主要任务是：维护党的章程和其他党内法规，检查党的路线、方针、政策和决议的执行情况，协助党的委员会推进全面从严治党、加强党风建设和组织协调反腐败工作，推动完善党和国家监督体系。"

上述规定表明，党的纪律检查机关是一个实施监督的专责机关。"专责机关"是在国家监察体制改革过程中形成的一个新概念,如《中华人民共和国监察法》第3条规定,"各级监察委员会是行使国家监察职能的专责机关,依照本法对所有行使公权力的公职人员(以下称公职人员)进行监察,调查职务违法和职务犯罪,开展廉政建设和反腐败工作,维护宪法和法律的尊严"。据权威部门的有关解释,与"专门机关"相比,"专责机关"不仅强调纪委和监委的专业化特征和专门性职责,更加突出强调了它们的责任,即行使监督权不仅仅是纪委的职权,更重要的是职责和使命担当。纪委和国家监委的定位都是"专责机关",在实践中,它们合署办公,共同致力于维护党纪和国法的尊严与权威。纪检监察机关的政治和法律地位都非常高,这是保障它们在纪律检查时具有权威性的需要。各级纪检机关由同级党的代表大会选举产生,其原因就在于此。

根据党章第40条,党的纪律主要包括政治纪律、组织纪律、廉洁纪律、群众纪律、工作纪律、生活纪律等。而党章第41条规定对党员的纪律处分有五种:警告、严重警告、撤销党内职务、留党察看、开除党籍。在党章的这些规定基础上,《纪律处分条例》对违反各类纪律给予处分的情形作了更为明确的细化区分,并对纪律检查机关的处分程序作了具体规定,使党内处分行为在有章可循的同时,还有规可依。

为了加强党的纪律建设,推动全面从严治党向纵深发展,党的十九大和二十大修订党章时,调整和充实了党的纪律、党的纪律检查机关部分内容的措辞,强调坚持惩前毖后、治病救人,执纪必严、违纪必究,抓早抓小、防微杜渐,按照错误性质和情节轻重,给以批评教育、责令检查、诫勉和纪律处分。运用监督执纪"四种形态",让"红红脸、出出汗"成为常态,党纪处分、组织调整成为管党治党的重要手段,严重违纪、严重触犯刑律的党员必须开除党籍。这是党的十八大以来,党的纪律建设的一个重大创新,为坚持党的领导、推进党的建设,永葆党的先进性与纯洁性提供了有力的纪律检查保障。

(四) 党的象征

党徽党旗,是2002年党的十六大修订党章时新增的一章。《党章》第53条规定,"中国共产党党徽为镰刀和锤头组成的图案"。《党章》第54条规定,"中国共产党党旗为旗面缀有金黄色党徽图案的红旗"。

1942年4月28日,中共中央政治局作出了关于中共党旗式样的决议,决议规定:"中共党旗式样,宽阔为三与二之比,左上角为黄色斧头镰刀,无五角星,旗底色为红色。委托中央办公厅制一批标准党旗,分发各主要机关。"这是我们党第一次正式确定党旗的式样。

　　党章修正案对党徽党旗的图案、制作和使用作了明确规定,这有利于维护党徽党旗的尊严,也有利于发挥党徽党旗对党员的感召和激励作用,增加党员的光荣感、使命感和责任感,增强党的凝聚力和影响力。2021年6月,中共中央政治局常委会会议审议批准了《中国共产党党徽党旗条例》。该"条例"是我们党历史上第一部关于党徽党旗的基础主干法规,是党徽党旗制作、使用、管理的基本遵循。

第七章
党的组织法规

中国共产党是按照马克思主义建党原理创建而来的,它是一个由党的中央组织、地方组织和基层组织联结起来的严密组织体系。组织性是我们党的一个强大优势,是它与世界上任何其他政党的显著区别所在。党的组织法规,是建构和规范党的各级各类组织的党内法规,是党的各级组织赖以组成并有效运行的基础规范,是党内法规体系的重要组成部分。本章主要讨论四个方面的问题:(一)党的组织法规概述;(二)党的组织结构;(三)党的组织形成;(四)党的组织职权。

一、党的组织法规概述

党的二十大报告提出,中国共产党现在的中心任务是:团结带领全国各族人民全面建成社会主义现代化强国、实现第二个百年奋斗目标,以中国式现代化全面推进中华民族伟大复兴。中国式现代化,是指在中国共产党领导下的社会主义现代化,它具有五个方面的特征:① 是人口规模巨大的现代化;② 是全体人民共同富裕的现代化;③ 是物质文明和精神文明相协调的现代化;④ 是人与自然和谐共生的现代化;⑤ 是走和平发展道路的现代化。要顺利完成这个新时代新征程的使命任务,就必须更加注重党的组织体系建设,不断增强党的政治领导力、思想引领力、群众组织力、社会号召力,把党员组织起来,把人才凝聚起来,把群众动员起来。历史经验证明,所有这些都离不开党的组织法规的有效实施。由此可知,党的组织法规在党内法规体系中居于基础地位,其他党内法规从制定到实施,都依赖党的组织的高效运转,都依赖内容良善与实施有力的党的组织法规。

（一）党的组织法规的概念

党的组织法规的概念主要讨论的是，什么样的党内法规才算是党的组织法规。这是讨论党的组织法规的基础前提，这个问题不解决，其他讨论就难以有效展开。

马工程的党内法规学教材指出，党的组织法规是指全面规范中国共产党各级各类组织的产生、组成、职权职责等内容的党内法规，旨在为管党治党、执政治国提供组织制度基础。

2013年发布的《中央党内法规制定工作五年规划纲要（2013—2017）》将党的组织法规概括为八个方面的内容：① 完善干部宏观管理制度；② 完善干部选拔任用方面的党内法规；③ 完善领导干部考核评价制度；④ 完善党政领导干部职务任期制度；⑤ 完善党政领导干部问责制度；⑥ 完善党的基层组织工作制度；⑦ 健全党员队伍建设方面的党内法规；⑧ 健全党管人才方面的党内法规。从这里可以看出，党的组织法规的外延相当广泛。

2021年7月，中共中央办公厅法规局编辑出版的《中国共产党党内法规汇编》把党的组织法规分为四种类型：党的组织、党内选举、党的组织工作、党的象征标志等。同年颁布的《组织工作条例》第2条规定："党的组织工作是以党的组织体系建设、领导班子和干部队伍建设、人才队伍建设、党员队伍建设为主要内容的实践活动，是巩固党的执政基础、实现党的全面领导、完成党的全部工作的重要保证，是党领导人民不断夺取革命、建设、改革胜利的优良传统和独特优势。"

党的二十大修订党章时，专门在总纲中增加了有关新时代党的组织路线的规定，内容是：全面贯彻习近平新时代中国特色社会主义思想，以组织体系建设为重点，着力培养忠诚干净担当的高素质干部，着力集聚爱国奉献的各方面优秀人才，坚持德才兼备、以德为先、任人唯贤，为坚持和加强党的全面领导、坚持和发展中国特色社会主义提供坚强组织保证。这个组织路线包含着高素质干部、各方面优秀人才、德才兼备、任人唯贤等，涉及组织之外的人事事务方面的规定甚多。这意味着在讨论党的组织法规概念时，不应只局限于党的组织的形成和运行，还包括作为党组织构成要素的党员与干部，以及作为党组织工作对象的各方面人才等。总之，有关党员干部等各方面人才的培养和管理的党内法规，也属于党的组织法规范畴。

由此可知，党的组织法规外延其实特别广泛，它不仅仅是涉及各级各类党组织的产生、组成、职权职责等方面的党内法规，如规范干部工作、党员队伍、人才工作等事项的党内法规，也都属于党的组织法规范畴。把党的组织法规局限于与党的组织直接相关的党内法规是不精确的，至少是不全面的。简言之，党的组织法规其实是个内涵相当广泛的概念，"党的组织法规"概念中的"组织"是指广义意义上的组织，而不是狭义意义上的作为一种机关的组织。

还需要注意的是，党的组织法规具有体系性和基础性等特征。所谓体系性，是指党的中央组织、党的地方组织、党的基层组织和党组，它们是一个严密的体系，上下级之间存在着领导与被领导、监督与被监督的紧密关系，它们共享民主集中制等组织原则，彼此在产生方式、职权职责等方面存在某种程度上的同质性。所谓基础性，是指党的组织法规服从和服务于党组织实施党的领导活动及加强党的自身建设工作。对于党的领导法规和党的自身建设法规来说，党的组织法规具有基础性作用，为两者提供组织主体这一基础条件。党的各项建设事业，包括其他党内法规的制定与实施在内，都必须以作为主体的党的组织的存在为前提，都必须以党的组织法规的有效实施为条件。

（二）党的组织法规的分类

党的组织法规数量繁多，内容丰富，既有专门的有关党的组织方面的党内法规，又有分散于党章和其他党内法规中，涉及党的各项组织工作事务的规范条款。为了更好地了解党的组织法规，将它类型化是一个很重要的方法。分类是一种常用的认识事物的方式，不同的分类标准，会产生不同的党的组织法规类型。

根据规范主体的不同，党的组织法规可以划分为三种类型：① 党的领导机关组织法规；② 党的执行机关组织法规；③ 党的监督机关组织法规。根据其权力内容的性质，党内权力一般可以划分为领导权、执行权和监督权，其中领导权又被称为决策权。我国的权力分类跟其他的国家是不一样的，其他国家一般分为立法权、行政权、司法权等，而我国家更流行将权力分为决策权、执行权和监督权。作出这种分类的一个重要原因在于，我们党是领导党和执政党，权力都掌握在党手上，而它在内部就把权力划分为这样三类。与党内权力的这种划分方法相适应，党内机关也分为领导机关、执行机关和监督机关三种，由此党的组织法规也相应地有三种类型。其中，领导机关组织法规，包括规范党的各级代表大会、党的各级委员会及其常务委员会的相关党内法规，如《中央委员会工作条例》等；执行机关组织法规，如《组织工作条例》等；

监督机关组织法规,如《纪律检查委员会工作条例》等。

根据有关组织规范的性质特点,党的组织法规可以分为实体性组织法规和程序性组织法规两种类型。所谓实体性组织法规,是指规范各级各类党组织的内设机构、职权职责的相关党内法规,典型的有《党和国家机关基层组织工作条例》《地方委员会工作条例》《中国共产党普通高等学校基层组织工作条例》《党组工作条例》等。所谓程序性组织法规,主要是指对各级各类党组织产生过程予以规范的相关党内法规,典型的有《基层组织选举工作条例》《地方组织选举工作条例》等,程序性的党内法规数量相对较少。

按照被规范对象的层级不同,党的组织法规可以划分为三类,即中央组织法规、地方组织法规和基层组织法规。其中,中央组织法规是指规范有关中央机关组织的党内法规,如《中央委员会工作条例》等;地方组织法规是指规范有关地方机关组织的党内法规,如《地方委员会工作条例》等;基层组织法规,是指有关党的基层机关组织的党内法规,其类型多种多样,涉及农村、城市街道、机关、医院、高等学校、事业单位、国有企业、非公有制经济组织、社会组织等不同主体的基层党组织的法规都属于基层组织法规。

二、党的组织结构

组织结构,是党的组织法规中一个非常重要的规范内容。将党的各级各类组织纳入到党内法规调整范围是党的组织法规建设的基本任务,目的是使党的各级各类组织定位准确、权责明晰、分工科学、运行有效,从而形成一个上下联动、左右协调的有机统一整体,也就是形成一个严密的组织体系。对于党的组织体系来说,其组织结构的构造自身是否合理十分关键,而这首先取决于党的组织结构的建构原理。

(一)党的组织构建原理

2021年印发的《组织工作条例》将党的组织工作原则概括为九个方面,即① 坚持党的全面领导;② 坚持组织路线服务政治路线;③ 坚持民主集中制;④ 坚持党的群众路线;⑤ 坚持党管干部、党管人才;⑥ 坚持德才兼备、以德为先、任人唯贤;⑦ 坚持党的组织和党的工作全覆盖;⑧ 坚持实事求是、公道正派;⑨ 坚持依法依规、科学规范。这九项原则实际上是党的组织构建原理的进一步展开,在中国特色社会主义新时代,党的组织的构建原理内容有所丰富和发展。大致来说,可以把它们概况为"四个坚持":一是坚持民主集中制;二是坚持"两个维护";三是坚持党管干部;四是坚持原则性与灵活性相结合。

(1) 坚持民主集中制

党章明确规定,党是根据自己的纲领和章程,按照民主集中制组织起来的统一整体。我们党是按马克思主义党建理论创立的新型政党,它一开始就把民主集中制作为自己的组织原则和基本制度。坚持民主集中制是马克思主义政党区别于世界其他政党的一个重要标志,在中国革命、建设和改革的各个历史时期,党的各项组织工作都以民主集中制为根本规范。在中国特色社会主义新时代,要确保党的团结统一和坚强有力,确保党的领导能力、领导水平不断提高,就必须继续坚持民主集中制,将它贯彻落实到党的所有组织工作之中。

民主集中制是我们党构建其组织体系的根本原则,是党的组织构建的第一原理。党章明确,民主集中制有六个方面的基本要求,包括坚持"四个服从";坚持党的领导机关由选举产生;坚持集体领导;善于发挥下级党组织的积极性;注意尊重少数人的意见;禁止个人崇拜等。

作为组织原则的民主集中制,在大量的党的组织法规中得以强调,如《普通高等学校基层组织工作条例》第3条第2款规定:"高校党委实行民主集中制,健全集体领导和个人分工负责相结合的制度。凡属重大问题都应当按照集体领导、民主集中、个别酝酿、会议决定的原则,由党委集体讨论,作出决定;党委成员应当根据集体的决定和分工,切实履行职责。"由此可见,高校党委最重要的决策原则是民主集中制,校内任何重要事项都应当通过"先民主后集中"的方式决定。

(2) 坚持"两个维护"

"两个维护",是指坚决维护习近平总书记党中央的核心、全党的核心地位,坚决维护党中央权威和集中统一领导。带头做到"两个维护",是加强中央和国家机关党的建设的首要任务,也是新时代党的组织构建的一个基本原理。

党的十八大以来,党和国家事业之所以能够取得历史性成就,发生历史性变革,最根本的原因就在于以习近平同志为核心的党中央的坚强领导和习近平新时代中国特色社会主义思想的科学指引。坚决维护习近平总书记党中央的核心、全党的核心地位,维护党中央权威和集中统一领导,是党和国家前途命运所系,是全国各族人民的根本利益所在,是最根本的政治纪律和政治规矩,也是所有党的组织法规的一项根本性原则。

2021年《关于党的百年奋斗重大成就和历史经验的决议》指出:"习近平新时代中国特色社会主义思想是当代中国马克思主义、二十一世纪马克思主义,是中华文化和中国精神的时代精华,实现了马克思主义中国化新的飞跃。党确立习近平同志党中央的核心、全党的核心地位,确立习近平新时代中国特色社会主义思想的指导地位,反映了全党全军全国各族人民共同心愿,对新时代党和国家事业发展、对推进中华民族伟大复兴历史进程具有决定性意义。"这段话提出了新时代的一个核心命题——"两个确立"。不言而喻,"两个确立"不是从天上掉下来的,而是中国共产党把握世界政党发展规律、总结党的百年奋斗历程所得出的重大历史结论,是对党领导人民艰辛探索、接续奋斗的科学总结。2022年党的二十大修改党章,将"两个维护"载入了党章总纲。

正如马列主义经典作家所指出的,没有权威,就不可能有任何的一致行动;只有以先进理论为指南的党,才能实现先进战士的作用。世界政党兴衰史告诉我们,是否拥有权威的政党领袖和科学的指导思想,事关政党的生死存亡和事业的兴衰成败。在新时代,践行"两个确立",就要坚持"两个维护",它们两者在本质上是一致的。

坚持党的集中统一领导,关键就在于维护党中央权威和集中统一领导。在新时代,我们党的组织体系是否严密无缝、组织能力是否强大有力,关键取决于是否坚持"两个维护"。党的组织法规的核心原则之一就是做到"两个维护",而各级各类党组织的创设、组成、职权职责及运行,也都应该自始至终积极践行"两个维护",并站在"两个维护"的高度评价和改进自己的各项组织工作。

(3) 坚持党管干部

2019年,为全面贯彻新时代党的建设总体要求和新时代党的组织路线,更好地坚持和落实党管干部原则,党中央对2014年的《党政领导干部选拔任用条例》进行了修订。新制定的"条例"规定,要落实党管干部原则,切实加强党组织领导和把关作用,确保选人用人工作的正确方向。要突出政治标准,提拔重用树牢"四个意识"、坚定"四个自信"、坚决做到"两个维护"、全面贯彻执行党的理论和路线方针政策的干部。由此可知,党管干部原则在不断被强化。

党管干部原则有着悠久的历史。早在1938年党的六届六中全会上,毛泽东就提出了党管干部的重要思想。1953年4月,中央组织部发布《关于政府干部任免手续的通知》。该"通知"提出,今后凡属中央人民政府或政务院任免范围内的干部,在中央人民政府或政务院任免之前,仍需分别按党内管理干部的规定经过审批,即:① 属于中央管理范围的干部,由省(市)委报中央局核转中央;② 属于中央局管理范围的干部,由省(市)委报中央局,俟中央或中央局批准后,再交由同级人民政府人事部门办理提请任免手续。由此可见,党管干部最早是指由中央或中央局来管理干部,而在管理事项方面,主要指干部提名、考核、任免等。

1983年4月,中央组织部召开改革干部管理体制座谈会,第一次正式提出党管干部原则,强调在坚持党管干部原则基础上,本着"管少、管好、管活"的精神,进一步发挥中央各部门、地方党委和基层单位的积极性。要在党委的统一领导下,把分部、分级管理同综合管理结合起来,管好领导班子,管好后备干部,管好专业技术干部。进入改革开放和社会主义现代化建设新时期后,党管干部原则的基本内涵逐渐清晰:一是党要加强对干部工作的领导;二是推荐和管理好重要干部;三是指导干部人事制度的改革;四是做好对干部人事工作的宏观管理和监督。

党管干部,是党政领导干部选拔任用的第一原则,也是党政领导干部考核工作的第一原则。党管干部原则,实质上是我们党领导权的一项重要内容,它包含着权威和秩序的再生产机制。实践中,通过党管干部与国家治理的相互贯通,借助于一系列具体的制度建构,我们党不断创新干部管理的理念与方法,在中国式现代化进程中,牢牢把握住干部路线、干部方针和干部政策的主导权,并由此建构一个有效的权威和秩序再生产机制。与此同时,在有序的政治参与中,让公众不断增强对既有权威和变革的认同感。

落实党管干部原则,关键在于强化党组织的领导和把关作用,着力培养选拔信念坚定、为民服务、勤政务实、敢于担当、清正廉洁的好干部。各级党组织要坚持德才兼备、以德为先,坚持五湖四海、任人唯贤,突出政治标准,培养造就忠诚干净担当的干部队伍。

(4) 坚持原则性与灵活性相结合

《组织工作条例》第10条规定:"按照党章规定建立健全党的各级各类组织,形成包括党的中央组织、地方组织、基层组织在内,涵盖党的纪律检查机关、党的工作机关、党组,纵向到底、横向到边的严密组织架构。适应形势任务的发展变化,及时调整和优化党组织设置。为执行某项任务临时组建的机构,可以按照有关规定成立临时党组织。除另有规定外,一般按照属地管理原则,规范和理顺基层党组织隶属关系。"

这一条中"适应形势任务的发展变化,及时调整和优化党组织设置"的规定,充分体现了我们党的组织工作应当坚持原则性与灵活性相结合。

包括党的各级各类组织设置在内的所有党的组织工作,都必须适应中国的国情、政情、社情的变化需要,要与之保持适度的"同频共振"。随着党的工作重心的变迁,探索新的组织形式,设立新的组织机构,乃是党的组织创设中的常态。这既是继承和发扬现有组织结构的功能与优势的要求,也是党的组织切实适应社会发展趋势的需要,还是满足实现党的组织体系科学、有序、高效运行的需要。当然,归根结底,这都是满足党的各项事业发展的需要。

回顾我们党的历史,就不难发现,在若干重要的历史关头,党都及时修订党内法规制度,对党的组织结构进行必要的调整与完善,使党的组织创设工作既有原则性又有灵活性,充分体现组织工作原则性与灵活性的有机统一。如1927年中共五大党章,首次规定了中央政治局和中央委员会的设置和组成:"中央委员会,选举正式中央委员一人为总书记及中央正式委员若干人组织中央政治局,指导全国一切政治工作,并选正式中央执行委员若干人为中央政治局候补委员。候补政治局委员参加政治局会议时,只有发言权而无表决权,正式政治局委员离职时候补政治局委员依次递补。全体中央委员会议得改组中央政治局;中央政治局互推若干人组织中央常务委员会处理党的日常事务。"中央政治局这一组织机构一直保留至今。又如2018年,中共十九届三中全会通过了《关于深化党和国家机构改革的决定》。在深化党中央机构改革方面,撤销了监察部、国家预防腐败局,组建了国家监察委员会;新组建了中央全面依法治国委员会;撤销了中央直属机关工作委员会、中央国家机关工作委员会,新组建了中央和国家机关工作委员会;撤销了中央党史研究室、中央文献研究室、中央编译局,新组建了中央党史和文献研究院,等等。

总之,"党员走到哪里,党的组织就建立到哪里,党的工作就覆盖到哪里"。我们党的组织覆盖范围越来越广阔,组织结构越来越严密有力,组织基础越来越夯实牢固。凡此种种,都是党的组织工作一直坚持原则性与灵活性相结合原则的结果。

(二)党的组织结构

2022年6月,中央组织部公开发布了党内统计公报。截至2021年12月,中国共产党现有基层组织493.6万个,比2020年底净增11.7万个,增幅为2.4%。其中基层党委27.8万个,总支部31.6万个,支部434.2万个。全国党的各级地方委员会共有3198个。其中,省(区、市)委31个,市(州)委

397个,县(市、区、旗)委2770个。

全国9034个城市街道、29649个乡镇、114065个社区(居委会)、491129个行政村已建立党组织,覆盖率均超过99.9%。

在机关、事业单位、企业和社会组织的党组织方面,全国共有机关基层党组织74.5万个,事业单位基层党组织94.9万个,企业基层党组织153.2万个,社会组织基层党组织17.1万个,基本实现了应建尽建。

以上三组数据告诉我们,党的组织数量是极为庞大的,党的组织结构是非常完整的。从中央到地方到基层再到各个机关、事业单位和企业组织,党的组织是应有尽有。

以上各级各类党组织都是依规设立的。党章中有关党组织的条款及其他相关党内法规共同组成了党的组织法规体系。通过党的组织法规,党创设了不同类型、不同层级的党组织,构建起党的组织系统结构框架,并使之具有纵向到底、横向到边、覆盖全面、上下贯通、左右联结、包容内外等特征。对于党的组织结构,可以从纵向、横向和立体三个维度进行审视,以充分透视其逻辑构造。

(1) 纵向结构

从纵向维度上看,党的中央组织、地方组织和基层组织,构成了一个上下贯通的层级式、线条型的党组织纵向结构,进而确立了党的组织体系的纵向主体架构。这个主体架构以现行的国家行政区划为基础,同时注意将纵向上的党组织覆盖到所有的单位或社会组织。创设这种党组织纵向主体架构的是党章,党章对党的中央组织、地方组织和基层组织都进行了较为详细的规定。

在这个纵向主体架构中,党的中央组织是大脑和中枢,领导全国所有的党组织,对全党和全国的重大事项进行决策部署;党的地方组织相当于四肢躯干,扮演着承上启下的角色,确保党中央的决策部署在本行政区域内得到贯彻落实;党的基层组织则类似于神经末梢,将党中央和上级党组织的决策部署坚决贯彻到所有的基层单位及其日常工作中。由此可知,纵向维度上的党组织之间是领导与被领导、监督与被监督的关系,纵向上的党组织结构本质上是一种党内权力的位阶构造。

(2) 横向结构

如果说纵向维度是"条"的视角,横向维度就是"块"的视角,考察党的组织结构,不但要从"条条"上看,还要从"块块"上分析。

在"块块"上,党的组织结构的核心是党的委员会,其组成部分包括党组、党的纪律检查机关、党的工作机关等,它们之间形成了一个左右联通的结构。在党的横向组织结构中,党的委员会是领导机关,在本"块"所有党组织中居于领导地位,党组将党的领导延伸到非党组织,党的纪律检查机关和党的工作机关则进一步细化拓展党委职能。

以南京市的党组织结构为例,中国共产党南京市委员会是这一"块"党组织结构的核心,领导所有其他党组织。在南京市委领导下,南京市政府党组、南京市中级人民法院党组、南京市人民检察院党组等将党的领导延伸到非党组织。南京市纪律检查委员会属于南京市党的纪律检查机关,而市委组织部、市委宣传部、市委统一战线工作部、市委政法委员会、市委研究室、市委网络安全和信息化委员会办公室、市委机构编制委员会办公室、市委台湾工作办公室、市委市级机关工作委员会、市委巡察工作办公室、市委老干部局、市委机要保密局等,属于南京市党的工作机关。在南京市委领导下,这些党的工作机关履行党委的各项职能。它们在工作中形成了一个左右联通的有机整体。

从中央到地方,各个"块块"上都设立了党的纪律检查委员会,同时根据党章和《纪检监察机关派驻机构工作规则》等党内法规的要求,通过单独或者联合派驻的方式,向中央与地方的党和国家机关、企业等组织派驻纪检组。这样做的目的主要是让各个"块块"上都有党的纪律检查机关,以实现党的纪律检查工作"无死角",从而保障和加强党的全面领导。

(3) 立体结构

"条条"与"块块",都只是从单独的纵切面和横切面来观察党的组织结构。要全面考察党的组织结构,还必须从立体的维度来审视各级各类党的组织之间的关系,从而得到一个更为完整的党组织结构图谱。

从立体的维度上看,党的组织法规通过一系列原则将各个党组织联通起来,从而形成了一个纵横交错、相互支持、有机联系的整体。当然,不同的党组织在距离上有远近之别,在关系上有强弱之分。

一般来说,上下级党组织之间具有直接关系,它们之间具有强关联性。如党的中央委员会与江苏省委之间,就属于领导与被领导的关系,它们之间的联系非常紧密。

党委的组织、宣传、统战、编办、机要等部门,属于党的工作机关。它们具有块块上的管理职能,它们与党委下属的所有党组织在工作业务上存在着管理与被管理的关系,与下级党委相应工作机关存在业务上的指导与被指导关系。这中间有一个机构特别重要,那就是党委办公厅(室)。党委办公厅(室)

在党委班子的直接领导下开展工作,负责组织推进党委或者自身决策部署事项的贯彻落实,与下级各个党组织部门之间形成统筹协调与协作配合关系。党委办公厅(室)与领导层接触的机会比较多,对各个方面的情况动态掌握得最全面,在党组织的立体构造中,居于仅次于党委的枢纽地位。

从立体的维度上看,任何一个党组织都具有多面性,有点"横看成岭侧成峰"的多维效果。对于某个具体的党组织来说,它在党组织立体构造中的角色是多重的,面对上级党组织它是被领导的角色,但面对下级党组织它又是领导的角色。与此同时,它与平级的党组织之间又有互动和配合的关系,扮演着同事的角色。此外,它还与党外其他组织之间存在着某些方面的交叉关系,对外代表着党组织,扮演着党组织角色。总之,党组织的立体结构非常复杂,其原因就在于所有党组织的党内角色,都不是唯一的而是多元的。

(三)党的组织的设置与定位

党的组织法规的一个重要功能,就是为党的各级各类组织的设置与定位提供规范基础。严格来说,任何一个党组织,都有创设它的党内法规依据,无规范依据的党组织不具有合规性,应该由相关的党组织按规定程序予以取缔。

总体上看,党章对党的各级各类组织的设置与定位作了较为全面系统的规定,它是党组织设置与定位的最权威规范,任何党组织的设置和定位都要以党章的相关规定为根本遵循。党章之外的其他党内法规,如《中央委员会工作条例》《地方委员会工作条例》《党组工作条例》《工作机关条例(试行)》《支部工作条例(试行)》《党和国家机关基层组织工作条例》等,对党的各级各类党组织的设置与定位作出了具有可操作性的具体规定,它们是各级各类党组织设置和定位最直接的规范依据。

根据党章和其他党的组织法规规定,党的组织及其定位主要包括以下几种:

(1)党的中央组织及其定位

党的中央组织在党的组织金字塔结构中位居顶层,属于一级党组织。党章第三章对党的中央组织作了明确规定。从其规定上看,主要设置了党的全国代表大会、党的全国代表会议、中央委员会、中央政治局及其常委会等。

党的全国代表会议和党的全国代表大会是不一样的,后者每五年召开一次,由党章明文规定。而作为党的中央组织,党的全国代表会议甚少举行。截至2022年,党史上只召开过三次全国代表会议:① 1937年苏区代表会议,这次会议主要解决了两个问题,一是讨论关于目前政治形势与党的任务的报告;二是讨论关于苏区党的组织问题的报告。② 1955年全国代表会议,其主要任务是讨论发展国民经济的第一个五年计划纲要,并决定成立中央和地方各级党的监察委员会。③ 1985年全国代表会议,此次会议审议和通过了《中共中央关于制定国民经济和社会发展第七个五年计划的建议》,增选中央委员会成员等组织事项。根据党章的规定,党的全国代表会议的职权是:讨论和决定重大问题;调整和增选中央委员会、中央纪律检查委员会的部分成员;调整和增选中央委员及候补中央委员的数额等。由此可知,在定位上,党的全国代表会议与党的全国代表大会具有相似性。

党章规定:党的最高领导机关,是党的全国代表大会和它所产生的中央委员会。党中央是大脑和中枢,党中央必须有定于一尊、一锤定音的权威,这样才能"如身使臂,如臂使指,叱咤变化,无有留难"。所以,在定位上,党中央同样是党内最高权威,它与党的全国代表大会的不同之处在于,前者是党内常设的最高权威,而后者是非常设的最高权威。

(2) 党的地方组织及其定位

根据党章第四章和《地方委员会工作条例》等党的组织法规规定,党的地方组织主要有省、市、县三级。党的地方组织的领导机关是本地区党的代表大会及其选举产生的委员会,包括党的省、自治区、直辖市的代表大会,设区的市和自治州的代表大会,县(旗)、自治县、不设区的市和市辖区的代表大会,以及由这些代表大会选举产生的委员会。

在功能定位上,党的地方各级代表大会和由它们所产生的委员会是党的地方各级领导机关,地方各级委员会在代表大会闭会期间领导本地方的工作。地方各级委员会的人数一般较多,因此,它们通常设有常务委员会,在委员会全体会议闭会期间,常务委员会行使党的地方委员会职权,并主持日常工作。

《地方委员会工作条例》第3条规定:"党的地方委员会在本地区发挥总揽全局、协调各方的领导核心作用,按照协调推进'四个全面'战略布局,对本地区经济建设、政治建设、文化建设、社会建设、生态文明建设实行全面领导,对本地区党的建设全面负责。"党的组织法规还规定,党的地方组织的根本任务是确保党中央决策部署贯彻落实,有令即行、有禁即止。

(3) 党的基层组织及其定位

我们党在社会基层组织中设立的组织,就是党的基层组织。《党章》第30条规定:"企业、农村、机关、学校、医院、科研院所、街道社区、社会组织、人民解放军连队和其他基层单位,凡是有正式党员三人以上的,都应当成立党的基层组织。"

党的基层组织有党的基层委员会、总支部委员会、支部委员会等三种类型,具体设置何种类型,取决于工作需要和党员人数。其中,基层委员会由党员大会或代表大会选举产生,总支部委员会和支部委员会由党员大会选举产生,提出委员候选人要广泛征求党员和群众的意见。

《组织工作条例》第13条第1款规定:"党的基层组织是党在社会基层组织中的战斗堡垒,是党的全部工作和战斗力的基础。坚持大抓基层的鲜明导向,以提升组织力为重点,大力加强企业、农村、机关、学校、医院、科研院所、街道社区、社会组织等基层党组织建设,推进组织设置和活动方式创新,增强党组织政治功能,选优配强党组织带头人,把各领域党的基层组织建设成为宣传党的主张、贯彻党的决定、领导基层治理、团结动员群众、推动改革发展的坚强战斗堡垒。"这些规定实际上就是党的基层组织的功能定位。

(4) 党组及其定位

何谓党组?《党组工作条例》第2条规定:"党组是党在中央和地方国家机关、人民团体、经济组织、文化组织和其他非党组织的领导机关中设立的领导机构,在本单位发挥领导作用,是党对非党组织实施领导的重要组织形式。"由此可见,党组实际上是我们党对非党组织实施领导的一类组织形态,它在党的组织体系中的地位比较特殊。

一般来说,党组设置可以分为三种情形,即应设、可设和不设:

应当设立党组的有:① 县级以上人大常委会、政府、政协、法院、检察院;② 县级以上政府工作部门、派出机关(街道办事处除外)、直属事业单位;③ 县级以上工会、妇联等人民团体;④ 中管企业;⑤ 县级以上政府设立的有关管委会的工作部门;⑥ 其他有必要设立党组的单位。

可以设立党组的有:① 全国性的重要文化组织、社会组织;② 其他需要设立党组的单位。

不设党组的有:① 领导机关中的党员领导成员不足3人的;② 与党的机关合并设立或者合署办公的;③ 由党的机关代管或者管理,并纳入党的机关序列的;④ 县级以上政府直属事业单位以外的其他事业单位;⑤ 共青团组织;⑥ 中管企业的下属企业,地方国有企业;⑦ 地方文化组织、社会组织。

关于党组的定位,党章和《党组工作条例》规定得比较明确。党组在本单位发挥领导作用,履行把方向、管大局、保落实职责。为此,要坚持和完善党组工作制度,健全工作规则和决策机制,坚持党建工作与业务工作同谋划、同部署、同推进、同考核,督促推动本单位领导班子,依法依章程及时全面落实党组决策,确保党的理论和路线方针政策在本单位贯彻落实。党组的任务主要有:贯彻执行党的路线、方针、政策;加强对本单位党的建设的领导,履行全面从严治党责任;讨论和决定本单位的重大问题;做好干部管理工作;讨论和决定基层党组织设置调整和发展党员、处分党员等重要事项;团结党外干部和群众,完成党和国家交给的任务;领导机关和直属单位党组织的工作等。

(5) 党的纪律检查机关及其定位

党的纪律检查机关包括党的中央纪律检查委员会、地方各级纪律检查委员会、基层纪律检查委员会以及中央纪委和地方纪委的派出机构。根据党章的规定,党的各级纪律检查委员会是党内监督专责机关。后面在党的监督保障法规一章还会专门讲到这个党组织,在此不作进一步展开。

(6) 党的工作机关及其定位

根据《工作机关条例(试行)》的规定,党的工作机关是党实施政治、思想和组织领导的政治机关,是落实党中央和地方各级党委决策部署,实施党的领导、加强党的建设、推进党的事业的执行机关,主要包括办公厅(室)、职能部门、办事机构和派出机关等。党的工作机关的设立,应当适应加强党的领导和党的建设的需要,遵循精简、统一、效能原则,实行总量控制与限额管理。

党的工作机关主要包括党委办公厅(室)、各个职能部门、办事机构和派出机关等。其中,党委办公厅(室)是党委的综合部门,负责党委的日常事务性工作;党委职能部门是负责党委某一方面工作的主管部门,如组织部、宣传部、统战部等;党委办事机构是协助党委办理某一方面重要事务的机构,如中央国安办、中央网信办、中央编办、中央外办、中央财办等。还有一种工作机关是党委派出机关,这是党委为了加强对特定领域、行业、系统的工作而派出的,如中央和国家机关工委。

《工作机关条例(试行)》规定,根据工作需要,党的工作机关与职责相近的国家机关等可以合并设立或合署办公,它们一般仍归党委主管。

除上述六种不同类型的党的组织机关外,一些党委直属事业单位也是党的组织的重要形式,属于党的组织范畴,其设置和定位按照中央有关规定执行,如中央党校(国家行政学院)、中央党史和文献研究院、中央社会主义学院、人民日报社等,都是典型的中央直属事业单位。根据《工作机关条例(试行)》的规定,党委直属事业单位、设在党的工作机关或者由党的工作机关管理的机关,参照本条例执行,法律法规和中央另有规定的除外。

此外,不少党委直属事业单位也有专门的党内法规规范其设置和定位,如《中国共产党党校(行政学院)工作条例》《社会主义学院工作条例》就对党校(行政学院)、社会主义学院的设立等具体事项作出了详细规定。

三、党的组织产生

党的组织类型多种多样,在设置目的和功能定位等方面存在着不小的差异。同样地,它们在产生方式、产生程序及组成等方面也各不相同。对于不同的党组织,党的组织法规分别规定了其各自的产生方式与产生程序,以使党组织更加符合党的事业发展需要。

(一) 党的组织产生方式

一般来说,党的组织只有两种产生方式:一是选举产生,二是设立产生。党的各级各类组织具体如何产生,党章有明确的规定,而党章之外的其他党内组织法规,还有相应的更为详细的规定。

党章规定,党的各级领导机关,除它们派出的代表机关和在非党组织中的党组外,均由选举产生。也就是说,中央和地方各级党的代表大会、党的委员会及其常务委员会都由选举产生。与此同时,党章还规定,党的基层委员会、中央和地方各级纪律检查委员会及其常务委员会,也都由选举产生。相对而言,选举产生模式能大大提升其产生过程的民主性与透明性,从而增强该党组织的权威性。

党组、党的工作机关等组织,要么由党委派出,要么就是履行党委的某项职权,其权力来源于党委,因此,其产生方式一般由党委决定。也就是说,这种党的组织都是由设立而不是选举产生。

(1) 选举产生

第一,党的各级代表大会

中国共产党各级代表大会是党的领导机关,尽管它不是常设的,但它同样是党的领导机关。开会就是它们履行职权的一种方式,也是它们存在的基本形式。党的各级代表大会的代表一般都是兼职的,几乎没有专职的。根据党章规定,它们都由选举产生。在组成数量和结构方面,各级代表大会的代表要体现出足够的广泛性和代表性,以真正代表全体党员的意志。

党的全国代表大会是党的最高领导机关,其组成代表由选举产生。党章规定,全国代表大会代表的名额和选举办法,由中央委员会决定。

关于党的地方各级代表大会代表的名额分配和选举办法,党章规定由同级党的委员会决定,并报上一级党的委员会批准。《地方组织选举工作条例》进一步规定,党的地方各级代表大会的代表名额,由召开代表大会的党的委员会全体会议,按照有利于充分发扬党内民主、有利于讨论决定问题和代表具有广泛性等原则确定。党的省、自治区、直辖市代表大会代表名额,一般为400至800名。设区的市、自治州代表大会代表名额,一般为300至500名。县(旗)、自治县、不设区的市和市辖区代表大会代表名额,一般为200至400名。

关于党的基层组织召开的党员代表大会的代表名额,按照《基层组织选举工作条例》的规定,党员人数在500名以上或者所辖党组织驻地分散的,经上级党组织批准,可以召开党员代表大会进行选举。代表的名额一般控制在100至200名之间,最多不超过300名。具体名额由召集党员代表大会的党组织按照有利于党员了解和直接参与党内事务、有利于讨论决定问题的原则确定,报上级党组织批准。

根据党的组织法规规定,党的代表大会代表选举均实行差额选举。党的地方各级代表大会代表候选人的差额比例不少于20%,党的基层组织召开的党员代表大会的代表候选人的差额不少于应选人数的20%。

关于党的全国代表大会代表选举的具体差额比例,党章等党内法规没有具体的规定。据人民日报的报道,党的二十大代表选举坚持差额考察、差额选举。在组织考察中,普遍实行差额考察和考察预告,逐级差额遴选、综合比较选优,并对初步人选进行公示,确保人选组织放心、党员信任、群众公认。会议选举时,改进候选人介绍办法,丰富介绍内容,增进选举人对候选人的了解。实行差额选举,差额比例均高于15%。

第二,党的各级委员会

根据党章规定,党的中央委员会由党的全国代表大会选举产生。中央政治局、中央政治局常务委员会和中央委员会总书记,均由中央委员会全体会议选举产生。

根据《地方委员会工作条例》《地方组织选举工作条例》等党的组织法规规定,党的地方各级委员会委员、候补委员由党的同级代表大会差额选举产生,差额比例不少于10%。

关于党的基层委员会、总支部委员会和支部委员会的选举产生,《基层组织选举工作条例》《支部工作条例(试行)》等党的组织法规对此作了明确规定。根据相关规定,基层委员会一般设书记1名,副书记1至2名。总支部委员会一般设书记1名,副书记1名。支部委员会由3至5人组成,一般不超过7人,设书记1名,必要时可以设副书记1名。他们都由委员会选举产生。

第三,党的各级纪律检查委员会

按照党章规定,中央纪委委员由党的全国代表大会选举产生,党的全国代表会议有权对其进行调整和增选。中央纪委常务委员会和书记、副书记,由中央纪委全体会议选举产生,并报党的中央委员会批准。

根据党章和《地方组织选举工作条例》的规定,地方纪委委员由地方各级代表大会选举产生;常务委员会和书记、副书记,由地方纪委全体会议选举产生,由同级党的委员会通过,并报上级党的委员会批准。

党章规定,党的基层委员会是设立纪律检查委员会还是设立纪律检查委员,由它的上一级党组织根据具体情况决定。党的总支部委员会和支部委员会设纪律检查委员。按照《基层组织选举工作条例》的有关规定,党的基层组织中的纪律检查委员会委员,由党员大会或者党员代表大会选举产生;书记、副书记在纪律检查委员会全体会议上选举产生,经同级党的委员会通过后,报上级党组织批准。

(2) 设立产生

以自主设立方式产生的党组织,主要有两种:党组和党的工作机关。

第一,党组

《党组工作条例》是一部有关党组的专门性党内法规,它对党组的设立作了较为详尽的规定。根据其规定,党组的设立,应当由党中央或者本级地方党委审批。有关管委会的工作部门设立党组,由本级党委授权管委会党工委审批。党组不得审批设立党组。

此外,党组性质党委是由上级党组织直接批准设立,不同于由选举产生的地方党委和基层党委。何谓党组性质党委呢?简单来说,就是比一般的党组领导作用更强一些的特定党组。《党组工作条例》规定,党组性质党委,是指党在对下属单位实行集中统一领导的国家工作部门和有关单位的领导机关中设立的领导机构,在本单位、本系统发挥领导作用。

党组设党组书记,必要时还可以设副书记,但一般情况下不会设立党组副书记。党组成员一般是3至7人。副省部级以上单位、中管企业党组成员一般不超过9人,个别单位确需增加的,由党中央决定。市县两级政府及县级以上地方政府个别工作部门确需增加的,按程序报请省级党委批准,但总数同样不得超过9人。

第二,党的工作机关

由谁以及具体如何设立党的工作机关,《工作机关条例(试行)》规定得比较明确。党中央工作机关的设立,由中央机构编制管理部门提出方案,按程序报党中央审批决定;地方党委工作机关的设立,由同级机构编制管理部门提出方案,按规定程序由本级党委讨论决定后,报上级党委审批。

党的工作机关的领导机构和决策形式,是部(厅、室)务会或者委员会。它一般由正职、副职、派驻纪检组组长或者纪工委书记及其他成员组成。党的工作机关的领导职数,根据工作需要和从严控制的原则,严格按照有关规定执行。党的工作机关正职由上级机构领导成员兼任的,可以设常务副职,协助其处理日常工作。党的工作机关不设正职领导助理,一般不设秘书长。确有必要时,经党中央批准,党中央职能部门可以设秘书长。

(二)党的组织产生程序

党组织的产生程序与其产生方式之间具有密切的关联,不同的产生方式自然有不同的产生程序。从这个意义上说,产生程序可谓是产生方式的内涵之一。从实质意义上看,设置产生程序的目的是规范产生方式,使之更具有透明性、正当性和权威性。所以,任何党组织的产生,都应严格遵循党的组织法规规定的产生程序。

对于直接设立产生的党的组织来说,其产生程序相对比较简单。以党组的设立为例,它一般由党中央或者地方党委根据需要直接决定设立,也可以由需要设立党组的单位,或者其上级主管部门党组织提出设立申请,经党中央或者地方党委批准后设立。党的工作机关的设立程序也不复杂,一般是由机构编制管理部门提出方案,按程序报党中央或者同级地方党委审批决定后设立,此外没有其他的程序要求。

相对而言,由选举产生的党的组织,其产生程序流程较多、要求较高,下面分别详细介绍。

(1)党的各级代表大会

如上所述,党的各级代表大会的代表都是由选举产生。为了体现党内选举工作的严肃性,尤其是为了保证代表具有足够的先进性与代表性,党章、《地方组织选举工作条例》《基层组织选举工作条例》《关于党的地方各级代表大会若干具体问题的暂行规定》等党内法规,对各级代表大会代表的资格要件、代表名额的分配、选举单位的划分、选举的过程、报批审查等事项作了详细的规定,其中多数属于有关选举的程序性规定。

在党的全国代表大会召开前，中共中央一般都会制定有关党的全国代表选举的规范性文件，对选举工作进行全面部署，以保证选举的公开、公平和公正。以党的二十大代表的选举为例，2021年11月，中共中央就印发了《关于党的二十大代表选举工作的通知》，后来中央组织部根据该"通知"精神，专门编印了《党的二十大代表选举工作流程图》，要求各选举单位坚持党的领导与发扬民主相统一，采取自下而上、上下结合、反复酝酿、逐级遴选的办法产生二十大代表。"通知"也好，"流程图"也罢，它们主要都是有关代表选举程序上的规定。

（2）党的地方各级委员会和纪律检查委员会

党的地方各级委员会和纪律检查委员会的选举程序，党章和《地方委员会工作条例》《地方组织选举工作条例》《关于党的地方各级代表大会若干具体问题的暂行规定》等党的组织法规，都有较为明确的规定。关于党的地方各级委员会委员、候补委员，以及纪律检查委员会委员的产生，其程序主要包括确定组成原则、提出初步人选、进行考察、预备人选报批、大会选举等。只有前面的工作做到位了，后面的大会正式选举才能顺利进行。

地方党委、纪委的常委会和书记、副书记的产生程序，与党委、纪委的产生程序略有不同，主要表现在：① 它由常委会直接提出候选人预备人选并报批；② 它由新选举产生的党委和纪委举行的全体会议选举产生，而不是由党的代表大会选举产生；③ 纪委选举产生的常委会和书记、副书记，需要获得同级党委通过，并报上级党委批准。由此可知，它的程序更加复杂，除了正常的选举程序外，还增加了同级党委的通过程序以及上级党委的审批程序。

（3）党的基层委员会和纪律检查委员会

关于党的基层委员会和纪律检查委员会的产生程序，根据《基层组织选举工作条例》的规定，它大体上分三步走：先由上届党的委员会根据所辖多数党组织的意见提出人选，报上级党组织审查同意后，接着酝酿确定候选人，然后召开党员大会或者党员代表大会进行选举。

委员会书记、副书记的产生则分两步走：第一步，由上届委员会提出候选人，报上级党组织审查同意；第二步，在委员会全体会议上进行选举。不设立委员会的党支部书记、副书记的产生，由全体党员充分酝酿，提出候选人，报上级党组织审查同意后进行选举。对于那些设立了常委会的党的基层委员会，其常委候选人由上届委员会按照比应选人数多1到2人的差额提出，报上级党组织审查同意后，再由委员会全体会议选举产生。

(三) 党的组织调整与撤销

党的组织有设立，自然就有调整和撤销。换言之，党的组织也要新陈代谢。关于党组织的调整与撤销问题，大致可以从以下三个方面展开：

(1) 党的代表大会代表资格的终止与停止

党的代表大会是由代表构成的党组织。代表参会资格的终止或者停止，在很大程度上意味着代表大会本身发生了变化。换句话说，党的代表大会的更新换代是以代表新旧交替的方式进行的。

关于党的代表大会代表资格的终止与停止问题，主要由《代表任期制暂行条例》和《纪律处分条例》进行规范。《代表任期制暂行条例》第25条规定："党代表大会代表在任期内，有下列情形之一的，其代表资格终止：(一) 受留党察看以上处分的；(二) 被停止党籍，或者丧失中华人民共和国国籍的；(三) 辞去代表职务被接受的。"《代表任期制暂行条例》第28条规定："党代表大会代表资格终止，由所在选举单位或者基层党组织提出，由同级党代表大会选举产生的党的委员会决定，报上级党的委员会备案。党的全国代表大会代表资格的终止，由党的中央委员会决定。"《纪律处分条例》也规定，党的各级代表大会的代表受到留党察看以上（含留党察看）处分的，党组织应当终止其代表资格。

当然，更多的代表大会代表资格的终止或停止，是由于其未能成功连任党代表，或由于连任两届之后自动失去当选代表的资格。正是这种常规性的代表资格的新陈代谢，使得党的各级代表大会能够与时俱进，从而更好地履行审议功能。

(2) 党的委员会委员的递补、补选、辞去、免去与终止

党的委员会委员的调整，在很大程度上代表着该委员会的调整。党的委员会委员的调整方式主要有递补、补选、辞去、免去、终止等，党章和《地方委员会工作条例》等党内法规对此作了较为详细的规定。

党章规定，党的全国代表会议有权调整中央委员会、中央纪律检查委员会的部分成员。

《地方委员会工作条例》第7条规定："党的地方委员会委员、候补委员配备应当具有代表性，符合党龄、年龄、性别、专业等方面要求。人选应当包括书记、副书记和常委会其他委员，一般还应当包括同级政府领导班子成员，同级人大常委会、政协、法院、检察院主要负责人，同级党委和政府有关部门主要负责人，同级工会、共青团、妇联主要负责人，下一级党委和政府主要负责

人,以及适当比例的基层党员。党的地方委员会任期内,委员出缺的由候补委员按照得票多少依次递补,递补后仍有空缺的可以召开党代表大会或者党代表会议补选。因调离本地区、辞去公职、退休等原因不适宜继续担任党委委员、候补委员的,应当辞去或者由所在的党的地方委员会按程序免去其党委委员、候补委员职务。死亡、丧失国籍、被追究刑事责任、被停止党籍、受到留党察看以上党纪处分的,委员、候补委员职务自动终止。辞去、免去或者自动终止委员、候补委员职务的,应当报上一级党委备案。确有必要时,上一级党委可以任免下级党委委员、候补委员职务。"

《地方委员会工作条例》还对地方党委常务委员会成员的调整作了相应规定。在党的代表大会闭会期间,上级党委可以根据工作需要,调动、任免下级党委书记、副书记和常委会其他委员,其数额在任期内一般不得超过常委会委员职数的二分之一。

(3)党组织的改组、解散与撤销

规范党组织的改组、解散与撤销的党内法规主要有《党组工作条例》《问责条例》《纪律处分条例》《支部工作条例(试行)》《工作机关条例(试行)》等。

《问责条例》第8条第1款第3项规定:"改组。对失职失责,严重违犯党的纪律、本身又不能纠正的,应当予以改组。"《纪律处分条例》第9条规定:"对于违犯党的纪律的党组织,上级党组织应当责令其作出检查或者进行通报批评。对于严重违犯党的纪律、本身又不能纠正的党组织,上一级党的委员会在查明核实后,根据情节严重的程度,可以予以:(一)改组;(二)解散。"

调整与撤销的情形主要适用于党的支部。《支部工作条例(试行)》第7条规定:"对因党员人数或者所在单位、区域等发生变化,不再符合设立条件的党支部,上级党组织应当及时予以调整或者撤销。党支部的调整和撤销,一般由党支部报所在乡镇(街道)或者单位基层党委批准,也可以由所在乡镇(街道)或者单位基层党委直接作出决定,并报上级党委组织部门备案。"《支部工作条例(试行)》第8条规定:"为执行某项任务临时组建的机构,党员组织关系不转接的,经上级党组织批准,可以成立临时党支部。临时党支部主要组织党员开展政治学习,教育、管理、监督党员,对入党积极分子进行教育培养等,一般不发展党员、处分处置党员,不收缴党费,不选举党代表大会代表和进行换届。临时党支部书记、副书记和委员由批准其成立的党组织指定。临时组建的机构撤销后,临时党支部自然撤销。"

关于党组的变更与撤销问题,《党组工作条例》第12条第4款规定:"变更、撤销党组的,由批准其设立的党组织作出决定。"其第38条规定:"党组性质党委的设立、变更和撤销,一般应当由党中央或者本级地方党委审批。对下属单位实行集中统一领导的国家工作部门和单位党组性质党委,根据党中央授权可以负责审批下属单位党组性质党委的设立、变更和撤销。党组性质党委根据需要并按照规定权限和程序审批后,可以设立工作机构。"

关于党的工作机关的撤销或变更事宜,《工作机关条例(试行)》第6条规定:"党中央工作机关的设立、撤销、合并或者变更,由中央机构编制管理部门提出方案,按程序报党中央审批决定。地方党委工作机关的设立、撤销、合并或者变更,由同级机构编制管理部门提出方案,按规定程序由本级党委讨论决定后,报上级党委审批。"

四、党的组织职权

因创设目的和功能定位方面的差异,党的组织类型多种多样,其职权也各不相同。对于不同的党组织,党的组织法规根据其各自的功能定位,赋予它们相应的职权,明确各个党组织的活动范围,使各个党组织的工作更加规范,有助于它们踔厉奋发于新时代的伟大事业,并扎实推进全面从严治党。

(一)党的组织职权概况

所谓职权,通常是指机关职务范围内的权力,它意味着领导、指挥和支配的意志与力量。因此,党的组织职权,就是指党的组织为履行职责所必需的权力,是党章和其他党内法规授予党的组织,在一定范围内进行管党治党、执政治国活动的意志和力量。

党章对党的组织职权作了根本性规定,它是最具有权威性的规范依据。其他党内法规对党组织的职权规定,都要以党章为根本遵循。《中央委员会工作条例》《地方委员会工作条例》《党组工作条例》《组织工作条例》《工作机关条例(试行)》《农村基层组织工作条例》《支部工作条例(试行)》《党和国家机关基层组织工作条例》《中国共产党国有企业基层组织工作条例(试行)》〔以下简称《国有企业基层组织工作条例(试行)》〕、《纪律处分条例》等一系列中央党内法规,对党的各级各类组织职权作出了专门性规定。此外,部分地方党内法规对党的组织职权作了细化规定,如中共湖北省委印发的《湖北省贯彻〈党和国家机关基层组织工作条例〉实施办法》,就对湖北省范围内的基层组织工作作了更为具体的规定。

接下来,按照党的组织类型,对其各自的职权一一进行简要阐述。

(1) 党的中央组织

第一,党的全国代表大会和党的全国代表会议

根据党章的相关规定,党的全国代表大会的职权主要有听取和审查中央委员会的报告、审查中央纪律检查委员会的报告、讨论并决定党的重大问题、修改党的章程、选举中央委员会、选举中央纪律检查委员会六项职权。党的全国代表会议的职权主要有讨论和决定重大问题以及调整和增选中央委员会、中央纪律检查委员会的部分成员。

第二,党的中央委员会

在党的全国代表大会闭会期间,党的中央委员会执行全国代表大会的决议,领导党的全部工作,对外代表中国共产党。

第三,党的中央政治局及其常务委员会

在中央委员会全体会议闭会期间,中央政治局及其常务委员会行使中央委员会的职权。中央书记处是中央政治局及其常务委员会的办事机构;成员由中央政治局常务委员会提名,中央委员会全体会议通过。中央委员会总书记负责召集中央政治局会议和中央政治局常务委员会会议,并主持中央书记处的工作。

(2) 党的地方组织

第一,党的地方各级代表大会和代表会议

党的地方各级代表大会,主要有听取和审查同级委员会的报告、审查同级纪律检查委员会的报告、讨论本地区范围内的重大问题并作出决议、选举同级党的委员会以及同级党的纪律检查委员会四项职权。党的地方各级委员会在必要时召集代表会议,讨论和决定需要及时解决的重大问题。代表会议代表的名额和产生办法,由召集代表会议的委员会决定。

第二,党的地方各级委员会

党的地方各级委员会在代表大会闭会期间,执行上级党组织的指示和同级党代表大会的决议,领导本地方的工作,定期向上级党的委员会报告工作。

关于党的地方委员会职权,《地方委员会工作条例》第9条规定:"党的地方委员会在党代表大会闭会期间,执行上级党组织的指示和同级党代表大会的决议、决定,领导本地区的工作。党的地方委员会应当通过召开全会的方式履行以下职责:(一) 制定贯彻执行党中央和上级党组织决策部署,以及同

级党代表大会决议、决定的重大措施。(二)讨论和决定本地区经济社会发展战略、重大改革事项、重大民生保障等经济社会发展重大问题。(三)讨论和决定本地区党的建设方面的重大问题,审议通过重要党内法规或者规范性文件。(四)决定召开同级党代表大会或者党代表会议,并对提议事项先行审议、提出意见。(五)听取和审议常委会工作报告或者专项工作报告。(六)选举书记、副书记和常委会其他委员;通过同级党的纪律检查委员会全体会议选举产生的书记、副书记和常委会其他委员。(七)决定递补党委委员;批准辞去或者决定免去党委委员、候补委员;决定改组或者解散下一级党组织;决定或者追认给予党委委员、候补委员撤销党内职务以上党纪处分。(八)研究讨论本地区行政区划调整以及有关党政群机构设立、变更和撤销方案。(九)对常委会提请决定的事项或者应当由全会决定的其他重要事项作出决策。"

第三,党的地方各级委员会的常务委员会

《地方委员会工作条例》第10条规定:"在全会闭会期间,常委会行使党的地方委员会职权,主持经常工作。其主要职责是:(一)召集全会,向全会报告工作并接受监督;对拟提交全会讨论和决定的事项先行审议、提出意见。(二)组织实施上级党组织决策部署和全会决议、决定。(三)向上级党组织请示报告工作,讨论和决定下级党组织请示报告的重要事项。(四)对本地区经济社会发展和宣传思想文化工作、组织工作、纪律检查工作、群众工作、统一战线工作、政法工作等方面经常性工作中的重要问题作出决定。(五)按照有关规定推荐、提名、任免干部,必要时对重要干部的任免可以征求党委委员意见;教育、管理、监督干部;研究决定党员干部纪律处分有关事项。(六)对应当由常委会决定的其他重要事项作出决定。"

(3)党的基层组织

《党章》第32条规定:"党的基层组织是党在社会基层组织中的战斗堡垒,是党的全部工作和战斗力的基础。它的基本任务是:(一)宣传和执行党的路线、方针、政策,宣传和执行党中央、上级组织和本组织的决议,充分发挥党员的先锋模范作用,积极创先争优,团结、组织党内外的干部和群众,努力完成本单位所担负的任务。(二)组织党员认真学习马克思列宁主义、毛泽东思想、邓小平理论、'三个代表'重要思想、科学发展观、习近平新时代中国特色社会主义思想,推进'两学一做'学习教育、党史学习教育常态化制度化,学习党的路线、方针、政策和决议,学习党的基本知识,学习科学、文化、法律和业务知识。(三)对党员进行教育、管理、监督和服务,提高党员素质,坚定理想信念,增强党性,严格党的组织生活,开展批评和自我批评,维护和执行党的纪律,监督党员切实履行义务,保障党员的权利不受侵犯。加强和改进流动党员管理。(四)密切联系群众,经常了解群众对党员、党的工作的批评和意见,维护群众的正当权利和利益,做好群众的思想政治工作。(五)充分发挥党员和群众的积极性创造性,发现、培养和推荐他们中间的优秀人才,鼓励和支持他们在改革开放和社会主义现代化建设中贡献自己的聪明才智。(六)对要求入党的积极分子进行教育和培养,做好经常性的发展党员工作,重视在生产、工作第一线和青年中发展党员。(七)监督党员干部和其他任何工作人员严格遵守国家法律法规,严格遵守国家的财政经济法规和人事制度,不得侵占国家、集体和群众的利益。(八)教育党员和群众自觉抵制不良倾向,坚决同各种违纪违法行为作斗争。"由此可见,党的基层组织的职权非常广泛。

(4)党组

党组的职权主要是负责贯彻执行党的路线、方针、政策;加强对本单位党的建设的领导,履行全面从严治党责任;讨论和决定本单位的重大问题;做好干部管理工作;讨论和决定基层党组织设置调整和发展党员、处分党员等重要事项;团结党外干部和群众,完成党和国家交给的任务;领导机关和直属单位党组织的工作。

《党组工作条例》对党组的职权规定得更为详尽。《党组工作条例》第17条规定:"党组讨论和决定本单位下列重大问题:(一)贯彻落实党中央以及上级党组织决策部署的重大举措;(二)制定拟订法律法规规章和重要规范性文件中的重大事项;(三)业务工作发展战略、重大部署和重大事项;(四)重大改革事项;(五)重要人事任免等事项;(六)重大项目安排;(七)大额资金使用、大额资产处置、预算安排;(八)职能配置、机构设置、人员编制事项;(九)审计、巡视巡察、督查检查、考核奖惩等重大事项;(十)重大思想动态的政治引导;(十一)党的建设方面的重大事项;(十二)其他应当由党组讨论和决定的重大问题。党组应当紧密结合本单位实际,对前款规定的重大问题进行明确细化、列出具体清单。清单内容根据需要动态调整。"

(5)党的纪律检查机关

党的各级纪律检查委员会是党内监督专责机关,主要任务是:维护党的章程和其他党内法规,检查党的路线、方针、政策和决议的执行情况,协助党的委员会推进全面从严治党、加强党风建设和组织协调反腐败工作,推动完善党和国家监督体系。党的各级纪律检查委员会的职责主要包括:① 监督、执纪、问责,要经常对党员进行遵守纪律的教育,作出关于维护党纪的决定;② 对党的组织和党员领导干部履行职责、行使权力进行监督,受理处置党员群众检举举报,开展谈话提醒、约谈函询;③ 检查和处理党的组织和党员违反党的章程和其他党内法规的比较重要或复杂的案件,决定或取消对这些案件中的党员的处分;④ 进行问责或提出责任追究的建议;⑤ 受理党员的控告和申诉;⑥ 保障党员的权利。

党的纪律检查机关可以分为中央纪律检查委员会及其常务委员会和地方各级纪律检查委员会及其常务委员会两种类型。《纪律检查委员会工作条例》第10条和第17条分别对它们的职权作了更为细化的规定,在党的监督保障法规一章,将对此予以展开论述,在此不再赘述。

(6) 党的工作机关

《工作机关条例(试行)》第11条规定:"党的工作机关应当履行以下职责:(一)坚决贯彻落实党的理论和路线方针政策以及党委决策部署,确保政令畅通;(二)研究部署职责范围内的工作,按照规定制发党内法规和规范性文件,抓好组织实施和督促落实;(三)当好党委参谋助手,及时报告有关情况、反映问题、提出意见建议,为党委决策提供服务;(四)抓好机关党的建设工作,加强对本单位群团工作的领导;(五)承办党委和上级工作机关交办的有关事项。"这些规定表明,党的工作机关的职权实际上是党委职权的延伸。

(二) 党的组织职权配置原则

党的组织的职权配置与党的组织活动的高效展开关系非常密切。党的组织职权配置是否科学合理,不但关系党的各项事业能否顺利进行,而且直接影响新时代全面从严治党伟大工程的进度。党的组织职权配置必须遵循科学的配置原理。否则,在其工作活动中,党的各级各类组织难免会遇到权责不配备的不良状况,甚至会产生职权交错、相互干扰的情形。

总结党的百年职权配置经验,党的组织职权的配置原则可以概括为三项:坚持民主集中制、遵循权力配置的一般原理、坚持针对性与系统性相结合。

(1) 坚持民主集中制

民主集中制是中国共产党构建其组织体系的根本原则。在党的各级各类组织职权配置问题上,同样要遵循民主集中制原则。民主集中制是民主与集中的有机结合,是民主基础上的集中,也是集中指导下的民主。坚持民主集中制,不仅要求做到集中,即落实"四个服从"和"两个维护",还要求贯彻民主,即充分发扬党内民主,发挥下级党的组织和各个党员的积极性。

《党章》第 27 条第 6 款规定,"党的地方各级委员会在代表大会闭会期间,执行上级党组织的指示和同级党代表大会的决议,领导本地方的工作,定期向上级党的委员会报告工作";《党组工作条例》第 17 条第 1 款第 1 项规定,党组要"贯彻落实党中央以及上级党组织决策部署的重大举措";《工作机关条例(试行)》第 11 条第 1 款第 1 项规定,党的工作机关要"承办党委和上级工作机关交办的有关事项",等等。这些组织法规规定,体现了民主集中制的"集中"要求,维护了党中央的集中统一领导,对于贯彻落实"四个服从"和"两个维护"必不可少。

《地方委员会工作条例》第 16 条第 2 款规定:"党的地方委员会作出同下级党组织有关的重要决定,一般应当事前征求下级党组织的意见。需要同级党的代表大会代表、下级党组织和党员了解的重要情况和重大问题,应当及时通报。"《党组工作条例》第 40 条第 4 款规定:"实行垂直管理单位的党组性质党委及其成员,由上级单位党组性质党委组织开展考核,如有需要,可以按照规定征求地方党委意见。"这些规定体现了民主集中制的"民主"要求,有利于发挥下级党委、地方党委的积极性。

总之,民主集中制原则是党的组织职权配置的首要原则。党的组织法规在授予各级各类党的组织职权时,要严格按照民主集中制原则要求来配置职权;坚持所有党的组织职权的行使,要有利于在党的组织中间贯彻该原则;坚决避免不合理、不科学的职权配置现象,保障党组织的所有行为都严格遵循该原则。

(2) 遵循权力配置的一般原理

党的组织职权,是党章和其他党内法规赋予党的组织在一定范围内进行管党治党、治国理政活动的权力。它实际上是党内权力的一种分配形式。因此,党的组织职权配置,首先要符合权力配置的一般原理,不得违背权力配置的基本规律。一切权力的配置都需要遵循权力配置的一般原理,否则,将会导致权力配置违反最基本的规律要求。党的组织职权配置也是如此。

众所周知,权力本身具有强制性,它本质上是一种支配力和控制力。权力的行使总是和一定的目的相联系,能够获取一定的利益,因此,权力具有工具性。人都是趋利的动物,权力主体也不例外,其趋利的本能使得权力主体内心深处存在着扩张和聚敛权力的冲动,它会进一步引诱其支配力和控制力向外延伸,因此,权力也具有扩张性。正因为权力具有强制性、工具性和扩张性,所以,在配置权力时,既要对权力进行必要的限制,又要保障权力的履行,从而实现预设的价值目标。在为各级各类党组织配置职权时,务必意识到职权也是一种权力，它同样具有强制性、工具性和扩张性，应当积极防范所配置的职权，防止其给党的事业造成不可挽回的损失。

首先，要明确所配置的职权的边界。由于权力具有扩张性，所以，要界定各级各类党组织职权的边界，在进行职权配置时，需要明确其行使的主体、条件、对象、方式、程序等。其次，要对职权予以制约，以保证职权的履行始终遵循权限范围的要求，防止各级各类党组织存在滥用职权情形的出现。对各种职权进行制约的方式多种多样，包括职权之间的相互制衡、通过上级职权来监督下级职权等。最后，要为职权的履行提供基本保障条件，以使职权主体能够相对独立地行使权力，从而增强其责任感和使命感。这种基本保障既包括制度性保障也包括物质性保障。前者是指党内其他组织机构配合与尊重党组织的职权行为，后者是指应该为党组织职权的履行提供财政、人员、物资等方面的支撑。

（3）坚持针对性与系统性相结合

我们党不仅要处理党内事务，还要处理国家与社会事务，它是无处不在、无时不有的。党的组织职权十分复杂、形态多样，为此，必须在不同种类、不同级别的党组织之间实现高效的职权分工。可以说，职权分工水准的高低，在很大程度上决定了党的组织职权履行的效能。为了实现党组织运行的效率目标，让整个党的组织体系有效运转，党的组织职权配置分工需要遵循针对性与系统性相结合的原则。

第一，党的组织职权配置应当具有针对性。任何职权的配置目的都是为了充分发挥某种效能，党组织的职权配置也不例外。为了使职权行使更加精细化、专业化，需要根据党组织性质与功能的不同，在其职权配置上作出相应的区分，使配置职权本身具有针对性，避免不同的党组织在职权配置方面出现雷同性。

举例来说，普通高等学校中党的基层组织和农村中党的基层组织在诸多方面相差甚远，前者是教育领域，后者是农村建设领域；前者主要为了全面贯彻党的教育方针、建设教育强国，后者主要是为了深入实施乡村振兴战略，推动全面从严治党向基层延伸。因此，两者在职权上必定有所差别。高校党委的一项重要职权是"审议确定学校基本管理制度，讨论决定学校改革发展稳定以及教学、科研、行政管理中的重大事项"。而乡镇党委的一项重要职权是"讨论和决定本乡镇经济建设、政治建设、文化建设、社会建设、生态文明建设和党的建设以及乡村振兴中的重大问题"。由此可见，根据党组织功能性质上的差异，党组织的职权配置也有不同的侧重点。正所谓具体问题具体分析,应当根据各个党组织自身特殊性,有针对性地配置职权,这样才能使各个党组织更好地实现自身的价值,助推社会主义现代化强国建设目标的实现。

第二,党的组织职权配置应当具有系统性。为了确保整个党组织体系的有效运转,要坚持党组织职权配置的系统性原则。无论是在纵向配置上,还是在横向配置上,都要树立系统性思维,从而保证各级各类党组织,在党中央的集中统一领导下能够相互协调地运转起来。在职权配置上,只有坚持系统性观念,各级各类党组织才不至于在职权问题上出现相互纠缠不清或者彼此冲突的情形,它们也才能更好地履行各自的职权。

比如,《工作机关条例(试行)》第 2 条规定:"党的工作机关是党实施政治、思想和组织领导的政治机关,是落实党中央和地方各级党委决策部署,实施党的领导、加强党的建设、推进党的事业的执行机关,主要包括办公厅(室)、职能部门、办事机构和派出机关。"党委办公厅(室)负责推动党委决策部署的落实,按照党委要求协调有关方面开展工作,承担党委运行保障的具体事务;党委职能部门是负责党委某一方面工作的主管部门,按照规定行使相对独立的管理职能,制定相关政策法规并组织实施,协调指导本系统、本领域工作;党委办事机构是协助党委办理某一方面重要事务的机构,承担议事协调机构的综合性服务工作;党委派出机关是党委为加强对特定领域、行业、系统领导而派出的工作机关。这些工作机关都属于同一党委会领导,它们各司其职,但同时也相互合作、彼此配合,共同落实党中央和地方各级党委的决策部署,实施党的领导工作。

第三,党的组织职权配置应当坚持针对性与系统性相结合。在各级各类党组织职权配置问题上,不能只是片面地遵循针对性和系统性原则,还应该注意两者之间的有机结合。应当采取一定的妥协策略,以保证党的组织职权配置,实现针对性与系统性的有机结合。

(三)党的组织职权与国家机关职权的衔接

我们党的领导党和执政党地位,决定了其党的组织职权与国家机关职权之间有着千丝万缕的联系。党的组织职权与国家机关职权的衔接问题,应当得到党内法规学的重视。

国家机关,是为了实现政治统治和公共管理职能,而根据宪法和法律建立起来的权力组织。我国国家机关主要有立法机关、行政机关、监察机关、审判机关和检察机关等。鉴于党政军民学,东西南北中,党是领导一切的,党的领导不仅体现在党内事务上,还体现于国家和社会事务中,因此,需要处理好党的组织和国家机关之间的关系,使两者的职权能够衔接顺畅,尤其要避免相互之间产生职权冲突等严重情形。党的组织职权与国家机关职权的衔接问题,本质上是党如何领导国家机关履行职责,尤其是党如何保障国家机关依法独立行使职权的问题。对此,可以从以下两个层面展开讨论:

(1)国家机关在履行职权过程中自觉坚持党的领导

党的组织法规授予各级各类党组织职权,为的是承载和体现党的领导。而宪法和法律授予各级各类国家机关职权,其目的之一也在于承载和体现党的领导。党对国家机关的领导,主要表现在政治、思想和组织等方面。党对国家机关实施政治领导,就是要求国家机关在履行职权时,严格遵循党的路线、方针、政策和重大决定,以在治国理政过程中全面贯彻落实党的意志。党制定的路线、方针、政策,不但是党的意志的体现,也是广大人民意志的体现,它符合我国的国情,受到人民的认可,能够正确地反映社会发展的前进方向。当然,在党的路线、方针、政策制定过程中,国家机关也可以依据职权提出自己的意见和建议,以使路线、方针和政策本身更为完善,以使它们能够得到更多人的衷心认可和自觉执行。

党对国家机关的领导还表现为组织领导。中央印发的《党政领导干部选拔任用工作条例》第4条规定:"本条例适用于选拔任用中共中央、全国人大常委会、国务院、全国政协、中央纪律检查委员会工作部门领导成员或者机关内设机构担任领导职务的人员;国家监察委员会、最高人民法院、最高人民检察院领导成员(不含正职)和内设机构担任领导职务的人员;县级以上地方各级党委、人大常委会、政府、政协、纪委监委、法院、检察院及其工作部门领导成员或者机关内设机构担任领导职务的人员;上列工作部门内设机构担任领导职务的人员。选拔任用参照公务员法管理的群团机关和县级以上党委、政府直属事业单位的领导成员及其内设机构担任领导职务的人员,参照本条例执行。上列机关、单位选拔任用非中共党员领导干部,参照本条例执行。选拔任用民族区域自治地方党政领导干部,法律法规和政策另有规定的,从其规定。"由此可见,通过给国家机关选拔任用领导干部,来贯彻新时代党的组织路线和干部工作方针政策,为国家机关输送优秀人才,是实现党对国家机关组织领导的基本形式。

党对国家机关的思想领导,主要指各级各类国家机关人员都要接受党的意识形态教育。在我国国家机关公务员队伍中,党员比例超过百分之八十,县处级以上领导干部中,党员比例超过百分之九十五。身为国家机关公务员的党员接受党的思想教育,乃是其基本义务,对此党章和其他党内法规均有明确规定。对于国家机关和党的组织,只要党能够持续稳定地实现思想领导,它们在职权衔接方面不但不会出现问题,而且必定能够衔接得非常顺畅。同样的思想领导,再加上同样的政治和组织领导,这就为国家机关与党的组织在职权衔接方面提供了良好的协调与保障机制。

(2) 党应当坚决保障国家机关依法独立行使职权

党的二十大报告指出,党要坚持和完善我国根本政治制度、基本政治制度、重要政治制度,拓展民主渠道,丰富民主形式,确保人民依法通过各种途径和形式管理国家事务,管理经济和文化事业,管理社会事务。为此,党应当坚决保障国家机关依法独立行使职权。

第一,党要保障人大的主导立法地位。人民代表大会制度是坚持党的领导、人民当家作主、依法治国有机统一的根本政治制度安排。人民代表大会是我国的国家权力机关,是国家的立法机关。全国人民代表大会是最高国家权力机关,只有它才能代表全国人民的意志,行使基本法律的立法权以及决定国家重大事项的权力。党在领导人大立法工作时,应当坚决带头维护人大及其常委会的权威,不得代替人大及其常委会进行立法活动。质言之,党在领导人大立法工作时,必须坚决捍卫人大主导立法的权威地位。人大代表来自全国各地、社会各个领域和阶层,能够广泛地体现人民群众最真实的意愿,坚持人大主导立法就是坚持人民主体地位,就是坚持国家的一切权力属于人民的宪法规定。而这个宪法规定,实际上也可以理解为党的一个公开承诺。

第二,党要支持国家机关行政职权法定原则。随着党的全面领导的不断加强,党的组织职权与国家机关行政职权之间高度交叉。在这种高度交叉的复杂形势面前,就更有必要坚决保障行政机关独立行使职权,并敦促各级行政机关严格遵循职权法定原则,即行政机关应当在法律规定的范围内行使职权,其履行的行政职权来源于法律,受制于法律,超越法律规定的权限即无效。这就要求党的组织不得直接向行政机关发号施令,使行政机关完全沦为党组织"工具"。在法律上,党的组织对行政机关直接发布命令缺乏法理上的依据,而行政机关也不得依据该"命令"作出行政行为。

第三,党要保障司法机关独立办案以公正司法。法院和检察院等司法机关都设有党组,这就保证了它们能够切实贯彻落实党的领导。各地司法机关在工作中都能够自觉执行党的路线、方针、政策,在办案中都能自觉接受党的领导和监督。然而,法院和检察院的党组尤其是其领导成员不得以贯彻党的领导的名义,插手或干预法官、检察官的办案行为,不得对具体的办案工作作出具体指示。如果党的组织能够随意支配司法活动,司法机关就不可能独立行使职权,司法公正也就无从谈起。因此,党对司法活动的领导,要以维护司法公正为旨归,而不得出于其他任何目的。为了切实加强对各级领导干预司法行为的监督,2015年中央政法委专门印发了《司法机关内部人员过问案件的记录和责任追究规定》。现在《法治日报》《检察日报》等报纸,经常会发布有关领导过问案件的记录数据。通过公开发布这方面的数据,来促使社会各界共同监督领导干部的"过问案件"行为,以保障司法机关真正能够独立办案。不用说,这是我国司法进步的一个显著标志。

第四,党要保障各级监委独立行使监察权。国家监察体制改革以来,合署办公体制将纪委监委联合起来,形成前所未有的反腐败高压态势。合署办公体制有助于增强监察权的权威、贯彻党的领导,但也对各地监委独立行使监察权带来某种挑战。因此,一方面,要厘清党的组织和监委的关系,前者不得恣意干涉后者监察权的行使,应当坚持监委在重大事项上向党委汇报、特定事项由党委批准,但具体操作层面的事项和一般事项应当由监委自行决定的原则,以使监委能够享有最低限度的独立办案空间。另一方面,也要确定纪委与监委各自的职权范围,使之充分发挥各自的优势,防止两者相互干扰,甚至一方越俎代庖,导致纪委监委合署办公体制无法发挥其应有的体制优势,反而降低了它们的反腐效能。总之,党委和纪委要充分尊重监委的独立办案职权,要保障各级监委都能够依法独立行使监察权,这是党的组织与各级监委之间职权衔接顺畅的基本条件。

第八章
党的领导法规

随着新时代党的领导的全面加强,规范党的领导行为的党内法规也在大量增加,并不断完善。在党内法规体系中,党的领导法规居于特殊地位:一方面,有相当数量的有关党的领导规范分布于党章、党的组织法规和党内监督法规之中;另一方面,党的组织法规、党的自身建设法规和党的监督保障法规在很大程度上都是服务于党的领导法规,服务于党的领导的。在学习和研究党的领导法规时,需要注意党的领导法规在党内法规体系中的特殊地位,这有利于精准把握党的领导法规的精髓。

在党的领导法规部分,主要讨论四个方面的问题:(1)关于党的领导法规概述。这一节主要讲解党的领导法规到底指的是哪些党内法规,以及它在党内法规中的地位如何。(2)关于党的领导地位。正是因为有了党的领导地位,才有了党的领导法规;如果没有党的领导地位,党的领导法规也就不可能成为一个独立的党内法规部门,它们之间的因果关系值得学界认真关注。(3)关于党的领导行为。党的领导法规主要是用来规范党的领导行为的,这一节重点讨论党的领导行为的具体构成。(4)关于党的领导法治化。

一、党的领导法规概述

党的十八大以来,党中央就一直在旗帜鲜明地强调,要坚持和加强党的全面领导,对过去一个时期存在的淡化、弱化甚至否定党的领导的错误倾向进行了深入反思与批判,并就全面加强党的领导作出了一系列重大决策部署,要求把党的领导贯穿到改革发展稳定、治党治国治军、内政外交国防的各个领域、各个方面和各个环节,党总揽全局、协调各方的领导核心作用得到了空前彰显,党的凝聚力、战斗力、领导力、号召力得到了极大增强,为党和国家各项事业的发展,提供了坚强有力的政治保障。在这个过程中,党的领导法规无论在数量还是质量方面,都有了明显的提升,而有关党的领导法规的研究文献也在日益增多,呈现出一派欣欣向荣的景象。

(一) 党的领导法规的概念

"党的领导法规"这一概念最早见于 2016 年 12 月中共中央发布的文件《关于加强党内法规制度建设的意见》,也正是在这份文件中,"1+4"的党内法规制度体系框架结构被确立下来,即在一部党章之下分为党的组织法规、党的领导法规、党的自身建设法规、党的监督保障法规四大板块。该"意见"提出,要完善党的领导法规制度建设,加强和改进党对各方面工作的领导,为党发挥总揽全局、协调各方领导核心作用提供制度保证。但该"意见"只强调要加强党的领导法规建设,但并未就党的领导法规的概念展开论述。

关于党的领导法规的概念,马工程的党内法规学教材这样界定:党的领导法规是指规范中国共产党对各方面工作进行领导的活动,调整中国共产党与人大、政府、政协、监察机关、审判机关、检察机关、武装力量、人民团体、企事业单位、基层群众自治组织、社会组织等领导与被领导关系的党内法规。2021 年,中共中央办公厅法规局发表的《中国共产党党内法规体系》一文指出:党的领导法规是规范和保障党对各方面工作实施领导,明确党与人大、政府、政协、监察机关、审判机关、检察机关、武装力量、人民团体、企事业单位、基层群众性自治组织、社会组织等领导与被领导关系的党内法规,为党发挥总揽全局、协调各方领导核心作用提供制度保障。

中共中央办公厅法规局的这个概念界定与马工程的党内法规学教材的界定大致相当。它们两者都明确列举了党与人大等非党组织之间的领导与被领导关系,但又都没有明文排除党内领导关系,即都强调党对各方面工作实施领导,所谓"各方面",自然就包括"党内"这一方面。

我认为,党的领导法规就是指调整各种党的领导行为的党内法规。领导理念、领导制度、领导体制和领导方法等都只是领导行为背后的原理与技术,它们不应是党的领导法规规范的重点。"领导"本质上是一种外在的行为,而不是内在的思想观念。对于党员内在的思想觉悟、认知观念等,党的组织法规和党的自身建设法规可以且应当介入,但党的领导法规则应重点关注对外具有拘束力的领导行为,它不应去调整内在思想意识等方面的事项。在规范对象上,不同的党内法规之间,固然存在一定程度的交叉,但也应该有较为明确的分工。党的领导法规应重点调整外在"看得见,摸得着"的领导行为。

党的所有领导行为,都有行为的实施者和行为的接受者(相对人),通过领导行为在实施者和接受者之间,建立起了领导与被领导的领导关系。党的领导法规就是规范这种领导关系的党内法规。领导行为的实施者,主要是党的各级各类组织,而领导行为的接受者,则有党组织、党员、非党组织和党外群众等多种类型。党的领导不仅是党对党外的非党组织与群众的领导,还包括党对党内的领导,即对党组织和党员的领导。党的对外领导要通过对内领导来实现,离开了对党内的领导,党的对外领导也就寸步难行,难以施展。党的对内领导是对外领导的关键,是党的领导的根本。党的领导是一种内外兼顾、缺一不可的全面领导。

总括而言,在内涵上,党的领导法规就是确定谁来领导(领导主体)、领导什么(领导职责)、怎么领导(领导行为)等基本问题。党的领导法规作为党内法规学的一个部门,它主要研究的是有关领导主体、领导职责与领导行为的原理与技术,它们是党的领导关系中的核心议题。换言之,党的领导法规就解决三个问题:谁来领导、领导什么和怎么领导。

(二) 党的领导法规的分类

在党内法规四大板块中,相对而言,党的领导法规数量是最少的,但其绝对数量也比较可观。据中共中央办公厅法规局统计,截至2021年7月,现行有效的党的领导法规共有772部,其中,中央党内法规44部,部委党内法规29部,地方党内法规699部。

为了更好地认识党的领导法规,将它们予以分类,从不同的类型视角来观察和思考,是可行而又必要的。对于党的领导法规,根据不同的分类标准,就会得到不同的党的领导法规类型。

一个相对权威的分类类型,当然是中共中央办公厅法规局所作的分类。但它又有两个版本。在《中国共产党党内法规体系》一文中,党的领导法规被划分为七种类型,它们分别是:党领导经济建设方面的法规、党领导政治建设方面的法规、党领导文化建设方面的法规、党领导社会建设方面的法规、党领导生态文明建设方面的法规、党领导国防和军队建设方面的法规等。而在《中国共产党党内法规汇编》一书中,党的领导法规又被划分为六种类型:一是党领导农村工作;二是党领导机构编制工作;三是党领导法治建设;四是党领导宣传思想文化工作;五是党领导社会治理;六是党领导统一战线工作。

这个事实在很大程度上说明，党的领导法规的分类问题确实比较复杂，至少目前难以形成某种共识。

不过，分类本身不是目的，它带有工具性，对党的领导法规进行分类，只是为了更好地认识它。对党的领导法规的任何分类，都应服务于自己的目标。只要搞清楚分类的目的，只要分类有助于达成这个目的就行，至于分类的标准及其分类结果本身都不重要。正是从这个意义上说，党的领导法规的所有分类都没有对错之分。

对于党的领导法规的分类，马工程的党内法规学教材根据党的领导领域的不同，把它分为党领导经济建设法规等七种类型；根据党的领导对象的不同，把它分为党对人大工作的领导法规等十种类型；根据表现形式的不同，将它分为专门的党的领导法规文本和其他文本中的党的领导法规规范等两种类型。其中，专门的党的领导法规文本有《宣传工作条例》《统一战线工作条例》《政法工作条例》《机构编制工作条例》《农村工作条例》等。

不管采取何种分类标准，也不管是何种分类结果，它对于认识与理解党的领导法规都是有益无害的。在总结现有党的领导法规分类基础上，可以按照"总—分"模式对党的领导法规进行分类，即把党的领导法规分为加强党中央集中统一领导方面的法规和党对各方面工作领导的法规。前者是总的视角，后者是分的视角，而后者具体又可以划分为六个方面。

关于党的领导，十八大以来得出的基本要点是：党的领导是全面的、系统的、整体的，保证党的团结统一是党的生命；党中央集中统一领导是党的领导的最高原则，加强和维护党中央集中统一领导是全党共同的政治责任，坚持党的领导首先要旗帜鲜明讲政治，保证全党服从中央。由此可知，党的领导的关键是党中央的集中统一领导，它是党的领导核心要求，是党的领导法规的核心原则。

在党的领导法规中，有几部是专门旨在加强和维护党中央集中统一领导的，它并不直接涉及党对某个领域工作的领导，而是从总的路线、方针、政策等方面规定了党中央的集中统一领导。这种总的强化党中央集中统一领导的党内法规主要有：《关于新形势下党内政治生活的若干准则》《中共中央政治局关于加强和维护党中央集中统一领导的若干规定》《重大事项请示报告条例》等。当然，也不能认为这些总的党的领导法规没有对具体的事项进行任何的规定，而是说具体的领导事项不是它的规范重点，它的核心是强调党中央的集中统一领导。

强化党中央集中统一领导的一个重要方式是实行请示报告制度。党的全面领导在工作规则与程序上的一个重要体现就是严格执行重大事项请示报告制度,该制度是我们党的一项重要政治纪律、组织纪律、工作纪律,是执行民主集中制的有效工作机制。《关于新形势下党内政治生活的若干准则》《中共中央政治局关于加强和维护党中央集中统一领导的若干规定》《重大事项请示报告条例》等党的领导法规,都对加强请示报告工作制度提出了明确的要求。

如《关于新形势下党内政治生活的若干准则》规定:全党必须严格执行重大问题请示报告制度;全国人大常委会、国务院、全国政协,中央纪律检查委员会,最高人民法院、最高人民检察院,中央和国家机关各部门,各人民团体,各省、自治区、直辖市,其党组织要定期向党中央报告工作;研究涉及全局的重大事项或作出重大决定,要及时向党中央请示报告,执行党中央重要决定的情况要专题报告;遇有突发性重大问题和工作中重大问题,要及时向党中央请示报告,情况紧急必须临机处置的,要尽职尽力做好工作,并迅速报告。这些规定其实都是为了强化党中央的集中统一领导,它是实现党的全面领导的一项核心原则与要求。

十八大以来,党中央加快推进党领导各方面工作的制度建设,为此制定和实施了大量党的领导法规,进一步完善了党的领导体制机制,改进了党的领导方式,提高了执政本领,把党总揽全局、协调各方落到实处。关于党领导各方面工作的党内法规,大致可以概括为以下六个方面:

(1) 有关党领导农村工作方面的党内法规。其典型是《农村工作条例》,这部旨在坚持和加强党对农村工作全面领导的党内法规,制定于2019年,共有七章三十六条。

(2) 有关党领导机构编制工作方面的党内法规。其典型有《中共中央关于深化党和国家机构改革的决定》《机构编制工作条例》《"三定"规定制定和实施办法》等。"三定"方案是组织法的一项基本原则,"三定"指的是定机构、定职能、定编制(人员)。总体上,我国的机构编制工作的法治化程度还有待进一步提升,机构编制问题单纯依靠国家法律是远远不够的,它还需要党内法规的介入,党领导编制工作的党内法规无疑有助于机构编制工作的法治化。

(3) 党领导政法工作与法治建设工作方面的党内法规。如《政法工作条例》《保护司法人员依法履行法定职责规定》《党政主要负责人履行推进法治建设责任人职责规定》《中共中央关于加强党领导立法工作的意见》《从律师和法学专家中公开选拔立法工作者、法官、检察官办法》等。

（4）党领导统一战线工作方面的党内法规。如《统一战线工作条例》《社会主义学院工作条例》等。

（5）党领导宣传工作方面的党内法规。如《宣传工作条例》等。

（6）党领导军队工作方面的党内法规。如《军队党的建设条例》《军队政治工作条例》等。

如上所述，在这种"总—分"模式中，有关加强党中央集中统一领导方面的法规同样由多部党内法规构成，而没有一部真正从"总"的角度规范党中央集中统一领导的党内法规，甚至也没有一部专门规范党的领导活动的党内法规。有鉴于此，有学者研究认为，在条件成熟时，可以考虑制定一部"中国共产党的领导工作条例"，对党领导国家政权机关的权力、组织形式、程序等事宜作出具体的明确规定，使党的领导在党内有法可依、有章可循。我认为，这个想法未必有可行性。实践经验告诉我们，党的领导问题其实很复杂，它涉及多个方面的议题，专门制定一部单行的规范党的领导的党内法规几乎不现实。

首先，对于党来说，领导的核心问题是执政，而现行以宪法为中心的国家法律体系和以党章为中心的党内法规体系已经对执政有了较为完备的规定，没有必要重复进行党内立规。

其次，领导的本质内涵是影响力，不具有明确的命令性与强制性。领导的本质是影响而非命令和强制，这既是理论界和学术界的共识，也得到了党和国家领导人的认同。如毛泽东曾指出，所谓领导权，不是要一天到晚当作口号去高喊，也不是盛气凌人地要人家服从我们，而是以党的正确政策和自己的模范工作说服和教育党外人士，使他们愿意接受我们的建议。也就是说，领导力主要是一种政治号召力、说服力，而不是强制力。既然领导本身富有柔性，那专门制定一部作为党内法规的党的领导法规就没有必要了。当然，最为关键的是，党章等既有的党内法规，对于党的领导已经有了相当完备的规定，没有必要再重复立规。

总之，不能因为现行党的领导法规规范分散化现象较为明显，就主张重新立规，以解决党的领导法规的"集中"问题。党的领导法规规范的分散化现象是由党的领导领域涉及面太广所决定的，试图通过专门制定一部有关党的领导工作的党内法规来全面系统地规范党的领导活动，严重低估了党的领导行为本身的复杂性，其可行性值得商榷。

二、党的领导地位

所谓党的领导地位,是指中国共产党作为中国特色社会主义事业领导核心,按照总揽全局、协调各方的原则,在各个领域和各级组织中扮演引领者的角色,始终发挥着影响力。党章和宪法都强调,中国共产党领导是中国特色社会主义最本质的特征。党的领导地位得到了国家最高法律和最高党内法规的双重认可与保障。

回首历史,党的百年辉煌历程充分证明,党的领导地位不是自封的,它是党在长期的革命、建设与改革实践中,运用群众路线实现正确领导而取得的。同样地,党对自身领导地位作用的认识也不是短期内完成的,它是在实施正确领导过程中不断深化发展的,贯穿着党百年奋斗历史的各个阶段。

(一) 党的领导地位的形成

在《在庆祝中国共产党成立100周年大会上的讲话》中,习近平总书记指出:"以史为鉴、开创未来,必须坚持中国共产党坚强领导。办好中国的事情,关键在党。中华民族近代以来180多年的历史、中国共产党成立以来100年的历史、中华人民共和国成立以来70多年的历史都充分证明,没有中国共产党,就没有新中国,就没有中华民族伟大复兴。历史和人民选择了中国共产党。"显而易见,这段讲话总结性地概括了党的领导地位形成的大致历史过程,这个历史过程大致可以分为以下三个历史阶段:

第一阶段:完成新民主主义革命,实现了民族独立与人民解放。

在革命时期,我们党紧紧依靠人民,在农村建立革命根据地,以农村包围城市,武装夺取政权,开创了中国特色革命道路,经过28年艰苦卓绝的奋斗,推翻了"三座大山",建立了新中国,把一个多世纪以来备受侵略压迫的、半殖民地半封建的旧中国,变成了独立的人民当家作主的新中国。新中国的成立,彻底改变了中国人民的命运,他们从此成为国家、社会和自己命运的主人。

1943年8月25日,《解放日报》发表《没有共产党,就没有中国》的社论,作出了"如果今日的中国,没有中国共产党,那就是没有了中国"的重要结论。此后,"没有共产党,就没有新中国"成为关于党的领导地位形成的历史结论,成为凝练党的领导作用的一个科学论断。

第二阶段：开展社会主义革命，确立了社会主义基本制度。

中华人民共和国成立后，党领导人民迅速医治战争创伤，恢复和发展国民经济，并在敌我力量悬殊的情况下，取得了抗美援朝战争的胜利，完成了从领导革命战争到领导和平建设的历史性转变。在这个过程中，党的领导地位得到了进一步巩固，党的威信得到极大的提高。

通过对农业、手工业和资本主义工商业的社会主义改造，党在我国确立了社会主义制度，为进一步解放和发展社会生产力，为当代中国工业、农业、商业、教育、医疗、文化等方面的繁荣与发展创造了政治条件和制度基础。

1954年9月，毛泽东在一届全国人大一次会议的开幕词中宣布："领导我们事业的核心力量是中国共产党。"大会通过的1954年《宪法》，以国家根本大法的形式确认了党的领导地位与作用。1958年7月，邓小平在听取有关工作汇报时指出："党是无产阶级最高组织形式，有人总是不大愿意承认这一条。党领导一切，是一切问题根本的根本。"这是第一次有关"党领导一切"的公开表述。1961年底，毛泽东再次明确提出了"党是领导一切的"的要求。在1962年召开的七千人大会上，毛泽东对"党领导一切"的内涵和范围作了更明确的界定，他指出："工、农、商、学、兵、政、党这七个方面，党是领导一切的。党要领导工业、农业、商业、文化教育、军队和政府。"总之，在这个阶段，我们党作为执政党在完成社会主义革命，建立社会主义基本制度的过程中，对于自身领导地位的认识在不断加深，并有意识地从党和国家两个层面强化党的领导地位。

第三阶段：推动改革开放，开创并发展了中国特色社会主义。

1978年开启的改革开放，被定性为一种新的伟大革命，它为开创和发展中国特色社会主义提供了巨大动力。改革开放是为了解放和发展生产力，改革开放的性质是社会主义的自我完善，改革开放的原则是坚持公有制和共同富裕，改革开放的方式是全面渐进式的。衡量改革开放成败的标准是"三个有利于"：是否有利于发展社会主义社会的生产力、是否有利于增强社会主义国家的综合国力、是否有利于提高人民的生活水平。在一个经济文化比较落后的农业大国，建立社会主义市场经济，这是一种实现现代化的崭新模式，它能最大限度地解放和发展生产力。这种中国特色社会主义模式坚持以人为本，走共同富裕之路，是最适合中国国情和时代要求的体制模式。

党的十二大党章第一次把党的领导确定为政治领导、思想领导和组织领导，提出了"把我们党建设成为领导社会主义现代化建设的坚强核心"的目标，并把中国共产党"是中国社会主义事业的领导核心"写入党章（自党的十六大党章开始,该表述修改为中国共产党"是中国特色社会主义事业的领导核心")。党章的这些规定鲜明回答了"中国共产党是一个什么样的党"的问题,充分表明党的领导与社会主义建设事业之间具有内在的统一性。

当然,中国共产党的领导党地位,不只是从历史经验中得出的结论,它也是由马克思主义政党性质决定的。在《共产党宣言》中,马克思和恩格斯就指出,共产党人没有任何同整个无产阶级利益不同的特殊利益,共产党人始终代表着整个无产阶级运动的利益。在实践方面,共产党人是各国工人政党中最坚决的、始终起推动作用的部分;在理论方面,它们胜过其余无产阶级群众的地方在于他们了解无产阶级运动的条件、进程和一般结果。作为马克思主义政党,中国共产党是中国工人阶级的先锋队,同时是中国人民和中华民族的先锋队。作为先锋队,中国共产党始终高举马克思主义的伟大旗帜,把建设社会主义作为自己的使命,将实现共产主义作为自己的最高理想,它需要且必须成为中国特色社会主义事业的领导核心。任何时候都应当坚持党的领导地位,这是由党的性质所决定的,也是由党的奋斗目标所决定的。党是战胜一切困难与风险的"定海神针"。始终确保党的领导地位,乃是从根本上保证中国特色社会主义不变色、不变质的需要。

(二)党的领导地位的确立

党章总纲最后一段指出:党政军民学,东西南北中,党是领导一切的。党要适应改革开放和社会主义现代化建设的要求,坚持科学执政、民主执政、依法执政,加强和改善党的领导。党必须按照总揽全局、协调各方的原则,在同级各种组织中发挥领导核心作用。党必须保证国家的立法、司法、行政、监察机关,经济、文化组织和人民团体积极主动地、独立负责地、协调一致地工作。党必须加强对工会、共产主义青年团、妇女联合会等群团组织的领导,使它们保持和增强政治性、先进性、群众性,充分发挥作用。党必须适应形势的发展和情况的变化,完善领导体制,改进领导方式,增强执政能力。

党章乃是党的根本大法,它是党的领导法规的精神源头和基础规范,为其他党的领导法规提供根本依据和行动指南。党章总纲中的这段规定不但强调了党的领导地位不容置疑,而且表明了党实现"领导"的具体方式,即"党必须保证国家的立法、司法、行政、监察机关,经济、文化组织和人民团体积极主动地、独立负责地、协调一致地工作"。这个"保证"的过程,其实就是党对各方面工作实施"领导"的过程。关于党如何保证人大、政府、政协、监察机关、审判机关、检察机关、群团组织、企事业单位、社会组织和人民团体等,积极主动、独立负责和协调一致地工作，从而实现党的领导，党的领导法规对此作出了具体规定：

(1) 关于党对人大工作的领导

2021年10月，中央人大工作会议在北京举行。党中央专门召开人大工作会议在党的历史上、人民代表大会制度历史上都是第一次，对于加强党对人大工作的领导具有里程碑意义。关于人民代表大会的定位，习近平总书记首次提出了"四个机关"的著名论断，他说："各级人大及其常委会要不断提高政治判断力、政治领悟力、政治执行力，全面加强自身建设，成为自觉坚持中国共产党领导的政治机关、保障人民当家作主的国家权力机关、全面担负宪法法律赋予的各项职责的工作机关、始终同人民群众保持密切联系的代表机关。"中央人大工作会议结束后不久，党中央专门印发了《关于新时代坚持和完善人民代表大会制度、加强和改进人大工作的意见》，该"意见"从"四个机关"的定位出发，就加强党对人大工作的领导予以具体部署。

加强党对人大工作的领导，可行的具体方式主要有：善于使党的主张通过法定程序成为国家意志；完善立法体制，加强党对立法工作的领导；完善党对立法工作中重大问题决策的程序；凡立法涉及重大体制和重大决策调整的，必须报党中央讨论决定；对于党中央提出的修宪建议，全国人大依照宪法规定的程序进行宪法修改；对于法律制定与修改中的重大问题，全国人大常委会党组要向党中央报告等。

2021年3月，全国人大修改《全国人民代表大会组织法》，新增的第3条规定："全国人民代表大会及其常务委员会坚持中国共产党的领导，坚持以马克思列宁主义、毛泽东思想、邓小平理论、'三个代表'重要思想、科学发展观、习近平新时代中国特色社会主义思想为指导，依照宪法和法律规定行使职权。"2022年3月，全国人大修改《地方各级人民代表大会和地方各级人民政府组织法》，也增加了"坚持中国共产党的领导"的规定。

《全国人民代表大会组织法》和《地方各级人民代表大会和地方各级人民政府组织法》的修订表明，党对人大工作的领导不但是党章和宪法的规定，而且也是全国人大和地方人大组织法的规定。党对人大工作的领导，由此实现了进一步的"法律化"。

(2) 关于党对政府工作的领导

各级政府及其所属的各个工作部门，都是在党的领导之下开展工作的。根据党章等党的领导法规，各级党委对于政府各项工作要切实履行领导责任，对行政管理体制改革等重大问题进行研究，牢牢把握正确的改革方向。

根据中共中央印发的《法治中国建设规划(2020—2025年)》，到2025年，党领导全面依法治国的体制机制更加健全，以宪法为核心的中国特色社会主义法律体系更加完备，职责明确、依法行政的政府治理体系日益健全，相互配合、相互制约的司法权运行机制更加科学有效，法治社会建设取得重大进展，党内法规体系更加完善，中国特色社会主义法治体系初步形成。这些规定实际上意味着，党对政府各项工作的领导是我国法治建设的基本条件，是法治国家、法治政府、法治社会三位一体建设的重要保证。

(3) 关于党对政协工作的领导

习近平总书记指出，中国共产党的领导是包括各民主党派、各团体、各民族、各阶层、各界人士在内的全体中国人民的共同选择，是成立政协时的初心所在，是人民政协事业发展进步的根本保证。要把坚持党的领导贯穿到政协全部工作之中，切实落实党中央对人民政协工作的各项要求。2022年，中共中央制定了《政治协商工作条例》，明确政治协商是在中国共产党领导下，中国共产党同各民主党派和各界代表人士，围绕党和国家大政方针、经济社会发展重要问题以及其他重要事项开展的协商。

为了进一步加强党对政协工作的领导，中共中央办公厅曾专门印发《关于加强新时代人民政协党的建设工作的若干意见》，要求新时代人民政协党的建设必须坚持党的领导，把握政协性质定位，发挥好协商民主这一实现党的领导重要方式的作用，保证党的理论和路线方针政策贯彻落实；坚持全面从严治党，落实管党治党责任，把政协党组织和党员队伍建设好；以党的建设推进新时代人民政协事业发展。

政协工作是统一战线工作的重要组成部分。《统一战线工作条例》规定，党中央成立统一战线工作领导小组，该领导小组在中央政治局及其常委会领导下开展工作，对学习贯彻落实党中央关于统一战线工作的重大理论方针政策和涉及统一战线工作的法律法规进行研究部署、协调指导和督促检查，研究统一战线重大问题，向党中央提出建议，中央统一战线工作领导小组办公室设在中央统战部。由此可见，党对统一战线工作的领导是一种有实体机构的真实领导，而这种真实领导自然要覆盖到作为统一战线有机组成部分的政协工作中。

(4) 党对纪检监察工作的领导

众所周知，各级监察委员会的设立，实际上是强化党对反腐败工作集中统一领导的结果。这个事实就决定了监察机关是政治机关，是党领导下的专责反腐机关，是与党的纪委合署办公的工作机关。

2021年制定的《中华人民共和国监察法实施条例》第 2 条规定："坚持中国共产党对监察工作的全面领导,增强政治意识、大局意识、核心意识、看齐意识,坚定中国特色社会主义道路自信、理论自信、制度自信、文化自信,坚决维护习近平总书记党中央的核心、全党的核心地位,坚决维护党中央权威和集中统一领导,把党的领导贯彻到监察工作各方面和全过程。"而中共中央办公厅印发的《纪律检查机关监督执纪工作规则》第 5 条规定："中央纪律检查委员会在党中央领导下进行工作。地方各级纪律检查委员会和基层纪律检查委员会在同级党的委员会和上级纪律检查委员会双重领导下进行工作。党委应当定期听取、审议同级纪律检查委员会和监察委员会的工作报告,加强对纪委监委工作的领导、管理和监督。"可以说,党对纪检监察工作的领导是一种绝对领导,是一刻也不容放松的强势领导。

(5) 党对审判工作和检察工作的领导

像监察机关一样,审判机关和检察机关也属于政治机关,也要接受党的绝对领导,其司法业务工作要服从和服务于党的领导。审判机关和检察机关是典型的政法单位,《政法工作条例》第一次从制度上确立党对政法工作的绝对领导是一项重大政治原则,明确了政法工作的基本职能、指导思想、战略目标、主要任务、主要原则等内容,聚焦政法工作"谁来领导""领导内容""领导方式"等重大问题,并对此作出了全面规定。

(6) 党对群团组织工作的领导

各类群团组织在社会生活中同样扮演着重要的角色,它们的各项工作同样离不开党的领导。党章总纲规定,党必须加强对工会、共产主义青年团、妇女联合会等群团组织的领导,使它们保持和增强政治性、先进性、群众性,充分发挥作用;党必须适应形势的发展和情况的变化,完善领导体制,改进领导方式,增强执政能力;共产党员必须同党外群众亲密合作,共同为建设中国特色社会主义而奋斗。党章第十章还专门就党和共产主义青年团之间的关系作了规定,将其定位为党的助手和后备军。

《中共中央关于加强和改进党的群团工作的意见》要求,各级党委要明确对群团工作的领导责任,健全组织制度,完善工作机制,从上到下形成强有力的组织领导体系。对群团组织实行分级管理、以同级党委领导为主的体制,工会、共青团、妇联受同级党委和各自上级组织的双重领导。地方党委负责指导同级群团组织,贯彻落实党的理论、路线、方针和政策,研究决定群团工作重大问题,管理同级群团组织领导班子,协调群团组织同党政部门的关系及群团组织之间的关系。上级群团组织依法依章程领导或指导下级群团组织工作。地方党委应该注意听取上级群团组织意见,加强沟通协调,形成工作合力。由此可见,在领导群团组织工作方面,各级党委之间分工明确、责任到位,不存在任何遗漏的空间。

(7) 党对企事业单位和社会组织工作的领导

各类企业、各种事业单位和其他社会组织也不是游离于党的领导之外的,相反,它们也都在党的领导辐射范围之内。《党章》第33条第2款规定:"国有企业党委(党组)发挥领导作用,把方向、管大局、保落实,依照规定讨论和决定企业重大事项。国有企业和集体企业中党的基层组织,围绕企业生产经营开展工作。保证监督党和国家的方针、政策在本企业的贯彻执行;支持股东会、董事会、监事会和经理(厂长)依法行使职权;全心全意依靠职工群众,支持职工代表大会开展工作;参与企业重大问题的决策;加强党组织的自身建设,领导思想政治工作、精神文明建设、统一战线工作和工会、共青团、妇女组织等群团组织。"

《中华人民共和国公司法》第19条规定:"在公司中,根据中国共产党章程的规定,设立中国共产党的组织,开展党的活动。公司应当为党组织的活动提供必要条件。"《中华人民共和国村民委员会组织法》第4条也规定:"中国共产党在农村的基层组织,按照中国共产党章程进行工作,发挥领导核心作用,领导和支持村民委员会行使职权;依照宪法和法律,支持和保障村民开展自治活动、直接行使民主权利。"

总而言之,不管何种性质的企事业单位和社会组织,都设立了规模不等的党的组织,都在工作中自觉接受党的领导。所有企事业单位和社会组织中的党组织,都是开展党的领导工作的机关,都直接服从和服务于党的领导。

三、党的领导行为

根据《现代汉语词典》的解释,"领导"一词的基本语义是"率领并引导"。不管是"率领"还是"引导",它都只能通过外在的行为来呈现。所以,党的领导只能是一种具有外在性的行为。从这个意义上说,党的领导法规应当是一种规范党的领导行为的党内法规。

《中共中央关于加强党内法规制度建设的意见》要求,按照规范主体、规范行为、规范监督相统筹相协调原则,完善由党的组织法规、领导法规、自身建设法规、监督保障法规这四大板块所构成的党内法规体系。由此可知,"规范行为"很早就是党内法规中的一个概念,包括领导法规在内的所有党内法规的基本内容之一就是规范党内各种主体所实施的行为。

所谓党的领导行为,是指党组织在发挥总揽全局、协调各方的领导核心作用时,所表现出来的一系列具有外在影响力的作为。这种作为既体现在领导经济建设、政治建设、文化建设、社会建设、生态文明建设,以及外交、国防等各方面的工作中,也表现在对国家机关、人民团体、经济组织、文化组织、社会组织和其他组织等实施领导的过程中,它实际上是党组织的一种履行职权和职责的行为。关于党的领导行为,可以从以下四个方面展开详细论述:

(一) 党的领导行为特征

完整意义上的领导行为一般由三个部分构成,即领导主体、领导内容和领导方式。换言之,党的领导行为是由党的领导主体,以某种形式(领导方式)所实施的职权与职责活动(领导内容)。与其他社会组织或者个人的行为相比,党的领导行为具有自己的特征,主要表现为以下三个方面:

(1) 规范性。党组织的领导行为是一种基于职务的正式行为,因而,所有的领导行为,都必须受到党的领导法规的调整,从主体、形式到内容,它们都需要严格遵循党的领导法规的规范,是一种具有规范性的行为。试问,党委书记个人的行为算不算领导行为呢?有的时候就不算。比如,书记去超市去买菜,这就是书记作为一个普通公民的个人行为,它不属于领导行为范畴,不受党的领导法规规制。只有他以党委书记的身份履行领导职务时,其言行举止才是领导行为。

在党的组织体系中,各级各类党组织的领导职责都是有边界的。一方面,它要受到上级党组织的领导与监督;另一方面,它又需要横向"块块"上其他党组织的支持与配合。所以,各级各类党组织在履行职责时,必须遵守其职责的边界,不能越权,也不可跨界。除了遵守党的领导法规外,党组织在履行领导职责时,还应当遵守国家法律划定的边界,不得以履行领导职责的名义,恣意突破宪法和法律的规定。这些都是党的领导行为规范性的基本要求。

(2) 全面性。在党的领导行为内容上,它具有全面性。党的领导职责覆盖政治、经济、文化、社会等各个领域,从生态文明到内政外交,从治党、治国到治军,从改革、发展到稳定,无不处于党的领导之下。正因为如此,党的领导行为也具有全面性,它贯穿于国家和社会治理的各个领域、环节,是一种全面性和全过程的行为,而不是部分性与暂时性的行为。

（3）人民性。从目的上看，党的领导行为不是为了党组织自身的利益，而是为了广大人民的利益。我们党成立的初心，是为人民谋幸福，为民族谋复兴。我们党的马克思主义政党性质，决定了它除了工人阶级和最广大人民群众的利益外，没有任何自己的特殊利益。党的各级各类组织履行领导职责，必须坚持全心全意为人民服务，在任何时候都要把群众利益放在第一位，同群众同甘共苦，保持最密切的联系，坚持做到权为民所用、情为民所系、利为民所谋，绝不允许党员干部脱离群众，把自己的利益凌驾于人民群众利益之上。

（二）党的领导行为主体

党的领导行为主体，是指开展各种领导活动的党组织。尽管在国家法律层面，自然人是当然的法律主体，且是最主要的法律主体。然而，在党的领导法规层面上，作为自然人的党员干部或普通党员，都不属于领导行为主体范畴。党的组织是唯一的党的领导行为主体。这也是党的领导法规与国家法律在行为主体方面的显著区别之一。

党的组织法规一章已经告诉我们，党的组织类型多种多样。作为党的领导行为主体的党组织主要有以下几种类型：

（1）作为集中统一领导行为主体的党中央

坚持党的领导，关键是坚持党中央的集中统一领导，这是党的领导的最高原则和最大优势。习近平总书记指出："党中央是大脑和中枢，党中央必须有定于一尊、一锤定音的权威。"需要指出的是，党中央实际上是个聚合代称，严格来说，没有一个党的组织被正式冠以"党中央"的头衔。代表党中央，扮演领导行为主体角色的，主要有以下党的中央组织：

① 党的全国代表大会，这是最权威的党的中央领导行为主体。

② 党的全国代表会议，这是极少行使领导职权的中央领导行为主体。

③ 党的中央委员会，这是与党的全国代表大会比肩的党的中央领导行为主体。在党的全国代表大会闭会期间，由它代表党的全国代表大会。

④ 党的中央政治局，即中国共产党中央委员会政治局，它忠实地执行党的全国代表大会通过的路线方针政策，忠实地执行中央委员会全体会议的决议，其办事机构为中央书记处。

中央政治局和它的常务委员会在中央委员会全体会议闭会期间，行使中央委员会的职权。因此，它是最经常代表"党中央"的中央领导行为主体。

（2）作为地方领导行为主体的地方党委

《地方委员会工作条例》规定,地方党委对本地区经济建设、政治建设、文化建设、社会建设、生态文明建设实行全面领导,重点是实行政治、思想和组织领导,以把方向、管大局、作决策、保落实。地方党委是党的地方领导行为主体。地方党委主要分为三级,分别是省、自治区、直辖市党委;市、自治州党委;县(旗)、不设区的市和市辖区党委。也就是说,三级党委都属于党的地方领导行为主体。

(3) 各级纪律检查委员会

根据《党内监督条例》和《问责条例》等党内法规的规定,党的各级纪律检查机关也属于党的领导行为主体,它们对于党内监督、党内问责等事项实施领导,属于"专属性"比较明显的领导行为主体。

(4) 党的工作机关

党的工作机关,是指党中央和地方各级党委设立的、承担领导和管理职能的机构,主要包括办公厅(室)、职能部门、办事机构和派出机关。党的工作机关依据党内法规的规定,行使一定的领导和管理职责,其中也包括领导和管理政法工作的职责。例如,根据《政法工作条例》的规定,党委政法委是党委领导和管理政法工作的职能部门,是实现党对政法工作领导的重要组织形式。因而,各级各类党的工作机关都属于党的领导行为主体范畴。

《组织工作条例》规定,中央组织部和地方党委组织部的重要职责之一,是在党中央以及本级党委领导下,具体负责落实党的组织工作路线、方针、政策和决策部署,按照权限与分工制定、起草组织工作党内法规和规范性文件,推进组织制度的贯彻落实。这个规定表明,作为党的工作机关的组织部,自身也属于党的领导行为主体,在其职权范围内,对其他党的组织、国家机关、党员及群众享有一定的领导权。

(5) 国家机关及其他组织的党组

党组是党在中央和地方国家机关、人民团体、经济组织、文化组织和其他非党组织的领导机关中设立的领导机构,在本单位发挥领导作用,是党对非党组织实施领导的重要组织形式。根据《党组工作条例》规定,党组发挥把方向、管大局、保落实的领导作用,加强对本单位业务工作和党的建设的领导,讨论和决定本单位重大问题。《政法工作条例》也规定,各个政法机关都设有党组(党委),领导本部门本单位的政法工作,履行好把方向、管大局、保落实的领导职责。党组既然是单位中的领导机构,其行为自然属于领导行为,而它自然也就是党的领导行为主体。

(6) 党的基层组织

《组织工作条例》要求,大力加强企业、农村、机关、学校、医院、科研院所、街道社区、社会组织等基层党组织建设,推进组织设置和活动方式创新,这实际上是为党的基层组织的领导提供组织保障。以《国有企业基层组织工作条例(试行)》为例,该"条例"第 11 条规定:"国有企业党委(党组)发挥领导作用,把方向、管大局、保落实,依照规定讨论和决定企业重大事项。主要职责是:(一)加强企业党的政治建设,坚持和落实中国特色社会主义根本制度、基本制度、重要制度,教育引导全体党员始终在政治立场、政治方向、政治原则、政治道路上同以习近平同志为核心的党中央保持高度一致;(二)深入学习和贯彻习近平新时代中国特色社会主义思想,学习宣传党的理论,贯彻执行党的路线方针政策,监督、保证党中央重大决策部署和上级党组织决议在本企业贯彻落实;(三)研究讨论企业重大经营管理事项,支持股东(大)会、董事会、监事会和经理层依法行使职权;(四)加强对企业选人用人的领导和把关,抓好企业领导班子建设和干部队伍、人才队伍建设;(五)履行企业党风廉政建设主体责任,领导、支持内设纪检组织履行监督执纪问责职责,严明政治纪律和政治规矩,推动全面从严治党向基层延伸;(六)加强基层党组织建设和党员队伍建设,团结带领职工群众积极投身企业改革发展;(七)领导企业思想政治工作、精神文明建设、统一战线工作,领导企业工会、共青团、妇女组织等群团组织。"该"条例"还规定,党委(党组)研究讨论的国有企业重大经营管理事项主要有:贯彻党中央决策部署和落实国家发展战略的重大举措;企业发展战略、中长期发展规划,重要改革方案;企业资产重组、产权转让、资本运作和大额投资中的原则性方向性问题;企业组织架构设置和调整,重要规章制度的制定和修改;涉及企业安全生产、维护稳定、职工权益、社会责任等方面的重大事项;其他应当由党委(党组)研究讨论的重要事项等。这些规定足以表明,国有企业党委(党组)等党的基层组织,对基层单位内的重要事项负有领导职责,它们都属于领导行为主体。

(三)党的领导行为内容

所谓党的领导行为内容,是指党的领导行为具体所指向的对象,也就是作为一种党组织的行为,党的领导主要是干什么的。领导行为主体讨论的是"谁来干",领导行为内容讨论的是"干什么"。

党的二十大报告指出,党的领导是全面的、系统的、整体的,必须全面、系统、整体加以落实;坚持科学执政、民主执政、依法执政,贯彻民主集中制,创新和改进领导方式,提高党把方向、谋大局、定政策、促改革能力,调动各方面积极性。从这里就可以看出,党的领导行为内容主要涉及"把方向、谋大局、定政策、促改革"等四个方面,可以从宏观和微观两个层面展开分析。

(1) 宏观层面的把方向、谋大局、定政策、促改革

作为领导行为主体的党中央,其领导行为内容一般是宏观层面的把方向、谋大局、定政策、促改革。党中央不必也不应该去做那些微观方面的具体领导工作,后者应由地方各级党委及其他党的领导行为主体来承担。当然,地方各级党委及其他党的领导行为主体,在领导工作过程中,也必须时刻注意把方向、谋大局,避免让微观的具体事务彻底遮蔽了宏观层面的要求。

所谓把方向,指的是旗帜问题、道路问题。把方向主要是为了防止举了错误的旗帜,走了错误的道路。要在实践中把握好方向,就需要从思想武装、理想信念和从严治党三个方面着手。

把方向,要求坚持不懈地用习近平新时代中国特色社会主义思想凝心铸魂。用党的创新理论武装全党,这是党的思想建设的根本任务。全面加强党的思想建设,坚持用习近平新时代中国特色社会主义思想统一思想、统一意志、统一行动,组织实施党的创新理论学习教育计划,建设马克思主义学习型政党。这是把方向的思想武装内容。

把方向,要求坚持对马克思主义的坚定信仰、对中国特色社会主义的坚定信念,坚定道路自信、理论自信、制度自信、文化自信,以更加积极的历史担当和创造精神,为发展马克思主义做出新的贡献。要加强理想信念教育,引导全党牢记党的宗旨,解决好世界观、人生观、价值观这个总开关问题,自觉做共产主义远大理想和中国特色社会主义共同理想的坚定信仰者和忠实实践者。这是把方向的理想信念内容。

把方向,要求牢记全面从严治党永远在路上,党的自我革命永远在路上,决不能有松劲歇脚、疲劳厌战的情绪,必须持之以恒推进全面从严治党,深入推进新时代党的建设新的伟大工程,以党的自我革命引领社会革命。这是把方向的从严治党内容。

所谓谋大局,实际上是一种辩证唯物主义和历史唯物主义的思想方法与工作方法。当然,谋大局也是中华优秀传统文化的精髓之一。如"身在兵位,胸为帅谋""不谋万世者,不足谋一时;不谋全局者,不足谋一域""先天下之忧而忧,后天下之乐而乐"等名言警句,就是中华文化讲究谋大局的最好明证。

作为党的领导行为内容的谋大局,就是要求各级各类党组织,在以领导行为主体身份(各级各类党组织都有多重身份)行事时,要善于观大势、谋大

事、想问题、做工作都要有大格局,要牢固树立大局意识,自觉把本地区、本部门、本单位的工作,放到大局中去思考、定位和布阵,在领导过程中真正做到正确认识大局、自觉服从大局、坚决维护大局。简言之,在内容上,党的领导行为要充分彰显党组织的格局与胸怀。

相对而言,定政策是一项较为具体的领导行为内容。作为领导主体的党组织,必须在第一时间确定好政策,在政策问题上不可含糊其词,而要坚决果断、明明白白。政策是以权威形式、标准化地规定,在某个具体的时间段内,应该达到的奋斗目标、遵循的行动原则、完成的明确任务、实行的工作方式、采取的一般步骤和具体措施等。从其内容上看,政策在中国特色社会主义建设过程中具有重要地位,它能够直观地反映治国理政的真正水平,是判断各级各类党组织领导能力的试金石。

党组织定政策时,一定要坚持实事求是的原则,要坚持一切从实际出发,从群众中来到群众中去,广泛开展调查研究,具体问题具体分析,使政策及其实施方案符合现实情况、反映客观规律、解决实际问题。

在定政策时,各级领导行为主体都应当坚持以人民为中心,着眼于解决人民日益增长的美好生活需要和不平衡不充分的发展之间的矛盾,抓住群众最关心、最直接、最现实的利益问题,制定切实管用的政策措施。在定政策之前,各级党组织先要加强对世情、国情、党情、民情的分析研判,严格遵循决策程序,增强法治观念,不可"拍脑袋",也不可"越底线",努力做到科学决策、民主决策、依法决策,使制定政策的过程经得起党内法规检验,使制定出来的政策经得起时间考验。

有利于改革,是党的领导行为的一项基本原则。2018年12月,在改革开放四十周年之际,习近平总书记发表重要讲话,强调改革开放是党的一次伟大觉醒,是中国人民和中华民族发展史上一次伟大革命,是决定当代中国前途命运的关键一招。党的二十大报告再次强调要坚持深化改革开放,深入推进改革创新,坚定不移扩大开放,着力破解深层次体制机制障碍,不断彰显中国特色社会主义制度优势,不断增强社会主义现代化建设的动力和活力,把我国制度优势更好转化为国家治理效能。所以,促进改革开放,必须是党的领导行为的一项根本内容。

当下,党正在团结带领全国各族人民,全面建成社会主义现代化强国、实现第二个百年奋斗目标,以中国式现代化全面推进中华民族伟大复兴。在这个新征程过程中,各级党组织必须一鼓作气、坚定不移,敢于啃硬骨头、敢于涉险滩,进一步解放思想,进一步解放和发展生产力,进一步释放并增强社活力。要鼓励基层党组织和广大党员群众创新,倡导敢闯敢试、敢为人先,加强对改革成功经验的深入挖掘、科学总结和宣传推广,推动形成更加浓厚、更有活力的改革氛围、开放氛围和创新氛围,在全社会凝聚起坚定不移推进改革开放的强大气场和排山倒海力量。只有促改革的领导行为,才最适合新时代的发展需要。

总之,把方向、谋大局、定政策、促改革,是作为长期执政党、作为中国特色社会主义事业领导核心的中国共产党,为自己设定的宏观层面的领导行为内容,是各级党组织作为领导行为主体时的根本遵循。在实践中,各级各类党组织必须将把方向、谋大局、定政策、促改革作为自己履行领导职责时的座右铭,切实从宏观层面把握好领导行为的应有内涵和实质要义。

(2) 党在不同领域的领导行为内容

从宏观上看,从中央到地方,其领导行为内容具有一致性。然而,从微观上看,它们之间就有较大的差异。不同层级的党组织,尤其是不同工作领域的党组织,其领导行为内容有较大的差异。

第一,党在农村工作领域的领导行为内容

根据《农村工作条例》等党内法规的规定,党组织领导农村工作的主要内容有:巩固和加强农业基础地位,实施藏粮于地、藏粮于技战略,严守耕地红线,确保谷物基本自给、口粮绝对安全;深化农业供给侧结构性改革,构建现代农业产业体系、生产体系、经营体系,促进农村一二三产业融合发展,发展壮大农村集体经济,促进农民持续增收致富;坚决打赢脱贫攻坚战,巩固和扩大脱贫攻坚成果;坚持保障和改善农村民生,大力发展教育、医疗卫生、养老、文化体育、社会保障等农村社会事业,加快改善农村公共基础设施和基本公共服务条件,提升农民生活质量,等等。

第二,党在机构编制工作领域的领导行为内容

根据《机构编制工作条例》等党内法规的规定,在机构编制工作领域,党的领导行为内容主要有:研究提出党和国家机构改革方案并组织实施;审定省级机构改革方案,指导地方各级机构改革工作;统一管理中央一级党政机关、中央一级各民主党派机关、群团机关的机构编制工作;审批上述单位厅局级机构设置、人员编制和领导职数,中央和国家机关各部门垂直管理机构、双重领导并以部门领导为主的机构、派驻地方机构、我国驻外机构的机构设置、人员编制和领导职数;研究提出事业单位管理体制和机构改革方案,统一管理党中央、国务院直属事业单位以及部门所属事业单位的机构编制工作,审批地方厅局级事业单位的设置,指导协调地方事业单位机构编制工作,等等。

第三，党在政法工作领域的领导行为内容

根据《政法工作条例》等党内法规的规定，党领导政法工作的具体内容有：了解掌握和分析研判社会稳定形势、政法工作情况动态，创新完善多部门参与的平安建设工作协调机制，协调推动预防、化解影响稳定的社会矛盾和风险；协调应对和妥善处置重大突发事件；协调指导政法单位和相关部门做好反邪教、反暴恐工作；支持和监督政法单位依法行使职权，检查政法单位执行党的路线方针政策、党中央重大决策部署和国家法律法规的情况；指导和协调政法单位密切配合，完善与纪检监察机关工作衔接和协作配合机制；推进严格执法、公正司法；掌握分析政法舆情动态，指导和协调政法单位和有关部门做好依法办理、宣传报道和舆论引导等相关工作。

第四，党在法治建设领域的领导行为内容

法治建设领域又可以划分为立法工作、法治政府、法治社会等多个方面。党对立法工作的领导，比如赋予所有设区的市地方立法权，这就是由党中央研究决定的；又比如法律制定和修改中的重大问题，先由全国人大常委会党组向党中央报告，最后由党中央作出决策等。党领导法治政府建设的重点领域包括政府机构和行政执法体制的改革与完善，重点领域的执法活动等。党的十八大以来，各级执法与司法机关围绕食品药品安全、环境保护、道路交通安全等民生重点领域，依法严厉打击损害人民群众切身利益的违法犯罪行为，使得天空更蓝、水质更清、交通更顺畅、食品更安全、社会更和谐。与此同时，党领导推进营商环境法治化，为进一步活跃社会主义市场经济提供良好的外部条件。党领导法治社会建设的重点领域，主要包括推进社会治理法治化、健全多元化纠纷解决体系，等等。

第五，党在统一战线工作领域的领导行为内容

根据《政治协商工作条例》等党内法规的规定，党领导政协工作的主要内容有：统一制定政治协商工作大政方针，研究决定事关政治协商工作全局和长远发展的重大事项，保证政治协商始终坚持正确的政治方向；按照规定与同级民主党派组织、无党派人士开展政党协商，领导和支持本级政协做好政治协商工作；加强政协委员队伍建设，引导委员深入学习党的理论和路线方针政策，认真履行协商职责，切实提高协商能力，发挥党员委员在政治协商中的政治引领作用，等等。

2020年，中共中央修订了《统一战线工作条例》，进一步加强了党对统一战线工作的集中统一领导，确保党在统一战线工作中居于总揽全局、协调各方的核心地位，保证统一战线工作始终沿着正确的政治方向前进。新"条例"

规定,各地党委要定期研究统一战线重大问题、部署重要工作,每年向党中央或者上一级党委报告统一战线工作情况;按照权限制定统一战线工作相关党内法规、规范性文件和重要政策,推动制定统一战线工作相关地方性法规,并组织实施;领导同级人大、政府、政协、监察委员会、法院、检察院和有关人民团体、企事业单位等,做好本部门、本单位、本领域的统一战线工作,等等。

第六,党在宣传工作领域的领导行为内容

根据《宣传工作条例》等党内法规的要求,各级党委在宣传工作领域承担起领导职责,其主要内容有:定期研究部署宣传领域重要工作和重大事项,每年向党中央或者上一级党委报告宣传工作情况;研究制定宣传工作的重要政策,按照权限制定与宣传工作相关的党内法规和规范性文件,推动制定与宣传工作相关的法律法规,并组织实施;牢牢掌握意识形态工作领导权,落实意识形态工作责任制;统筹社会主义精神文明建设和文化建设;领导宣传部门做好宣传工作,选优配强宣传系统领导班子和主要负责人,加强宣传干部、人才队伍建设;领导同级人大、政府、政协、法院、检察院、人民团体、企事业单位等,做好本部门、本单位、本领域的宣传工作,等等。

第七,党在军队领域的领导行为内容

根据《军队党的建设条例》等党内法规的规定,党对军队的绝对领导,是中国特色社会主义的本质特征,是党和国家的重要政治优势,是人民军队的建军之本、强军之魂。军队党的建设的首要任务,是确保党对军队的绝对领导。《军队党的建设条例》紧紧扭住这个首要任务,着力强化党对军队绝对领导的制度保证,其具体方式有:① 规定党对军队绝对领导的根本原则和制度体系,主要将实践中形成的党对军队绝对领导的一系列根本原则和制度,以中央党内法规的形式进行系统明确;② 规定贯彻军委主席负责制的重要问题,明确其地位作用、内涵要求、工作机制和责任体系等;③ 规定领导体制,强调中央军委集中统一领导,规范军队党组织的体制;④ 规定组织原则,主要是同党中央保持高度一致、"四个服从"和集体领导等原则。严格遵循这些领导行为要求,党对军队的绝对领导就一定有保证。

(四) 党的领导行为方式

领导行为内容必须借助于一定的方式方法才能实现。对于党的领导来说,如何领导即领导行为方式问题相当关键,没有正确的行为方式就难以达到领导的目的。《党章》《关于新形势下党内政治生活的若干准则》《中共中央政治局关于加强和维护党中央集中统一领导的若干规定》《重大事项请示报告条例》等党的领导法规,从不同的维度对党的领导行为方式问题作出了具体规定,为党的领导的常态化、制度化、实效化,提供了坚实的党内规范基础。

概括起来,党的领导行为方式主要有:请示报告、述职汇报、决策执行、监督制约、考核考评、督察督办、问责追责等。

(1) 请示报告

请示报告制度,是党实现全面领导的最重要的一种方式,也是运用频率最高的领导行为方式之一。与此同时,请示报告也是执行党的民主集中制的一种有效工作机制,是维护党中央的集中统一领导的重要保障。《重大事项请示报告条例》对党内请示报告的主体、事项、程序、方式等事项作出了明确规定,根据该"条例"的规定,请示报告是指下级党组织向上级党组织,党员、领导干部向党组织就重大事项请求指示或者批准,或者呈报重要事情和重要情况。除了该"条例"之外,各个相关领域的党的领导法规,也都就本领域内的重大事项的执行请示报告制度作出了专门规定。例如,《政法工作条例》就用专章规定了请示报告制度,要求中央政法委、中央政法单位党组(党委)向党中央和总书记请示报告工作,县级以上地方党委、党委政法委员会、政法单位党组(党委)严格执行请示报告制度,等等。

既然请示报告制度是下级向上级的请示与报告,为什么说它是一种重要的领导行为方式呢?这是因为下级的事情上级不一定充分知情,上级往往只能通过下级的请示和报告知悉。在收到下级的请示与报告后,上级先是集体研判,而后提出意见或者作出批准,从而达到领导的目的。其中,提出意见或者作出批准的行为,就属于领导行为。正是通过下级的请示报告,上级不但对下级有充分的知情权,而且以提出意见或者作出批准等方式对下级行使领导权,从而保证了上级党组织尤其是党中央的集中统一领导。

(2) 述职汇报

所谓述职汇报,是指党组织和党员领导干部就年度履职尽责情况,向党中央和有关领导机关进行书面或口头汇报。这也是实现党的领导的一种重要方式。一般来说,述职汇报可以划分为以下三个层次:

第一层次,向党中央和总书记述职汇报。《中共中央政治局关于加强和维护党中央集中统一领导的若干规定》要求,中央政治局同志每年向党中央和习近平总书记进行书面述职。此外,全国人大常委会、国务院、全国政协、最高人民法院、最高人民检察院党组也要向中央政治局、中央政治局常委会汇报年度工作。自2015年以来,中央政治局常委会每年都要听取全国人大常委会、国务院、全国政协、最高人民法院、最高人民检察院党组年度工作汇报。

第二层次,向党委述职。《政法工作条例》就要求政法单位建立健全党组(党委)向批准其设立的党委全面述职制度,同时要求党委建立健全听取政法单位党组(党委)主要负责人述职制度。

第三层次,向党组织领导机构述职。如《政法工作条例》就确立了党委政法委委员向党委政法委述职制度。又如《工作机关条例(试行)》第 24 条规定:"党的工作机关领导班子应当自觉接受党内监督和群众监督。领导班子成员应当如实向党组织报告个人有关事项、述职述廉述德,接受组织监督。"

(3) 决策与执行

决策与执行,这也是实施党的领导行为的两种重要方式。所谓决策,是指各级党组织依据科学、民主、依法等理念,按照集体领导、民主集中、个别酝酿、会议决定等原则,在各自的职责权限范围内,及时对本领域的重要事项进行研究,作出决定、决策部署或者指示。在决策过程中,作为领导主体的决策者应当先行调查研究,提出适当的方案草案,而后充分听取各方面的意见与建议,并充分发挥有关领域专家学者的作用,进行风险评估和合法合规审查,按照规定提请相关会议讨论和决定。

所谓执行,是指各级党组织必须坚决贯彻实施党中央和上级党组织。关于本地域或本领域各项建设工作的决定、决策部署及指示,决不允许有令不行、有禁不止,决不允许搞"上有政策、下有对策",不准许出现合意的就执行、不合意的不执行等选择性情况。对于党的领导来说,执行绝对是一种不可或缺的领导行为方式。没有下级党组织的执行,上级党组织的领导也就有名无实。上级党组织的所有决策,唯有得到了下级党组织的执行,才是一种具有实际意义的决策,上级党组织的领导才能落地生根。

(4) 督察督办

督察督办,同样是党组织实施领导行为的一种重要方式。有相当多的党的领导法规对督察督办予以了明文规定。如中共中央办公厅、国务院办公厅印发的《法治政府建设与责任落实督察工作规定》,就确立了法治政府建设督察制度,它由全面依法治国(省、市、县)委员会办公室实施,以地方各级党委和政府、县级以上政府部门为督察对象。《政法工作条例》也规定,党委政法委在政法系统内建立政治督察、执法监督、纪律作风督查巡查等制度机制,以解决政法系统内有令不行、有禁不止等问题。2018 年以来,对于"扫黑除恶"专项斗争中的一些"重点案件",如云南孙小果案、湖南操场埋尸案等,中央政法委进行了挂牌督办,确保了专项斗争的顺利推进。

(5) 问责追责

问责是追责的前奏,也就是说对于某个错误,先进行调查核实,核实后就是追责,即追究责任。问责的重点在于调查核实,追责的重点是指追究失职者的党内和法律责任。问责追责制度,意味着权责对等,目的是要建立责任政治和责任政府,这是政治文明的重要体现。

作为一种党的领导行为方式,问责追责是指上级党组织或者专门的监督问责机关,对下级党组织或同级党组织及有关党员干部等,调查核实其违规失职行为,并作出处理。它是保证党的领导,在实践中得到贯彻落实的一把利器。

根据《问责条例》等党内法规的规定,党内问责既追究领导干部的责任,又追究党组织的责任。例如,对按照党内法规该履行向上级党组织请示报告、执行上级党组织决策等义务而没有履行的,要追究党组织及其领导干部的责任。对按照党内法规该履行领导责任、监督责任而失职失察的,要追究党组织及其领导干部的责任。对党组织的问责方式,包括检查、通报、改组等。对领导干部的问责方式,包括通报、诫勉、组织调整或组织处理、纪律处分等。

关于考核考评、监督制约等领导行为方式,将在党的监督保障法规部分予以论述。

四、党的领导法治化

实现党的领导的法治化,乃是党的领导法规实施的一个重要目标。法治属于党内法规的重要价值之一。而党务关系调整的法治化,根本上取决于党的领导行为的法治化,取决于党的组织尤其是上级党组织,能否严格按照党章等党的领导法规的要求履行自己的领导职权与职责。

(一) 党的领导法治化概述

2018年,在中央全面依法治国委员会第一次会议上,习近平总书记指出:"推进党的领导制度化、法治化,既是加强党的领导的应有之义,也是法治建设的重要任务。"总书记此言既出,在很大程度上代表着党的领导法治化,已经成为全党上下的一个基本共识。所以,问题不再是党的领导要不要法治化,而是法治化到底是一种什么样的状态,尤其是如何实现党的领导法治化状态。

何谓党的领导法治化?施新州教授认为,党的领导法治化,主要是针对其显性方面即领导行为的法治化,具体涉及领导责任、领导事项、领导机关、领导机制、领导方式和领导干部等方面的制度化与规范化。他把党的领导法治化内涵概括为三个层面:一是党的领导主体的明晰化,即哪些党组织和党员干部可以实施哪些领导行为,皆有明晰的界限;二是党的领导行为及其过程的规范化,即党的领导行为是可预期的,皆在法治轨道上运行;三是党的领导行为客体是确定的,亦符合职权法定原则,即党的不同领导主体,所实施的领导事务及其范围,具有各自的限定性。

我认为,所谓党的领导法治化,是指党组织在实施领导行为时,严格遵循党内法规所规定的职权范围和履职程序,具有目的正当性。对于被领导的党组织来说,只有实现了法治化的党的领导行为,才具有可预期性。党的领导法治化主要涉及三个方面的问题:一是党的领导法规自身是否完善;二是党的领导职权是否足够明晰;三是党的领导运行机制如何进一步优化。

严格来说,党的领导法治化总处于进行时,而不可能有完成时。党的领导法治化需要不断强化,以使之进入到更高级的状态。

现代法治观念要求党的领导行为和执政行为具有目的正当性和手段程序性,它既是领导行为和执政行为走向文明的标志,也是党和国家自身发展的内在要求。2014年,党的十八届四中全会通过的《中共中央关于全面推进依法治国若干重大问题的决定》指出:依法执政,既要求党依据宪法法律治国理政,也要求党依据党内法规管党治党;必须坚持党领导立法、保证执法、支持司法、带头守法,把依法治国基本方略同依法执政基本方式统一起来,把党总揽全局、协调各方同人大、政府、政协、审判机关、检察机关依法依章程履行职能、开展工作统一起来,把党领导人民制定和实施宪法法律,同党坚持在宪法法律范围内活动统一起来。这段论述表明,党的领导意味着党在领导立法的同时,还要带头守法、要支持司法、要保证执法,要始终依据宪法和法律治国理政。而这就是党的领导法治化的基本内涵。

党的领导法治化,是国家治理体系与治理能力现代化发展的必然要求,也是加强党的全面领导的必然要求。唯有契合中国特色社会主义实际的法治实践,才能为党的长期执政与国家的长治久安提供根本保障,才能够切实提高党的依法执政能力和管党治党水平,从而进一步夯实党在新时代中国特色社会主义实践中的核心领导地位。党的领导法治化,体现了国家政治的深刻变革,特别是党的领导方式以及执政方式的深刻变革,党的领导法治化绝不是削弱党的领导,而是要从根本上加强党的领导,促进党的执政意识、权利意识不断增强,从法律、制度层面保证党的执政地位,不断改善人民的物质生活状况和内在精神需求,从而充分彰显党的先进性,增强党领导和执政的正当性,实现党的领导与执政地位的长期稳固。

(二) 党的领导法规的完善

众所周知,古希腊哲学家亚里士多德有句关于法治的名言,他说:"法治应当包含两重意义:已成立的法律获得普遍的服从,而大家所服从的法律又应该本身是制订得良好的法律。"实现法治化的一个重要条件在于,法律本身是"良法"而非"恶法"。对于党的领导法治化来说,最重要的是规范党组织领导职权的党内法规本身是良好的。任何党组织实施领导行为都是依据党的领导法规而展开的,一旦党的领导法规在职权、程序等内容的规定方面存在着瑕疵甚至重大缺陷,要实现党的领导法治化状态,自然是难上加难。

《中央党内法规制定工作五年规划纲要(2013—2017)》要求,提高党内法规制定水平,做到内容翔实、措施管用,逻辑严密、表述准确,文字精练、格式规范,具有针对性、指导性和可操作性。习近平总书记要求,制定出来的党内法规,要"于法周延、于事有效"。由此可知,对于党内法规的制定工作,中央所提出的要求还是蛮高的。

然而,实事求是地说,有些党的领导法规离中央的要求尚有一定的距离,存在较大的完善空间,具体表现在以下几个方面:

(1) 党的领导规范碎片化明显,亟待优化。在党的领导法规中,党的领导规范呈现的是一种碎片化状态,既不集中,又缺乏明显的层次,不利于党的领导法规的查找与适用。党的领导规范的碎片化存在状态,严重影响其指引功能和规范效力的充分发挥。在实践中,党的领导不同于党的执政,前者最主要的规范依据是党内法规而不是国家法律。检视现行的党的领导法规,发现除党章对党的领导作了原则性规定外,其他的"准则""条例"等,对"党的领导"制度的规定都散布于各个不同的党的领导法规之中,欠缺相对集中地规范党的领导行为的党内法规。这种碎片化的状况应该尽快得到纠正。可行的方式之一是在时机成熟时,对相关的党内法规作必要的修订,用独立的章节来规范党的领导行为,而不是让这些规范散布于党的领导法规的各个"角落"。

与此同时,地方党内法规中有关党的领导规范,其"地方性"并不强,难以充分彰显地方领导工作特色，多数是机械地复制或者照抄上位党的领导法规规定，这种现象具有一定的普遍性。这种重复立规势头应该得到有效的遏制，它只会造成党的领导法规的重复、堆积，对于党的领导关系的调整没有实质性意义。地方党的领导法规应该充分结合本区域工作实际，有针对性地规范本区域范围内党的领导行为所应注意的事项，如果不存在需要特别注意的事项，那就不必专门制定这种地方党的领导法规。

（2）党的领导法规文字表述的规范性不强，亟待完善。检视现行党的领导法规，不难发现有些党的领导法规规范存在着概念不清、逻辑不严、表述冗余等不良状况，影响它的适用及规范效力的发挥，理应通过解释或修订的方式予以完善。

关于概念不清，如《农村工作条例》在规定党的农村工作主要任务时，要求"巩固和加强农业基础地位，实施藏粮于地、藏粮于技战略，严守耕地红线，确保谷物基本自给、口粮绝对安全。深化农业供给侧结构性改革，构建现代农业产业体系、生产体系、经营体系，促进农村一二三产业融合发展，发展壮大农村集体经济，促进农民持续增收致富。坚决打赢脱贫攻坚战，巩固和扩大脱贫攻坚成果"。该条规定中的"藏粮于技战略""口粮""农业供给侧结构性改革""农村一二三产业"等概念，其内涵都是高度不确定的。作为最主要的规范党领导农村工作的党内法规，《农村工作条例》应当选取那些内涵相对清晰的概念，避免给实践中的领导工作造成不必要的困惑，以使党组织在领导工作中更容易把握其具体的工作要求。

关于逻辑不严，如《机构编制工作条例》规定，机构编制工作要遵循四项原则，其中之一是坚持机构编制瘦身与健身相结合。适应经济社会发展变化和财政保障能力，管住管好用活机构编制，严控总量、统筹使用，科学增减，不断提升机构编制资源使用效益。妥善处理严控机构编制与满足发展需要之间的关系，围绕中心、服务大局，保障党和国家事业发展，更好满足人民日益增长的美好生活需要。这里面的"瘦身与健身相结合"的比喻并不合适，在逻辑上"健身"必然包含着"瘦身"，没有"瘦身"的"健身"是不完整的。此外，"管住管好用活机构编制"在逻辑上也说不通，"管好"必然包含着"管住"，而"用活"与"管住""管好"之间存在着逻辑上的相斥关系。党的领导规范中，类似这种逻辑不严谨的规范颇为常见。

（3）党的领导职责规定不明，亟待修正。关于党的领导职责，党的领导法规的规定是否足够明晰，在很大程度上决定了党的领导法治化程度。要实现党的领导法治化，一个基本的要求是作为党的领导规范依据的党内法规，在党的领导职责问题上规定得足够清晰。对于作为领导者的党组织来说,这是它准确实施领导行为的关键;对于被领导者的党组织和党员来说,这是他们对领导行为保持期待可能性的前提。

客观地说,在明晰党的领导职责方面,部分党的领导法规还有较大的改进空间。

(三) 党的领导机制的优化

再完善的党的领导法规,也要依靠党的领导机制才能真正发挥规范效力。党的领导机制的优化,是党的领导法治化的重要一环。所谓领导机制,是指领导机体通过其各个构成要素之间的内在联系,调节与制约自身运行及发展的无形系统及其功能。领导机制是领导机体调节自身运行的机制,又被称为领导调节机制,或领导运行机制。领导机制是调节领导活动运行的装置,是一种无形的"调节阀"。领导机制的特征主要有调节性、自动性、选择性等。所谓调节性,是指领导机制时刻有意识地调整领导活动的运行过程,使之沿着既定目标前进。所谓自动性,是指领导机制一旦形成,就会自然而然地启动对领导活动运行的调节,而无须借助于其他外力来推动。所谓选择性,是指领导机制本身及领导活动成员等都是可以选择的,而不是先天确定、无法更改的。

党的领导机制,本质上就是一种"调节阀"。它是指党的领导机体通过各个党组织之间的内在联系,调节与制约党组织运行及发展的无形系统及其功能。党的领导机制的优化,就是改善党的领导机制的调节性、自动性和选择性,使整个系统的运行更加顺畅,功能更加强大,从而不断提升党的领导的效能。良好的党的领导机制,有利于推动党的领导的法治化。反之,则会阻碍党的领导的法治化。为了推动党的领导的法治化,应当致力于优化党的领导机制。为此,可以从以下三个方面着手:

(1) 厘清并化解党的领导机制中的三个问题。一是立场问题。优化党的领导机制,首先要求站稳以人民为中心的根本政治立场,党的领导不是为了党自身的利益,而是为了人民的利益。站到人民立场上看问题,是党的领导的根本要求。偏离了人民立场,党的领导不可能真正做到优化。二是任务问题。党的领导的核心任务是全面从严治党,把党建设得更加坚强有力,确保党是中国特色社会主义伟大事业的领导核心。党的领导的优化,要始终奔着这个核心任务去,把实现全面从严治党作为优化党的领导的终极目标。三是落实问题。如上所述,对于党的领导主体、内容、方式等事项,党的领导法规其实规定得比较清楚。优化党的领导机制，重在落实这些党内法规的规定。党的领导法规所规定的事项落实好了，党的领导自然而然达到了一种优化状态。优化党的领导机制，需要严格落实党的领导法规规定，使之对于各级各类党组织的领导行为都能够产生看得见的规范效力。

（2）理顺并优化党的领导机制中的上下级关系。从形式上看，党的领导主要体现为党组织之间的上下级关系。这个上下级关系处理得好，党的领导机制往往是顺畅的；反之，则党的领导机制是僵硬而低效的。党的领导的法治化以党组织之间上下级关系的稳定和谐为基础，僵硬、低效的上下级关系，自然是党的领导法治化的绊脚石。在优化党的领导机制过程中，应当以理顺党组织之间的上下级关系为重点，以使上级党组织的领导权威在下级党组织中得到充分彰显，并使上级党组织的领导行为具有足够的合法性与合规性。对于现行党的领导法规规定，应当作有利于理顺党组织之间上下级关系的解释。对于无法作出这种解释的党内法规规定，应当及时修订。

（3）补充并提升党的领导机制中的人力资源。人的问题始终是最关键的要素，对于党的领导机制来说，自然也不例外。没有高素质、专业化的干部队伍，所谓党的领导法治化，就只能是"水中月""镜中花"。优化党的领导机制，实现党的领导法治化，应当以补充党的领导机制中的人力资源为迫切任务，同时大力提升党的领导机制中的人力资源整体素质。应当加大各级各类党组织人才选拔的程序公开，在条件许可的情况下，可以通过竞选的方式来选拔优秀人才。同时，强化对各级各类人才的教育培训，使其专业技能和综合素质紧跟时代发展的需要。

第九章
党的自身建设法规

回顾百年党史,党的自身建设贯穿于党的整个发展历程,并发挥着关键作用,是党的"三大法宝"之一。可以说,党的自身建设法规,对于党和国家的各项事业都非常关键。中共中央办公厅法规局发布的《中国共产党党内法规体系》指出,截至2021年7月1日,现行有效党的自身建设法规共1319部,其中,中央党内法规74部,部委党内法规76部,地方党内法规1169部。党的自身建设法规是党内法规体系的重要组成部分,应当受到党内法规学的高度重视。本章拟从党的自身建设法规概述、党的政治建设法规、党的思想建设法规、党的组织建设法规、党的作风建设法规和党的纪律建设法规等方面来展开讨论。

一、党的自身建设法规概述

党的二十大报告指出:经过党的十八大以来全面从严治党,解决了许多党内突出问题,但党面临的执政考验、改革开放考验、市场经济考验、外部环境考验将长期存在,精神懈怠危险、能力不足危险、脱离群众危险、消极腐败危险将长期存在;全党必须牢记,全面从严治党永远在路上,党的自我革命永远在路上,决不能有松劲歇脚、疲劳厌战的情绪,必须持之以恒推进全面从严治党,深入推进新时代党的建设新的伟大工程,以党的自我革命引领社会革命。

这段内容提醒我们,在新时代,党的自身建设不但不能放松,还必须进一步加强。党的自身建设法规建设,经历了一个从不成熟到成熟、从零散到系统再到完善的过程。党的自身建设法规,既包括大方向上党的建设的总体目标、整体布局,又包括对党组织和党员的思想、活动等的规范。

(一) 党的自身建设法规概念

作为一个党内法规学概念,"党的自身建设法规"这个概念,最早见于中共中央发布的文件《关于加强党内法规制度建设的意见》。该"意见"提出,要完善党的自身建设法规制度,加强党的思想建设、组织建设、作风建设、反腐倡廉建设,深化党的建设制度改革,增强党的创造力、凝聚力、战斗力。

但这个"意见"只是大致规划了党的自身建设法规的框架,并未对党的自身建设法规概念予以界定。马工程的党内法规学教材将党的自身建设法规界定为:调整和规范党的政治建设、思想建设、组织建设、作风建设、纪律建设等党的自身建设活动的党内法规。也有学者提出了一个更为具体的界定:党的自身建设法规,是有权限的党组织通过规范程序制定的,体现党规范自身建设各项工作时具有统一意志和要求的,以党的政治建设为统领,以党的政治建设、思想建设、组织建设、作风建设、纪律建设为基本分类,用制度建设贯穿全过程,以推进反腐败斗争、提高党的建设质量、增强党建工作的科学性和有效性为功能目标的一系列思想和行为规范的总称,属于中国共产党党内法规制度体系的重要组成部分。相对而言,这个概念界定又显得过于烦琐。

诚然,要全面认识党的自身建设法规这个概念,就不能止步于它的调整内容及其分类,还应当了解党的自身建设法规的制定主体、制定程序、目的要求、功能目标、体系地位等方面的内容。唯有如此,党的自身建设法规概念才"有血有肉",是一种富有多面性的立体存在。当然,认识党的自身建设法规,不应满足于了解其概念内涵的丰富性,还应该对其特征有个初步的认知。

(二) 党的自身建设法规特征

关于党的自身建设法规的特征,可以从以下三个方面展开分析:

(1) 党的自身建设法规属于一种行为性法规。众所周知,党内法规是按照"规范主体、规范行为、规范监督"统筹协调的原则组织起来的规范体系。作为该体系四大板块之一的党的自身建设法规主要是规范行为的,而党的组织法规则主要是规范主体的。党的自身建设法规中也有党的组织建设法规,如《党政领导干部选拔任用工作条例》《发展党员工作细则》等。党的组织建设法规与党的组织法规有何区别呢?后者指向的是作为整体的"组织"如何产生、具体职权和运行机制,主要是规范主体的,也就是用党规的方式,来确保党组织的产生与运作具有足够的规范性,使所有的党组织都能够承载党的统一意志。而前者指向的是所有党组织之中的个体(党员尤其是党员干部)的日常行为、培训教育、提拔升迁等事项,是规范包括干部在内的全体党员行为的。

(2) 党的自身建设法规的调整对象具有复杂性。严格来说,党的自身建设问题不仅仅包括全体党员,它还包括所有的党组织。在有些方面,党组织自身的建设比普通党员的自身建设影响面更大,更值得关注。2021年出版的《中国共产党党内法规汇编》收录了89部党的自身建设法规,其中党的组织建设法规数量最多,达到了56部,所占比例高达63%。由此可知,党组织的行为同样属于党的自身建设法规的调整范畴。在党的自身建设过程中,党组织之间、党员之间、党组织与党员之间,都会形成一定的职权职责关系、权利义务关系,而它们都属于党的自身建设法规的调整范围。

(3) 党的自身建设法规在功能方面具有特殊性。党的自身建设法规,主要是规范党组织和党员自身建设事项。从功能上看,它旨在促使党组织和党员牢记党的初心使命,始终具有共产主义的理想信念,使习近平新时代中国特色社会主义思想"入脑入心",在实践中"走深走实、见行见效",以始终保持并发展党的先进性与纯洁性。与党的领导法规和党的监督保障法规等相比,党的自身建设法规具有基础性,其他三类党内法规的严格实施,在很大程度上依赖于党的自身建设法规效能的发挥。换言之,一旦党的自身建设法规发挥不了应有的规范功能,党组织和党员丧失应有的先进性和纯洁性,那党的领导法规和党的监督保障法规势必难以得到有效的实施。党的自身建设法规的功能发挥状况,对于整个党内法规体系的运行影响深远。

(三) 党的自身建设法规分类

为了更好地认识党的自身建设法规,对它们进行分类是很有必要的。党的自身建设法规的类型,直接取决于党的自身建设内容的类型。而关于党的自身建设内容,从民主革命时期到新时代,经历了一个从"三大建设"到"六大建设"的发展过程。

在民主革命时期,党总结出了思想建设、组织建设、作风建设等"三大"党的建设内容。改革开放后,党的十三大报告在此基础上提出了制度建设,强调要"切实加强党的制度建设,对于党的正确路线的巩固和发展,对于党的决策的民主化和科学化,对于充分发挥各级党组织和党员的积极性、创造性,十分重要",从而建构了党的"四大建设"的布局。党的十九大又进一步提出了党的政治建设和纪律建设,至此形成了新时代党的"六大建设"的总体布局。

不过,从党内法规的视角上看,政治建设、组织建设、思想建设、作风建设和纪律建设,本质上均体现为一种具有规范性的制度建设。同时,制度建设的内容本身一般也只有政治、组织、思想、作风和纪律等五种类型。所以,党的自身建设法规就分为五种类型。

(1) 党的政治建设法规

党的政治建设是党的根本性建设,决定着党的建设方向和建设效果,关系着党的前途命运和国家的长治久安。党的政治建设法规立足于党的政治纲领、政治路线、政治立场、政治目标、政治纪律,向着党的政治建设的根本任务,即保障全党服从中央,维护党中央权威和集中统一领导不断靠近。从其内容上看,党的政治建设法规主要致力于坚定政治信仰,强化政治领导,净化政治生态,提高政治能力等。

比较典型的党的政治建设法规有:《关于党内政治生活的若干准则》《关于新形势下党内政治生活的若干准则》《重大事项请示报告条例》《中共中央政治局关于加强和维护党中央集中统一领导的若干规定》等。

(2) 党的思想建设法规

思想是行动的先导,理论是实践的指南。习近平总书记强调:"思想建设是党的基础性建设。革命理想高于天。共产主义远大理想和中国特色社会主义共同理想是中国共产党人的精神支柱和政治灵魂,也是保持党的团结统一的思想基础。要把坚定理想信念作为党的思想建设的首要任务,教育引导全党牢记党的宗旨,挺起共产党人的精神脊梁,解决好世界观、人生观、价值观这个'总开关'的问题,自觉做共产主义远大理想和中国特色社会主义共同理想的坚定信仰者和忠实实践者。"一般来说,党的思想建设,是党为保持自身的创造力、凝聚力和战斗力,而对全体党员所开展的一系列思想教育和思想引导工作,主要着眼于全党的思想意识以及精神、灵魂上的问题。规范这种思想教育和思想引导工作的党内法规,就是党的思想建设法规。

比较典型的党的思想建设法规有:《党委(党组)理论学习中心组学习规则》《党委(党组)意识形态工作责任制实施办法》《中央和国家机关干部职工思想动态分析报告办法》《中央和国家机关贯彻落实〈党委(党组)理论学习中心组学习规则〉实施办法》等。

(3) 党的组织建设法规

党的组织建设法规,是党的自身建设中数量最多的一类法规,涉及的范围主要包括党的组织制度、党的中央组织、党的地方组织、党的干部、党的纪律检查机关等,在内容上还包括规范党员干部的培养和选拔工作、党员干部的选拔任用程序等。旨在通过聚焦于党的民主集中制建设、党的基层组织建设、党的干部队伍建设、党员队伍建设、人才建设等,在党的各项组织工作中贯彻落实党的组织路线。党的组织建设为增强党的创造力、凝聚力、战斗力提供了重要保证。

典型的党的组织建设法规有:《党政领导干部选拔任用工作条例》《推进领导干部能上能下规定》《领导干部报告个人有关事项》等一系列旨在推动建设高质量专业化干部队伍的法规;《发展党员工作细则》《中国共产党党员教育管理工作条例》(以下简称《党员教育管理工作条例》)等一系列旨在建设信仰坚定、严守纪律的党员队伍的法规;《党政领导干部任职回避暂行条例》《党政领导干部职务任期暂行规定》等一系列规范干部任职工作的法规等。

(4) 党的作风建设法规

党的作风建设永远在路上,作风建设是党建的永恒主题。在研究部署学习宣传贯彻党的二十大精神会议上,中共中央政治局强调:"抓作风建设只有进行时,没有完成时。"作风建设,旨在促使全体党员尤其是党员干部,能够做到严以修身、严以用权、严以律己,谋事要实、创业要实、做人要实,其核心在于保持党同人民群众的血肉联系。所有调整和规范党的各种作风建设活动的党内法规都属于党的作风建设法规的范畴。在新时代,作风建设要聚焦于巩固落实中央八项规定精神,整治"四风"问题,彻底消除形式主义、官僚主义等突出问题,以优良的党风凝聚党心民心,为党和国家事业的局面创新提供政治和作风保证。

比较典型的党的作风建设法规有:《十八届中央政治局关于改进工作作风密切联系群众的八项规定》《党政机关厉行节约反对浪费条例》《党政机关国内公务接待管理规定》《党政机关办公用房管理办法》《评比达标表彰活动管理办法》《全国性文艺新闻出版评奖管理办法》等。

(5) 党的纪律建设法规

在党的各方面工作上严格把握纪律要求,是党的建设过程中的优良传统,更是政治上的优势。党的纪律建设法规涉及党的各个方面工作,包括与坚持惩治和预防腐败内容相关的一系列规范。着眼于强化党的政治纪律、组织纪律、廉洁纪律、群众纪律、工作纪律、生活纪律,通过教育、执行、监督、评价等环节的良性循环,在实践中严格按照纪律、规矩行事,旨在推进全面、严格地执行党的要求。党组织和党员违反国家法律法规、党章和其他的党内法规、相关政策等要求时,必然要受到惩罚,对党员的纪律处分包括警告、严重警告、撤销党内职务、留党察看、开除党籍。

党的纪律建设法规包括《廉洁自律准则》《国有企业领导人员廉洁从业若干规定》《农村基层干部廉洁履行职责若干规定(试行)》《关于党政机关与所办经济实体脱钩的规定》等。

(四) 党的自身建设责任规定

由不同的主体来负责党的自身建设,其结果自然是不一样的。党的自身建设问题,既涉及纵向不同"条条"上党的建设,又牵涉横向不同"块块"上党的建设,是个相当复杂的问题。这种复杂性就决定了党的自身建设主体必定是多元化的,而非单一性的。因此,党的自身建设必须在不同的党组织之间进行有效的分工,形成合理的党的自身建设责任分工制度。只有这样,才能在党的自身建设领域形成一个职权明确、责任到位、各负其责的建设格局。

(1) 党的自身建设责任概述

所谓党的自身建设责任,是指党组织和党员所肩负的推进党的政治建设、思想建设、组织建设、作风建设、纪律建设,以实现党的自身建设目标任务的职责。确立党的自身建设责任的依据是党的自身建设法规,明确党的自身建设责任主体、责任类型、责任内容等,是党的自身建设法规的基本内容。如《党章》第18条规定:"党的中央、地方和基层组织,都必须重视党的建设,经常讨论和检查党的宣传工作、教育工作、组织工作、纪律检查工作、群众工作、统一战线工作等,注意研究党内外的思想政治状况。"绝大多数党的自身建设法规,都包含党的自身建设责任规定。

大致来说,党的自身建设责任具有以下几个方面的特征:

第一,责任主体的广泛性。从中央到地方再到基层,几乎所有的党组织都负有某种程度的党的自身建设责任。与此同时,作为个体的党员干部或普通党员,也负有一定程度的党建责任。可以说,所有的党组织和党员都是党的自身建设主体,都负有不同程度的党的自身建设责任。

第二,责任内容的广泛性。如上所述,党的自身建设活动内容相当广泛,如政治建设、思想建设、组织建设、作风建设、纪律建设等都包括在内。当然,党的领导、党内监督就不属于党的自身建设范畴。

第三,责任依据的多元性。规定党的自身建设责任的主要是党的自身建设法规。在这些党的自身建设法规中,有中央党内法规、部委党内法规,还有地方党内法规。它们都对党的自身建设责任有明文规定,所以,责任依据具有多元性。

第四,责任目的的特定性。明确党的自身建设责任,当然是为了达成党的建设目标任务。这个目标是什么呢?用党的二十大报告中的话来说,就是要落实新时代党的建设总要求,健全全面从严治党体系,全面推进党的自我净化、自我完善、自我革新、自我提高,使我们党坚守初心使命,始终成为中国特色社会主义事业的坚强领导核心。

第五,责任履行的确定性。对于党组织和党员来说,党的自身建设法规是具有拘束力的刚性规范,它对党的自身建设责任的规定必须得到忠实的履行。任何党组织和党员拒不履行自己的党建责任或者履行不到位而无正当理由,都将面临相应的惩罚性后果。正是从这个意义上说,党的自身建设责任履行具有确定性,实践中不履行的情况只是少数现象,不具有普遍性。

(2) 党的自身建设责任分类

关于党的自身建设责任的分类问题,可以从不同的视角进行类型划分,如从责任主体、责任范围、责任大小、责任性质等。

第一,根据责任主体的不同,可以分为组织责任和个人责任。党组织和党员个人都属于党的自身建设责任主体。当党的中央组织、地方组织、基层组织、党组、纪律检查机关、工作机关等作为一个主体承担党的自身建设责任时,即为组织责任。而当党员干部和普通党员承担党的自身建设责任时,即为个人责任。

第二,根据责任范围的不同,可以分为全面责任和部分责任。全面责任,是指责任主体对党的政治建设、思想建设、组织建设、作风建设、纪律建设等各个方面的自身建设承担责任,其责任具有总体性和全面性。承担这种全面责任的主体一般是党委或党组。如《地方委员会工作条例》第3条规定:"党的地方委员会在本地区发挥总揽全局、协调各方的领导核心作用,按照协调推进'四个全面'战略布局,对本地区经济建设、政治建设、文化建设、社会建设、生态文明建设实行全面领导,对本地区党的建设全面负责。"所谓全面负责,当然就是要承担全面责任。与全面责任相对应的,就是部分责任。它是指对党某一方面的自身建设承担责任,其主体一般是党的工作机关。比如,党的宣传部门要承担党的思想建设责任,而党的组织部门要承担党的组织建设责任等。

第三,根据责任大小的不同,可以分为第一责任、直接责任和分管责任等不同类型。所谓第一责任,主要是指党委(党组)主要负责人,承担的党的自身建设责任,这是一种首要责任、主要责任,是最大的责任。比如,《地方委员会工作条例》第13条第1款规定:"党的地方委员会必须认真履行全面从严治党主体责任，书记必须履行党建第一责任人职责。常委会应当定期研究党建工作，每年至少向全会和上一级党委专题报告1次抓党建工作情况。充分发挥党的建设工作领导小组职能作用。加强基层党组织建设，实行市、县两级党委书记抓基层党建工作述职评议考核制度，完善党建工作考核综合评价体系，确保党建各项部署落到实处。"所谓直接责任，主要是指直接负责党的自身建设的领导班子成员所应承担的责任，它是仅次于第一责任的一种责任。如《地方委员会工作条例》第11条规定："担任政府正职的党委副书记主持政府全面工作，组织政府党组活动。不担任政府职务的党委副书记主要协助书记抓党的建设工作，同时可以根据需要协调和负责其他方面工作。"这种不担任政府职务的党委副书记，就是通常所说的专职副书记，他们属于党的自身建设直接责任人，对党的自身建设承担直接责任。而分管责任，主要是指一些分管领导干部，对其分工领域范围内党的自身建设工作所要承担的责任。比如，党委中分管教科文卫工作的领导，对教科文卫领域党的自身建设工作承担责任。

第四，根据责任性质不同，可以划分为主体责任、监督责任、领导责任等类型。这种责任划分的主要依据是《问责条例》。《问责条例》第4条规定："党委（党组）应当履行全面从严治党主体责任，加强对本地区本部门本单位问责工作的领导，追究在党的建设、党的事业中失职失责党组织和党的领导干部的主体责任、监督责任、领导责任。"所谓主体责任，主要是各级党委（党组）承担的责任，它是与党委（党组）对党的自身建设，负有全面领导、谋划、部署、推进党的自身建设职权相适应的。所谓监督责任，主要是指党的各级纪律检查机关所承担的相关责任。所谓领导责任，是指各级党的领导干部所承担的责任，这是由党的领导干部对于党的自身建设负有领导职权的必然结果。

（3）党的自身建设责任分工

党的自身建设任务非常的艰巨，不是哪个党组织或者哪位领导个人可以一肩扛起的。因此，对于党的自身建设责任，必须进行适当的分工，以使各级各类党组织及其领导人员，都承担一定的党的自身建设责任。这就是党的自身建设责任分工。这种责任分工格局形成的原因是多方面的，它既是党的自身建设任务过于繁杂所致，又是现代社会分工制度在党的自身建设事务上的一种具体体现，还是各级各类党组织和党员干部履行各自使命的需要。

如何在众多党的自身建设责任主体之间，科学有效地分配党的自身建设责任，考验着党的政治智慧。而这也是党的自身建设法规无法回避的大问题。应当承认，在党的自身建设责任分工问题上，现行党的自身建设法规，已经有了较为明确的安排。下面将从理论上对党的自身建设责任分工原则问题展开分析,为解释有关党的自身建设责任分工规定提供学理背景知识,同时,也期待这种理论思考有助于现行有关党的自身建设责任分工制度的进一步完善。

总体上看,党的自身建设责任分工,应当坚持以下四项原则:

第一,权责对等原则。该原则要求党的自身建设责任应当与其职权相适应,有多大的权就有多大的责,不能只有权而无责,也不能只有责而无权。在党的自身建设责任分工时,应当确保有相应的职权来保障相应责任的履行。根据权责对等原则,党中央所承担的党的自身建设责任最大,因为它所拥有的党的自身建设职权最大。同理,上级党组织承担的党的自身建设责任要大于下级党组织;党委承担的党的自身建设责任要大于同级党的纪律检查机关,更大于它所设立的党组、党的工作机关。

第二,民主集中制原则。在党的自身建设责任分工问题上,同样要坚持民主集中制原则。根据该项原则,党的自身建设责任分配问题应当由党组织的集体领导来决定,由集体讨论和决定党的自身建设责任的具体分工,并对分工结果集体承担责任。简言之,民主集中制原则要求党的自身建设责任分工要坚持集体领导与个人分工负责相结合,不能只有集体领导而无个人分工,也不能只有个人分工而无集体领导。

第三,一般与特殊相结合原则。就具体的党组织和党员个人来说,党的自身建设任务往往具有一定的特殊性,即除了承担全党一致要求的共性责任外,还应当结合本地区、本部门的职能职责与特殊情况,创造性地履行某些特定的建设责任,以确保本地区、本部门党的自身建设取得更好的效果。在党的自身建设责任分工时,应当坚持一般的共性责任与特殊的个性责任相结合,而不是将两者视为相斥关系。在党的自身建设责任分工时,应当根据具体情况具体分析,而不可搞简单的"一刀切"。

第四,决策、执行和监督一体原则。在我国,党内权力大致可以划分为决策权、执行权和监督权三种类型。也就是说,包括党的自身建设在内的党的活动,一般分为决策、执行和监督三个环节。在进行党的自身建设责任分工时,同样要遵循决策、执行和监督"三步走"的惯例。要坚持党委(党组)的决策职能,由它来统一领导、决策和指挥党的自身建设责任分配。与此同时,要授予党委(党组)领导班子成员具体的执行权力,也就是落实党委(党组)有关党的自身建设责任的分工计划,让各个领导承担各自的领导责任。最后,还要授予党的纪律检查机关相应的监督责任,由它们以督促、检查等方式,来推动各级党组织及党员领导干部,履行好各自党的自身建设责任。

(4) 党的自身建设责任主体

党的自身建设责任按照主体的不同,可以划分组织和个人两种类型。这实际上是对党的自身建设责任分工的进一步展开,是对党的自身建设责任内涵的进一步分析。

① 党的中央组织。这是最重要的党的自身建设责任主体,其具体责任可以概括为以下四个方面:

第一,制定有关党的自身建设方面的党内法规,为党的政治建设、思想建设、组织建设、作风建设、纪律建设提供制度规范。这是党中央最为核心的党的自身建设责任,是党中央作为党的自身建设责任主体,为何最重要、最权威的一个重要明证。党中央制定的典型的党的自身建设法规有:《廉洁自律准则》《中共中央关于加强党的政治建设的意见》等。

第二,决定有关党的自身建设的重大问题。但凡有关党的自身建设的重大问题,一般只能由党中央来决定。而何谓"重大问题"的最终解释权也归党中央所有。党中央决定重大问题的方式,主要有召开党的全国代表大会,举行中央全会、中央政治局会议、中央政治局常务委员会会议,印发中央文件等。在党的自身建设问题上,党中央的决定具有最高权威。

第三,部署党的自身建设的重大活动。在不同历史发展阶段,党中央就党的自身建设问题部署不同主题的重大活动,可谓是党的一项惯例。比如,党的十八大以来,党中央先后部署开展了党的群众路线教育实践活动、"三严三实"专题教育活动、"两学一做"学习教育活动、"不忘初心、牢记使命"主题教育活动等。

第四,监督地方和基层落实党的自身建设责任。党中央通过巡视、督查、监督执纪问责等多种方式来监督地方和基层切实履行党的自身建设责任,提高党的建设质量,推动全面从严治党向纵深发展。

② 党的地方组织。党的地方委员会在本地区发挥总揽全局、协调各方的领导核心作用,对本地区党的自身建设问题负有全面的责任,并承担主体责任。关于党的地方委员会的主体责任,《党委(党组)落实全面从严治党主体责任规定》将之概括为十二个方面。第一,坚决维护以习近平同志为核心的党中央权威和集中统一领导,坚决贯彻执行党中央决策部署以及上级党组织决定。第二,在本地区发挥总揽全局、协调各方的领导作用,在经济社会发展各项工作中坚持和加强党的全面领导,在同级各种组织中发挥领导作用。第三,把党的政治建设摆在首位,坚定政治信仰,强化政治领导,提高政治能力,

净化政治生态,始终在政治立场、政治方向、政治原则、政治道路上同党中央保持高度一致。第四,把党的思想建设作为基础性建设来抓,坚定理想信念,用习近平新时代中国特色社会主义思想武装头脑、指导实践、推动工作,落实意识形态工作责任制。第五,贯彻新时代党的组织路线,坚持民主集中制,树立和坚持正确选人用人导向,建设忠诚干净担当的高素质专业化干部队伍,加强党的基层组织和党员队伍建设,做好人才工作,夯实党执政的组织基础。第六,持之以恒抓好党的作风建设,落实中央八项规定精神,持续整治"四风"特别是形式主义、官僚主义,反对特权思想和特权现象,密切党同人民群众的血肉联系。第七,加强党的纪律建设,重点强化政治纪律和组织纪律,带动廉洁纪律、群众纪律、工作纪律、生活纪律严起来。第八,落实制度治党、依规治党要求,加强本地区党内法规制度建设,严格落实党内法规执行责任制,确保党内法规制度落地见效。第九,落实党风廉政建设主体责任,深入推进反腐败斗争,一体推进不敢腐、不能腐、不想腐,巩固发展反腐败斗争压倒性胜利。第十,领导、支持和监督党的纪律检查机关、党的工作机关、党委直属事业单位、党组(党委)和下级地方党委、党的基层组织等,落实全面从严治党主体责任,形成全面从严治党整体合力。第十一,加强对本地区统一战线工作和群团工作的领导,动员、组织所属党组织和广大党员,团结带领群众实现党的目标任务。第十二,勇于和善于结合本地区实际,切实解决影响全面从严治党的突出问题。

③ 党的基层组织。在党的自身建设过程中,基层党组织同样承担着重要责任,是必不可少的党的自身建设责任主体。关于党的基层组织具体承担的党的自身建设责任,《党章》和《支部工作条例(试行)》等有比较明确的规定。如《党章》第 33 条分别就街道、乡、镇党的基层委员会和村、社区党组织,国有企业党委(党组)和集体企业中党的基层组织,非公有制经济组织中党的基层组织,社会组织中党的基层组织,党和国家机关中党的基层组织,在党的自身建设方面所应承担的责任作出了明确规定。《支部工作条例(试行)》第 10 条则对村党支部等十种不同领域的党支部所应承担的党的自身建设责任作出了明确规定,不同的党支部的职责重点也不同。

④ 党组。作为一种党的组织,党组在本单位发挥着领导作用,承担本单位内党的自身建设主体责任。根据《党委(党组)落实全面从严治党主体责任规定》,党组应当坚持党建工作与业务工作同谋划、同部署、同推进、同考核,加强对本单位(本系统)全面从严治党各项工作的领导。在党的自身建设责任方面,党组的任务主要有十一项。第一,坚决维护以习近平同志为核心的

党中央权威和集中统一领导,坚决贯彻执行党中央决策部署以及上级党组织决定。第二,在本单位(本系统)发挥把方向、管大局、保落实的领导作用,推动党的主张和重大决策转化为法律法规、政策政令和社会共识,确保党的理论和路线方针政策在本单位(本系统)贯彻落实。第三,把党的政治建设摆在首位,提高政治站位,始终在政治立场、政治方向、政治原则、政治道路上同党中央保持高度一致,涵养良好的机关政治生态。第四,强化理论武装,学懂弄通做实习近平新时代中国特色社会主义思想,引导党员、干部坚定理想信念宗旨,落实意识形态工作责任制。第五,坚持民主集中制,贯彻党管干部、党管人才原则,加强忠诚干净担当的高素质专业化干部队伍建设,着力提高党的组织生活质量,做好人才工作。第六,加强和改进作风,落实中央八项规定精神,持续整治"四风"特别是形式主义、官僚主义,反对特权思想和特权现象。第七,加强党的纪律建设,履行党风廉政建设主体责任,支持纪检监察机关履行监督责任,一体推进不敢腐、不能腐、不想腐。第八,带头遵守党内法规制度,严格落实党内法规执行责任制,建立健全本单位(本系统)党建工作制度,不断提高制度执行力。第九,领导本单位党组织的工作,支持配合党的机关工委对本单位(本系统)党的工作的统一领导,自觉接受党的机关工委对其履行机关党建主体责任的指导督促,防止出现"灯下黑"。第十,加强对本单位统一战线工作和群团工作的领导,重视对党外干部、人才的培养使用,凝聚各方面智慧力量,完成党中央以及上级党组织交给的任务。第十一,勇于和善于结合本单位(本系统)实际,切实解决影响全面从严治党的突出问题。

⑤ 党的纪律检查机关。党的各级纪律检查机关是党内监督的专责机关,它们在党的自身建设中承担着监督责任。对于党的纪律检查机关在党的自身建设过程中的监督责任,将在第十章中予以详细论述,在此不再赘述。

⑥ 党的工作机关。在党的自身建设过程中,党的工作机关也是一个重要的责任主体。它们负责执行党中央关于党的自身建设决策部署,在各自职责范围内,承担推进党的自身建设某方面的职责任务。根据《工作机关条例(试行)》,不同的工作机关在党的自身建设方面的责任也有所不同。

党委办公厅(室)是党委的综合部门,负责推动党委决策部署的落实。在党的自身建设责任方面,党委办公厅(室)主要承担出谋划策、统筹协调、督促检查等具体责任,当好党委履行党的自身建设主体责任的得力助手。

党的组织、宣传、统战等党委职能部门,是负责党委组织、宣传、统战等方面工作的主管部门。它们在各自主管领域和系统内,承担党的自身建设责任,必要时代表党委行使一定的党的自身建设职权。如党委组织部门主要负责党的组织建设,包括干部队伍建设、基层组织建设等;党委宣传部门主要负责党的思想建设、意识形态工作等。

党委办事机构,是协助党委办理某一方面重要事务的机关。在党的自身建设方面,党委办事机构在其工作领域承担一定的责任,以保证党的政治建设、思想建设等在该领域得到实施。

党委派出机关,是党委为加强对特定领域、行业、系统领导而派出的工作机关。派出机关统一组织、规划、部署本领域、本行业、本系统内的工作,其中当然包括党的自身建设工作,负有党的自身建设责任。

⑦ 党组织主要负责人和其他班子成员。党组织主要负责人和其他班子成员,都是党的自身建设责任主体,对党的自身建设分别承担一定的责任。根据《地方委员会工作条例》《党组工作条例》《党委(党组)落实全面从严治党主体责任》等党的自身建设法规,对于本地区、本部门、本系统党的自身建设,党组织书记是第一责任人,承担主要的领导责任,需要对重大问题亲自过问、重点环节亲自协调,领好班子、带好队伍,做好廉洁自律的表率,并督促领导班子成员落实好党的自身建设责任。

⑧ 普通党员。没有领导职务的普通党员同样是党的自身建设主体,他们同样负有一定的责任与义务。对此,将在第十一章予以详细论述。

二、党的政治建设法规

2019年发布的《中共中央关于加强党的政治建设的意见》指出,旗帜鲜明讲政治是我们党作为马克思主义政党的根本要求;党的政治建设是党的根本性建设,决定党的建设方向和效果,事关统揽推进伟大斗争、伟大工程、伟大事业、伟大梦想。该意见将政治建设的内容概括为四项:坚定政治信仰,强化政治领导,提高政治能力,净化政治生态。它们是党的政治建设法规的精神旨归。

党的政治建设是党的根本性建设,决定着党的建设方向和效果。党的政治建设法规在党的自身建设法规中居于首要地位。党的政治建设法规的主要目标是:坚持党的政治领导、把准政治方向、夯实政治根基、涵养政治生态、防范政治风险、提高政治能力、永葆政治本色。党的政治建设法规的主要内容包括坚定政治信仰、坚持党的政治领导、提高政治能力和净化政治生态。

（一）坚定政治信仰

所谓坚定政治信仰，主要是指党组织和全体党员都应当信仰马克思主义，有为共产主义而奋斗的雄心与狠劲。坚定政治信仰是党的政治建设的基石，加强党的政治建设，必须坚持以习近平新时代中国特色社会主义思想武装全党、教育人民。根据党的政治建设法规的规定，坚定政治信仰的具体内涵，主要有以下三个方面：

（1）坚持用党的科学理论武装头脑。马克思主义是立党立国的根本指导思想。习近平新时代中国特色社会主义思想是全党和全国人民为实现中华民族伟大复兴而奋斗的行动指南，是经过实践检验、富有实践伟力的强大思想武器，必须长期坚持并不断发展。

《关于新形势下党内政治生活的若干准则》规定：全党必须毫不动摇坚持马克思主义指导思想，党的各级组织必须坚持不懈抓好理论武装，广大党员、干部特别是高级干部，必须自觉抓好学习、增强党性修养；把马克思主义理论作为必修课，认真学习马克思列宁主义、毛泽东思想、邓小平理论、"三个代表"重要思想、科学发展观，认真学习习近平总书记系列重要讲话精神，认真学习党章与党规，不断提高马克思主义思想觉悟和理论水平。

（2）坚定执行党的政治路线。党在社会主义初级阶段的基本路线，实际上是党的政治路线，是党和国家的生命线、人民的幸福线，必须坚决捍卫、坚定执行。历史经验表明，在方向问题上出现了偏离，就会犯难以挽回的颠覆性错误。对此，全党上下必须有十分清醒的认识。全党同志做工作时，首先要自觉同党的基本路线对标对表，提高政治站位，把准政治方向。越是面临严峻复杂的国际国内形势，越是处于中华民族伟大复兴的关键时期，越要保持清醒头脑和战略定力，全面贯彻执行党的政治路线，把以经济建设为中心同坚持四项基本原则、坚持改革开放，统一于中国特色社会主义伟大实践，绝不能有丝毫的偏差和动摇。

坚持党的政治路线，必须全面贯彻新时代中国特色社会主义基本方略，统筹推进"五位一体"总体布局，协调推进"四个全面"战略布局，为实现第二个百年奋斗目标不懈努力。为此，《政治协商工作条例》规定，党中央对政治协商工作实行集中统一领导，统一制定政治协商工作大政方针，保证政治协商始终坚持正确政治方向。而《国有企业基层组织工作条例（试行）》规定，国有企业党委（党组）的主要职责就是加强企业党的政治建设，坚持和落实中国特色社会主义根本制度、基本制度、重要制度，教育引导全体党员始终在政治立场、政治方向、政治原则、政治道路上,同以习近平同志为核心的党中央保持高度一致。

(3) 坚决站稳政治立场。政治立场事关根本。党的政治建设法规要求,全党必须始终坚定马克思主义立场,坚持党性和人民性相统一,坚决站稳党性立场和人民立场。要坚持以党的旗帜为旗帜、以党的方向为方向、以党的意志为意志,始终做到在党言党、在党忧党、在党为党,任何时候都与党同心同德。要坚持以人民为中心,立党为公、执政为民,践行全心全意为人民服务的根本宗旨,树立真挚的人民情怀,把人民放在心中最高位置,始终相信人民,紧紧依靠人民,把人民对美好生活的向往作为奋斗目标。根据《关于新形势下党内政治生活的若干准则》第五部分的规定,站稳政治立场就是坚持人民立场,这是党的根本政治立场。

(二) 坚持党的政治领导

所谓坚持党的政治领导,是指巩固党的政治领导地位。党是最高政治领导力量,中国共产党领导是中国特色社会主义最本质的特征,是中国特色社会主义制度的最大优势。加强党的政治建设,必须维护和巩固党的全面领导,完善党的领导体制,改进党的领导方式,强化党的领导地位,确保党始终成为中国特色社会主义事业的领导核心。其具体内涵主要有以下三个方面:

(1) 坚持做到"两个维护"。坚持和加强党的全面领导,最重要的是坚决维护党中央权威和集中统一领导。而坚决维护党中央权威和集中统一领导,最关键的是坚决维护习近平总书记党中央的核心、全党的核心地位。全党要牢固树立"四个意识",即政治意识、大局意识、核心意识、看齐意识,把维护党中央权威和集中统一领导作为最高政治原则和根本政治规矩来执行。要教育及引导党员干部深刻认识、强化认同,不断增强拥护核心、跟随核心、捍卫核心的政治自觉、思想自觉与行动自觉,始终同以习近平同志为核心的党中央保持高度一致,做到党中央提倡的坚决响应、党中央决定的坚决执行、党中央禁止的坚决不做。

《关于新形势下党内政治生活的若干准则》专门规定,要坚决维护党中央权威,强调全党必须自觉在思想上政治上行动上同党中央保持高度一致;规定全党必须严格执行重大问题请示报告制度,必须自觉防止和反对个人主义、分散主义、自由主义、本位主义等一系列错误倾向。

(2) 完善党的领导体制。高度重视党的领导体制建设,是我党的优良传统和强大优势,党担当总揽全局,协调各方的"领军者"角色。党的政治领法规要求,必须健全党中央集中统一领导的体制机制,提高党把方向、谋大局、定政策、促改革的能力和定力;必须完善地方党委、党组、党的工作机关实施党的领导的体制机制,建立健全国有企业党委(党组)和农村、事业单位、街道社区等的基层党组织发挥领导作用的制度规定;必须贯彻落实宪法规定,制定和修改有关法律法规,要明确规定党领导相关工作的法律地位。

关于完善党的领导体制问题,党章也有明确规定,即"党必须适应形势的发展和情况的变化,完善领导体制,改进领导方式,增强执政能力"。十九届四中全会通过的《中共中央关于坚持和完善中国特色社会主义制度 推进国家治理体系和治理能力现代化若干重大问题的决定》明确指出,要完善党领导人大、政府、政协、监察机关、审判机关、检察机关、武装力量、人民团体、企事业单位、基层群众自治组织、社会组织等制度,健全各级党委(党组)工作制度,确保党在各种组织中发挥领导作用。

(3) 改进党的领导方式。党的政治领导法规要求,要着眼于党把方向、谋大局、定政策、促改革,强化战略思维、创新思维、辩证思维、法治思维、底线思维,正确制定和坚决执行党的路线方针政策,不断增强党的政治领导力、思想引领力、群众组织力、社会号召力;要坚持民主集中制这一根本领导制度,善于运用民主的办法汇集意见、科学决策,善于通过协商的方式增进共识、凝聚力量,同时善于集中、敢于担责,防止议而不决、决而不行。

(三) 提高政治能力

提高党的政治能力是加强党的政治建设的关键。所谓政治能力,主要是指党掌控政治决策的程度,以及政治决策付诸实践的可能性。简单来说,政治能力就是把握方向、把握大势、把握全局的能力,就是保持政治定力、驾驭政治局面、防范政治风险的能力。加强党的政治建设,关键是要提高各级各类组织和党员干部的政治能力,善于运用政治的眼光看待问题,分析问题,解决问题。只有从政治上分析问题,才能看清问题的本质;只有从政治上解决问题,才能抓住问题的根本。根据党的政治建设法规,提高政治能力的具体内容,主要有以下五个方面:

(1) 增强党组织的政治功能。党的力量来自组织,政治属性是党组织的根本属性,政治功能是党组织的基本功能。要认真贯彻落实新时代党的组织路线,不断强化各级各类党组织的政治属性和政治功能。党中央是党的最高领导机关,是党的组织体系的大脑和中枢,涉及全党全国性的重大方针政策问题,只能由党中央作出决定和解释。所有的党组织和全体党员,都必须牢固树立一盘棋意识,在党中央集中统一领导下齐心协力、步调一致开展工作,形成党的组织体系整体合力。《支部工作条例(试行)》第 1 条就强调,制定该条例的目的是强化党支部的政治功能,把党的政治建设摆在首位。

(2) 彰显国家机关政治属性。中央和地方各级人大机关、行政机关、政协机关、监察机关、审判机关、检察机关本质上都是政治机关,旗帜鲜明讲政治是应尽之责。要始终坚持在党的领导下,依法实施经济社会管理活动,坚决贯彻落实党的基本理论、基本路线、基本方略,积极主动将党的领导主张和重大决策部署转化为法律法规和政策政令,转化为对经济社会管理的部署安排和工作活动,转化为推动经济社会发展的实际效果。国家机关政治属性的核心在于实际效果。

(3) 充分发挥群团组织的政治作用。群团组织是党领导下的政治组织,政治性是群团组织的灵魂属性。《中共中央关于加强党的政治建设的意见》指出,各个群团组织要认真履行政治职责,充分发挥联系人民群众的桥梁和纽带作用,加大政治动员、政治引领、政治教育工作力度,更好地承担起引导群众听党话、跟党走的政治任务。

(4) 强化国有企事业单位的政治导向。国有企业是中国特色社会主义的重要物质基础和政治基础,事业单位承担着满足人民群众日益增长的公益服务需求职责,它们是我们党执政兴国的重要依靠力量。国有企事业单位必须始终坚持党的领导,坚决贯彻执行党的路线方针政策,认真落实党中央关于推进国有企事业单位改革发展的决策部署,切实加强本单位党的建设工作,充分发挥党组织重要作用,保证本单位工作坚持正确政治方向、取得良好政治效果。

(5) 提高党员干部的政治本领。习近平总书记强调,党的政治建设落实到干部队伍建设上,就要不断提高各级领导干部特别是高级干部把握方向、把握大势、把握全局的能力,辨别政治是非、保持政治定力、驾驭政治局面、防范政治风险的能力。因此,党员干部特别是高级领导干部,要加强政治能力训练和政治实践历练,提高政治敏锐度和政治鉴别力,要在大是大非面前态度鲜明、立场坚定,要善于从政治上研判形势、分析问题,自觉在党和国家工作大局下想问题、做工作,做到一切服从大局、一切服务大局。

(四) 净化政治生态

2014 年 6 月,习近平总书记首次提出"政治生态"这个概念。根据总书记的论述,政治生态是指政治主体在一定政治环境下的生存方式,以及在此政治环境下养成的政治习性。政治生态是检验政治建设成效的一把标尺,营造一个风清气正的良好政治生态,绝不是一朝一夕就可以完成的。"求木之长者,必固其根本;欲流之远者,必浚其泉源。"全党必须把营造良好的政治生态,作为基础性、经常性工作,不断激浊扬清、固本培元,促进党内正气充盈、风清气正。根据党的政治建设法规,净化政治生态的主要内容包括以下五个方面:

(1) 严肃党内政治生活。面对新时代,党应当着力增强党内政治生活的政治性,努力在全党形成有集中又有民主、有纪律又有自由、有统一意志又有个人心情舒畅的政治局面,使得党内生活有序而又充满活力,进而形成良好政治生态,以推进党的总体建设。党必须严格执行《关于新形势下党内政治生活的若干准则》,强化政治教育和政治引领,让党员干部经常接受政治体检,打扫政治灰尘,净化政治灵魂,增强政治免疫力。对于党内民主生活会,《县以上党和国家机关党员领导干部民主生活会若干规定》作了具体要求,要引导党员自觉践行"三严三实",加强和规范党内政治生活,坚决防止和克服党内政治生活忽视政治、淡化政治、不讲政治的倾向。

(2) 严明党的政治纪律和政治规矩。政治纪律是党最根本、最重要的纪律,是净化政治生态的重要保证。要坚决做到"两个维护",在全党持续深入开展忠诚教育,开展"守纪律、讲规矩"模范机关创建和先进个人评选活动,教育督促党员干部始终对党忠诚老实,决不允许在重大政治原则问题上、大是大非问题上同党中央唱反调,搞自由主义。严格执行《纪律处分条例》,严肃查处违反政治纪律的行为,通过严明政治纪律,带动党的其他纪律严起来。

(3) 发展积极健康的党内政治文化。党内政治文化"日用而不觉",潜移默化地影响着党内政治生态。党内政治文化建设应聚焦于党所倡导的理想信念、价值理念、优良传统以及社会主义核心价值观等,充分利用各类爱国主义教育基地和党性教育基地,对广大党员干部进行教育和熏陶,增强党员干部的政治定力、纪律定力、道德定力、拒腐定力,狠刹权权交易、权钱交易、权色交易等不正之风,形成积极健康的党内政治文化。全党要弘扬忠诚老实、公道正派、实事求是、清正廉洁的价值观,坚决防止和反对个人主义、分散主义、自由主义、本位主义、好人主义,坚决防止和反对宗派主义、圈子文化、码头文化,坚决反对搞两面派、做两面人。积极健康的党内政治文化,是形成良好党内政治生态的基本条件。

(4) 选人用人时突出政治标准。"为政之要,惟在得人。"选人用人,是政治生态的风向标。推进党的政治建设的关键,就是要得到人才,光是人才还不够,还必须是对党忠诚、政治素养过硬的人才。选拔任用干部的标准在于:牢固树立"四个意识"、自觉坚定"四个自信"、坚决做到"两个维护"、全面贯彻执行党的理论和路线方针政策、忠诚干净有担当。对政治不合格的干部实行"一票否决",已经在领导岗位的要坚决调整。《党政领导干部选拔任用工作条例》《党政领导干部考核工作条例》《推进领导干部能上能下规定》等党内法规规定,从基层党员中选拔干部的标准是政治觉悟高、政治素养好、敢于担当、善于作为。《推进领导干部能上能下规定》指出,党员干部不适宜担任现职的情形包括:政治能力不过硬,缺乏应有的政治判断力、政治领悟力、政治执行力;理想信念动摇,在涉及党的领导、中国特色社会主义制度等重大原则问题上立场不坚定的;违背党的民主集中制原则,破坏所在地方、单位政治生态等。总之,在新时代,要坚决落实好干部标准,在选人用人上将政治标准放在第一位。

(5)永葆清正廉洁的政治本色。坚决反对腐败,建设廉洁政治,是涵养政治生态的必要条件和重要任务。强化不敢腐的震慑,坚持反腐败无禁区、全覆盖、零容忍,坚持重遏制、强高压、长震慑,运用监督执纪"四种形态",重点查处党的十八大以来不收敛、不收手,问题线索反映集中、群众反映强烈,政治问题和经济问题交织的腐败案件,严肃查处违反中央八项规定精神问题,持续保持反腐败高压态势。全党同志特别是高级干部要加强党性锻炼,不断提高政治觉悟和政治能力,把对党忠诚、为党分忧、为党尽职、为民造福作为根本政治担当,永葆共产党人清正廉洁的政治本色。

三、党的思想建设法规

思想建设是党的基础性建设,是思想建党的重要方式和外在表征。党的政治建设效果如何,在很大程度上取决于党的思想建设。党的思想建设,是指党为了保持创造力、凝聚力和战斗力,而在思想理论方面进行的一系列工作。其主要任务是强化马克思主义理论武装,对党员进行党的基本理论、基本路线、基本方略的教育,保持全党在思想上政治上行动上的高度一致,保持党的先进性、纯洁性。整理党的自身建设法规,可以把党的思想建设内容概括为以下三个方面:

（一）坚定理想信念

共产主义远大理想和中国特色社会主义共同理想,是中国共产党人的精神支柱和政治灵魂,是保持党的团结统一的思想基础。党的二十大报告提出:要全面加强党的思想建设,坚持用习近平新时代中国特色社会主义思想统一思想、统一意志、统一行动,组织实施党的创新理论学习教育计划,建设马克思主义学习型政党;加强理想信念教育,引导全党牢记党的宗旨,解决好世界观、人生观、价值观这个总开关问题,自觉做共产主义远大理想和中国特色社会主义共同理想的坚定信仰者和忠实实践者。坚定理想信念是党的自身建设法规的核心理念。

党的自身建设法规要求,必须高度重视思想政治建设,把坚定理想信念作为开展党内政治生活的首要任务。党章总纲开宗明义地强调,党的最高理想和最终目标是实现共产主义。中国共产党党员是中国工人阶级的有共产主义觉悟的先锋战士。中国共产党党员必须全心全意为人民服务,不惜牺牲个人的一切,为实现共产主义奋斗终身。可以说,没有理想信念,就不是合格的共产党员。真正拥有坚定的理想信念的共产党员,应当自觉践行为人民服务的根本宗旨。

坚定理想信念,必须要坚定政治立场。关于党员坚定理想信念的若干要求以及党性原则边界,《关于新形势下党内政治生活的若干准则》作了明确规定,并强调理想信念动摇是最危险的动摇,理想信念滑坡是最危险的滑坡。各级各类党组织要加强党员教育管理。《党员教育管理工作条例》规定,要坚持以党的政治建设为统领,突出党性教育和政治理论教育。该项原则要求,以党内法规规范党员政治立场的培育。

坚定理想信念,必须恪尽职守。只有将理想信念贯彻到实践工作当中,落实到为党为人民奋斗拼搏中,才能真正使其活起来,动起来。党员尤其是党员干部,应当把理想信念的坚定性体现在做好本职工作过程中,真正想群众之所想,急群众之所急,解群众之所难,自觉为推进中国特色社会主义事业而苦干实干。党章规定党的各级领导干部必须信念坚定、为民服务、勤政务实、敢于担当、清正廉洁,将党的基本理论、基本路线、基本方略真正落实到各项工作中。

（二）强化科学理论武装

理论武装是推进党的自身建设的主要途径,也是检验党的自身建设成效的重要标准。在党的思想建设中,要坚持用科学理论武装广大党员特别是党员干部的头脑,使全党始终保持统一的思想、坚定的意志、强大的战斗力。在党的事业道路上,理论创新每向前迈出一步,理论武装也要跟着前进一步。在新时代背景下,全党应当在实践中大胆探索,在理论上不断突破,用马克思主义中国化的最新成果武装头脑,不断提高全党特别是领导干部的理论思维能力和思想政治水平。

强化理论学习,是党员的基本义务。只有以先进理论和科学知识武装头脑,才能不断地从实践智慧结晶中汲取营养,给予党源源不断的创造力。中国共产党坚持以科学理论为指导,自成立以来,它就始终重视理论的引导作用,一以贯之地强调理论学习。党的自身建设法规要求,在全党形成自觉加强理论学习、政治学习的氛围,以党员干部的高素质来辐射、带动全社会公民素质的全面提高。

组织理论学习,是党组织的基本任务。理论学习是党员的基本义务,相应地,党组织的基本任务之一,就是组织党员进行理论学习。党章规定党的基层组织,必须组织党员认真学习马克思列宁主义、毛泽东思想、邓小平理论、"三个代表"重要思想、科学发展观、习近平新时代中国特色社会主义思想,推进"两学一做"学习教育、党史学习教育常态化制度化,学习党的路线、方针、政策和决议,学习党的基本知识,学习科学、文化、法律和业务知识。

(三)加强思想政治工作

开展思想政治工作是党的自身建设活动的一个常态化动作,是进行党的思想建设的基本方式。思想政治工作大致可划分为三种类型:一是针对党组织开展的思想政治工作;二是针对党员干部开展的思想政治工作;三是针对人民群众开展的党的思想政治工作。

(1)针对党组织开展的思想政治工作

党的各级各类党组织,都是按照民主集中制组织起来的统一整体。作为一个整体,它们也是党的自身建设对象,而不仅仅是党的自身建设主体。换言之,它们只有把自身建设好了,才有资格和能力作为党的自身建设主体去切实履行好党的自身建设责任。

关于党组织自身开展思想政治工作,许多党内法规都有规定,如《中央委员会工作条例》第33条规定:"中央委员会、中央政治局、中央政治局常务委员会的组成人员应当带头发扬党内民主,认真执行党章等党内法规确定的民主原则和程序。中央政治局每年召开民主生活会。中央委员会委员、候补委员参加中央委员会全体会议,应当积极就党和国家工作发表意见、提出建议。"又如《地方委员会工作条例》第 14 条规定:"党的地方委员会及其成员应当加强思想政治建设,坚持用马克思列宁主义、毛泽东思想、中国特色社会主义理论体系武装头脑,深入学习贯彻习近平总书记系列重要讲话精神,坚定理想信念,严守政治纪律和政治规矩。严肃党内政治生活,按照规定参加民主生活会和组织生活会。严格落实中央关于改进工作作风、密切联系群众的各项规定,坚决反对形式主义、官僚主义、享乐主义和奢靡之风。切实增强践行'三严三实'要求的政治自觉、思想自觉和行动自觉,带头营造良好政治生态。严格遵守《中国共产党廉洁自律准则》等有关规定,切实做到为民、务实、清廉。"

(2) 针对党员干部开展的思想政治工作

在党员干部中开展思想政治工作,是党的思想建设法规的基本要求。如《工作机关条例(试行)》第 22 条规定:"党的工作机关领导班子及其成员应当加强思想政治建设,认真学习马克思列宁主义、毛泽东思想,坚持用中国特色社会主义理论体系武装头脑,深入学习贯彻习近平总书记系列重要讲话精神和治国理政新理念新思想新战略,不断增强中国特色社会主义的道路自信、理论自信、制度自信、文化自信。严守党的政治纪律和政治规矩,严肃党内政治生活。严格落实中央关于改进工作作风、密切联系群众的各项规定,坚决反对形式主义、官僚主义、享乐主义和奢靡之风。"要想满足这些规定要求,就必须在党员干部中持续开展思想政治工作。

(3) 针对人民群众开展的党的思想政治工作

在广大人民群众中开展党的思想政治工作,也是党的思想建设的一项内容。这是提升人民群众思想觉悟的基本方式。如《农村工作条例》第 16 条规定:"加强党对农村社会主义精神文明建设的领导。培育和践行社会主义核心价值观,在农民群众中深入开展中国特色社会主义、习近平新时代中国特色社会主义思想主题教育,建好用好新时代文明实践中心。加强农村思想道德建设,传承发展提升农村优秀传统文化,推进移风易俗。加强农村思想政治工作,广泛开展民主法治教育。深入开展农村群众性精神文明创建活动,丰富农民精神文化生活,提高农民科学文化素质和乡村社会文明程度。"《支部工作条例(试行)》第 9 条第 1 款第 4 项规定:"党支部的基本任务是:密切联系群众,向群众宣传党的政策,经常了解群众对党员、党的工作的批评和意见,了解群众诉求,维护群众的正当权利和利益,做好群众的思想政治工作,凝聚广大群众的智慧和力量。领导本地区本部门本单位工会、共青团、妇女组织等群团组织,支持它们依照各自章程独立负责地开展工作。"针对人民群众开展党的思想政治工作,是党的思想建设法规的基本要求。

(四) 完善学习制度

中国共产党是马克思主义学习型政党。学习,是党的思想建设的一种重要形式,也是保持马克思主义学习型政党的基本方式。在新时代,更要大兴学习之风,这是我们党继承优良传统的生动体现。党的十八大提出了建设学习型、服务型、创新型马克思主义执政党的重大任务。各级党组织要加强督促检查,把学习情况作为领导班子及其成员考核的重要内容;要健全党内重大思想理论问题的分析研究和情况通报制度;要强化互联网思想理论引导,把深层次思想理论问题讲清楚,帮助党员、干部站稳政治立场,分清是非界限,坚决抵制各种错误思想的侵蚀。学习制度的展开,一般有以下三种方式:

(1) 建立党委(党组)理论学习中心组学习制度。首先,党委(党组)理论学习中心组是党的一个组织机构,其目的是带领领导班子和领导干部学习理论,加强思想政治建设,提高科学决策水平。创设这样一个学习中心组,旨在从党员干部开始抓学习,发挥领导干部的示范和引领作用,从而有利于理论学习制度在全体党员中推广开来。《党委(党组)理论学习中心组学习规则》对党委理论学习中心组的组成人员、学习内容、组织管理考核等事项作出了具体规定,它要求各级党委(党组)应当把理论学习中心组学习列入重要议事日程,纳入党建工作责任制,纳入意识形态工作责任制。

(2) 做好党校(行政学院)培训工作。党校(行政学院)是培养党的领导干部的地方,党校事业是党的事业的重要组成部分。《干部教育培训工作条例》强调,干部教育培训是建设高素质干部队伍的先导性、基础性、战略性工程,在推进中国特色社会主义伟大事业和党的建设新的伟大工程中具有不可替代的重要作用。《中共中央关于加强和改进新形势下党校工作的意见》强调,要把党的理论教育和党性教育作为党校教学首要任务,充分发挥党校系统的整体优势。《中国共产党党校(行政学院)工作条例》对于党校(行政学院)工作的基本原则、教育培训目标、人才队伍建设、校风学风建设等作出了具体的规范要求。

(3) 定期开展党内集中学习教育。在全党开展集中学习教育,是我们党推进自我革命的重要途径之一。《关于新形势下党内政治生活的若干准则》规定,各级党组织要定期开展集体学习,党员、干部每年要完成规定的学习任务,领导干部要定期参加党校学习。党的十八大以来,党中央先后部署开展了党史学习教育等五次党内集中学习教育,频度之密、力度之大、成效之高,百年党史上并不多见。《普通高等学校基层组织工作条例》规定,高校党组织应当构建多层次、多渠道的党员经常性学习教育体系。总之,关于定期开展学习教育问题,党的自身建设法规有不少具体明确的规定。

四、党的组织建设法规

党的力量来自于组织。党的全面领导、党的全部工作,都要靠党的坚强组织体系去实现。新时代党的组织路线要求,以组织体系建设为重点,着力培养忠诚干净担当的高素质干部,着力集聚爱国奉献的各方面优秀人才,为坚持和加强党的全面领导、坚持和发展中国特色社会主义提供坚强组织保证。党的组织法规和党的自身建设法规,都对党的组织建设作了较为具体的规定,其内容主要包括以下几个方面。

(一)建设高素质、专业化的干部队伍

1938年毛泽东同志就指出,政治路线确定之后,干部就是决定性因素。提高党的组织建设品质,关键在于打造一支有担当、有能力、有忠诚的高素质干部队伍。党员干部是时代先锋,是党和国家事业的中流砥柱。党章规定,全党必须增强党组织的政治功能和组织功能,培养选拔党和人民需要的好干部,培养和造就大批堪当时代重任的社会主义事业接班人,聚天下英才而用之,从组织上保证党的基本理论、基本路线、基本方略的贯彻落实。完善党的干部队伍建设,主要涉及党员干部的培养和选拔工作,规范党员干部的选拔任用程序,明确党员干部的选拔任用标准、建立党员干部的培养培训体系等。

(1)建立以德为先、任人唯贤、人事相宜的选拔任用体系

党在选拔干部时,要坚持德才兼备、以德为先的原则,坚持五湖四海、任人唯贤,坚持事业为上、公道正派,反对任人唯亲,努力实现干部队伍的革命化、年轻化、知识化、专业化。关于干部队伍建设的规范要求,《组织工作条例》有专章规定,强调要明确用人导向,着力于建设一支对党忠诚、个人干净、敢于担当的干部队伍。作为领导干部选拔任用的基本遵循,《党政领导干部选拔任用工作条例》对于干部的选拔任用条件作出了具体的规范,包括选人视野和渠道的拓展、党政领导干部所必备的基本条件、提拔担任党政领导职

务需要具备的基本资格,还包括有关干部越级提拔和破格任用的具体要求,等等。

(2) 建立源头培养、跟踪培养、全程培养的素质培养体系

干部教育培训是建设高素质干部队伍的先导性、基础性、战略性工程。干部教育培训功能可以通过多种方式实现,如担当教育培训工作的党校、行政学院、干部学院和社会主义学院,按照职能分工开展干部教育培训工作等。多渠道、多方位的干部教育培养体系,可以使干部教育培养浸润全党,形成良好的干部学习风气,带领全党跟上时代发展的前进步伐。《干部教育培训工作条例》明确了干部教育培训的重要地位,对于教育培训对象、教育培训内容、教育培训方式、教育培训机构、师资建设等作出了具体规范。该条例还首次规定将网络培训作为干部教育培训的方式之一,提出要利用好大数据、互联网,形成干部网络培训体系,充分彰显了时代特色。

(3) 建立管思想、管工作、管作风、管纪律的从严管理体系

党要管党,首先是管好干部;从严治党,关键是从严治吏。对于党员干部,要建立从严管理体系,切实严格管理、严格监督干部,形成全方位预防问题,发现问题及时纠正的工作机制。《推进领导干部能上能下规定》《中国共产党组织处理规定(试行)》《领导干部报告个人有关事项规定》等一系列党内法规,均要求严格落实监督管理工作,对那些对党不忠、从政不廉、为官不为、品行不端的领导干部,要及时采取调整措施。

(二) 完善党的人才队伍建设

人才兴则国家兴,人才强则国家强。从古至今,人才都是复国之本,兴邦大计。唯有完善党的人才队伍建设,才能使我们党获得持续的竞争优势。"人才兴国"战略的问世,是党根据我国国情、时代要求和党的使命所总结出来的,它关系着党和国家事业的兴衰成败。完善党的人才队伍建设,应做到以下三点:

(1) 坚持党管人才原则,确立人才引领发展的战略地位。党管人才是党内人才工作的重要原则,要始终保证人才工作,在党的指引下沿着正确的方向前进。《党组工作条例》《事业单位领导人员管理规定》《高等学校领导人员管理暂行办法》《党委(党组)落实全面从严治党主体责任规定》等一系列党内法规都要求严格按照党管干部、党管人才原则,加强高素质专业化干部队伍建设,做好人才工作,着力提高党内活动和党的组织生活质量。

(2) 协调推进人才发展体制机制的改革与创新。人才发展机制改革,旨

在破除束缚人才发展的思想观念和体制机制障碍,以问题为导向,确立人才优先发展保障机制,真正建立起既具有中国特色又具有国际优势的人才发展体制机制。《组织工作条例》强调,要坚决破除唯论文、唯职称、唯学历、唯奖项,健全人才引进、培养、使用、评价、激励机制,加快构建具有吸引力和国际竞争力的人才制度体系,向用人主体放权,为人才松绑,激发人才创新活力。

(3) 需要树立强烈的人才意识,完善人才服务保障体系。创造一个尊重知识、尊重人才、尊重创造的氛围,需要以人才服务体系保障为依托,进一步推进人才评价机制、人才培养支持机制的发展,在医疗、社保、住房、子女教育等方面,加大对高层次人才的保障服务,切实提高人才的获得感、荣誉感。

(三) 完善党的组织体系建设

新时代党的组织路线,强调要以党的组织体系建设作为重点,形成上下贯通一致,执行有力的党组织体系。严密的党组织体系,能够确保党的领导和各级党组织、党员的战斗力发挥,从而保证党和国家的事业朝着正确的方向前进。习近平总书记指出,党的中央组织、地方组织、基层组织都坚强有力、充分发挥作用,党的组织体系的优势和威力,才能充分体现出来。

中央委员会、中央政治局、中央政治局常务委员会,是党的组织体系的大脑和中枢。《中央委员会工作条例》聚焦于加强中央委员会工作,对党中央的领导地位、领导体制、领导职权、领导方式、决策部署、自身建设等作出了全面规定。

地方党委是贯彻落实党中央决策部署的"中间段",不能出现"中梗阻"。《中共中央关于加强党的政治建设的意见》明确指出,地方党委要在党中央和上级党委领导下,全面领导本地区经济社会发展,全面负责本地区党的建设,坚决纠正党的领导弱化、党的建设缺失、全面从严治党不力问题。

党的基层组织是党的组织体系的基础,是党执政大厦的地基,是党的肌体的"神经末梢",是贯彻落实党中央决策部署的"最后一公里"。因此,做好党的基层组织的建设工作,是党的组织建设的基础工程。《党和国家机关基层组织工作条例》第 3 条规定:"机关基层党组织必须高举中国特色社会主义伟大旗帜,以马克思列宁主义、毛泽东思想、邓小平理论、'三个代表'重要思想、科学发展观、习近平新时代中国特色社会主义思想为指导,坚持党的基本理论、基本路线、基本方略,增强'四个意识'、坚定'四个自信'、做到'两个维护',以党的政治建设为统领,以提升组织力为重点,以党支部建设为基础,全面提高机关党的建设质量,在深入学习贯彻习近平新时代中国特色社会主义思想上作表率,在始终同以习近平同志为核心的党中央保持高度一致上作表率,在坚决贯彻落实党中央各项决策部署上作表率,建设让党中央放心、让人民群众满意的模范机关,促进本单位各项工作任务的完成。"《支部工作条例(试行)》则对党支部的组织设置、职责任务、工作机制、组织生活等作出了具体规范。推进党的组织建设,必须把党支部建设放在突出位置。

(四)完善党的党员队伍建设

根据党的组织建设法规,完善党的党员队伍建设,可以从以下三个方面展开:

(1)规范党员发展过程。发展党员,必须要把政治标准放在首位,经过党的支部,坚持个别吸收的原则。《发展党员工作细则》对发展党员工作的各个环节都作出了具体规范,包括入党积极分子的确定和培养教育、发展对象的确定与考察、预备党员的接收、教育、考察、转正的有关事项,并且强调了发展党员过程中的纪律要求。

(2)加强对党员的教育管理工作。党员教育管理是党的建设基础性、经常性工作,每个党员,不论职务高低,都必须按照党章的要求和《党员教育管理工作条例》等党内法规的规定,接受党组织的教育管理。该条例对党员教育管理的首要任务、基本任务、日常教育管理主要方式、党籍和党员组织关系管理、党员监督和组织处置等,都作出了具体的规范要求。

(3)建立党员退出机制。依照党章的相关规定,对党员的表现进行全方位分析,对于不合格的党员,应当严格执行党员退出机制,做到不偏袒,不纵容。《党员教育管理工作条例》第31条规定了党员应当被予以除名的情形,包括理想信念缺失,政治立场动摇,信仰宗教,思想蜕化等。

五、党的作风建设法规

党的作风建设永远在路上。党内法规对于党的作风建设的规范着眼于党组织和党员特别是党员干部的工作作风和生活作风,以党风廉政建设为切入点,保持党同人民群众的血肉联系。在新形势下,党面临着"四大考验"和"四大危险",为此党更要努力推进作风建设,为党和国家的创新事业提供作风保证。根据党的作风建设法规,可以从以下三个方面展开作风建设。

（一）继承和发扬党的优良作风

在《论联合政府》的报告中，毛泽东深刻阐述了党的三大作风，即理论联系实际、密切联系群众、批评和自我批评。在新形势下，要继承和发扬党的三大作风。

（1）继承和发扬理论联系实际的作风。理论联系实际的前提是学好理论，掌握真谛，落脚点则是解决遇到的实际问题。只有狠抓落实，才能真真切切见到实效。再好的理论知识，如果不能应用到具体的实践中去，将失去存在的意义。《关于新形势下党内政治生活的若干准则》规定，全党要坚持理论联系实际，一切从实际出发，在实践中检验真理和发展真理。《关于党内政治生活的若干准则》则强调，我们党一贯倡导的辩证唯物主义的思想方法和工作方法，其根本点就是一切从实际出发，理论联系实际，实事求是。《中国共产党党校工作条例》《普通高等学校基层组织工作条例》《社会主义学院工作条例》等党内法规都就继承和发扬理论联系实际的作风，作出了较为详细的规定。

（2）继承和发扬批评与自我批评的作风。党员领导干部必须具备的基本条件之一，就是自觉地接受党和群众的批评与监督。要想保持党的纯洁性、先进性，就得用好批评与自我批评这项利器，不断克服自身的缺点和错误，使我们党的事业沿着正确的轨道不断前进，使我们党始终得到人民的拥护和爱戴。党章将切实开展批评和自我批评规定为党员的基本义务之一，并规定党的基层组织的基本任务之一就是开展批评与自我批评，其重要性不言而喻。

（3）继承和发扬密切联系群众的作风。密切联系群众的作风与我国传统的民本思想有密切的联系。"天下顺治在民富，天下和静在民乐，天下兴行在民趋于正""国以民为本，社稷亦为民而立"等，都蕴含着民本观念。而群众路线同样蕴含着人民性、民主性，是对传统民本思想的继承与发扬。群众路线是我们党的生命线和根本工作路线，密切联系群众是中国共产党的显著优势。《中共中央关于加强和改进党的作风建设的决定》强调，密切联系群众的根本要求，是勤政为民，真抓实干。在新形势下，健全联系群众的制度成为贯彻群众路线的重要任务，要切实动员和组织群众，将党的方针和政策落到实处。

（二）抓住"关键少数"

领导干部是党的作风建设的风向标，在作风建设中必须抓好领导干部这个"关键少数",不折不扣地落实八项规定,以形成"头雁效应",推动全党形成推进作风建设的合力。党员领导干部必须具备的基本条件之一就是自觉地接受党和群众的批评和监督,坚定不移地破除形式主义、官僚主义,做到干部清正、政府清廉、政治清明。《中共中央关于加强和改进党的作风建设的决定》明确指出,领导机关、领导班子、领导干部要在作风建设中起表率作用;要求全党做到的,中央和各级领导机关要首先做到;要求下级做到的,上级要首先做到,一级带一级,一级抓一级,作出榜样,抓出成效。

根据《关于实行党风廉政建设责任制的规定》要求,领导班子对党风廉政建设负全面领导责任,领导班子及其领导干部在党风廉政建设中要加强自身的作风建设,纠正损害群众利益的不正之风,切实解决党风政风方面存在的突出问题,促进社会和谐,提高党的执政能力,保持和发展党的先进性。

(三)纠正"不正之风"

"不正之风"即不正当的社会风气。"不正之风"的最主要表现就是侵害群众利益。可以从以下三个方面纠正"不正之风":

(1)坚决整治"四风"。习近平总书记多次强调,党的群众路线教育实践活动的主要任务是集中解决形式主义、官僚主义、享乐主义和奢靡之风这"四风"问题,要密切关注"四风"的苗头性、倾向性、隐蔽性问题。截至2022年10月,全国纪检监察机关共查处违反中央八项规定精神问题76.9万起,批评教育帮助和处理109.7万人,其中给予党纪政务处分69万人。这些数据表明,党已经将坚决整治"四风"问题作为党的常态化作风建设内容。党的二十大报告提出,坚持以严的基调强化正风肃纪。各级纪检监察机关要深入学习贯彻党的二十大精神,持续深化纠治"四风",不断完善作风建设长效机制,使好作风弘扬在新时代,走好新的赶考之路。

(2)切实反对特权。坚决反对特权思想和特权现象,是党中央一以贯之的坚定政治承诺。党员干部要摆正自己的位置,除了法律和政策规定范围内的个人待遇和工作职权以外,所有共产党员都不得谋求任何私利和特权。《党政领导干部考核工作条例》要求领导干部秉公用权,树立良好家风,严格要求亲属和身边工作人员,反对"四风"和特权思想、特权现象等。

(3)切实反对浪费。一粥一饭,当思来之不易;半丝半缕,恒念物力维艰。在长期的革命、建设和改革过程中,我们党始终坚持厉行节约,反对浪费。2013年,中共中央文献研究室出版了《厉行节约反对浪费:重要论述摘编》。其中选编了毛泽东、周恩来、刘少奇、朱德、邓小平、陈云等领导人有关厉行节约、反对浪费的重要论述。同年,中共中央政治局把这本"摘编"作为教材之一,在全党深入开展党的群众路线教育实践活动。提倡节约、反对浪费,对于切实改进工作作风,夯实党的执政基础,巩固党的执政地位,具有十分重大而深远的意义。

六、党的纪律建设法规

加强党的建设,必须首先严明党的纪律,把纪律挺在前面,用铁的纪律从严治党。党的纪律大致可以分为政治纪律、组织纪律、廉洁纪律、群众纪律、工作纪律和生活纪律等。《党内法规执行责任制规定(试行)》规定,调整和规范党的纪律建设,是保证我们党拥有源源不断的动力,以向正确的方向迈进。党的纪律建设的主要内容,包括以下两个方面。

(一)确立党的纪律检查体制机制

(1)规范党的纪律检查机关设置

党章第46条明确指出,党的纪律检查委员会是党内监督专责机关。党的纪律检查机关分为中央纪律检查委员会和地方各级纪律检查委员会。而党的基层委员会是设立纪律检查委员会还是设立纪律检查委员,则由它的上一级党组织根据具体情况决定。

纪律检查机关的内设机构比较复杂,如中央纪委国家监委组织机构包括职能部门、直属单位和派驻纪检监察组。其中,职能部门包括办公厅、组织部、宣传部、研究室、法规室、中央巡视工作领导小组办公室等;直属单位包括新闻传播中心、中国纪检监察杂志社、中国纪检监察学院、中国方正出版社、机关综合服务中心、信息中心、中国纪检监察学院北戴河校区。各个组织相互配合,共同发力,全方位保障党的纪律检查工作。关于党的纪律检查机关的设置,第十章还会讲到,在此就不再赘述。

(2)规范党的纪律检查领导体制

党的纪律检查机关实行双重领导体制。《党章》第45条第1款规定:"党的中央纪律检查委员会在党的中央委员会领导下进行工作。党的地方各级纪律检查委员会和基层纪律检查委员会在同级党的委员会和上级纪律检查委员会双重领导下进行工作。上级党的纪律检查委员会加强对下级纪律检查委员会的领导。"

其中,强化上级纪委的领导是规范党的纪律检查领导体制的内在要求。《中共中央关于全面深化改革若干重大问题的决定》指出,查办腐败案件以上级纪委领导为主,各级纪委书记、副书记的提名和考察以上级纪委会同组织部门为主。"两个为主"构成了强化上级纪委领导的两个具体体现。有关党内法规和规范性文件也作了相应的规定,如《纪律检查机关监督执纪工作规则》第3条第1款第2项规定:"坚持纪律检查工作双重领导体制,监督执纪工作以上级纪委领导为主,线索处置、立案审查等在向同级党委报告的同时应当向上级纪委报告。"《省(自治区、直辖市)纪委书记、副书记提名考察办法(试行)》《中央纪委派驻纪检组组长、副组长提名考察办法(试行)》《中管企业纪委书记、副书记提名考察办法(试行)》等党内法规的出台,是党中央推进党的纪律检查体制改革的重大举措。这三部考察办法明确规定,省(自治区、直辖市)纪委书记副书记、中央纪委派驻纪检组组长和副组长、中管企业纪委书记和副书记的提名、考察,以上级纪委会同组织部门为主,确保选拔出来的纪检领导干部,能够切实担负起监督执纪的问责职责。

(3) 规范党的纪律检查工作机制

一是规范管辖机制。上级纪检监察机关有权指定下级纪检监察机关,对其他下级纪检监察机关管辖的党组织和党员、干部以及监察对象,涉嫌违纪或者职务违法、职务犯罪问题进行审查调查,必要时也可以直接进行审查调查。上级纪检监察机关可以将其直接管辖的事项,指定下级纪检监察机关进行审查调查。纪检监察机关之间对管辖事项有争议的,由其共同的上级纪检监察机关确定;认为所管辖的事项重大、复杂,需要由上级纪检监察机关管辖的,可以报请上级纪检监察机关管辖。

二是规范监督执纪工作分级负责制。根据《纪律检查机关监督执纪工作规则》的规定,中央纪委国家监委、地方各级纪委监委、基层纪委各自监督执纪的对象范围不同。例如,中央纪委国家监委负责监督检查和审查调查中央委员、候补中央委员,中央纪委委员,中央管理的领导干部,党中央工作部门、党中央批准设立的党组(党委),各省、自治区、直辖市党委、纪委等党组织的涉嫌违纪或者职务违法、职务犯罪问题。

三是开展落实请示报告制度。《纪律检查机关监督执纪工作规则》第10条规定:"纪检监察机关应当严格执行请示报告制度。中央纪委定期向党中央报告工作,研究涉及全局的重大事项、遇有重要问题以及作出立案审查调查决定、给予党纪政务处分等事项应当及时向党中央请示报告,既要报告结果也要报告过程。执行党中央重要决定的情况应当专题报告。地方各级纪检监察机关对作出立案审查调查决定、给予党纪政务处分等重要事项,应当向同级党委请示汇报并向上级纪委监委报告,形成明确意见后再正式行文请示。遇有重要事项应当及时报告。纪检监察机关应当坚持民主集中制,对于线索处置、谈话函询、初步核实、立案审查调查、案件审理、处置执行中的重要问题,经集体研究后,报纪检监察机关相关负责人、主要负责人审批。"

四是建立监督检查、审查调查、案件监督管理、案件审理相互协调、相互制约的工作机制。监督检查部门主要负责联系地区和部门、单位的日常监督检查,和对涉嫌一般违纪问题线索处理;审查调查部门主要负责对涉嫌严重违纪或者职务违法、职务犯罪问题线索,进行初步核实和立案审查调查;案件监督管理部门负责对监督检查、审查调查工作全过程进行监督管理;案件审理部门负责对需要给予党纪政务处分的案件审核把关。

五是规范备案审查工作机制。党的纪律检查委员会应当承担起备案审查工作的主体责任,例如中央纪律检查委员会应当向党中央报备党内法规和规范性文件,在中央纪律检查委员会的众多组织机构中,法规室可以说是与备案审查工作联系最为紧密的一个部门了。法规室的职责之一就是负责纪检监察法规制度的咨询答复、解释指导、立法立规后评估、备案审查、清理、编纂等工作。除此之外,中央纪律检查委员会也可以根据工作需要,依照《党内法规和规范性文件备案审查规定》的精神建立系统内备案制度。总而言之,纪律检查委员会要把开展备案审查工作作为严守政治纪律和政治规矩的重要体现,加强各部门协作,形成备案审查强大合力,通过审慎审查、严格把关,确保新制定文件合法、合规、合理、规范。

(二) 完善党的纪律体系

(1) 明确党的纪律的地位与作用

关于党的纪律地位,党章有明确阐述:党的纪律是党的各级组织和全体党员必须遵守的行为规则,是维护党的团结统一、完成党的任务的保证。党组织必须严格执行和维护党的纪律,共产党员必须自觉接受党的纪律的约束。违反党内相关纪律的党组织和党员,必然要受到党的纪律和国家法律的追究,而党组织如果在维护党的纪律方面失职,也必然要问责。党的纪律作用主要体现在:第一,党的纪律是贯彻执行党的路线方针政策的重要保证;第二,党的纪律是维护党的团结统一的重要保证;第三,党的纪律是维护党的纯洁性和先进性的重要保证。

（2）确立党的纪律种类

党的纪律主要包括政治纪律、组织纪律、廉洁纪律、群众纪律、工作纪律、生活纪律等。《巡视工作条例》将该六大纪律划定为巡视工作的重点，尤其要关注组织涣散、纪律松弛现象，加强党内监督。

第一，政治纪律是党的根本纪律，严明党的纪律首先就要严明政治纪律。在1927年党的五大通过的《组织问题议决案》中，党第一次明确提出"政治纪律"这个概念。《组织问题议决案》第3条指出，"党内纪律非常重要，但宜重视政治纪律，不应将党的纪律在日常生活中机械的（地）应用"。将政治纪律从党的纪律中凸显出来，足以表明政治纪律在全党生活中的首要地位。关于政治纪律，党章也有明确阐述：政治纪律是党最根本、最重要的纪律，遵守党的政治纪律是遵守党的全部纪律的基础。《纪律处分条例》列举了一系列违反政治纪律的行为表现，对违反政治纪律行为的处分作出了具体规定。例如，对于通过信息网络、广播、电视等方式，公开发表坚持资产阶级自由化立场、反对四项基本原则，反对党的改革开放决策的文章、演说、声明等的，给予开除党籍处分。《关于新形势下党内政治生活的若干准则》同样专门规定了"严明党的政治纪律"要求。

第二，组织纪律是全党必须遵守的铁的纪律。党的力量来自于组织，组织能使力量倍增。我们党走过了百年风雨，由革命党变为执政党，组织纪律是重要保证。在组织纪律方面，党的自身建设法规对各级党组织、党员干部及普通党员提出了明确要求，如请示报告制度既是执行党的民主集中制的有效工作机制，也是组织纪律的一个重要方面。对于不按照有关规定或者工作要求，向组织请示报告重大问题、重要事项的，给予警告或者严重警告处分，情节严重的，给予撤销党内职务或者留党察看处分。

第三，廉洁纪律是党员干部廉洁性的重要保障。手握党和国家权力的党员干部，却把廉洁为民抛在一边，这明显违背了党的为人民服务的根本宗旨。党员干部特别是高级领导干部，必须要正确行使人民赋予的权力，任何时候都不得以权谋私，滥用职权。只有敬畏法律、敬畏纪律，自觉管住自己，在廉洁自律上作出表率，才能担起肩上的重任。关于党员以及党员领导干部如何廉洁自律，《廉洁自律准则》作出了明确的规范要求。作为党员，要做到坚持公私分明，先公后私，克己奉公，坚持崇廉拒腐，清白做人，干净做事；坚持尚俭戒奢，艰苦朴素，勤俭节约；坚持吃苦在前，享受在后，甘于奉献。对于党员干部，要做到廉洁从政，自觉保持人民公仆本色；廉洁用权，自觉维护人民根本利益；廉洁修身，自觉提升思想道德境界；廉洁齐家，自觉带头树立良好家风。违反廉洁纪律的行为,可以渗透到生活的方方面面,如利用职权或者职务上的影响,为他人谋取利益;搞权色交易或者通过财务搞钱色交易等。这些违反廉洁纪律的行为,严重侵蚀着党的纯洁性与廉洁性。应当视具体情节轻重对此类行为的实施主体给予警告甚至开除党籍处分。

第四,群众纪律,是指党的组织和党员在贯彻执行党的群众路线过程中必须遵循的行为规则,是处理党组织、党员与群众关系必须遵循的要求,是极具中国特色的一项纪律原则。群众纪律总的原则是:党的各级组织和全体党员不得以任何借口、手段,侵犯或损害人民群众的正当权利与利益。《纪律处分条例》第九章专门对违反群众纪律的行为作出了一系列规定,包括超标准、超范围向群众筹资筹劳、摊派费用,加重群众负担的;在办理涉及群众事务时,刁难群众、吃拿卡要等;对涉及群众生产、生活等切身利益的问题,依照政策或者有关规定能解决而不及时解决,庸懒无为、效率低下,造成不良影响的,以及其他侵害群众利益的行为。

第五,工作纪律,是党的各级组织和全体党员在党的各项具体工作中必须遵守的行为规则,是党组织和党员依规开展各项工作的重要保证。《纪律处分条例》第十章对违反党的工作纪律行为规定了不同的处分结果。对于党组织不履行全面从严治党主体责任,或者履行全面从严治党主体责任不力,造成严重损害或者严重不良影响的,对直接责任者和领导责任者给予警告或者严重警告处分;情节严重的,给予撤销党内职务或者留党察看处分。

第六,生活纪律,是党员在日常生活和社会交往中,应当遵守的行为规则。它关系着党的形象,形成党带头维护社会公序良俗的良好作风。党章规定,全体党员必须发扬社会主义新风尚,带头实践社会主义核心价值观和社会主义荣辱观,提倡共产主义道德,弘扬中华民族传统美德。《纪律处分条例》第十一章针对党员严重违反社会公德、家庭美德的行为作出明确的处分规定。它包括生活奢靡、贪图享乐的行为;对配偶、子女及其配偶失管失教的行为;与他人发生不正当性行为的行为等。

第十章
党的监督保障法规

有权必有责、有责要担当、用权受监督、失责必追究,这是党和国家权力运行的基本原则。在党内层面,"用权受监督、失责必追究"的规范依据主要是党的监督保障法规。截至 2021 年 7 月 1 日,现行有效的党内法规中,监督保障类法规共有 1370 部,其中,中央党内法规 77 部,部委党内法规 57 部,地方党内法规 1236 部。数量众多的党的监督保障法规为党内监督保障实践提供了充足的规范依据。

党的监督保障法规不只是一种监督规范,它实质上也带有行为规范的性质,是对党内执纪、监督、问责与激励保障等行为予以规范的党内法规。党内执纪、监督、问责及激励等,本质上也是一种权力行为。如果监督保障这种权力行为不受监督和制约,后果同样是很严重的。所以,有关党的监督保障法规的理论与实践问题,党内法规学要高度重视。对于党的监督保障法规,可以从五个方面展开讨论:(一)党的监督保障法规概述;(二)党内监督规定;(三)考察考核规定;(四)问责追责规定;(五)正向激励规定。

一、党的监督保障法规概述

党的监督保障法规主要是对党组织、党员干部和普通党员进行监督、考核、奖惩,通过评价、纠偏和惩戒各个主体的党务行为,保证党的权力始终得到规范化运行,以使全体党员都能够严格遵守党内法规,既不踩"底线",也不碰"红线",真正做到心中有党规、心中有戒律、心中有责任。

（一）党的监督保障法规概念

作为一个党内法规学概念，"党的监督保障法规"概念最早见于《关于加强党内法规制度建设的意见》。该意见提出，要完善党的监督保障法规制度，切实规范对党组织工作、活动和党员行为的监督、考核、奖惩、保障等，确保行使好党和人民赋予的权力。

但该意见只是交代了党的监督保障法规的建设目标，并未明确党的监督保障法规这一概念。关于党的监督保障法规概念，马工程的党内法规学教材是这样界定的：党的监督保障法规，是指规范党的监督、激励、保障等内容的党内法规，包括党内监督、考察考核、问责追责、表彰奖励、关怀帮扶、容错纠错、党员权利保障、制度建设保障、机关运行保障等方面的一系列党内法规。从这个概念界定可知，党的监督保障法规内容非常丰富。严格来说，对于所有根据党的组织法规、党的领导法规和党的自身建设法规所作出的行为，都可以设计一定的事中与事后措施，予以监督和保障。所以，党的监督保障法规规范对象必然十分庞杂。

中共中央办公厅法规局曾把党的监督保障法规界定为：调整党的监督、激励、惩戒、保障等的党内法规，为保证党组织与党员干部履行好党和人民赋予的职责，提供制度保障。还有人提出了一个相对复杂的版本：党的监督保障法规是特定党组织经程序制定的，用于对党组织工作、活动和党员行为进行监督、奖惩、保障的行为规范。我认为，在界定党的监督保障法规时，应当聚焦于其规范内容，没有必要涉及所谓的制定主体与制定程序。

党的监督保障法规，就是指所有规范党内监督、考察考核、问责追责、表彰奖励、关怀帮助和容错纠错行为的党内法规，党的监督保障法规具有以下几项特征：

第一，党的监督保障法规的直接目的在于实现监督保障的规范化，就是规范监督制约、考察考核、问责追责、激励保障等行为。这种规范的目的在于强化"戒尺"作用和"催化"作用，从正反两个方面来确保各级党组织和广大党员干部切实依法依规用权，勇于担当、敢于作为、不怕负责，不辜负国家和人民的期待，为实现第二个百年奋斗目标而不懈努力。

第二，在性质上，党的监督保障法规就是一种行为规范。尽管党内法规是按照"规范主体、规范行为、规范监督"的严密逻辑构建起来的规范体系，但"规范监督"的定论是相对于党的组织法规、党的领导法规和党的自身建设法规而言的，它并不是对作为一种规范的党的监督保障法规的定性。作为一种行为规范,党的监督保障法规就有一定的行为内涵,即其规范内容表现出来的是制约与激励的双向机制。其正向机制表现为通过一定的措施来激励保障,其反向机制表现为以问责追责等方式来监督制约。正向激励机制旨在推动各级党组织和全体党员积极作为、敢于担当,而反向监督制约机制旨在保障党组织和全体党员的所有活动都合规合法。

第三,党的监督保障法规中有相当一部分属于程序性规定。所以,党的监督保障法规必须通过明确的程序性规定来达到监督和激励的目的,以使党组织和党员更好地履行自己的义务与责任,并使其问责追责经得起程序检验。

第四,党的监督保障法规在内容上具有广泛性。这就意味着党的监督与保障势必要覆盖到党的领导全过程,党的建设各方面。根据党的监督保障法规,监督制约的方式多种多样,既有问责追责、惩戒处理这种强制性措施,又有预防、提醒、纠偏纠错等事前与事中监督机制,既包括强化纪律检查机关的专门监督职责、党委的监督主体责任,又包括来自其他社会组织和人民群众的监督。同理,在党的监督保障法规中,有关激励保障的方式也是相当多元的,它既注重政治方面的教育和激励,也强调要发挥精神激励的作用,同时还主张在工作和生活方面给予保障,充分利用物质奖励的激励功效。

(二) 党的监督保障法规分类

党的监督保障法规有多种分类方法。例如,中共中央办公厅法规局就提出了两种分类方案。一种是三分法,即把它分为监督方面的法规,如《党内监督条例》;奖惩方面的法规,如《党内功勋荣誉表彰条例》;保障方面的法规,如《党务公开条例(试行)》等。另一种是六分法,即分为监督、考评、奖惩、党员权利保障、机关运行保障、制度建设保障等。

关于党的监督保障法规类型,也有学者提出了自己的三分法,即承担预防、制约和矫正功能的约束性法规;承担评价、引导和教育功能的激励性法规;承担救济与规范功能的保障类法规。这种分类和马工程的党内法规学教材按照功能作用所作的分类极为相似。此外,马工程的党内法规学教材还根据调整对象的不同,把党的监督保障法规分为两种类型,即有关党组织的监督保障法规和有关党员、干部的监督保障法规。

由此可见,党的监督保障法规具体有几种类型,不是一种客观事实状态,而是取决于分类者所选择的分类标准,它带有相当的主观性。严格来说,这些分类类型都是成立的,它们没有所谓的对错之分。对于深入认识党的监督保障法规来说,所有的分类类型都值得关注,都属于有一定价值的"正能量"。

关于党的监督保障法规,我认为,可以大致划分为两类,即权力监督型和服务保障型。所谓权力监督型,是指对于党的领导、党的建设等行为,以实施监督、考察、考核、问责、追责等为主要内容的党内法规,如《问责条例》《纪律处分条例》《党内监督条例》等,都属于权力监督型党内法规。

权力监督型之外的所有其他党的监督保障法规,都可以归入服务保障型。这类党内法规主要以表彰表扬、关怀帮助、容错纠错、党员权利保障、制度建设保障、机关运行保障为主要内容,旨在发扬正向激励功能和保障作用。典型的服务保障型党内法规有《党员权利保障条例》《党内功勋荣誉表彰条例》《党内法规制定条例》《党政机关公务处理工作条例》《中国共产党党内关怀帮扶办法》(以下简称《党内关怀帮扶办法》)等。

关于党员权利保障制度,我们将在第十一章中展开论述。而在前面党内法规的制定与解释章节中,我们对《党内法规制定条例》《党政机关公务处理工作条例》中的多数内容已经有所讨论,所以,在本章中,我们就不再赘述,而集中讨论权力监督型以及服务保障型中的激励类党内法规。

二、党内监督规定

人类历史经验表明,权力导致腐败,绝对的权力导致绝对的腐败。法国大思想家孟德斯鸠在《论法的精神》中指出:"从事物的性质来说,要防止滥用权力,就必须以权力约束权力。"

(一)抑制腐败的监督模式

关于如何控制腐败,我们党探索出来的方案是建立专门的监督机关,通过党和国家两个层面的监督权来牵制、督促权力,从而达到控制腐败、保证廉洁的监督目标。我们可以把这种抑制权力腐败的方式称为监督模式。

"监督"一词在我国宪法中总共出现了 17 次,从规范性质上判断,可以将宪法上的监督条款分为三种:作为一种权利规范、作为一种义务规范和作为一种权力规范。由这些宪法上监督条款所建构的种种监督制度,共同形成国家监督体系。同样地,"监督"一词也是我国党章上的高频词,它一共出现了 24 次。《党章》规定,强化全面从严治党主体责任和监督责任,加强对党的领导机关和党员领导干部特别是主要领导干部的监督,不断完善党内监督体系。以党内监督为引领,以国家监督为保障,两者携手组成党和国家监督体系。

以监督作为预防和惩治腐败的基本方式,在党和国家两个层面创设了一种新型权力——监督权。从这个意义上说,监督反腐的模式依然是一种"以权力约束权力"的模式。政治学界有一种观点,就是所谓的功能性分权。他们认为监督权就是功能性分权的结果,提出以功能性分权化解我国权力的腐败问题,即建立决策权、执行权、监督权既相互制约又相互协调的权力结构和运行机制。从法学的知识话语上看,这种观点一方面对"分权"存在重大误解,另一方面对我国权力的集中性认识不足。

权力监督模式的基本理念可以概括为三个方面:一是权力的整体性,即国家权力是绝对不可分割的。宪法规定,国家的一切权力属于人民,由人民代表大会代表人民来行使,人民代表大会又归党领导,由党中央代表党来行使领导权和执政权。二是权力的受制约性,任何被授予一定权力的机关,都要接受来自各方面的监督。党内绝对不允许不受监督的权力、不受监督的机关和不受监督的特殊党员。换言之,人人都是监督者,人人也都是被监督者。党内监督是控制党的领导权和执政权的根本方式,是管党治党的根本手段,是全党上下的共同任务。三是权力的责任性,即在授予权力的同时,同步为之匹配了相应的责任,即一定要完成为权力行使所预设的目标,权力有多大,责任就有多大,没有无责任的权力,也没有无权力的责任,这就是权责对等原则。

以上述权力监督理念为指引,党内法规和国家法律有机衔接,创建了一个严密的党和国家监督体系。党的十九大报告首次提出,要以"健全党和国家监督体系"的方式,优化权力制约监督机制。党和国家监督体系,实际上是对党的十八大以来公权力监督领域所取得经验成就的一种综合性概括。这个概念的提出是中国特色社会主义权力运行机制的重大创新,是"决策权、执行权和监督权既相互制约又相互协调"命题的进一步升华。

党的二十大修改党章时,"党和国家监督体系"这个概念正式载入党章,并规定要推动完善党和国家监督体系建设。这意味着,作为抑制权力腐败的党内监督,必将得到进一步的强化,而党的监督保障法规内容会随之不断地丰富,其党内法规体系地位也将不断提升。

(二)党内组织监督

自上而下的组织监督在党内监督体系中占据着重要地位,《党内监督条例》专门用两章的篇幅规定了党的中央组织的监督和党委(党组)的监督。组织监督得以形成并具有首要地位的根本原因在于,党本身就是一个组织,其运行的根本原则就是民主集中制。只有借助组织监督机制,才能保证下级党组织是真的在服从、在履行上级党组织的决定,而不是"上有政策、下有对策"。所以,习近平总书记指出,上级对下级尤其是上级一把手对下级一把手的监督最管用、最有效。对于组织监督,可以分为两个层面展开论述。

(1) 党的中央组织监督

作为监督主体的党的中央组织,包括党的中央委员会、中央政治局委员会、中央政治局常务委员会等。同时,根据《党内监督条例》的规定,构成中央组织的中央委员会成员和中央政治局委员也负有监督责任。作为组织监督主体的中央委员会,其监督职责在于,其全体会议每年听取中央政治局工作报告,监督中央政治局工作,部署加强党内监督的重大任务。

作为监督主体的中央政治局、中央政治局常委会,其监督职责主要有:① 定期研究部署在全党开展学习教育,以整风精神查找问题、纠正偏差;② 听取和审议全党落实中央八项规定精神情况的汇报,加强作风建设情况的监督检查;③ 听取中纪委常委会工作汇报;④ 听取中央巡视情况汇报,在一届任期内实现中央巡视全覆盖;⑤ 每年召开民主生活会,进行对照检查和党性分析,研究加强自身建设措施。

党的中央委员会成员,必须以身作则、以上率下,以便于更好地履行自己的监督责任。其具体的监督职责有:① 坚决抵制其他成员违反党章、破坏党的纪律、危害党的团结统一的行为;② 一旦发现有这些行为,应当及时向党中央报告;③ 对中央政治局委员的意见,署真实姓名以书面形式,或者其他形式向中央政治局常务委员会,或者中央纪律检查委员会常务委员会反映。

中央政治局委员的监督职责,主要体现在两个方面:① 加强对直接分管部门、地方、领域党组织和领导班子成员的监督;② 定期同有关地方和部门主要负责人,就其履行全面从严治党责任、廉洁自律等情况进行谈话。

(2) 党委(党组)的监督

在党内监督体系中,党委(党组)监督是第一位的,负有监督主体责任。党章规定,地方各级党委"执行上级党组织的指示和同级党代表大会的决议,领导本地方的工作",这里的"领导"二字自然包含着监督。《党内监督条例》第三章专门就党委(党组)的监督职责作出了详细规定。在党内监督体系中,第一位的就是党委(党组)监督,党委(党组)在党内监督中负主体责任,书记是第一责任人,党委常委会委员(党组成员)和党委委员在职责范围内履行监督职责。

党委(党组)应当履行的监督职责,主要有这样四个方面:① 领导本地区、本部门、本单位的党内监督工作,组织实施各项监督制度,抓好督促检查;② 加强对同级纪委和所辖范围内纪律检查工作的领导,检查其监督执纪、问责工作情况;③ 对党委常委会委员(党组成员)、党委委员,同级纪委、党的工作部门,和直接领导的党组织领导班子及其成员进行监督;④ 对上级党委、纪委工作提出意见和建议,开展监督。

党委(党组)监督的重点对象是党组织主要负责人和关键岗位领导干部,监督的重点内容是:① 政治立场是否坚定;② 加强党的建设、从严治党方面是否有成效;③ 执行党的决议是否坚决;④ 在选人用人方面是否做到公道正派;⑤ 责任担当、廉洁自律方面是否合格;⑥ 是否坚决落实意识形态工作责任制。

党委(党组)监督的措施主要有:① 日常监督,平时多过问、多提醒,发现问题及时纠正;② 巡视,省、自治区、直辖市党委应当推动党的市(地、州、盟)和县(市、区、旗)委员会建立巡察制度,使从严治党向基层延伸;③ 组织生活,如民主生活会,开展批评与自我批评,上级党组织应当加强对下级领导班子民主生活会的指导和监督,提高民主生活会质量;④ 党内谈话,认真开展提醒谈话、诫勉谈话;⑤ 述责述廉,重点是执行政治纪律和政治规矩、履行管党治党责任、推进党风廉政建设和反腐败工作以及执行廉洁纪律情况;⑥ 个人有关事项报告制度;⑦ 领导干部插手干预重大事项记录制度等。

(三) 纪委专责监督

党内设立专门的纪律检查机关是我们党的优良传统。早在1927年,五大修改后的党章就用专章规定了党的监督机关和党的纪律,规定在中央和省设立党的监察委员会。2017年党的十九大修改党章,规定党的各级纪律检查委员会是党内监督专责机关,其主要任务是:维护党的章程和其他党内法规,检查党的路线、方针、政策和决议的执行情况,协助党的委员会推进全面从严治党、加强党风建设和组织协调反腐败工作。

纪委专责机关的政治定位体现了权力与责任的统一,凸显了政治责任和使命担当。根据《党内监督条例》的规定,纪律检查机关的首要职责是维护党的政治纪律和政治规矩,坚决纠正和查处上有政策、下有对策,有令不行、有禁不止,口是心非、阳奉阴违,搞团团伙伙、拉帮结派,欺骗组织、对抗组织等行为。

各级纪委都要履行监督执纪问责职责,加强对所辖范围内党组织和领导干部遵守党章、党规、党纪,贯彻执行党的路线、方针、政策情况的监督检查,其具体任务有三项:① 对同级党委特别是常委会委员、党的工作部门和直接领导的党组织、党的领导干部履行职责、行使权力的情况进行监督;② 落实纪律检查工作双重领导体制,执纪审查工作以上级纪委领导为主,线索处置和执纪审查情况在向同级党委报告的同时向上级纪委报告,各级纪委书记、副书记的提名和考察以上级纪委会同组织部门为主;③ 强化上级纪委对下级纪委的领导,纪委发现同级党委主要领导干部的问题,可以直接向上级纪委报告;下级纪委至少每半年向上级纪委报告一次工作,每年向上级纪委进行述职。

在各级纪委具体的监督职责与举措方面,《党内监督条例》规定了这样六条:① 定期约谈被监督单位党组织主要负责人、派驻纪检组组长,督促其落实管党治党责任;② 认真处理信访举报,做好问题线索分类处置,早发现早报告,对社会反映突出、群众评价较差的领导干部情况及时报告,对重要检举事项应当集体研究;③ 严把干部选拔任用"党风廉洁意见回复"关,综合日常工作中掌握的情况,加强分析研判,实事求是评价干部廉洁情况,防止"带病提拔""带病上岗";④ 接到对干部一般性违纪问题的反映,应当及时找本人核实,谈话提醒、约谈函询,让干部把问题讲清楚;⑤ 依规依纪进行执纪审查,重点审查三类情况:不收敛、不收手,问题线索反映集中、群众反映强烈,现在重要岗位且可能还要提拔使用的领导干部;⑥ 指名道姓曝光制度:对于发生在群众身边、影响恶劣的不正之风和腐败问题,应当点名道姓通报曝光。

纪委监督的对象大致有三类:一是同级党委特别是常委会委员、党的工作部门和直接领导的党组织、党的领导干部;二是被监督单位领导班子及其成员、其他领导干部;三是现在重要岗位且还有可能要提拔使用的领导干部。

关于纪委的领导体制,《党内监督条例》规定的是"双重领导体制",这是一种比较特殊的领导体制。"双重领导体制"的具体内涵是:① 执纪审查工作以上级纪委领导为主;② 线索处置和执纪审查情况在向同级党委报告的同时,向上级纪委报告;③ 各级纪委书记、副书记的提名和考察以上级纪委会同组织部门为主;④ 下级纪委向上级纪委报告工作,至少每半年一次,每年向上级纪委进行述职。

纪委是党内重要权力机关,其监督权是重要的制约性权力,是党内决策权、执行权等权力行使时都必须时刻接受其审查的一种高阶性权力。既然如此,纪委监督权也必须直面"如何监督监督者"这个难题。纪委的权力必须同样要受监督制约,而不能是一种不受任何监督的"裸奔"权力。《党内监督条例》规定了三种措施:① 加强自身纪律建设,健全内控机制;② 自觉接受党内监督、社会监督、群众监督;③ 发现纪律检查机关及其工作人员有违反纪律问题的,必须严肃处理。

党的十八大以来,各级纪委自觉接受严格的约束和监督。把不敢腐、不能腐、不想腐一体推进的理念贯穿于自身建设全过程,坚决防范不作为和乱作为两大风险,从严管理监督干部,严格组织授权,明确权力边界,完善内控机制,强化全过程监督。建立特约监察员制度,加大对监察机关及其工作人员的监督。严肃查处以案谋私、串通包庇、"跑风漏气"等突出问题,加大严管严治、自我净化力度,坚决防止"灯下黑"。据十九届中央纪委在党的二十大上的报告披露,五年来(2017—2022),全国谈话函询纪检监察干部 4.3 万人,组织处理 721 人,处分 1.6 万人,移送检察机关 620 人。这些统计数据表明,在强化对纪委的监督方面,党是严肃认真的。

(四)党内民主监督

党内民主,是指党员和党组织就其意愿与主张的公开表达。作为民主的一种方式,党内民主对党内事务发挥着积极性与创造性作用。在党的十六大报告中,党内民主被提到"党的生命"的高度,强调党内民主"对人民民主具有重要的示范和带动作用",要求以保障党员民主权利为基础,以完善党的代表大会制度和党的委员会制度为重点,从改革体制机制入手,建立和健全充分反映党员及党组织意愿的党内民主制度。

党章总纲规定,必须充分发扬党内民主,尊重党员主体地位,保障党员民主权利,发挥各级党组织和广大党员的积极性、创造性。党内民主监督,实际上是党内民主的一种表现形式。它是指党的各级组织和广大党员对党自身所进行的监督,其性质是一种党的自我约束和自我完善行为,是从严管党治党的一种方式。

关于党内民主监督,党章将"在党的会议上有根据地批评党的任何组织和任何党员,向党负责地揭发、检举党的任何组织和任何党员违法乱纪的事实,要求处分违法乱纪的党员,要求罢免或撤换不称职的干部"列为党员的基本权利之一,同时要求党的"上下级组织之间要互通情报、互相支持和互相监督"。

在党章规定党组织和党员民主监督基础上,《党内监督条例》作出了具有可操作性的详细规定。《党内监督条例》第 35 条规定:"党的基层组织应当发挥战斗堡垒作用,履行下列监督职责:(一)严格党的组织生活,开展批评和自我批评,监督党员切实履行义务,保障党员权利不受侵犯;(二)了解党员、群众对党的工作和党的领导干部的批评和意见,定期向上级党组织反映情况,提出意见和建议;(三)维护和执行党的纪律,发现党员、干部违反纪律问题及时教育或者处理,问题严重的应当向上级党组织报告。"

《党内监督条例》第36条规定:"党员应当本着对党和人民事业高度负责的态度,积极行使党员权利,履行下列监督义务:(一)加强对党的领导干部的民主监督,及时向党组织反映群众意见和诉求;(二)在党的会议上有根据地批评党的任何组织和任何党员,揭露和纠正工作中存在的缺点和问题;(三)参加党组织开展的评议领导干部活动,勇于触及矛盾问题、指出缺点错误,对错误言行敢于较真、敢于斗争;(四)向党负责地揭发、检举党的任何组织和任何党员违纪违法的事实,坚决反对一切派别活动和小集团活动,同腐败现象作坚决斗争。"

(五)党外各种监督

党的监督保障法规不但规定了各种党内监督,还赋予党外国家机关和社会舆论的监督地位,通过党内与党外的监督合力实现对党的全方位与全过程监督。总体上看,党外监督主体是高度多元的,主要有三种类型:一是国家机关;二是各民主党派;三是社会舆论。

在国家机关的监督方面,《党内监督条例》第37条第1款规定:"各级党委应当支持和保证同级人大、政府、监察机关、司法机关等对国家机关及公职人员依法进行监督,人民政协依章程进行民主监督,审计机关依法进行审计监督。有关国家机关发现党的领导干部违反党规党纪、需要党组织处理的,应当及时向有关党组织报告。审计机关发现党的领导干部涉嫌违纪的问题线索,应当向同级党组织报告,必要时向上级党组织报告,并按照规定将问题线索移送相关纪律检查机关处理。"这意味着人大、政府、监察机关、司法机关、审计机关等国家机关都是党外监督主体,都享有监督权。人民政协则代表民主党派,对党行使来自党外的民主监督。

《地方委员会工作条例》第27条第1款规定:"党的地方委员会向同级党的代表大会负责并报告工作,应当自觉接受上级党委领导和工作监督,并接受上级和同级纪律检查机关监督,接受下级党组织和党员群众的监督,接受各民主党派和无党派人士的民主监督。"该条规定意味着各级地方党委要自觉接受人民群众、民主党派和无党派人士的党外民主监督。

《党内监督条例》第 39 条规定:"各级党组织和党的领导干部应当认真对待、自觉接受社会监督,利用互联网技术和信息化手段,推动党务公开、拓宽监督渠道,虚心接受群众批评。新闻媒体应当坚持党性和人民性相统一,坚持正确导向,加强舆论监督,对典型案例进行剖析,发挥警示作用。"这条规定意味着,对于各级党组织和党员干部来说,社会监督、舆论监督同样是一种重要的党外监督。

(六) 监督方式规定

上述四类主体如何具体开展监督工作的问题十分关键,它直接决定了监督的规范性与实效性程度。党的监督保障法规对该问题规定得越具体、越清晰,则监督的规范程度越高,监督效果也越好。

《党内监督条例》《重大事项请示报告条例》《巡视工作条例》《廉洁自律准则》《县以上党和国家机关党员领导干部民主生活会若干规定》等党的监督保障法规对监督方式作了较为详细的规定,概括来说,主要有以下几种:

(1) 请示报告制度

请示报告制度是实现党内监督的一种重要方式,它有着悠久的历史。早在 1923 年 12 月,党中央就发出通告,要求有关工作"各地方务须随时报告区委员会,各区会务须随时报告中局"。请示报告制度的正式建立可以追溯到解放战争时期,1948 年 1 月,毛泽东为中共中央起草了一份《关于建立报告制度》的党内指示,要求各中央局和分局,每两个月向中央和中央主席作一次综合报告;各野战军首长和军区首长,每两个月作一次政策性的综合报告和请示,并对报告的主体要求、内容要求、时间要求等,都作了明确要求。

严格来说,请示报告制度是请示制度和报告制度的合称。所谓请示制度,是指下级党组织向上级党组织,党员、领导干部向党组织就重大或重要事项请求批示或者批准的活动。而报告制度则是指下级党组织向上级党组织,党员、领导干部向党组织呈报重大或重要事项的活动。请示报告制度是党内一项重要的政治纪律、组织纪律、工作纪律,是执行民主集中制的有效工作机制。《重大事项请示报告条例》为党内请示报告制度提供了基本遵循。该条例提出,开展重大事项请示报告工作,应当遵循"政治导向""权责明晰""客观真实"和"规范有序"四项原则。关于请示报告制度,可以根据主体的不同,分为两种情形予以评介。

一是关于党组织的请示报告。党组织的请示报告,一般应当以组织名义进行,向负有领导或者监督指导职责的上级党组织请示或者报告。特殊情况下,可以根据工作需要以党组织负责同志名义,代表党组织进行请示或者报告。请示报告应当逐级进行,一般不得越级请示报告。特殊情况下,可以按照有关规定直接向更高层级党组织请示报告。

关于请示报告的事项,《重大事项请示报告条例》规定,涉及党和国家工作全局的重大方针政策,经济、政治、文化、社会、生态文明建设和党的建设中的重大原则和问题,国家安全、港澳台侨、外交、国防、军队等党中央集中统一管理的事项,以及其他只能由党中央领导和决策的重大事项,必须向党中央请示报告。请示报告事项有三种类型:请示事项、报告事项和报备事项。其中,请示的事项有重大改革措施、重大立法事项、重大体制变动、重大项目推进、重大突发事件、重大机构调整、重要干部任免、重要表彰奖励、重大违纪违法和复杂敏感案件处理等;报告的事项有党中央以及上级党组织重要会议、重要文件、重大决策部署贯彻落实情况,习近平总书记重要指示批示贯彻落实情况,上级党组织负责同志交办事项的研究办理情况等;报备的事项有党委委员、候补委员职务的辞去、免去或者自动终止等。

党组织应当根据重大事项类型和缓急程度,采用口头、书面方式进行请示报告。重大事项请示报告适宜简便进行的,可以采用口头方式。对于情况紧急或者重大事项处理尚处于初步酝酿阶段的,可以采用口头方式先行请示报告,后续再以书面方式补充请示报告。口头请示报告视情况采用通话、当面、会议等方式。书面报告视情况采用正式报告、信息、简报等方式。涉密事项应当按照有关保密规定执行。

二是关于党员、领导干部的请示报告。该条例规定,党员一般应当向所在党组织请示报告重大事项;领导干部一般应当向所属党组织请示报告重要工作。具体来说,也可以分为"请示事项"和"报告事项"两类。党员向党组织请示的事项有:从事党组织所分配的工作中的重要问题、代表党组织发表主张或者作出决定等。而领导干部向党组织请示的事项有:超出自身职权范围,应当由所在党组织或者上级党组织作出决定的重大事项、属于自身职权范围但事关重大的问题和情况等。党员向党组织报告的事项有:贯彻执行党组织决议以及完成党组织交办工作任务情况、对党的工作和领导干部的意见建议等。而领导干部向党组织报告的事项有:坚持民主集中制,发扬党内民主,正确行使权力,参与集体领导情况等。

党员、领导干部按照规定采用口头、书面方式进行请示报告。党组织应当及时办理党员、领导干部的请示事项,必要时可以对报告事项作出研究处理。

(2) 巡视巡察制度

巡视巡察制度是专门建立的巡视机构,按照有关规定对下级党组织领导班子及其成员进行监督的一种党内制度。说起来,巡视巡察制度有着悠久的历史。1925 年第四届中央执行委员会通过的《组织问题议决案》明确提出:"应当增加中央特派巡行的指导员,使事实上能对于区及地方实行指导全部工作。""中央特派巡行的指导员"的诞生,标志着党内巡视制度的正式形成。1990 年十三届六中全会通过的《中共中央关于加强党同人民群众的联系的决定》,宣告了党内巡视制度的正式问世。1996 年经中央批准,《中共中央纪委关于建立巡视制度的试行办法》发布,将巡视制度作为加强党内监督的五项制度之一,开始向地方和部门派出巡视组。2002 年党的十六大明确提出,要"改革和完善党的纪律检查体制,建立和完善巡视制度"。

现行党章和《党内监督条例》,都将巡视定性为党内监督的重要方式,明确规定中央和省、自治区、直辖市党委一届任期内,对所管理的地方、部门、企事业单位党组织全面巡视;巡视党的组织和党的领导干部尊崇党章、党的领导、党的建设和党的路线方针政策落实情况,履行全面从严治党责任、执行党的纪律、落实中央八项规定精神、党风廉政建设和反腐败工作以及选人用人情况。

为了加强党内巡视制度的规范化建设,2009 年 7 月,中央制定了《巡视工作条例(试行)》,并对该条例作了两次修订。现行《巡视工作条例》有 7 章 42 条,对巡视制度指导思想、基本原则、机构和人员、巡视范围和内容、工作方式和权限、工作程序以及纪律责任等事项作了详细规定,通过巡视来坚持党的领导,加强党的建设,实现全面从严治党,确保党始终成为中国特色社会主义事业的坚强领导核心。

巡视组巡视的具体事项主要有五项:① 违反政治纪律和政治规矩,存在违背党的路线方针政策的言行,有令不行、有禁不止,阳奉阴违、结党营私、团团伙伙、拉帮结派,以及落实意识形态工作责任制不到位等问题;② 违反廉洁纪律,以权谋私、贪污贿赂、腐化堕落等问题;③ 违反组织纪律,违规用人、任人唯亲、跑官要官、买官卖官、拉票贿选,以及独断专行、软弱涣散、严重不团结等问题;④ 违反群众纪律、工作纪律、生活纪律,落实中央八项规定精神不力,搞形式主义、官僚主义、享乐主义和奢靡之风等问题;⑤ 派出巡视组的党组织要求了解的其他问题。

巡视组的工作方式主要有十三种:① 听取被巡视党组织的工作汇报和有关部门的专题汇报;② 与被巡视党组织领导班子成员,和其他干部群众进行个别谈话;③ 受理反映被巡视党组织领导班子及其成员,和下一级党组织领导班子主要负责人问题的来信、来电、来访等;④ 抽查核实领导干部报告个人有关事项的情况;⑤ 向有关知情人询问情况;⑥ 调阅、复制有关文件、档案、会议记录等资料;⑦ 召开座谈会;⑧ 列席被巡视地区(单位)的有关会议;⑨ 进行民主测评、问卷调查;⑩ 以适当方式到被巡视地区(单位)的下属地方、单位或者部门了解情况;⑪ 开展专项检查;⑫ 提请有关单位予以协助;⑬ 派出巡视组的党组织批准的其他方式。

(3) 民主生活会、组织生活会制度

民主生活会,是指党员领导干部召开的组织活动,它旨在发扬党内民主、加强党内监督、依靠领导班子自身力量解决矛盾和问题。组织生活会,是指党支部或党小组以交流思想、总结经验教训、开展批评与自我批评为中心内容的组织生活。民主生活会、组织生活会是党内政治生活中的重要制度,它是实行党内监督,提高自身能力,化解内部问题与矛盾的有效途径。

规范民主生活会、组织生活会制度的党内法规主要有《党内监督条例》《支部工作条例(试行)》和《县以上党和国家机关党员领导干部民主生活会若干规定》等。根据这些党的监督保障法规的规定,开好民主生活会要注意五个方面的要求。

一是民主生活会要经常化,每年召开一次,一般安排在第四季度。因特殊情况需要提前或者延期召开的,应当报上级党组织同意。民主生活会到会人数必须达到应到会人数的三分之二以上。

二是民主生活会要直面问题,并解决问题。领导干部应当在民主生活会上把自身存在的突出问题说清楚、谈透彻,开展批评和自我批评,明确整改方向。自我批评应当联系实际、针对问题、触及思想。相互批评应当开诚布公指出问题,防止以工作建议代替批评意见。民主生活会结束后,要针对问题提出可行的整改方案,并接受组织监督。

三是民主生活会应当遵循"团结—批评—团结"的方针,贯彻整风精神,充分发扬民主,开展积极健康的思想斗争,增强党内政治生活的政治性、时代性、原则性、战斗性。参加民主生活会的党员领导干部,应当严肃认真开展批评和自我批评,坚持实事求是,讲党性不讲私情、讲真理不讲面子,按照"照镜子、正衣冠、洗洗澡、治治病"的要求,严肃认真提意见,满腔热情帮同志,达到统一思想、增进团结、互相监督、共同提高的目的。

四是要制定切实可行的整改措施。民主生活会应当切实解决问题,对检查和反映出来的问题,领导班子及其成员应当制定整改措施,确定整改目标和完成时限；对群众反映强烈的突出问题进行专项整治；需要上级党组织帮助解决的，应当及时向上级党组织报告。反映领导班子成员的违纪问题，由党的纪律检查机关处理。民主生活会结束后15日内，应当将会议情况和会议记录报上级党组织，并报送上级纪委和党委组织部门。

五是要加强上级党组织对下级党组织的指导与监督。坚持一级抓一级的原则，切实加强督促指导与监督，有关领导同志要按照规定参加下级党组织的民主生活会。上级党组织应当通过派出督导组、派人列席等方式，对下级单位召开的民主生活会进行督促检查和指导，具体工作由组织部门会同纪律检查机关负责。纪律检查机关、组织部门派人列席下一级各单位召开的民主生活会。

组织生活会一般是基层党组织的日常党内监督方式。《支部工作条例（试行）》规定，党支部每年至少召开一次组织生活会，一般安排在第四季度，也可以根据工作需要随时召开。组织生活会一般以党支部党员大会、党支部委员会会议或者党小组会形式召开。每次组织生活会应当确定一个主题，会前参会的党员要认真学习，谈心谈话，听取意见；会上要查摆问题，开展批评和自我批评；会后制定整改措施，并逐一整改落实。

(4) 党内谈话制度

谈话是了解、认识、教育与监督党员尤其是党员干部的一种基本方式。党内谈话制度，是思想建党和制度治党紧密结合的具体体现。我们党高度重视党内谈话制度在党内监督中的作用，将其作为开展党内监督的重要方法。《党和国家机关基层组织工作条例》规定，对于群众意见较大的党员干部，要及时谈话提醒。《关于对党员领导干部进行诫勉谈话和函询的暂行办法》则对诫勉谈话制度作了具体规定。《中央组织部关于进一步加强和改进领导班子思想政治建设的意见》对党内谈话制度作了集中规定。根据该意见，党委（党组）主要负责同志要带头同领导班子成员谈心，每年至少一次，特别要注意同那些和自己有不同意见的同志谈心；领导班子成员也要互相谈心谈话。党委（党组）主要负责同志，同下一级党政领导班子主要负责同志谈话每届至少一次；分管领导同所分管部门的领导班子主要负责同志谈话每年至少一次。

根据《党内监督条例》的规定，党的纪律检查机关在接到对干部一般性违纪问题的反映后，就应当及时找本人核实，谈话提醒、约谈函询，让干部把问题讲清楚。约谈被反映人，可以与其所在党组织主要负责人一同进行；被反映人对函询问题的说明，应当由其所在党组织主要负责人签字后报上级纪委；谈话记录和函询回复应当认真核实，存档备查；没有发现问题的应当了结澄清，对不如实说明情况的给予严肃处理。

2021年3月，中共中央发布了《关于加强对"一把手"和领导班子监督的意见》。上级"一把手"应当要对下级新任职"一把手"开展任职谈话；同下级"一把手"定期开展监督谈话，对存在苗头性、倾向性问题的进行批评教育，对存在轻微违纪问题的及时予以诫勉；党委（党组）"一把手"要管好班子、带好队伍，经常开展谈心谈话，切实履行好教育、管理、监督责任；对领导班子其他成员所作的函询说明签署意见时，要进行教育提醒，不能"一签了之"，也就是说不能搞形式主义。

该意见同时规定，要完善纪委书记谈话提醒制度，如实报告领导班子成员履职尽责和廉洁自律情况；纪委书记应当牢固树立报告问题是本职、该报告而不报告是失职的意识；发现领导班子成员有苗头性、倾向性问题的，及时进行提醒；发现存在重要问题的，向上级纪委和同级党委主要负责人报告，全面准确反映情况；不报告或者不如实报告的，依规依纪严肃追究责任。

(5) 述责述廉制度

述责述廉制度的前身是述职述廉制度。述职述廉的主体是领导干部，因为监督最主要的对象还是领导干部。述职述廉是对领导机关及领导干部实施党内监督的一种自律机制。2005年中共中央办公厅印发的《关于党员领导干部述职述廉的暂行规定》将述职述廉的主要内容规定为：学习贯彻邓小平理论、"三个代表"重要思想、科学发展观和党的路线方针政策情况；执行民主集中制情况；履行岗位职责和党风廉政建设责任情况；遵守廉洁从政规定情况；存在的突出问题和改正措施，其他需要说明的情况等。

2016年修订《党内监督条例》时，对述职述廉制度予以了深化和发展，将之升级为述责述廉制度。其第23条规定："党的领导干部应当每年在党委常委会（或党组）扩大会议上述责述廉，接受评议。述责述廉的重点是执行政治纪律和政治规矩、履行管党治党责任、推进党风廉政建设和反腐败工作以及执行廉洁纪律情况。述责述廉报告应当载入廉洁档案，并在一定范围内公开。"由此规定可知，述责述廉制度是自下而上的民主监督与自上而下的组织监督的结合。其中，党的领导干部每年在党委常委会（或党组）扩大会议上报告个人履行职责和廉洁情况，这其实就是在接受组织监督，而班子成员和其他与会同志对其进行评议，则体现了自下而上的民主监督。

述责的主要内容有：理论学习情况；贯彻执行党的路线、方针、政策、国家法律法规情况；贯彻民主集中制情况等。述廉的主要内容有：按照党风廉政建设责任规定，在本人分管领域的党风廉政工作方面所采取的办法、举措及其效果；存在的问题；年度工作打算和拟予以改进的措施等。

述责述廉的要求有：党员干部述责述廉每年进行一次；述责述廉应当采取召开一定范围内的会议，由党员干部宣读述责述廉报告的形式进行，并组织民主评议和民主测评；党员干部述责述廉时，应当邀请下级单位负责人、普通干部职工、服务对象代表参加，且他们所占比例不低于总人数的百分之十；党员干部述责述廉之前，要认真学习廉洁自律各项规定，采取多种形式，充分听取干部群众的意见，坚持实事求是，应如实撰写本人的述责述廉报告；党组每年要对述责述廉情况进行一次综合分析，述责述廉结果应当作为对干部考核、奖惩和选拔聘任或聘用的重要依据之一。

(6) 领导干部报告个人事项制度

领导干部报告个人有关事项制度，是一种加强组织监督的有效途径，也是促进领导干部廉洁从政、忠诚老实的重要方式。规范该制度的党内法规主要有《领导干部报告个人有关事项规定》和《领导干部个人有关事项报告查核结果处理办法》等。

领导干部应当报告的个人事项主要有：① 本人的婚姻情况；② 本人持有普通护照以及因私出国的情况；③ 本人持有往来港澳通行证、因私持有大陆居民往来台湾通行证，以及因私往来港澳、台湾的情况；④ 子女与外国人、无国籍人通婚的情况；⑤ 子女与港澳以及台湾居民通婚的情况；⑥ 配偶、子女移居国(境)外的情况，或者虽未移居国(境)外，但连续在国(境)外工作、生活一年以上的情况；⑦ 配偶、子女及其配偶的从业情况，含受聘担任私营企业的高级职务，在外商独资企业、中外合资企业、境外非政府组织在境内设立的代表机构中担任由外方委派、聘任的高级职务，以及在国(境)外的从业情况和职务情况；⑧ 配偶、子女及其配偶被司法机关追究刑事责任的情况等。

领导干部应当在每年的 1 月 31 日前，集中报告一次上一年度的有关个人事项，并对报告内容的真实性、完整性负责，自觉接受监督。领导干部无正当理由不按时报告个人有关事项，或者漏报、少报，或者隐瞒不报，或者经查核发现有其他违规违纪问题的，根据情节轻重，给予批评教育、组织调整或者组织处理、纪律处分。党委(党组)及其组织(人事)部门，应当把查核结果作为衡量领导干部是否忠诚老实、清正廉洁的重要参考，运用到选拔任用、管理监督等干部工作中。

2022 年 6 月，中共中央办公厅印发了《领导干部配偶、子女及其配偶经商办企业管理规定》。要求领导干部每年报告个人有关事项时，应当如实填报配偶、子女及其配偶经商办企业情况，年度集中报告后新产生的经商办企业情况要及时报告。其中,对拟提拔或进一步使用的领导干部,结合干部选拔任用"凡提四必"进行查核,不符合拟任岗位禁业规定的,应退出经商办企业,不同意退出的不予任用。所谓"凡提四必",即对拟提拔或进一步使用人选,要做到干部档案"凡提必审",个人有关事项报告"凡提必核",纪检监察机关意见"凡提必听",反映违规违纪问题线索具体、有可查性的信访举报"凡提必查"。

(7) 领导干部插手干预重大事项记录制度

这是新时代新创设的一项制度,它对制约和监督领导干部的权力行使的效果较为明显。规范该制度的党内法规,主要有《党内监督条例》和《领导干部干预司法活动、插手具体案件处理的记录、通报和责任追究规定》等。《党内监督条例》第25条规定:"建立健全党的领导干部插手干预重大事项记录制度,发现利用职务便利违规干预干部选拔任用、工程建设、执纪执法、司法活动等问题,应当及时向上级党组织报告。"

据《检察日报》报道,2022年第三季度,全国检察机关共记录报告过问或干预、插手检察办案等重大事项47286件。其中,最高检填报168件,省级检察院填报1329件,市级检察院填报7627件,基层检察院填报38162件,分别占比0.4%、2.8%、16.1%和80.7%。由此可知,领导干部插手干预重大事项记录制度,事实上得到了严格执行。

(8) 信访举报处理制度

信访举报是纪检监察机关获取信息和案件线索的重要来源,是社会公众对党员干部、各种监察对象进行监督的重要渠道,是人民群众参与党风廉政建设和反腐败工作的重要形式。信访举报具有监督主体的多元性、内容的复杂性和形式的灵活性等特点。在当今的互联网时代,网上举报成为信访举报的一种流行方式,此外还有检举信、控告信、申诉信、电话举报、来访举报等方式。

规范信访举报处理制度的党内法规主要有《信访工作条例》和《党内监督条例》等。《信访工作条例》第22条第1款规定:"各级党委和政府信访部门收到信访事项,应当予以登记,并区分情况,在15日内分别按照下列方式处理:(一)对依照职责属于本级机关、单位或者其工作部门处理决定的,应当转送有权处理的机关、单位;情况重大、紧急的,应当及时提出建议,报请本级党委和政府决定。(二)涉及下级机关、单位或者其工作人员的,按照'属地管理、分级负责,谁主管、谁负责'的原则,转送有权处理的机关、单位。(三)对转送信访事项中的重要情况,需要反馈办理结果的,可以交由有权处理的机关、单位办理,要求其在指定办理期限内反馈结果,提交办结报告。"

而《党内监督条例》第 29 条规定："认真处理信访举报，做好问题线索分类处置，早发现早报告，对社会反映突出、群众评价较差的领导干部情况及时报告，对重要检举事项应当集体研究。定期分析研判信访举报情况，对信访反映的典型性、普遍性问题提出有针对性的处置意见，督促信访举报比较集中的地方和部门查找和分析原因并认真整改。"

（9）党风廉洁意见回复制度

所谓党风廉洁意见回复制度，是指纪检监察机关按照有关规定，对拟考察提拔干部开展廉洁审查，形成党风廉洁意见回复，以实现对领导干部的党风监督和廉洁把关。《纪律检查委员会工作条例》第 34 条第 1 款规定："党的纪律检查委员会应当加强日常监督，监督方式主要包括：座谈、召集、参加或者列席会议，了解党内同志和社会群众反映；查阅查询相关资料和信息数据；现场调查，驻点监督；督促巡视巡察整改；谈心谈话，听取工作汇报，听取述责述廉；建立健全党员领导干部廉政档案，开展党风廉政意见回复等工作。"

做好党风廉洁意见回复工作，应当注意以下三个方面的事项：

一是线索处置方面。党风廉政意见回复的工作流程，主要是围绕问题线索处置而展开的。应对问题线索进行集中管理、动态更新、定期汇总核对、及时提出分办意见和全面掌握办理情况，切实提高问题线索处置和办理质效是做好党风廉政意见回复的基础。

二是综合研判方面。应将巡视巡察中发现的问题线索纳入党风廉政意见审核范围，完善纪检监察机关和巡视巡察机构问题线索移送机制。充分运用巡视巡察报告、个别谈话报告、政治生态分析报告等成果，进行动态分析判断，结合日常监督了解掌握的一贯表现、性格特征、工作作风等情况综合分析研判。建立完善监督检查、派驻派出、巡视巡察部门之间信息、资源、成果的共享机制。

三是回复口径方面。在审核内容方面，应当注意区分不同的受理事项，依据受理事项确定具体的审核内容，重点关注干部选拔任用、换届、重要荣誉表彰奖励和有关人员因私出国（境）等事项，全面审核信访举报、问题线索、立案审查调查、党纪政务处分、组织措施等情况，防止遗漏重要情况；在回复口径方面，应当注意内外有别的工作要求，严格按照规定口径进行回复。

《党内监督条例》第 30 条也要求："严把干部选拔任用'党风廉洁意见回复'关，综合日常工作中掌握的情况，加强分析研判，实事求是评价干部廉洁情况，防止'带病提拔''带病上岗'。"

（10）党务公开制度

党务公开制度是为增强党务工作的透明度，使党员群众享有充分的知情权、监督权而设立的制度。党务公开有利于发展党内民主，强化党内监督，提高党的执政能力和领导水平。规范该制度的党内法规主要是《党务公开条例（试行）》。党务公开的事项主要有：党的组织贯彻落实党的基本理论、基本路线、基本方略情况；领导经济社会发展情况；落实全面从严治党责任、加强党的建设情况；党的组织职能、机构等情况；除涉及党和国家秘密不得公开，或者依照有关规定不宜公开的事项外，一般应当公开。

党务公开的范围主要有：① 领导经济社会发展、涉及人民群众生产生活的党务，向社会公开；② 涉及党的建设重大问题或者党员义务权利，需要全体党员普遍知悉和遵守执行的党务，在全党公开；③ 各地区、各部门、各单位的党务，在本地区、本部门、本单位公开；④ 涉及特定党的组织、党员和群众切身利益的党务，对特定党的组织、党员和群众公开。

党务公开的程序主要分为四个步骤：① 提出。有关的党的组织部门研究提出党务公开方案，拟订公开的内容、范围、时间、方式等。② 审核。有关的党的组织部门进行保密审查，并从必要性、准确性等方面进行审核。③ 审批。党的组织依照职权对党务公开方案进行审批，超出职权范围的必须按程序报批。④ 实施。有关的党的组织部门按照经批准的方案实施党务公开。

关于党务公开的方式，分为两种情况：一是在党内公开的，一般采取召开会议、制发文件、编发简报、在局域网发布等方式；二是向社会公开的，一般采取发布公报、召开新闻发布会、接受采访等方式，优先使用党报党刊、电台电视台、重点新闻网站等党的媒体进行发布。

三、考察考核规定

考察考核，是管党治党的一种重要方式，也是我们党的一个优良传统。作为党内约束激励机制的一项基础性工作，考察考核在党组织领导班子建设、领导干部廉洁自律建设方面起着重要作用。党的监督保障法规中有关考察考核的主要有：《党内监督条例》《党政领导干部选拔任用工作条例》《党政领导干部考核工作条例》《省级党委和政府扶贫开发工作成效考核办法》《生态文明建设目标评价考核办法》等。

（一）考察考核内容

关于考察考核的内容，《党内监督条例》《党政领导干部考核工作条例》等党内法规有明确的规定。如《党内监督条例》第 22 条规定："严格执行干部考察考核制度，全面考察德、能、勤、绩、廉表现，既重政绩又重政德，重点考察贯彻执行党中央和上级党组织决策部署的表现，履行管党治党责任，在重大原则问题上的立场，对待人民群众的态度，完成急难险重任务情况。考察考核中党组织主要负责人应当对班子成员实事求是作出评价。考核评语在同本人见面后载入干部档案。落实党组织主要负责人在干部选任、考察、决策等各个环节的责任，对失察失责的应当严肃追究责任。"从实践上看，考察考核内容因对象的不同而有所差异。关于考察考核的对象，大致可以划分为两类：一是领导班子集体；二是领导干部个人。

（1）对领导班子集体的考核内容

《党政领导干部考核工作条例》第 7 条规定了对领导班子集体的考核内容，大致分为政治思想建设、领导能力、工作实绩、党风廉政建设、作风建设等五个方面。

一是政治思想建设。全面考核领导班子坚决维护习近平总书记党中央的核心、全党的核心地位，坚决维护党中央权威和集中统一领导，坚持和加强党的全面领导，执行党的理论和路线方针政策，增强"四个意识"，做到"四个服从"，遵守政治纪律和政治规矩的情况；坚定理想信念，坚定"四个自信"，不忘初心、牢记使命的情况；坚持民主集中制，执行新形势下党内政治生活若干准则，发现和解决自身问题，营造风清气正政治生态的情况；践行新时代党的组织路线，贯彻新时期好干部标准，树立正确选人用人导向的情况。

二是领导能力。全面考核领导班子适应新时代要求、落实党中央决策部署、完成目标任务的能力，重点了解学习本领、政治领导本领、改革创新本领、科学发展本领、依法执政本领、群众工作本领、狠抓落实本领、驾驭风险本领等。

三是工作实绩。全面考核领导班子政绩观和工作成效。考核政绩观，主要看是否恪守立党为公、执政为民的理念，是否具有"功成不必在我"的精神，以造福人民为最大政绩，真正做到对历史和人民负责。考核地方党委和政府领导班子的工作实绩，应当看全面工作，看推动本地区经济建设、政治建设、文化建设、社会建设、生态文明建设，解决发展不平衡、不充分的问题，满足人民日益增长的美好生活需要的情况和实际成效。考核其他领导班子的工作实绩,主要看全面履行职能、服务大局和中心工作的情况和实际成效。

四是党风廉政建设。全面考核领导班子履行管党治党政治责任,加强党风廉政建设,持之以恒正风肃纪,推进反腐败斗争等情况。

五是作风建设。全面考核领导班子坚持以人民为中心,贯彻党的群众路线,密切联系群众,为群众排忧解难,全心全意为人民服务的情况;结合实际落实党中央决策部署,增强人民获得感、幸福感、安全感的情况;深入改进作风,落实中央八项规定及其实施细则精神,反对"四风"特别是形式主义、官僚主义的情况;实事求是,真抓实干,察实情、出实招、办实事、求实效的情况。

(2) 对领导干部个人的考察考核内容

根据《党政领导干部选拔任用工作条例》《党政领导干部考核工作条例》的相关规定,考察党政领导职务拟任人选,必须依据干部选拔任用条件和不同领导职务的职责要求,全面考察考核其德、能、勤、绩、廉,严把政治关、品行关、能力关、作风关、廉洁关。

一是德。在全面考察考核领导干部的政治品质方面,重点了解坚定理想信念、对党忠诚、尊崇党章、遵守政治纪律和政治规矩,在思想上政治上行动上同以习近平同志为核心的党中央保持高度一致等情况。在考察考核领导干部的道德品行方面,重点了解坚守忠诚老实、公道正派、实事求是、清正廉洁等价值观,遵守社会公德、职业道德、家庭美德和个人品德等情况。

二是能。全面考察考核领导干部履职尽责,特别是应对突发事件、群体性事件过程中的政治能力、专业素养和组织领导能力等情况。

三是勤。全面考察考核领导干部的精神状态和工作作风,重点了解发扬革命精神、斗争精神,坚持"三严三实",勤勉敬业、恪尽职守、认真负责、紧抓快办,锐意进取、敢于担当、艰苦奋斗、甘于奉献等情况。

四是绩。全面考察考核领导干部坚持正确的政绩观,履职尽责、完成日常工作、承担急难险重任务、处理复杂问题、应对重大考验的情况和实际成效。考核党委(党组)书记的工作实绩,首先看抓党建工作的成效,考核领导班子其他党员领导干部的工作实绩,应当加大抓党建工作的权重。

五是廉。全面考察考核领导干部落实党风廉政建设"一岗双责"政治责任,遵守廉洁自律准则,带头落实中央八项规定精神,秉公用权,树立良好家风,严格要求亲属和身边工作人员,反对"四风"和特权思想、特权现象等情况。

(二)考察考核程序

关于考察考核程序,也应当根据对象的不同而分开阐述,领导职务拟任人选与领导班子、领导干部之间存在一些差异。

(1) 关于领导职务拟任人选的考察程序

《党政领导干部选拔任用工作条例》规定,由党委(党组)或者组织(人事)部门根据工作需要和领导班子建设实际,结合综合分析研判情况,提出启动干部选拔任用工作意见。这是考察程序的启动。考察党政领导职务拟任人选,应当保证充足的考察时间,经过下列程序:

① 制订考察工作方案;

② 同考察对象呈报单位或者所在单位党委(党组)主要领导成员,就考察工作方案沟通情况,征求意见;

③ 根据考察对象的不同情况,通过适当方式在一定范围内发布干部考察预告;

④ 采取个别谈话、发放征求意见表、民主测评、实地走访、查阅干部人事档案和工作资料等方法,广泛深入地了解情况,根据需要进行专项调查、延伸考察等,注意了解考察对象生活圈、社交圈等情况;

⑤ 同考察对象面谈,进一步了解其政治立场、思想品质、价值取向、见识见解、适应能力、性格特点、心理素质等方面情况,以及缺点和不足,鉴别印证有关问题,深化对考察对象的研判;

⑥ 综合分析考察情况,与考察对象的一贯表现进行比较、相互印证,全面准确地对考察对象作出评价;

⑦ 向考察对象呈报单位或者所在单位党委(党组)主要领导成员反馈考察情况,并交换意见;

⑧ 考察组研究提出人选任用建议,向派出考察组的组织(人事)部门汇报,经组织(人事)部门集体研究提出任用建议方案,向本级党委(党组)报告。

考察内设机构领导职务拟任人选程序,可以根据实际情况作适当简化。此外,考察党政领导职务拟任人选,应当听取考察对象所在单位组织(人事)部门、纪检监察机关、机关党组织的意见,根据需要可以听取巡视巡察机构、审计机关和其他相关部门意见。组织(人事)部门必须严格审核考察对象的干部人事档案,查核个人有关事项报告,就党风廉政情况听取纪检监察机关意见,对反映问题线索具体、有可查性的信访举报进行核查。对需要进行经济责任审计的考察对象,应当事先按照有关规定进行审计。

(2) 领导班子和领导干部的考核程序

《党政领导干部考核工作条例》规定,对领导班子和领导干部的考核有四种类型,即平时考核、年度考核、专项考核和任期考核。每种考核的侧重点是不一样的,考核的程序与方法也略有差异。

一是平时考核。这是对领导班子日常运行情况和领导干部一贯表现所进行的经常性考核,以及时肯定鼓励和提醒纠偏领导行为。平时考核主要结合领导班子和领导干部日常管理进行,可以采取这样几种途径:① 列席领导班子民主生活会、理论学习中心组、重要工作会议,参加重要工作活动等;② 与干部本人或者知情人谈心谈话,到所在单位听取干部群众意见;③ 开展调研走访、专题调查、现场观摩等;④ 结合党内集中学习教育、纪委监委日常监督、巡视巡察、工作督查、干部培训等进行深入了解;⑤ 其他适当方法。

二是年度考核。这是以年度为周期对领导班子和领导干部进行的综合性考核,一般在每年年末或者次年年初组织开展。根据工作需要,各级党委(党组)每年可以选定部分领导班子和领导干部进行重点考核。年度考核一般按照下列程序进行:① 总结述职。召开会议,领导班子总结报告全年工作,领导干部进行个人述职。② 民主测评。根据对领导班子和领导干部考核内容的要求设计测评表,由参加民主测评的人员填写评价意见。③ 个别谈话。与领导班子成员、相关干部群众以及其他需要参加的人员个别谈话了解情况。④ 了解核实。根据需要采取查阅资料、采集有关数据和信息、实地调研等方式,核实考核对象有关情况。⑤ 形成考核结果。对领导班子和领导干部进行综合分析,形成考核结果并及时反馈。当年开展党内集中学习教育、换届考察、巡视巡察的,年度考核可以结合实际适当简化程序。

三是专项考核。这是对领导班子和领导干部,完成重要专项工作、承担急难险重任务、应对和处置重大突发事件中的工作态度、担当精神、作用发挥、实际成效等情况所进行的针对性考核。专项考核的程序是:① 制定方案。明确考核对象、考核内容指标、程序步骤和工作要求等。② 听取考核对象的总结汇报。③ 了解核实。采取查阅资料、实地调研、舆情分析、个别谈话、民主测评等方式,核实印证有关情况,必要时可以向纪检监察机关或者审计、信访等部门了解情况。④ 形成考核结果。对领导班子和领导干部作出评价。

四是任期考核。这是对实行任期制的领导班子和领导干部,在一届任期内总体表现所进行的全方位考核,一般结合换届考察或者任期届满当年年度考核进行。任期考核一般应当按照总结述职、民主测评、个别谈话、了解核实、实绩分析、形成考核结果等程序进行。任期考核结果可以采用考核报告、评语、等次或者鉴定等形式公布。

（三）考察考核结果

在考察考核结果的确定和运用方面，领导职务拟任人选与领导班子、领导干部考核之间也有所差异。

（1）关于领导职务拟任人选的考察结果

《党政领导干部选拔任用工作条例》规定，考察党政领导职务拟任人选，必须形成书面考察材料，建立考察文书档案；已经任职的，考察材料归入本人干部人事档案；考察材料必须写实，评判应当全面、准确、客观，用具体事例反映考察对象的情况，包括德、能、勤、绩、廉方面的主要表现，以及主要特长、行为特征；主要缺点和不足；民主推荐、民主测评、考察谈话情况；审核干部人事档案、查核个人有关事项报告、听取纪检监察机关意见、核查信访举报等情况的结论。领导职务拟任人选的考察结果直接关系选拔任用与否。

（2）领导班子和领导干部的考核结果

《党政领导干部考核工作条例》规定，平时考核、专项考核、任期考核，均可以采用考核报告、评语、等次或者鉴定等形式确定，应当明确具体，肯定成绩和优点，指出问题与不足。年度考核中，领导班子年度考核结果，一般分为优秀、良好、一般、较差四个等次；领导干部年度考核结果分为优秀、称职、基本称职、不称职四个等次。年度考核结果以平时考核结果为基础，年度考核优秀等次，应当在平时考核结果好的考核对象中产生。确定考核结果时，应当加强综合分析研判，坚持定性与定量相结合，全面、历史、辩证地分析个人贡献与集体作用、主观努力与客观条件、增长速度与质量效益、显绩与潜绩、发展成果与成本代价等情况，注重了解人民群众对经济社会发展的真实感受和评价，防止简单地以地区生产总值以及增长率排名，或者以民主测评、民意调查得票得分确定考核结果。平时考核、年度考核、专项考核、任期考核情况应当相互补充印证，坚持考人与考事相结合，注重吸收运用巡视巡察、审计、绩效管理、相关部门业务考核、个人有关事项报告查核等成果，把敢不敢扛事、愿不愿做事、能不能干事作为识别干部、评判优劣的重要标准，增强考核结果的真实性、准确性。

关于领导班子和领导干部考核结果的运用，《党政领导干部考核工作条例》要求，坚持考用结合，将考核结果与选拔任用、培养教育、管理监督、激励约束、问责追责等结合起来，鼓励先进、鞭策落后，推动能上能下，促进担当作为，严厉治庸治懒。依据考核的结果，有针对性地加强领导班子建设、激励约束领导干部、加强干部教育培养。

其一,有针对性地加强领导班子建设。领导班子做出重要贡献的,按照有关规定记功、授予称号,给予物质奖励;领导班子表现突出或者年度考核结果为优秀等次的,按照有关规定给予嘉奖;领导班子运行状况不好、凝聚力战斗力不强、不担当不作为、干部群众意见较大的,应当进行调整;领导班子年度考核结果为一般等次的,应当责成其向上级党组织递交书面报告,剖析原因、进行整改;领导班子年度考核结果为较差或者连续两年为一般等次的,应当对主要负责人和相关责任人进行调整。

其二,激励约束领导干部。领导干部做出重大贡献的,可以按照有关规定记功、授予称号,给予物质奖励;表现突出或者年度考核结果为优秀等次的,按照有关规定给予嘉奖;连续三年为优秀等次的,记三等功,同等条件下优先使用;领导干部年度考核结果为称职及以上等次的,按照有关规定享受年度考核奖金、晋升工资级别和级别工资档次;领导干部年度考核结果为基本称职等次的,应当对其进行诫勉,限期改进;领导干部年度考核结果为不称职等次的,按照规定程序降低一个职务或者职级层次任职;不参加年度考核、参加年度考核不确定等次,或者年度考核结果为基本称职以下等次的,该年度不计算为晋升职务职级的任职年限,不计算为晋升工资级别和级别工资档次的考核年限;领导干部不适宜担任现职的,应当根据有关规定对其进行调整。

其三,加强干部教育培养。按照"缺什么补什么"的原则,对领导干部进行调学调训、安排实践锻炼,补齐能力素质短板。对有潜力的优秀年轻干部加强针对性培养。考核中发现领导班子和领导干部存在问题的,区分不同情形,予以谈话提醒直至组织处理;发现违纪违法问题线索,移送纪检监察、司法机关处理。

四、问责追责规定

有权必有责、有责要担当、失责必追究。问责追责也属于党内监督的一个重要环节,是保证党的路线方针政策和党中央重大决策部署贯彻落实的重要举措。问责追责作为一项有力的监督措施,对督促各级党组织和党的领导干部负责、守责、尽责,提高党的执政能力与执政水平,具有重要意义。

党的监督保障法规中有关问责追责的主要有:《党内监督条例》《问责条

例》《纪律处分条例》《干部选拔任用工作监督检查和责任追究办法》《中央纪委国家监委开展特别重大生产安全责任事故追责问责审查调查工作规定(试行)》《关于对涉及农民负担案(事)件实行责任追究的暂行办法》《党政主要负责人履行推进法治建设第一责任人职责规定》等。有关问责追责的规定,可以从问责追责的主体与对象、前提和方式等方面予以具体分析。

(一) 问责追责的主体与对象

(1) 问责追责的主体

《问责条例》第 4 条规定:"党委(党组)应当履行全面从严治党主体责任,加强对本地区、本部门、本单位问责工作的领导,追究在党的建设、党的事业中失职失责党组织和党的领导干部的主体责任、监督责任、领导责任。纪委应当履行监督专责,协助同级党委开展问责工作。纪委派驻(派出)机构按照职责权限开展问责工作。党的工作机关应当依据职能履行监督职责,实施本机关、本系统、本领域的问责工作。"《问责条例》第 12 条第 1 款规定:"问责决定应当由有管理权限的党组织作出。"

在不同的党内工作中,问责追责的主体也有所差异。如《干部选拔任用工作监督检查和责任追究办法》第 4 条规定:"党委(党组)及其组织(人事)部门按照职责权限,负责干部选拔任用工作的监督检查和责任追究,纪检监察机关、巡视巡察机构按照有关规定履行干部选拔任用工作监督职责。"

(2) 问责追责的对象

《问责条例》第 5 条规定:"问责对象是党组织、党的领导干部,重点是党委(党组)、党的工作机关及其领导成员,纪委、纪委派驻(派出)机构及其领导成员。"《纪律处分条例》第 7 条规定:"党组织和党员违反党章和其他党内法规,违反国家法律法规,违反党和国家政策,违反社会主义道德,危害党、国家和人民利益的行为,依照规定应当给予纪律处理或者处分的,都必须受到追究。"由此可见,问责追责的对象不仅包括党组织及其领导成员,还包括普通党员。

此外,部分党内法规对具体工作中的问责对象作了更详细的规定,如《干部选拔任用工作监督检查和责任追究办法》第 34 条规定:"对违规选人用人问题,党委(党组)负全面领导责任,领导班子主要负责人和直接主管的班子成员承担主要领导责任,参与决策的领导班子其他成员承担领导责任。组织(人事)部门、纪检监察机关、干部考察组有关负责人和其他责任人员在各自职责范围内承担相应责任。"

（二）问责追责前提

问责追责前提，是指对于问责追责对象，在何种情况下才应当予以问责追责。

根据《纪律处分条例》的相关规定，可以将党组织、党的领导干部的问责追责前提概括为以下四种情形：

（1）党的领导工作不力。党的领导弱化，"四个意识"不强，"两个维护"不力，党的基本理论、基本路线、基本方略没有得到有效贯彻执行，在贯彻新发展理念，推进经济建设、政治建设、文化建设、社会建设、生态文明建设中，出现重大偏差和失误，给党的事业和人民利益造成严重损失，产生恶劣影响的。

（2）党的建设不到位。这主要表现在五个方面：① 党的政治建设抓得不实，在重大原则问题上未能同党中央保持一致，贯彻落实党的路线方针政策和执行党中央重大决策部署不力，不遵守重大事项请示报告制度，有令不行、有禁不止，阳奉阴违、欺上瞒下，团团伙伙、拉帮结派问题突出，党内政治生活不严肃、不健康，党的政治建设工作责任制落实不到位，造成严重后果或者恶劣影响的；② 党的思想建设缺失，党性教育特别是理想信念宗旨教育流于形式，意识形态工作责任制落实不到位，造成严重后果或者恶劣影响的；③ 党的组织建设薄弱，党建工作责任制不落实，严重违反民主集中制原则，不执行领导班子议事决策规则，民主生活会、"三会一课"等党的组织生活制度不执行，领导干部报告个人有关事项制度执行不力，党组织软弱涣散，违规选拔任用干部等问题突出，造成恶劣影响的；④ 党的作风建设松懈，落实中央八项规定精神不力，"四风"问题得不到有效整治，形式主义、官僚主义问题突出，执行党中央决策部署表态多调门高、行动少、落实差，脱离实际、脱离群众，拖沓敷衍、推诿扯皮，造成严重后果的；⑤ 党的纪律建设抓得不严，维护党的政治纪律、组织纪律、廉洁纪律、群众纪律、工作纪律、生活纪律不力，导致违规违纪行为多发，造成恶劣影响的。

（3）反腐败工作不严。推进党风廉政建设和反腐败斗争不坚决、不扎实，削减存量、遏制增量不力，特别是对不收敛、不收手，问题线索反映集中、群众反映强烈，政治问题和经济问题交织的腐败案件放任不管，造成恶劣影响的。

（4）履行职责不力。全面从严治党主体责任、监督责任落实不到位，对公权力的监督制约不力，好人主义盛行，不负责不担当，党内监督乏力，该发现的问题没有发现，发现问题不报告、不处置，领导巡视巡察工作不力，落实巡视巡察整改要求走过场、不到位，该问责不问责，造成严重后果的；履行管理、监督职责不力,职责范围内发生重特大生产安全事故、群体性事件、公共安全事件,或者发生其他严重事故、事件,造成重大损失或者恶劣影响的;在教育医疗、生态环境保护、食品药品安全、扶贫脱贫、社会保障等,涉及人民群众最关心、最直接、最现实的利益问题上,不作为、乱作为、慢作为、假作为,损害和侵占群众利益问题得不到整治,以言代法、以权压法、徇私枉法问题突出,群众身边腐败和作风问题严重,造成恶劣影响的。

(三)问责追责方式

问责追责方式,是指让问责追责对象以何种方式来承载责任。为了提高对党组织、党员问责追责工作的精准性,党的监督保障法规根据危害程度以及具体情况的不同,分别规定了不同种类的问责追责方式。

(1) 对党组织的问责追责方式

① 检查。责令作出书面检查,并切实整改。

② 通报。责令整改,并在一定范围内予以通报。

③ 改组。对失职失责,严重违犯党的纪律、本身又不能纠正的,应当予以改组。

④ 解散。对于违犯党的纪律的党组织,上级党组织应当责令其作出检查,或者进行通报批评。对于严重违犯党的纪律、本身又不能纠正的党组织,上一级党的委员会在查明核实后,根据情节严重的程度,可以予以解散。

(2) 对党员的问责追责方式

① 通报。进行严肃批评,责令作出书面检查、切实整改,并在一定范围内予以通报。

② 诫勉。以党组织谈话或者书面方式进行诫勉。

③ 组织调整或者组织处理。对失职失责、危害较重,不适宜担任现职的,应当根据情况采取停职检查、调整职务、责令辞职、免职、降职等措施。

④ 纪律处分。对失职失责、危害严重,应当给予纪律处分的,依照《纪律处分条例》追究纪律责任。对党员的纪律处分种类包括警告、严重警告、撤销党内职务、留党察看、开除党籍。党员受到警告处分一年内、受到严重警告处分一年半内,不得在党内提升职务和向党外组织推荐担任高于其原任职务的党外职务。撤销党内职务处分,是指撤销受处分党员由党内选举或者组织任命的党内职务。对于在党内担任两个以上职务的,党组织在作处分决定时,应当明确是撤销其一切职务,还是一个或者几个职务。如果决定撤销其一个职务,必须撤销其担任的最高职务。如果决定撤销其两个以上职务,则必须

从其担任的最高职务开始依次撤销。党员受到撤销党内职务处分，或者依照前款规定受到严重警告处分的，二年内不得在党内担任和向党外组织推荐担任与其原任职务相当或者高于其原任职务的职务。

留党察看处分，分为留党察看一年、留党察看两年。对于受到留党察看处分一年的党员，期满后仍不符合恢复党员权利条件的，应当延长一年留党察看期限。留党察看期限最长不得超过两年。党员受留党察看处分期间，没有表决权、选举权和被选举权。留党察看期间，确有悔改表现的，期满后恢复其党员权利；坚持不改或者又发现其他应当受到党纪处分的违纪行为的，应当开除党籍。党员受到留党察看处分，其党内职务自然撤销。对于担任党外职务的，应当建议党外组织撤销其党外职务。受到留党察看处分的党员，恢复党员权利后两年内，不得在党内担任和向党外组织推荐担任与其原任职务相当或者高于其原任职务的职务。党员受到开除党籍处分，五年内不得重新入党，也不得推荐担任与其原任职务相当或者高于其原任职务的党外职务。另有规定不准重新入党的，依照规定。

此外，《问责条例》第8条第2款规定："上述问责方式，可以单独使用，也可以依据规定合并使用。问责方式有影响期的，按照有关规定执行。"

五、正向激励规定

在党的二十大报告中，习近平总书记指出："坚持严管和厚爱相结合，加强对干部全方位管理和经常性监督，落实'三个区分开来'，激励干部敢于担当、积极作为。关心关爱基层干部特别是条件艰苦地区干部。"《关于进一步激励广大干部新时代新担当新作为的意见》强调，要全面落实习近平总书记关于"三个区分开来"的重要要求，宽容干部在工作中特别是改革创新中的失误错误，旗帜鲜明地为敢于担当的干部撑腰鼓劲；要围绕建设高素质专业化干部队伍，强化能力培训和实践锻炼，同时把关心关爱干部的各项措施落到实处。由此可见，坚持严管和厚爱结合、激励和约束并重，是我们党干部管理的一贯方针。

为建立一支政治过硬、适应新时代要求、具备领导现代化建设能力的干部队伍，深入贯彻习近平新时代中国特色社会主义思想和党的二十大精神，党中央制定了表彰奖励、关怀帮扶、容错纠错等制度，这些都是正向的激励规定。

（一）表彰奖励

对党组织和党员来说，表彰奖励是一种有效的鼓励，能够充分调动他们的积极性、主动性和创造性，对于引导他们发挥先锋模范作用、加强党的队伍建设具有重要意义。表彰奖励有功勋荣誉表彰、职务职级晋升、物质奖励等三种形式。

（1）功勋荣誉表彰

对于党和国家的功勋荣誉表彰制度，《关于建立健全党和国家功勋荣誉表彰制度的意见》作出了总纲性规定。《党内功勋荣誉表彰条例》《"七一勋章"授予办法》等党内法规则对功勋荣誉表彰制度作出了更为细致的规定，由此形成了一个有关功勋荣誉表彰的完备规范体系。根据其规定，功勋荣誉表彰制度主要有勋章、荣誉称号、表彰奖励和纪念章等四类。

① 勋章。"七一勋章"是党内最高荣誉。"七一勋章"主要授予在中国特色社会主义伟大事业和党的建设新的伟大工程中做出杰出贡献、创造宝贵精神财富的党员。授予对象应当在全党全社会具有重大影响、受到高度赞誉。根据需要，党中央还可以设立其他名称的勋章。

② 荣誉称号。荣誉称号主要授予在中国特色社会主义伟大事业和党的建设新的伟大工程中做出突出贡献、具有崇高精神风范，以及在抢险救灾、处置突发事件，或者完成重大专项任务等工作中表现特别突出、事迹特别感人的党员和党组织。

③ 表彰。对模范履行党员义务，正确行使党员权利，自觉遵守党的纪律，在生产、工作、学习和社会生活中，带头发挥先锋模范作用的正式党员，可以表彰为优秀共产党员；重点表彰在基层和生产、工作一线的党员。对模范履行党的建设工作职责、作出显著成绩的专职或者兼职党务工作者，可以表彰为优秀党务工作者；重点表彰基层党务工作者。对模范履行职能职责、出色完成各项工作任务的党组织，可以表彰为先进党组织；重点表彰基层党组织，也可以表彰党委派出的代表机关。开展表彰的党组织根据前款规定，提出表彰对象的具体条件。优秀共产党员、优秀党务工作者可以追授，一般追授给本条例施行后去世的党员。

④ 纪念章。党中央可以单独或者与国务院、中央军委联合向参与特定时期、特定领域重大工作的党员颁发荣誉性纪念章。经党中央批准，省、自治区、直辖市党委，可以单独或者与同级政府等联合向党员颁发荣誉性纪念章。

经党中央批准,中央纪委、党中央工作部门、党中央派出的代表机关、国家工作部门党委,可以向党员颁发荣誉性纪念章。

(2) 职务职级晋升

《党政领导干部考核工作条例》第 40 条第 1 款第 1 项规定:"领导干部作出重大贡献的,可以按照有关规定记功、授予称号,给予物质奖励;表现突出或者年度考核结果为优秀等次的,按照有关规定给予嘉奖;连续三年为优秀等次的,记三等功,同等条件下优先使用。"《党政领导干部选拔任用工作条例》规定,大力选拔敢于负责、勇于担当、善于作为、实绩突出的干部,注重发现和培养选拔优秀年轻干部;对于特别优秀或者工作特殊需要的干部,可以突破任职资格规定或者越级提拔担任领导职务。此外,根据中共中央办公厅印发的《公务员职务与职级并行规定》有关精神,推行公务员职务与职级并行、职级与待遇挂钩制度,从而适应推进国家治理体系和治理能力现代化的要求,健全公务员激励保障机制,建设忠诚干净担当的高素质、专业化公务员队伍,并强化考核结果的分析运用,将其作为干部选拔任用、评先奖优的重要依据。

(3) 物质奖励

《公务员平时考核办法(试行)》第 11 条第 2 款规定:"对平时考核结果为好等次的公务员,以适当方式及时予以表扬,可以按照有关规定给予物质奖励。对平时考核一贯表现优秀的公务员,在选拔任用、职务职级晋升、评先奖优等方面优先考虑。"《党政领导干部考核工作条例》第 39 条第 1 款第 1 项规定,"领导班子作出重要贡献的,按照有关规定记功、授予称号,给予物质奖励。"第 40 条则规定了领导干部的物质奖励要求。此外,《评比达标表彰活动管理办法》要求,坚持以精神激励为主、物质奖励为辅。以上规定均表明,物质奖励也是激励广大党员的一种重要方式。

(二) 关怀帮扶

关怀帮扶是我们党的一项优良传统和政治优势。党的十九大报告提出,要加强党内激励关怀帮扶。新华社 2022 年 6 月报道,党的十九大以来,共划拨中管党费 95590 万元,用于元旦春节期间,开展走访慰问生活困难党员、老党员、老干部活动;建党百年之际,共划拨中管党费 6930.8 万元,用于向老党员发放一次性生活补助。由此可见,我们党十分注重对党员的关怀帮扶,这有助于提升党组织和党员之间的情感,能够进一步增强党的凝聚力。

《党内关怀帮扶办法》对党内关怀帮扶制度作出了详细规定。《党内关怀帮扶办法》第 16 条规定:"各级党委(党组)应当高度重视党内关怀帮扶工作,将其列入基层党建述职评议考核重要内容。党委(党组)书记履行第一责任人职责,分管领导履行具体责任人职责。党委组织部门统筹协调党内关怀帮扶工作,教育、民政、财政、人力资源社会保障、卫生健康、退役军人事务、应急管理、工会、共青团、妇联、残联、红十字会等部门单位密切配合,做好相关工作。"根据不同对象的特点和需求,该办法还规定了不同的关怀方式,设身处地地为党员考虑,从而提升关怀帮扶的质量和作用。对于为党和国家事业做出重大贡献的革命先辈、先贤英烈和英雄人物,要礼敬、尊崇、厚待;对于作出贡献、表现突出的党员进行褒奖,授予勋章或者荣誉称号、表彰奖励和表扬;对于党龄达到 50 年、一贯表现良好的党员,由党组织依据荣誉性纪念章颁发权限,颁发"光荣在党 50 年"纪念章;党员入党纪念日,党支部或者党小组可以采取有意义的方式,为党员过"政治生日";在培养发展入党和党员转接组织关系、获得功勋荣誉表彰时,党组织应当派人与其谈心谈话,给予鼓励鞭策;对于犯过错误、受到处理或者处分的党员,党组织应当主动关心、加强教育,引导他们正确认识错误、努力改正错误,放下包袱、积极工作;严肃查处诬告陷害行为,及时为受到不实反映的党员澄清正名、消除影响;党组织应当关心关怀党员身心健康状况,及时了解掌握党员身患严重疾病、遭遇重大挫折、遭受家庭重大变故、经历重大自然灾害或者事故,以及长期承担急难险重任务等情况,对于遭受严重心理创伤的党员,及时采取有效措施进行心理疏导和干预;党员临终前,党组织应当派人或者采取适当方式探望抚慰;党员去世后,派人或者采取适当方式吊唁,并慰问其亲属。

关怀帮扶的重点对象包含因公殉职、牺牲党员的家庭、老党员、生活困难党员,以及长期工作在边远贫困地区、边疆民族地区、革命老区等艰苦地区的基层一线党员干部。

关怀帮扶的主要措施是:对因公殉职、牺牲党员的家庭,逐户逐人建档立卡,掌握其父母和配偶、子女的经济来源,以及养老就医、入学就业等情况,明确专人联系,定期跟踪走访,帮助解决实际问题;对于生活困难尤其是需要赡养老人、抚养未成年子女的,党组织应当加强联系、持续帮扶;因公殉职、牺牲党员的子女入园入学,报考普通高中、中等职业学校、成人高等学校,参照有关政策规定给予适当照顾。

党组织应当敬重关爱老党员,按照规定范围,及时向老党员传达党的路线方针政策、上级党组织的决议和有关文件精神,注意听取他们的意见建议;

按时足额发放新中国成立前入党的农村老党员,和未享受离退休待遇的城镇老党员生活补贴,并根据当地经济社会发展水平建立定期增长机制;热情为老党员提供学习教育、文体活动、健康咨询、心理慰藉等服务;对于重病、高龄、失能等特殊困难的老党员,党组织应当经常上门看望,通过党员义工、志愿服务等方式,给予关心照顾。

党组织还应当主动了解掌握生活困难党员情况,依托党员管理信息系统建立生活困难、鳏寡孤独、老弱病残等党员信息库,通过社会保障、党内互助等方式,帮助协调解决实际困难;组织开展"送温暖、献爱心"和元旦、春节等重大节日、"七一"走访慰问等活动,为生活困难党员提供多种形式的帮助。对于党员因参加重大任务、专项工作导致生活困难的,或者其家庭成员遇到重大自然灾害、重大意外事故、重大疾病等突发情况的,党组织应当及时派人上门看望慰问,帮助解决具体问题。

该办法第15条规定,树立重视基层、支持基层、关爱基层的鲜明导向,对于长期工作在边远贫困地区、边疆民族地区、革命老区等艰苦地区的基层一线党员干部,党组织应当给予更多理解、关心和支持,宣传他们的奉献事迹,褒奖他们中的先进典型;加大培养选拔艰苦地区和奋战在脱贫攻坚第一线党员干部的力度,注重选拔优秀乡镇(街道)党政主要领导作为县级领导班子成员、市级部门领导班子成员、省级机关处室负责人;建立普遍轮训边远贫困地区、边疆民族地区、革命老区村(社区)党组织书记制度;对于到艰苦地区工作和对口支援的党员干部,采取适当方式给予关心照顾,帮助解决后顾之忧。

除《党内关怀帮扶办法》外,《关于加强新时代烈士褒扬工作的意见》对烈属的关怀帮扶也作出了具体规定。该意见强调,加强烈属人文关怀和精神抚慰,突出解决烈属家庭后续生活保障、救助帮扶援助等实际问题;优化烈属住房、养老、医疗、就业、教育、司法等服务专项优待内容,加大烈属交通、文化和旅游优待;完善烈士子女教育优待政策,拓宽烈属就业渠道,加大对烈属就业创业的政策扶持;鼓励支持社会力量为烈属送温暖、献爱心。

(三)容错纠错

没有容错的"雅量",其实就是阻止改革创新,而不给予纠错的机会,意味着对失败不予宽容,容易造成"为了不出事,宁愿不干事"等疏于作为现象,这都是与改革精神背道而驰的。所以,建立健全容错纠错机制非常关键。要合理界定容错的情形和条件,对于该容的,要大胆地容错;不该容的,则坚决不容。各级党委(党组)及纪检监察机关、组织部门等相关职能部门,要充分发挥主体作用,合理运用容错机制,实现有错必纠、有过必改,切实为敢于试错和担当的干部撑腰鼓劲,切实营造想干事、能干事、干成事的良好氛围。

(1) 合理界定容错的情形和条件

《关于进一步激励广大干部新时代新担当新作为的意见》强调,全面落实习近平总书记关于"三个区分开来"的重要论述,宽容干部在改革创新中的失误错误,把干部在推进改革中因缺乏经验、先行先试出现的失误错误,同明知故犯的违纪违法行为区分开来;把尚无明确限制的探索性试验中的失误错误,同明令禁止后依然我行我素的违纪违法行为区分开来;把为推动发展的无意过失,同为谋取私利的违纪违法行为区分开来。

《中共江西省委关于进一步激励广大干部新时代新担当新作为的实施意见》第12条规定了可以容错免责的六种情形和条件:

① 符合党中央和省委决策部署精神,有利于改革创新和发展大局的;② 党章党规、法律法规没有明令禁止,大胆探索、先行先试的;③ 出于公心、担当尽责,没有为个人、亲属、他人或单位谋取不正当利益的;④ 由于不可抗力、难以预见等因素,不是主观故意的;⑤ 在不违反党纪党规、法律法规的前提下,贯彻执行民主集中制,经过民主决策、集体决策程序,或特殊情况下临机决断、事后及时履行报告程序的;⑥ 积极主动挽回损失、消除不良影响或者有效阻止危害结果发生的。

同时,该实施意见第13条还规定了不予容错免责的九种情形:

① 党纪国法明令禁止仍明知故犯、我行我素的;② 造成重特大安全生产责任事故、食品药品安全责任事故、严重环境污染和生态破坏事故的;③ 因工作失误,造成重特大群体性事件或处置事件不力、导致事态恶化的;④ 应履行而未履行、不当履行、违法履行职责出现失职渎职,严重损害国家和集体利益、群众利益,造成重大损失、严重后果和恶劣影响的;⑤ 打着改革创新的旗号,搞劳民伤财的"政绩工程""形象工程"的;⑥ 借改革之名,抬高办事门槛、损害群众利益、降低行政效能的;⑦ 在推动改革发展中为个人、亲属、他人或单位谋取不正当利益的;⑧ 不经论证盲目决策、不经法定程序违规决策,而造成重大损失、严重损害群众利益的;⑨ 在同一问题上重复出现失误错误或给予容错免责处理后,再次出现同样失误错误的。

该实施意见尽管属于地方党内法规,仅仅在江西省范围内适用,但它的相关规定比较合理,对于认知容错的条件和情形具有很大的参考价值。

(2) 合理运用容错结果

坚持科学容错、合理运用容错结果。《关于进一步激励广大干部新时代新担当新作为的意见》规定，各级党委（党组）及纪检监察机关、组织部门等相关职能部门，要妥善把握事业为上、实事求是、依纪依法、容纠并举等原则，结合动机态度、客观条件、程序方法、性质程度、后果影响以及挽回损失等情况，对干部的失误错误进行综合分析，对该容的大胆容错，不该容的坚决不容；对给予容错的干部，考核考察要客观评价，选拔任用要公正合理；准确把握政策界限，对违纪违法行为必须严肃查处，防止混淆问题性质、拿容错当"保护伞"，搞纪律"松绑"，确保容错在纪律红线、法律底线内进行。

对给予容错免责的干部，要从五个方面正确对待：① 在进行平时考核、年度考核、任期考察考核、任职试用期满考核和目标责任考核、绩效考核、党风廉政建设责任制考核等各类考核考察时，不因容错事项而作负面评价或扣分；② 在评先评优、表彰奖励时，不因容错事项而受影响；③ 在选拔任用、职级职称晋升、优秀干部推荐时，不因容错事项而被搁置；④ 在推荐提名党代表、人大代表、政协委员时，不因容错事项而被取消资格；⑤ 按规定发放相关津补贴时，不因容错事项而受影响。在实践中，这些规定值得各级党组织借鉴和参考。

(3) 坚持有错必纠、有过必改

《关于进一步激励广大干部新时代新担当新作为的意见》规定，坚持有错必纠、有过必改，对苗头性、倾向性问题早发现早纠正，对失误错误及时采取补救措施，帮助干部汲取教训、改进提高，让他们放下包袱、轻装上阵；严肃查处诬告陷害行为，及时为受到不实反映的干部澄清正名、消除顾虑，引导干部争当改革的促进派、实干家，专心致志为党和人民干事创业、建功立业。

此外，《推进领导干部能上能下规定》强调，要推动形成能者上、优者奖、庸者下、劣者汰的用人导向和从政环境，并明文列举了十五种干部"下"的情形，这也是领导干部自身贯彻有错必纠、有过必改的一种重要方式。

第十一章
党员的义务与权利

党员是构成政党的组织细胞,没有党员,政党自然就成了"无源之水、无本之木"。党员的数量决定着政党的规模和群众基础,而党员的素质则决定着政党的整体水平与先进程度。一般来说,各国政党都非常重视吸收、挑选和培训党员,并依靠党员开展活动,以实现该党的主张和抱负。对于政党来说,党员始终是第一位的,是任何时候都需要特别善待的对象。

作为以马克思主义为指导的无产阶级政党,我们党自建党以来就高度重视党员工作建设。党章第一章的名称就是"党员",它对党员的义务与权利作出了明确规定。与此同时,还有专门针对党员的党内法规,如《党员权利保障条例》《中国共产党处分违纪党员批准权限和程序规定》(以下简称《处分违纪党员批准权限和程序规定》)、《发展党员工作细则》等。党员干部是党员中的先进分子、党的事业的骨干、人民的公仆。在落实党的路线方针政策方面,党员干部是至为关键的力量。包括党章在内的诸多党内法规对党员干部提出了更多更高的要求,党内法规学应当认真对待党员及党员干部,毕竟,他们在党和国家的事业中居于主体地位。因此,本章将重点讨论党员的义务与权利。

一、党员的概念与地位

(一)党员的概念

党的十九大报告指出,要注重从产业工人、青年农民、高知识群体中和在非公有制经济组织、社会组织中发展党员。事实表明,党员的社会阶层来源越来越广泛,不管何种出身的中国公民都有资格申请加入中国共产党。《党章》第1条规定:"年满十八岁的中国工人、农民、军人、知识分子和其他社会阶层的先进分子,承认党的纲领和章程,愿意参加党的一个组织并在其中积极工作、执行党的决议和按期交纳党费的,可以申请加入中国共产党。"由此可知,党员具有一定的门槛要求:① 中国公民,外国人及无国籍的人是不能申请入党的;② 年满十八周岁,即要求是成年人,未成年人无法入党;③ 必须是所在领域里的先进分子,党不欢迎落后分子;④ 承认党的纲领和章程;⑤ 加入党的一个组织,不允许有游离于任何党组织之外的党员存在;⑥ 在党组织中积极工作、执行党的决议;⑦ 按期交纳党费;⑧ 成为党员要自己主动申请加入,没有被动入党的党员。

根据《发展党员工作细则》的规定,成为一名正式党员需要一个为时不短的过程。首先,要被所在单位党组织确定为入党积极分子。而入党积极分子需要经过一年以上的培养教育和考察,才能被确定为党员发展对象。经过党组织的政治审查等程序之后,发展对象才能被接收为预备党员。为期一年的预备期结束后,经考察和申请,才能转为正式党员。可以说,成为党员是一个公民与党组织之间相互考察的过程,但党组织的考察起着决定性作用,是最主要的。

《党章》第2条规定:"中国共产党党员是中国工人阶级的有共产主义觉悟的先锋战士。中国共产党党员必须全心全意为人民服务,不惜牺牲个人的一切,为实现共产主义奋斗终身。中国共产党党员永远是劳动人民的普通一员。除了法律和政策规定范围内的个人利益和工作职权以外,所有共产党员都不得谋求任何私利和特权。"在某种程度上,这个条款规定就是在对党员下定义,它不但是党章中有关党员的纲领性条款,而且在整个党内法规体系中扮演着关键角色。该定义条款中的"为人民服务""不惜牺牲个人的一切""有共产主义觉悟的先锋战士"等规定,可谓道出了党员的基本特征。

(1) 为人民服务

为人民服务是毛泽东思想的精髓,全心全意为人民服务是中国共产党的根本宗旨。对于党员来说,"为人民服务"不仅仅是一个政治宣传口号,它有着相当丰富的内涵。

第一,为人民服务要求党员履行义务和行使权利时,要以改良人民物质生活和促进人民全面发展为根本目的。有学者指出,"为人民服务"要求党员通过确立视人如己的革命人生观,切实从事为人民服务的感性活动,实现"成物、成人、成己"的统一。所谓"成物",是指促进客观世界改造的过程,即积极参与人民生活生产的构建,帮助人民脱离孤立无援的优胜劣汰困境;所谓"成人",即成就人民自己,令人民获得全面自由发展;所谓"成己",则是指提升党的领导能力过程,在新情况、新问题、新挑战面前,不断自我反思、自我改造、自我提高。这种观点大大丰富了"为人民服务"的思想内涵,不过,它们未能揭示"成物、成人和成己"之间的辩证关系。

事实上,成物(实现对人民物质生活的改造)以及成人(精神的全面自由发展)是党员履行义务的最终目的,而成己(中国共产党及其党员的能力提升、自我革命等)则只是服务于前述目的的手段。因此,在解释党内法规有关党员义务条款时,不能将党员、党组织的自身建设义务作为目的(或赋予其优先性),而把服务于人民群众切实需求的义务相对后置。

第二,为人民服务的具体服务内容具有开放性,表明党员义务的具体履行形式也必须是开放性的。这就决定了党员义务与公民义务不同,前者时刻是高标准、严要求的,其具体履行形式会随着时代的进步而不断扩充。所以,党员应当严格要求自己,时刻准备提升自己履行义务的能力,善尽高度注意义务。在中国特色社会主义新时代,党中央将为人民服务思想贯彻到治国理政的全部实践活动中,形成了"以人民为中心"的发展理念,具体体现为"四个全面"发展战略和"五位一体"总体布局,贯穿于经济社会发展的各个领域。"以人民为中心"是对"为人民服务"的继承和发扬,它将为人民服务的内容渗透于社会生活的各个领域、各个方面和各个层次。"以人民为中心"发展理念的提出表明,不管时代发展过程中出现了何种新生事物、催生了何种新生需求,只要是人民生存与发展的需要,党员都负有为人民提供相应服务的基本义务。

(2) 不惜牺牲个人的一切

党内法规要求,党员必须不惜牺牲个人的一切,为实现共产主义奋斗终身。共产主义是一个远期目标,将其作为直接目标难免流于空泛,所以,党员应当致力于完成当下的使命,实现近期的目标。当代党员应当为人民群众的幸福生活而奋斗终身,必要时不惜为之牺牲个人的一切。从义务履行的维度上看,这一要求排除了党员主张"法不强人所难"的可能性,而它实际上也是入党行为本身就带有的"权利让渡"与"义务增持"的逻辑使然。加入党组织这个行为代表着党员对党的阶级属性、根本宗旨、奋斗目标的高度认同,对党内纪律规范的自愿遵循。而向党组织的积极靠拢,对党组织的庄严宣誓,则标志着党员对一个普通公民可享有的权利与自由的自愿放弃和对一个普通公民无须承担的义务与使命的自觉坚守。由此可知,党员不能以履行有困难为借口而拒绝履行党内法规载明的义务,相反,他们应当尽己所能排除履行义务时面临的障碍与困境。

总之,在党内法规解释学上,不惜牺牲个人的一切意味着,即便党员遭遇履行不能的特殊情况,依然无法从根本上消灭党员的义务。应当参照义务履行的目的——为人民服务,而对党内法规规定的"履行党员义务"作扩大解释,允许通过采取有助于目的实现的其他形式来替代原义务的履行。也就是说,不惜牺牲个人的一切的公开承诺,要求对党员义务的解释超越法理学上对义务的传统理解。

(3) 有共产主义觉悟的先锋战士

《共产党宣言》向全世界宣告了共产党人的历史使命,即"消灭一切压迫阶级,最终实现全人类的彻底解放"。在成立之初,中国共产党就在党纲中明确提出,实行无产阶级专政、消灭私有制,最终实现无阶级区分的共产主义奋斗目标。要实现党的历史使命,就需要有一批又一批志愿为党的崇高理想和壮丽事业无私奉献的先进分子加入到党的队伍中来。先进分子的"先进"标志之一就是具有共产主义觉悟,具体来说,就是要有为实现共产主义奋斗终身的坚定信念,有大公无私、公而忘私、全心全意为人民服务的崇高境界,有共产主义的道德情操等。这是党员在思想上入党的集中表现,也是党员区别于一般群众的根本标志。在实现党第二个百年奋斗目标的新时代,每个党员都要把远大理想同现阶段的奋斗目标联系起来,扎扎实实地为完成党在新时代的各项战略任务而不懈努力。

关于"有共产主义觉悟的先锋战士"的规范内涵,党内法规学界大多从义务本位的视角来解读,主张党员义务优先于权利。应该说,这是党员的共产主义的理想信仰使然。有学者把"优先"理解为:在规范上,党员义务被置于党员权利之前;在时间上,为了检验入党积极分子的先进性,党员义务先于党员权利生效;在评价上,党员义务的履行情况是首要标准等。也有学者从"手段与目的"视角审视党员义务的优先性,指出党章规定党员义务的目的在于保证党执政目标的实现,而党章赋予党员权利的目的是保证党员义务得到全面履行,是为义务而设置权利,而不是因权利而创设义务。

我认为,要义务优先但不得忽视权利。党内权力的形成,是广大党员认同并接受党的宗旨而让渡自己部分公民权利的结果。在党内民主集中制的运行过程中,履行义务和行使权利是相辅相成的,如果一味地强调义务本位,就容易使党员的权利意识模糊,不利于党员权利的行使与党内民主的活跃。所以,"党员的权利行使是履行义务的手段"这种单向度的观点不宜提倡,"义务优先"以彰显党员的先进性,但也必须兼顾党员权利,轻视党员权利,将之降格为党员义务的工具,无疑是非理性的。

(二) 党员的地位

《党章》第 2 条第 3 款规定:"中国共产党党员永远是劳动人民的普通一员。除了法律和政策规定范围内的个人利益和工作职权以外,所有共产党员都不得谋求任何私利和特权。"这是党章对党员地位的规范界定,它要求全体党员务必摆正个人的角色与地位。

实事求是地说,党员具有双重角色:一是劳动人民中的普通一员;二是中国共产党党员。在党内法规解释学上,党员的双角色意味着:一方面,党员的党外权利与普通人民群众具有一致性,不允许有超越普通人民群众的党外权利;另一方面,党员的党内权利仅限于党务关系的运行范围内,不可延伸到党外的场域。党员的身份并没有赋予他们特定的权利,并不意味着他们在劳动人民中享有特殊地位。相反,党员始终要与劳动人民紧紧地结合在一起,是他们中的普通一员。将自己凌驾于劳动人民之上的党员明显偏离了党的宗旨,绝不是合格党员。任何时候,党员都要按照劳动人民中的普通一员来严格要求自己。

党员属于劳动人民的普通一员,这只是从国家法律层面上来说的。除了国家法律外,党员的思想言行还要受党内法规的规范,并且党内法规往往要比国家法律严厉得多。与此同时,党内法规对党员的处分与党员的法律责任之间不存在折抵关系,否则,党内法规对党员的处分就失去了实质价值。例如,招商银行股份有限公司昆明分行、郑海燕劳动合同纠纷二审民事判决书指出:

> 上诉人依据《招商银行正风肃纪十项铁律》第二条、第五条,《招商银行员工违规违纪行为处理办法》第一百三十八条第一款、第二百一十四条第一款、第九十三条第二款,对被上诉人郑海燕作出解除劳动合同的决定,符合《招商银行员工违规违纪行为处理办法》第六条"对违规违纪行为的处理类型(四)行政处理:包括解聘专业技术职务、免职、行内待聘、解除劳动合同;以上处理类型可独立适用,也可以合并适用",以及第七条"……责任人是党员的,在给予行政处分的同时,一般同步给予党纪处分"的规定。就被上诉人郑海燕的违规行为,上诉人作出免职、党内严重警告处分、解除劳动合同的决定,均在规章制度范围内作出的,并不属

于冲突、重复处理。"[云南省丽江市中级人民法院(2020)云 07 民终 433 号]

综上所述,党员的双重角色就意味着党员的双重责任,即国家法律责任和党内法规责任。在国家法律层面,党员所承担的责任与普通人民群众是一样的,不会因党员的身份而享有法律责任的豁免。而党员的身份意味着党员还要受到党内法规的约束,要承担党内法规责任,普通群众则没有这方面的责任。从这个意义上说,党员的双重身份在内涵上就是双重责任,他既要承担国家法律上的义务,还要承担党内法规上的义务。他在国家规范体系中的地位具有双重性。

在国家法律层面,党员与普通群众一样,都是国家公民,享有同样的国家公民地位。这种公民地位实际上就是作为个体的人与国家之间的法律关系。关于个人与国家之间的关系,德国公法学家耶利内克曾提出著名的"四种地位学说":① 被动地位,是指个人对国家的服从,如纳税等;② 消极地位,是指个人排除国家的干预;③ 积极地位,是指个人向国家的索取,如要求提供免费教育等;④ 主动地位,是指个人主动参与国家治理,如竞选总统等。作为普通群众即公民的党员,他们与国家之间同样具有被动地位、消极地位、积极地位和主动地位。换句话说,党员的国家法律地位与公民的国家法律地位没有太大的差别。

然而,在党内法规层面,党员与党的地位较为悬殊。根据党内法规的规定,党员与党之间的关系,基本上没有消极地位存在的空间,即在大多数情况下,党员都要服从于党组织。

所以,在党组织面前,党员仅有三种地位:① 被动地位,即党员对党组织的服从,任何时候党员都应服从党组织的安排,个人利益服从党和人民的利益,吃苦在前,享受在后,克己奉公,多做贡献;② 积极地位,即党员个人甚至其家庭遇到困难的时候,都可以要求党组织提供关怀帮助,使自己感受到来自党组织的温暖,并尽快站起来克服困难,走出困境;③ 主动地位,即党员可以积极参与党组织的各项活动,通过选举、自荐、竞聘等方式获得党内职务,以实现更高的党内职权职责,为党的事业发展贡献力量。无论是党员个人还是党组织,都应严格遵循党内法规的要求,充分保障党员积极地位和主动地位的实现,同时充分监督党员认真对待其被动地位。

二、党员的义务

在党内法规上,党员首先是义务主体而不是权利主体。作为具有共产主义觉悟的先锋战士,党员不应该只积极主张自己的权利,而忽视了自己的义务。

(一)党员的主要义务

《党章》第 3 条规定了党员应当履行的八个方面的义务:① 认真学习马克思列宁主义、毛泽东思想、邓小平理论、"三个代表"重要思想、科学发展观、习近平新时代中国特色社会主义思想,学习党的路线、方针、政策和决议,学习党的基本知识和党的历史,学习科学、文化、法律和业务知识,努力提高为人民服务的本领。② 增强"四个意识"、坚定"四个自信"、做到"两个维护",贯彻执行党的基本路线和各项方针、政策,带头参加改革开放和社会主义现代化建设,带动群众为经济发展和社会进步艰苦奋斗,在生产、工作、学习和社会生活中起先锋模范作用。③ 坚持党和人民的利益高于一切,个人利益服从党和人民的利益,吃苦在前,享受在后,克己奉公,多做贡献。④ 自觉遵守党的纪律,首先是党的政治纪律和政治规矩,模范遵守国家的法律法规,严格保守党和国家的秘密,执行党的决定,服从组织分配,积极完成党的任务。⑤ 维护党的团结和统一,对党忠诚老实,言行一致,坚决反对一切派别组织和小集团活动,反对阳奉阴违的两面派行为和一切阴谋诡计。⑥ 切实开展批评和自我批评,勇于揭露和纠正违反党的原则的言行和工作中的缺点、错误,坚决同消极腐败现象作斗争。⑦ 密切联系群众,向群众宣传党的主张,遇事同群众商量,及时向党反映群众的意见和要求,维护群众的正当利益。⑧ 发扬社会主义新风尚,带头实践社会主义核心价值观和社会主义荣辱观,提倡共产主义道德,弘扬中华民族传统美德,为了保护国家和人民的利益,在一切困难和危险的时刻挺身而出,英勇斗争,不怕牺牲。

有学者将党员义务概括为"三服",即服从、服务、服众:所谓"服从",是指党员作为党的一分子,应当服从组织、服从中央、服从全党,具体是服从组织安排、服从党的决定、服从党的纲领和章程、服从党的纪律、服从党和人民的利益、服从维护党的团结统一的大局;所谓"服务",是指党员作为先进分子和先锋队成员,应当全心全意为人民服务;所谓"服众",是指作为有共产主义觉悟的先锋战士,党员应当在生产、工作、学习和社会生活中起先锋模范作用,模范遵守国家的法律法规,带头实践社会主义荣辱观。服从党组织是前提,服务人民是目的,结果服众是表现。

(1) 服从义务

党员的服从义务,派生于党的意识形态要求及组织要求。从党内法规解释学的视角上看,该类义务的内容主要有两个方面:

一方面,这类义务要求党员理解并服从党的思想纲领和为人民谋福利的目的诉求,一旦党员的个人利益同党和人民的利益发生矛盾,党员个人利益必须无条件地服从于人民的利益,并且在必要时,要毫不犹豫地牺牲个人的利益,不得以"法不强人所难"为由,推脱服从义务的履行。

另一方面,该类义务旨在确保党中央乃至上级党组织的命令,能够通过金字塔式的党内组织体系得到高效的实施。它要求各级党员认真执行党组织的决议与决定。经过党员大会、党的代表大会、党的代表会议或党的委员会集体讨论作出的决议与决定,每个党员都必须认真执行,不能讲价钱,也不能打折扣。如果对党组织的决议与决定有不同的看法,可以按照组织程序提出自己的意见和建议,但在党组织没有改变决定之前,必须坚决执行,不得以任何借口阻挠或延缓。

需要注意的是,在党员干部因服从上级党组织的命令而执行明显违法违规的决定时,是否还要承担相应的违法违规责任?我们认为,对此不能简单套用国家法律意义上的理论分析与实践结论,而应当结合党组织特性以及党员义务展开具体而又细致的讨论。

《纪律处分条例》第70条规定:"违反民主集中制原则,有下列行为之一的,给予警告或者严重警告处分;情节严重的,给予撤销党内职务或者留党察看处分:(一)拒不执行或者擅自改变党组织作出的重大决定的;(二)违反议事规则,个人或者少数人决定重大问题的;(三)故意规避集体决策,决定重大事项、重要干部任免、重要项目安排和大额资金使用的;(四)借集体决策名义集体违规的。"第71条规定:"下级党组织拒不执行或者擅自改变上级党组织决定的,对直接责任者和领导责任者,给予警告或者严重警告处分;情节严重的,给予撤销党内职务或者留党察看处分。"

这两条党内法规的规定表明,我们党纪律处分的基本前提是:设定党组织尤其是上级党组织的决定是不会错的。因为它们的决定过程都是贯彻民主集中制的,是集体智慧的结晶。一般来说,党中央、省部级党组织的决定或命令,不存在违法违规的可能,各级党员都应当坚决服从。如有异议,也只能通过党内法规规定的程序提出,期间不可拒绝或延缓执行命令。在上级党组织的决定或命令明显违法时,党员的拒不执行行为常常难以逃脱纪律处分。不过,在实践中,这种处分一般都比较轻,主要是警告、严重警告等。

鉴于这种拒不执行行为不但没有造成损失,而且避免了给党和国家造成危害,属于一种保障人民权益、维护党光辉形象的正义之举,根据《纪律处分条例》第 17 条第 6 项"有其他立功表现的"规定,应当对当事党员从轻或者减轻处分。总之,对于党员服从义务及相应责任的解释与适用,应当具有实质上的合目的性,也具备形式上的合规性。对个别未服从义务的情形应当具体问题具体分析,不能机械地适用党内纪律处分,要从动机、目的、后果等方面进行全面分析,谨慎处理。

(2) 服务义务

全心全意为人民服务,是对党员服务义务的高度概括,也是党员义务的核心目标所系。党员所有的服务义务,归根到底都是为人民服务。

全心全意为人民服务,需要把握好手段和目的之间的辩证关系。在履行服务义务时,要以改善人民的物质生活和促进人民的全面发展为根本目的,而不能将自身乃至所在党组织的发展壮大作为最终的追求。其次,要明确服务义务的对象。党员不是为党员干部也不是为党组织服务的,所有党员都是为广大人民群众服务的。人民群众,也只有人民群众,才是服务义务指向的对象。最后,党员要自觉提升履行服务义务的能力,善尽高度注意义务,不允许以履行障碍为由,懈怠服务义务的履行。2021 年 12 月,中共中央办公厅印发的《关于加强基层服务型党组织建设的意见》要求,推广机关干部下基层、结对帮扶、为民服务全程代理、一站式服务、窗口单位为民服务创先争优等做法,深入开展党员示范岗、党员责任区、党员承诺践诺等活动,为服务群众创造条件、提供动力。时代变迁日新月异,党员也应当因时而变,增长自己的知识、拓宽自己的见识。

(3) 服众义务

服众义务,实质上是要求党员真正发挥"先锋模范带头作用"。党章规定,在生产、工作、学习和社会生活中,党员要起到先锋模范作用。习近平总书记强调:"要严格党员日常教育和管理,使广大党员平常时候看得出来、关键时刻站得出来、危急关头豁得出来,充分发挥先锋模范作用。"关于党员的服众义务,可以从以下两个方面展开分析。

第一,自觉遵守党内法规和国家法律,带头实践社会主义核心价值观。

党员履行服众义务,发挥先锋模范作用,就必须自觉遵守国家法律和党内法规,这是党员"双重角色"的基本要求。自觉遵守国家法律和党内法规,首要目标是严格依法行事,避免造成不公正的局面。

与此同时,党员应该充分认识到,严格执法、司法不等于机械地执法、司法。对于党员来说,化解矛盾争议是第一位的,在执法和司法的过程中,要擅于运用经验智慧定分止争。比如,"枫桥经验"就主张在社会主义教育运动中,对坏人坏事"以教育为主,以惩办为辅",拒绝一捕了之,实现"小事不出村,大事不出镇,矛盾不上交,就地化解"。这种理念与现行刑事司法政策"少捕慎诉慎押"基本契合。习近平总书记提出,让人民群众在每一个司法案件中都感受到公平正义。其实,这也可以视作对党员的要求。如果党员在自己的岗位上,能够依法有效地化解矛盾纠纷,其实就是在履行服众义务。

党员履行服众义务,发挥先锋模范作用,还应当带头实践社会主义核心价值观。社会主义核心价值观是社会主义价值体系的内核,体现社会主义价值体系的根本性质和基本特征,是社会主义价值体系的高度凝练和集中表达。十八大以来,党中央高度重视培育和践行社会主义核心价值观。中共中央办公厅印发了《关于培育和践行社会主义核心价值观的意见》。党中央的高度重视和有力部署,为加强社会主义核心价值观的教育实践指明了方向,提供了重要遵循。全体党员应当带头践行社会主义核心价值观,在人民群众中树立风清气正的人格形象,以此提升服众义务的履行品质和示范效用。

第二,关键时刻要挺身而出,英勇斗争,不怕牺牲。

履行服众义务的第二种方式在于挺身而出,不怕牺牲,即在人民群众遇到困难的时候,不怕牺牲个人的利益,冲锋在前,不畏艰难险阻。在现实生活中,党员履行挺身而出、英勇斗争的服众义务的事迹不胜枚举。绝大多数党员都在自己的岗位上,默默践行着入党之时的初心与使命。作为有美德的行为者,党员在关键时刻要挺身而出,英勇斗争,不怕牺牲,这并非外在的强制要求,而是党员由衷认可并努力追求的人生事业。对于党员来说,通过挺身而出来履行服众义务,其动力源泉来自内在的理想信念,而非外在的强制力量。在义务履行的动力机制上,党员与群众之间的差别是明显的,正如他们各自的义务之间存在差别一样。

(二)党员义务的功能

一般来说,法律设定义务的目的是保障权利。而党内法规遵循的是"义务优先,兼顾权利"。如此安排的理论逻辑在于:驱使党员保持共产主义觉悟,全心全意为人民服务,为实现共产主义而奋斗终身。这三点如果要用一个词来形容,那就是"党性"。以此认知为基础,党员义务的功能可以概括为两个方面:一是具有规范行为功能,促使党员的党性转化为实际行动;二是具有规范评价功能,通过展现党性的高低优劣,为党员奖励、升迁、提拔或者惩罚提供依据。

(1) 规范行为功能

所谓党性,是指党员在思想上、政治上、组织上所具有的不同于人民群众的独特个性,它是党的固有本性在党员身上的体现。中国共产党之所以有别于其他政党,是因为它能够有效地将广大中国人民团结起来、形成合力,经过接续奋斗,完成了脱贫攻坚、全面建成小康社会的历史任务,正在朝着实现第二个百年奋斗目标阔步前进。而党能够做到这一点,根本原因在于,党员拥有为人民服务的崇高理想、具备共产主义觉悟以及牺牲一切个人利益的决心。党员如果缺乏这些党性品质,就不会有引领人民创造幸福生活的动力,不会在社会建设遇到阻碍时挺身而出,扫清前进道路上的障碍、为人民排忧解难。一言以蔽之,中国共产党党员的党性,是党保持先进性和凝聚力的根本,是中国社会发展的坚强基石。

事实上,思想层面的党性品质,主要是通过履行党员义务这种具体途径,得以落地呈现的。增强党性和履行党员义务二者之间是相辅相成、不可分割的,没有强烈的党性,党员就匮乏履行"三服"义务的内在动力,而没有"三服"义务的切实履行,党性也就被束之高阁而徒有虚名。所以说,党员党性与党员义务之间,是相互依存、彼此支撑的。这种逻辑上的相互依存关系,正是党性光辉得以由内而外散发出来的根本原因。党性属于思想层面的范畴,而履行义务属于客观实践层面的范畴,前者指导后者,后者则将前者外化于行、显现于世,进而产生外部效应,改造党员身边的物质世界与精神世界。由此推导可得,党员义务规范实际上就是对党员提出的行为规范,党员义务具有鲜明的行为规范功能,它犹如催化剂一般,促使党员将其党性品格转化为为人民服务的行动。

(2) 规范评价功能

众所周知,党员义务的履行状况对于党员的升迁、提拔、奖励及处分意义重大,一定程度上决定了党员的党内政治地位和前途命运。对于党员自身来说,党员义务具有规范评价功能,它能够评价党员党性的高低,进而决定党员个人的党内前途与政治命运。所以说,党员义务规范也可以视为一种评价规范,具有规范党员评价活动的重要功能。

纪检监察机关一般通过考察党员义务规范的遵守情况鉴别党员的思想言行，评判其党性程度。一旦党员出现义务履行不力甚至疏于履行现象，就表明其党性滑坡，可根据情节轻重对其进行函询谈话，甚至予以党纪处分，以敦促其回归初心、重塑党性。对于纪检监察机关党员来说，党内法规对他们提出了比其他党员更高的党员义务要求。而这也是他们有资格评价其他党员义务履行状况的基本条件。在十八届中央纪委三次全会上，习近平总书记明确指出："各级纪委要解决好'灯下黑'问题，自觉遵守党纪国法。"各级纪委的党员和干部，不能把党纪国法当成"手电筒"，只照别人而不照自己。在实践中，日复一日、月继一月、年复一年的纠风"持久战"，让一些纪检监察干部开始出现思想懈怠，显露出疲态。要想抓好纠正"四风"工作，就得明察暗访，或突击检查，但越往基层，圈子越小，熟人越多，很容易查到朋友头上，甚至查到领导亲戚头上。对此，有些基层纪检监察干部难免心存疑虑，拉不下脸。但越是在这个时候，越能考验党员干部的党性，越能检验党员干部的义务履行意识，也越能对基层纪检监察干部作出客观公正的评价。经得起考验、党员义务履行意识强烈的干部，才能获得良好的党内评价。

三、党员的权利

2020年12月，中共中央印发了修订后的《党员权利保障条例》。该条例的修订和实施，充分体现了党中央对保障党员权利、发扬党内民主的高度重视，突出了党员的主体地位，进一步夯实了党员权利保障的制度基础，有利于激发广大党员的积极性、主动性和创造性。与此同时，《处分违纪党员批准权限和程序规定》第4条规定："对违纪党员实施党纪处分应当坚持党纪面前一律平等、实事求是、民主集中制和惩前毖后、治病救人原则，做到事实清楚、证据确凿、定性准确、处理恰当、手续完备、程序合规。对违纪党员实施党纪处分应当按照规定程序，经党组织（含纪律检查机关，下同）集体讨论决定，不允许任何个人或者少数人擅自决定和批准。上级党组织对违纪党员作出的处理决定，下级党组织必须执行。"这条规定实际上也为违纪党员提供了充分的权利救济性保障。切实保障党员权利，需要在指导思想上超越传统的组织本位观念，在全党树立起党员主体地位的新观念和新思维。党员权利是党内民主的基础条件，只有切实保障党员的权利，党内民主建设才能获得真正的突破。党内法规学应当像重视党员义务那样,重视党员权利。

(一)党员的主要权利

一般来说,党员权利是指在政党内部党员对相应资源的支配和享有程度,包括党员的个体权利和整体权利,以及应有权利和实有权利等。党员个体权利,是指作为单个党员在政党内部所享有的权利。不同层次、不同级别的党员所享有的个体权利是不一样的,一般而言,级别越高的党员享有的权利越多。所谓党员整体权利,是指在政党内部任何一个党员都可以享有的权利,如现行党章上载明的党员权利。党内法规学主要探讨的应当是党员的应有权利和整体权利,而党员的个体权利和实有权利,应当是政治学和公共管理学的研究对象。

(1)党员权利的类型

在党内法规学上,所谓党员权利,是指党员依据党章和其他党内法规所享有的参加党内生活、参与党内事务的权利。《党章》《党员权利保障条例》是最主要的有关党员权利的党内法规。党员的权利主要有十三种类型:① 党内知情权,是指党员有权按照规定参加党的有关会议、阅读党的有关文件,了解党的路线方针政策和决议,了解本人所在党组织贯彻党中央决策部署,以及上级党组织决定、落实全面从严治党主体责任、开展重点工作情况,以及其他党内事务。② 教育培训权,是指党员有权提出教育培训要求,参加党组织安排的集中学习教育、专题学习教育、集中轮训、脱产培训、网络培训。③ 参加讨论权,是指党员有权在党的会议上和党报党刊上,参加关于党的理论、政策的学习讨论,并充分发表意见;按照规定在党内参加有关重要决策和重要问题的讨论,参加党组织开展的征求意见等活动,向党组织反映真实情况,积极建言献策。④ 建议与倡议权,是指党员有权以口头或者书面方式,对本人所在党组织、上级党组织直至中央的各方面工作,提出建议和倡议,有权按照规定在干部选拔任用中推荐优秀干部,在党组织巡视巡察、检查督查中对党的工作提出建议。⑤ 党内监督权,是指党员有权在党的会议上,以口头或者书面方式,有根据地批评党的任何组织和任何党员,揭露、要求纠正工作中存在的缺点和问题,在民主评议中,指出领导干部和其他党员的缺点错误;有权向党组织反映对本人所在党组织、领导干部、其他党员的意见;党员以书面方式提出批评意见的,应当按照规定送被批评者或者有关的党组织;党员有权向党组织负责地揭发、检举党的任何组织和任何党员的违纪违法事实,提出处理、处分有违纪违法行为党组织和党员的要求。⑥ 罢免撤换要求权,是指党员有权向所在党组织或者上级党组织,反映领导干部不称职的情况,负责地提出罢免或者撤换不称职领导干部的要求。⑦ 党内表决权,是指党员有权按照规定,在党组织讨论决定问题时参加表决,在表决前了解情况,在讨论中充分发表意见;表决时可以表示赞成、不赞成或者弃权。⑧ 党内选举权,是指党员有权参加党内选举,了解候选人情况、要求改变候选人、不选任何一个候选人和另选他人。党内选举权还包括党内被选举权,即党员有权经过规定程序,成为候选人和当选。⑨ 党内申辩权,是指党员有权实事求是地对被反映的本人问题,向党组织作出说明、解释。在基层党组织讨论决定对自身处分或者作出鉴定时,有权参加和进行申辩,其他党员可以为其作证和辩护。⑩ 提出不同意见权,是指党员对党的决议和政策如有不同意见,在坚决执行的前提下,有权向党组织声明保留,并且可以把自己的意见向党的上级组织直至中央反映;有权按照规定在党组织讨论决定"三重一大"事项或者征求意见、干部选拔任用以及公示等过程中提出不同意见。需要注意的是,党员不得公开发表同中央决定不一致的意见。⑪ 党内请求权,是指党员遇到重要问题需要党组织帮助解决的,有权按照规定程序,逐级向本人所在党组织、上级党组织直至中央提出请求,并要求有关党组织给予负责的答复。⑫ 党内申诉权,是指党员对于党组织给予本人的处理、处分或者作出的鉴定、审查结论不服的,有权按照规定程序,逐级向本人所在党组织、上级党组织直至中央提出申诉。⑬ 党内控告权,是指党员合法权益受到党组织或者其他党员侵害的,有权向本人所在党组织、上级党组织直至中央提出控告,要求对侵害其合法权益的行为,依规依纪进行处理。

中央纪委国家监委编写的《〈党员权利保障条例〉辅导读本》,是一本有关党员权利的重要参考资料。上述党员十三类权利的具体内涵,这个读本都有更详细的评介。此外,对于那些有争议的党员权利内涵,我们也可以参照法律权利的解释原则予以分析,进而具体确定其权利内涵。总之,关于党员权利的类型及其内涵,党内法规的规定都是比较清晰的。问题的关键在于如何切实保障这些党员权利。

(2) 党员权利的保障

关于党员权利的保障,我们可以从原则、主体和方式等方面展开论述。

第一,党员权利的保障原则

根据《党员权利保障条例》第3条的规定,党员权利保障应当遵循这样四项原则:① 坚持民主和集中相结合,既激发党员参与党内事务的热情,又要求党员按照党性原则行使权利;② 坚持义务和权利相统一,切实履行党章规定的义务,正确行使各项权利,在宪法和法律的范围内活动;③ 坚持在党的纪律面前人人平等,不允许任何党员享有特权;④ 坚持充分全面保障党员权利,完善权利保障措施,畅通权利行使渠道,增强工作实效。

党内法规上的党员权利与法律上的公民权利有联系,但更有区别。党员全心全意为人民服务的本性,决定了党员权利具有鲜明的政治性,赋予并保障党员各项权利的最终目的并不是维护党员作为个体之人的私利,而是为了凝聚全体党员的智慧、团结全体党员的力量,把党的各项事业建设得更好。党员权利保障的民主集中制原则、义务与权利相统一原则、党纪面前人人平等原则和全面保障原则,实质上都是强调党员权利的政治性,突出党员权利保障的目标,激发党员参与党内事务的热情,使全体党员的党性得到更充分的展现。党员务必正确地行使各项权利,注意在宪法和法律的范围内活动,严格遵守党的纪律。

在终极意义上,党员权利是服务于党的整体事业的一种权利,而不是国家法律意义上的旨在实现个体价值的权利。采取各种措施以充分保障党员权利,其目的在于使党的整体事业发展得更快、更好。这就是党员权利保障原则的核心要义。

第二,党员权利的保障主体

谁来保障党员权利,这是最为关键的问题。根据《党员权利保障条例》的规定,党员权利的保障主体是党组织,主要是党员所隶属的党组织。党组织必须尊重党员主体地位,强化管党治党政治责任,将党员权利保障融入新时代党的建设,严格按照党章和其他党内法规,保障党员各项权利、完善党员权利保障制度机制。关于党员权利的保障主体,大致可以划分为五类:

一是党委(党组)。作为党员权利保障主体的党委(党组),承担落实全面从严治党主体责任,对党员权利保障工作负有领导责任。党委(党组)应当严格执行党员权利保障方面的党内法规和制度措施;明确同级纪委和党的工作机关、直属单位,以及相当于这一层级的党组(党委)的相关任务和要求,督促下级党组织和领导干部履行相关职责,及时发现和纠正党员权利保障工作中存在的问题;宣传党员权利保障方面的党内法规和政策要求,经常开展党员义务和权利教育,引导广大党员增强责任意识、正确行使权利。

二是党的纪律检查机关。关于党员权利保障,各级纪委是最主要的保障职责承担主体。各级纪委应当加强对党组织和领导干部履行党员权利保障工作职责情况的监督检查,及时受理和处置有关党员权利保障方面的检举、控告与申诉,积极检查和处理侵犯党员权利方面的案件,对侵犯党员权利的党组织和党员干部,严格依规作出处理、处分决定或者提出处理、处分建议。

三是党的工作机关。它们主要是党委办公(室)、组织部、宣传部、统战部、政法委员会和党的机关工作委员会等。作为党员权利保障主体,这些党的工作机关的主要职责有:结合自身职能和工作实际,抓好党员权利保障工作的落实;研究解决职责范围内党员权利保障工作中的重要问题,向本级党委、纪委提出意见建议,为保障党员权利正常行使创造条件、提供服务。

四是党的基层组织。党员的主体在基层,基层党组织与党员联系最紧密,它们是党员权利最直接的保障主体。党的基层组织应当发挥战斗堡垒作用,严格落实党员权利保障方面的法规制度,保障党员充分行使各项权利;经常了解党员意见和诉求,及时研究解决,发现党员权利受到侵犯的,及时处理或者向上级党组织报告。党的基层组织真正做到了这几点,党员权利才能得到切实的保障,其战斗堡垒作用才能被广大党员看得见和感受到。

五是领导干部。所有的党组织都是由党员组成的,其中党员干部即领导干部是最为关键的角色。领导干部是启动党组织的"发动机",是牵引党组织前进的"火车头"。领导干部特别是高级干部对党员权利的认知与态度,在很大程度上决定了党员权利的保障程度。《党员权利保障条例》规定,各级党组织主要负责同志应当担负起第一责任人的职责,加强对党员权利保障工作的调查研究和相关机制建设,推动解决突出问题,抓好本地区、本部门、本单位党员权利保障工作的落实。可以毫不夸张地说,各级党组织的领导干部,是党员权利保障的关键性主体。

第三,党员权利的保障方式

关于党组织具体如何保障党员权利,《党员权利保障条例》第三章作了非常详细的规定。概括来说,党组织主要通过以下方式来保障党员权利。

一是践行党务公开制度。党组织应当按照规定确定党务公开的内容、方式和范围,保障党员及时了解党内事务;党的代表大会、代表会议和党的委员会全体会议以及其他重要会议召开后,党组织应当按照规定将会议内容和精神向党员传达;党组织作出的决议决定,应当按照规定及时向党员通报;党组织应当按照规定为党员提供阅读党内有关文件的必要条件。党务公开,是党内知情权、讨论权、监督权、不同意见权等党员权利切实享有的基础前提。

二是践行党的会议制度。党组织应当按照规定召开党员大会、党小组会、支部委员会会议和组织生活会,开展谈心谈话,组织民主评议,保障党员参加学习讨论、议事决策,进行批评和自我批评。参加会议并就其提议发表意见,是党员行使其权利的基本方式。

三是践行党的教育培训制度。党组织应当按照规定、有计划地对党员进行教育和培训,深入开展党的创新理论教育,加强党性教育和理想信念教育,注重了解和掌握党员的学习需求,创新教育培训方式,有针对性地开展政策、科技、管理、法规等培训,保证党员接受教育培训的学时和质量。获得教育培训本身就是党员的一项权利,而对党员进行教育培训,还有利于提升党员权利行使的质量。

四是践行党的咨询机制。各级党组织在作出重要决议和决定前,应当通过调研、论证、咨询等方式,充分征求党员意见,在党内凝聚共识、汇集智慧;在党的路线方针政策和党中央重大决策部署、重要党内法规研究制定过程中,应当在一定范围内征求党员意见;党的地方组织、基层组织研究作出重要决议与决定,应当在本级组织管辖的一定范围内征求党员意见;一般情况下,对于存在重大分歧的,应当在进一步调查研究、交换意见后,再启动决策程序。各级党组织践行党的咨询机制,实际上是为党员行使其党员权利创造机会,这是保障党员权利真正享有的一种重要形式。

五是坚持民主集中制。党组织讨论和决定问题时,必须坚持民主集中制,执行少数服从多数原则,决定重要问题应当按照规定进行表决;表决前应当充分讨论酝酿,表决情况和不同意见及其理由应当如实记录。

六是践行党的选举制度。选举权和被选举权,是党员权利的重要内容之一。党组织进行选举时,应当严格执行选举制度规则,使选举人的意志得到充分尊重和体现。党的任何组织和任何党员不得以任何方式,妨碍党员在党内自主行使选举权和被选举权,不得阻挠有选举权和被选举权的人到场参加投票,不得以任何方式追查选举人的投票意向。

七是践行党内民主监督制度。党内监督权、罢免撤换要求权、控告权等党员权利的享有程度,很大程度上取决于党内民主监督制度的实施程度。党组织应当畅通监督渠道,支持和鼓励党员同各种违纪违法行为和不正之风作斗争;对于党员的批评、揭发、检举、控告以及提出的有关处理、处分和罢免、撤换要求,党组织应当按照规定及时恰当处理,并给予负责的答复;党组织应当保障检举控告人的权益,对检举控告人的信息以及检举控告内容必须严格保密,严禁将检举控告材料转给被检举控告的组织和人员;对于党员检举控告和反映的问题,任何党组织和领导干部都不准隐瞒不报、拖延不办;对于通过正常渠道反映问题的党员,任何组织和个人都不准打击报复,不准擅自进行追查,不准采取调离工作岗位、降格使用等惩罚措施。

八是践行党的关怀帮扶制度。党组织应当积极主动地关心党员的思想、工作、学习、生活，做好党内关怀帮扶工作。对于党员提出的请求应当及时受理，合理合规的应当及时解决，一时难以解决的应当说明情况，不属于党组织职责范围的可以向有关部门反映。总之，各级党组织都应善待境况不佳的党员，这是保障党员权利行使的一个基本条件。

（二）党员权利的功能

忠诚性是党内法规的一个重要特征，是党内法规不同于国家法律的一项标志。党员权利的依据是党内法规，这就决定了党员权利天然具有忠诚性。党员行使其权利，是他们忠诚于党的事业的一种表现方式。

党章等党内法规赋予党员权利，旨在促使党员增强党性意识和主体观念，将行使党员权利作为对党应尽的责任，向党组织讲真话、讲实话，敢于担当、敢于负责。党员行使党员权利的过程，是完成其政治使命的过程，也是彰显其对党忠诚的过程。对于党的事业来说，党员权利具有不可替代的功能。讨论党员权利的功能，是深入认知党员权利的基本动作。关于党员权利的功能，大致可以概括为以下两个方面：

（1）发扬党内民主与监督党内权力

党员权利和党内民主之间的关系非常紧密，没有党员权利就不会有党内民主，而党员权利的发展也自然会带动党内民主的兴盛。党员权利既是党内民主的基础条件，又是发扬党内民主的推进器。党员权利具有推动党内民主发展的功能，这是基本的历史经验。党的十六大报告指出，要以保障党员民主权利为基础，以完善党的代表大会制度和党的委员会制度为重点，从改革体制机制入手，建立健全充分反映党员和党组织意愿的党内民主制度。这是党的报告第一次正式强调，党员权利是党内民主制度的基础。

所谓党内民主，就是指党员对党内事务享有广泛的参与权利，尤其是对党内的人事安排和重大事项决定，享有讨论权、倡议权、表达不同意见权、表决权、监督权等权利。从这个意义上说，党员权利和党内民主几乎是一个硬币的两面。党员权利具有发扬党内民主的功能，这实际上是一个无须专门论证的经验事实。

除了发扬党内民主外，党员权利还有监督党内权力的功能。所谓党内权力，是指党组织对党内事务的行为能力，主要表现为各级党组织之间的权力配置、运行与监督，也包括党组织对党员的管理等。回顾党史不难发现，党员权利的式微，往往会引发党内舆论环境的恶化，而这种欠缺宽容精神的党内舆论环境，极容易被固定为一种体制性障碍，导致党内权力滥用现象频发，给党的各项事业造成难以挽回的损失。历史经验证明,保障党员权利,通过党员权利来制约党内权力,是防止党内权力滥用的一种有效方式。

党员权利之所以具有监督党内权力的功能,是因为侵犯党员权利的主要是党内权力。保障党员权利的基本方式,就是各级党组织必须正确地行使其党内权力。一旦党组织滥用其党内权力,必然会危害到党员权利。例如,党组织滥用职权不按照规定公开党内事务,实际上就侵犯了党员的知情权;在民主推荐、民主评议、党内选举等工作中,党组织以强迫、威胁、欺骗、拉拢等手段,使得民主推荐、民主评议和党内选举本身毫无民主可能,事实上侵犯了党员自主行使表决权、选举权和被选举权等权利。

习近平总书记指出,中国共产党的伟大不在于不犯错误,而在于从不讳疾忌医,敢于直面问题,勇于自我革命,具有极强的自我修复能力。不言而喻,我们党的自我修复能力依赖于保障党员权利、发扬党内民主和监督党内权力。在这三者之中,党员权利是核心。没有党员权利就无法发扬党内民主,也不可能有效监督党内权力。我们党要勇于自我革命,就应当不断强化对党员权利的保障,以使党内民主具备充分的展开空间,从而有效监督和制约党内权力。

(2) 凝聚党员力量与维护党内团结

从系统论的角度上看,党员行使党员权利,是党内各个要素之间关联、流动、共振的动力源泉。从实践上观察,一旦党员行使党员权利受阻,党内各个要素之间就会逐渐彼此封闭,从而催生"党员原子化"现象的出现。"党员原子化"是从"社会原子化"借用过来的一个概念。所谓"社会原子化",是指伴随着社会现代化和人口城市化,个体普遍产生对一切漠不关心的"冷淡",即对公共问题缺乏热情,都寄希望于个人的努力,而对与他人合作共同解决问题缺乏信心和兴趣,陷入狭隘的个体主义执念之中而难以自拔。

而所谓"党员原子化",是指党员疏离于党组织,或游离到党内生活系统之外,从而表现为一种孤独、封闭的个体存在状态。正如一些学者所分析的那样,党员原子化现象的出现,实际上是党员人为地将自身与党的组织体系进行切割的结果。这种切割行为产生的原因固然多种多样,但其中一个重要原因在于某些党员的正当诉求得不到有效回应,致使其党内民主权利未得到有效保障,这种在党组织中遭遇的不如意情绪经过累积,逐渐降低了他们对党组织的认同感和归属感,于是就出现了自觉疏离党组织,形成党员原子化现象。

党员的认同危机是党面临的严峻问题之一。在认同危机下,党员的政治共同体感知面临着断崖式下跌,这会直接导致党内法规拘束力的直线下降,使得党内纪律失灵,难以形成自下而上的有力监督,部分党组织因此而沦为松散的"自由人俱乐部"。这种党组织内部关系的松散化,会使得党员原子化现象进一步蔓延开来,党员行使民主权利的积极性和可能性,都将遭遇大幅下滑。

所以说,认同危机的危害性非常严重。毫无疑问,强化党员权利乃是克服党员认同危机的重要方式之一。为此,各级各类党组织必须创造通畅的党员权利行使渠道,强化党员的主体地位。习近平总书记深刻指出,党员是党的肌体的细胞,党的先进性和纯洁性,要靠千千万万党员的先进性和纯洁性来体现;党的执政使命,要靠千千万万党员卓有成效的工作来完成;尊重党员主体地位,就是尊重广大党员在党的全部活动中处于主体位置,在党内生活中当家作主,对党的活动和党的事业的决定作用;保障党员民主权利,就是保障党章和党内法规所赋予党员在党内事务和活动中应享的权利。在某种程度上,党员权利就是黏合剂,它具有凝聚党员力量和维护党内团结的功能。

马克思主义政党的性质和宗旨,决定了先进性是我们党的根本属性,而永葆党的先进性,归根到底要依靠每位党员行使其权利的积极性与主动性。党员权利的上述功能是否得到充分的发挥,对于党的整体事业来说是至关重要的。

四、党员干部

党员中还有一小部分"特殊党员",他们被授予了一定的党内职务,拥有指挥党组织运行、决定党内事务方向的职权,与此同时,他们也承担着一定的管党治党等职责。这群区别于普通党员的"特殊党员",就是党员干部,有时候,他们也被称为领导干部或党的干部。党员是社会各阶层中的先进分子,而党员干部又是广大党员中的先进分子。党对党员干部提出了更高的要求,不是每个党员都有资格和机会成为党员干部,甚至绝大多数党员终身都成不了党员干部。总体上说,党员干部有严格的培养标准,有更高的义务要求,也具有一定的特殊性。

（一）党员干部的选拔

习近平总书记指出，正确的政治路线要靠正确的组织路线来保证；历史和现实都表明，一个政党、一个国家能不能不断培养出优秀领导人才，在很大程度上决定着这个政党、这个国家的兴衰存亡；我们党之所以能够始终保持强大的创造力、凝聚力、战斗力，成为革命、建设、改革事业发展的中流砥柱，团结带领人民战胜各种艰难险阻、取得一个又一个胜利，一个十分重要的原因就在于高度重视培养造就能够担当重任的干部队伍。由此可知，拥有一套适合我国政情的党员干部培养和选拔方法，是我们党的事业取得成功的一个基本条件。

在长期的革命、建设和改革过程中，我们党慢慢形成了自己的党员干部培养与选拔模式，其核心内涵就一点，即德才兼备、以德为先。"德"的内涵比较广，它包括政治品德、职业道德、社会公德、家庭美德等。党员干部在这些德的方面都要经得起检验，尤其是政治品德要过硬。我们党对党员干部的要求，首先是政治上的要求。选拔任用党员干部，首先要看党员干部政治上清醒不清醒、坚定不坚定。

当然，以德为先，并不意味着只看"德"这一个方面就够了，还得考察有没有过硬的本领。党的十八大以来党员干部整风经验表明，干部队伍能力不足、"本领恐慌"问题比较突出。例如，有些央企的党员干部在贯彻新发展理念、推进供给侧结构性改革方面找不到有效管用的好思路、好办法；还有不少地方的党员干部，在信息化飞速发展时代，不懂网络规律、走不好网上群众路线、管不好网络阵地，被网络舆论牵着鼻子走，等等。这些党员干部的"能力问题"现象说明，要加快党员干部的知识更新与能力培训，更要把那些能力突出、业绩突出，有专业能力和专业精神的优秀干部及时选拔出来，并大胆重用。

规范党员干部选拔的党内法规，主要有《党章》和《党政领导干部选拔任用工作条例》等。《党章》第 35 条规定："党的干部是党的事业的骨干，是人民的公仆，要做到忠诚干净担当。党按照德才兼备、以德为先的原则选拔干部，坚持五湖四海、任人唯贤，坚持事业为上、公道正派，反对任人唯亲，努力实现干部队伍的革命化、年轻化、知识化、专业化。党重视教育、培训、选拔、考核和监督干部，特别是培养、选拔优秀年轻干部。积极推进干部制度改革。党重视培养、选拔女干部和少数民族干部。"《党政领导干部选拔任用工作条例》第 2 条规定："选拔任用党政领导干部，必须坚持下列原则：（一）党管干部；（二）德才兼备、以德为先，五湖四海、任人唯贤；（三）事业为上、人岗相适、人事相宜;(四)公道正派、注重实绩、群众公认;(五)民主集中制;(六)依法依规办事。"第 3 条规定:"选拔任用党政领导干部,必须把政治标准放在首位,符合将领导班子建设成为坚持党的基本理论、基本路线、基本方略,全心全意为人民服务,具有推进新时代中国特色社会主义事业发展的能力,结构合理、团结坚强的领导集体的要求。树立注重基层和实践的导向,大力选拔敢于负责、勇于担当、善于作为、实绩突出的干部。注重发现和培养选拔优秀年轻干部,用好各年龄段干部。统筹做好培养选拔女干部、少数民族干部和党外干部工作。对不适宜担任现职的领导干部应当进行调整,推进领导干部能上能下。"

以上只是总体性的要求。《党政领导干部选拔任用工作条例》还规定了提拔党政领导干部的资格要件:① 提任县处级领导职务的,应当具有五年以上工龄和两年以上基层工作经历;② 提任县处级以上领导职务的,一般应当具有在下一级两个以上职位任职的经历;③ 提任县处级以上领导职务,由副职提任正职的,应当在副职岗位工作两年以上;由下级正职提任上级副职的,应当在下级正职岗位工作三年以上;④ 一般应当具有大学专科以上文化程度,其中厅局级以上领导干部一般应当具有大学本科以上文化程度;⑤ 应当经过党校(行政学院)、干部学院或者组织(人事)部门认可的其他培训机构的培训;⑥ 具有正常履行职责的身体条件;⑦ 符合有关法律规定的资格要求;提任党的领导职务的,还应当符合党章等党内法规规定的党龄要求。

(二) 党员干部的地位

党内法规一方面赋予了党员干部一定的职权职责,另一方面也对党员干部提出了更高的要求,因此,党员干部的地位问题比普通党员更为复杂。

党员干部是党的事业的骨干,在党的各个领域发挥着关键性的领导作用。党员干部必须具有强烈的革命事业心和政治责任感,有实践经验,有胜任领导工作的组织能力、文化水平和专业知识。根据党章等党内法规的规定,在党员干部与党之间的关系问题上,党员干部的被动地位、积极地位和主动地位都与普通党员有一定的差异。首先,在被动地位方面,即党员干部对党组织的服从方面,党员干部应当比普通党员更加自觉地服从党组织的安排,一切从党和人民的利益出发,真正做到信念坚定、为民服务、勤政务实。其次,在积极地位方面,即党员干部个人甚至其家庭遇到困难时要求党组织提供关怀帮助方面,党员干部不应该积极争取党组织的援助,以便于把党组织的关怀帮助优先让给有需要的普通党员,做到竭尽心智以自力更生、艰苦奋斗。最后,在主动地位方面,即党员干部积极参与党组织的各项活动,通过选举、竞聘等方式获得党内职务方面,党员干部应当比普通党员更讲党性、更重品行,多作表率、多办实事。

被授予各种职权的党员干部,是党的组织机构体系的支撑者。作为党组织的骨干,党员干部在各自的岗位上,履行不同的领导和组织职能,形成了从中央到地方再到基层的组织机构体系。在党的路线引领下,党员干部以民主集中制为组织原则,推动党的组织机构体系的运行。在党的组织机构体系中,党员干部居于领导地位,扮演着核心支柱的角色。被赋予党内权力并同时被国家法律赋予国家权力的党员干部,是党和国家各项事业的引领者,是党内方针政策的制定者,是党和国家重大事项的决定者,拥有普通党员难以企及的决策权和话语权。一言以蔽之,党员干部在党和国家治理体系中处于领导地位。全体党员都应该积极维护党员干部的领导地位,尊重作为党和国家事业领导力量的党员干部。

与此同时,所有的党员干部都应该对自己拥有的领导地位保持足够的敬畏。正确地行使党和人民赋予的权力,坚持原则,依法办事,清正廉洁,勤政为民,密切联系群众,坚持党的群众路线,自觉地接受党和群众的批评和监督,加强道德修养,做到自重、自省、自警、自励,反对形式主义、官僚主义、享乐主义和奢靡之风,反对特权思想和特权现象,反对任何滥用职权、谋求私利的行为。党员干部应当通过率先垂范的方式,赢得其党内领导地位,并通过全面履行党员干部义务的方式,推动党和国家事业的发展,使自己问心无愧于领导地位。

(三) 党员干部的义务

从上述党员干部的地位可知,在党内权利方面,党员干部相对于普通党员有所限制。除基本的职务待遇外,党员干部不享有任何其他普通党员所没有的特殊权利。同时,党章等党内法规还要求他们在权利方面主动保持谦抑心态,即有些权利诉求能放弃时就不必极力争取,而应以积极履行自己的义务为职志。所以,习近平总书记指出,凡是党章规定党员必须做到的,领导干部要首先做到;凡是党章规定党员不能做的,领导干部要带头不做。

《党章》第36条规定了党员干部必须具备的六个方面的条件,而从其内容上看,这些条件其实都是党员干部应该认真履行的义务。按照履行义务的对象不同,可以将党员干部义务分为两种类型:党员干部的务虚义务与党员干部的务实义务。所谓务虚,是在决策环节对事物发展规律与走势进行宏观把握;所谓务实,是将决策变成现实的实干过程。没有必要的务虚,就没有决策的科学性,所务之"实"就可能是一种盲动或蛮干。科学的务虚有助于认清形势,少走弯路,提高效率。所谓党员干部的务虚义务,是指党员干部在意识形态、思想路线等务虚领域的义务。所谓党员干部的务实义务,是指党员干部在政策制定、决议执行等务实领域的义务。党员干部的务虚义务与务实义务,不是相互对立而是相辅相成的。

(1) 党员干部的务虚义务

党员干部在意识形态、思想路线等务虚领域的义务可以大致概括为两个方面:意识形态义务和解放思想义务。

第一,意识形态义务。

党章规定,党员干部必须具有履行职责所需要的马克思列宁主义、毛泽东思想、邓小平理论、"三个代表"重要思想、科学发展观的水平,带头贯彻落实习近平新时代中国特色社会主义思想,努力用马克思主义的立场、观点、方法分析和解决实际问题,坚持讲学习、讲政治、讲正气,经得起各种风浪的考验。该条之规定,就是党员干部意识形态义务的直接规范依据。而意识形态义务的基本内涵,也正是这个条款所具体规定的内容。

党的二十大报告强调,要坚持不懈用习近平新时代中国特色社会主义思想凝心铸魂;用党的创新理论武装全党是党的思想建设的根本任务;全面加强党的思想建设,坚持用习近平新时代中国特色社会主义思想统一思想、统一意志、统一行动,组织实施党的创新理论学习教育计划,建设马克思主义学习型政党;加强理想信念教育,引导全党牢记党的宗旨,解决好世界观、人生观、价值观这个总开关问题,自觉做共产主义远大理想和中国特色社会主义共同理想的坚定信仰者和忠实实践者。这其实就是在强调要不断加强党员干部的意识形态建设,使党员干部坚定信仰共产主义的远大理想,忠实实践中国特色社会主义共同理想;使我们党始终是遵循马克思主义意识形态的执政党和领导党。这就意味着,在中国特色社会主义新时代,党员干部的意识形态义务应当进一步加强。

一般来说,党员干部的意识形态义务履行得越好,他们履行其他义务就越自觉,效果也越好。社会科学理论研究表明,自主性越强,个体就越认为行为是由自身引起的,态度就越积极;而受控性越强,个体就越认为行为由外界引起的,态度就越焦虑和抑郁。现实生活中,有部分党员干部工作热情低迷、效率不高,很大程度上是因为驱动其工作的受控动机大于自主动机。这种动机比例失衡,归根结底是因为党员干部的意识形态义务没有履行到位,对自身其他义务的思想认识不深所致。各级党组织都应当强化对党员干部的意识形态教育,以此来敦促党员干部履行自己的意识形态义务。

第二,解放思想义务。

所谓解放思想,是指打破习惯势力和主观偏见的束缚,研究新情况,解决新问题,使思想观念冲破陈旧习惯势力的禁锢与束缚,走出思维定式,克服主观偏见,让主观世界的思维意识和变化了的客观实际相互沟通、彼此印证,用发展变化的观点来看待并改造客观世界。

解放思想是邓小平理论的精髓。邓小平曾深刻指出:一个党,一个国家,一个民族,如果一切从本本出发,思想僵化,迷信盛行,那它就不能前进,它的生机就停止了,就要亡党亡国,这是毛泽东同志在整风运动中反复讲过的;干革命、搞建设,都要有一批勇于思考、勇于探索、勇于创新的闯将;没有这样一大批闯将,我们就无法摆脱贫穷落后的状况,就无法赶上更谈不到超过国际先进水平;我们希望各级党委和每个党支部,都来鼓励、支持党员和群众勇于思考、勇于探索、勇于创新,都来做促进群众解放思想、开动脑筋的工作。毫无疑问,没有解放思想,就没有邓小平理论,就没有社会主义市场经济,就没有改革开放四十年的大发展。解放思想,始终是我们党紧跟时代步伐,永葆先锋品格的思想基础。

党章规定,党员干部要坚持解放思想,实事求是,与时俱进,开拓创新,认真调查研究,能够把党的方针、政策同本地区、本部门的实际相结合,卓有成效地开展工作,讲实话,办实事,求实效。这一规定是党员干部解放思想义务的规范基础,而该条所规定的具体内容也是党员干部解放思想义务的主要内涵。

党的二十大报告指出,我们必须坚持解放思想、实事求是、与时俱进、求真务实,一切从实际出发,着眼解决新时代改革开放和社会主义现代化建设的实际问题,不断回答中国之问、世界之问、人民之问、时代之问,提供符合中国实际和时代要求的正确答案,得出符合客观规律的科学认识,形成与时俱进的理论成果,更好地指导中国实践。显然,要回答好中国之问、世界之问、人民之问、时代之问,就必须解放思想。一旦广大党员干部思想上放不开,被过去的教条主义等陈旧观念拿捏得死死的,他们就不可能科学分析时代所提出的问题,更不可能拿出与时俱进的理论成果,党也就失去了活力和希望。

广大党员干部必须将解放思想作为党性的一项基本要求,时刻准备与各种陈腐观念和教条主义作斗争,认真履行自己的解放思想义务,做一个与时代脉搏同频共振的思想先进分子。

(2) 党员干部的务实义务

根据党章等党内法规的规定,党员干部在政策制定、决议执行等务实领域的义务大致可以划分为三种,即化解突发危机的担当义务、创造工作业绩的实干义务和反对官僚主义的斗争义务。

第一,化解突发危机的担当义务。

党章要求党员干部要努力用马克思主义的立场、观点、方法分析和解决实际问题,坚持讲学习、讲政治、讲正义,经得起各种风浪的考验。从党内法规解释学上看,这种党内法规规范,事实上为党员干部创设了化解突发危机的担当义务。所谓化解突发危机的担当义务,主要是指在造成公共危机的突发事件面前,党员干部应当敢作为、敢担当,积极采取一切可能的措施,以应对并化解危机。党员干部的这种担当义务在很大程度上是一种结果保证义务,而不单纯是一种行动上的要求。

如果只是采取了一定的举措,但并未化解危机,未能取得良好的结果,有关的党员干部就可能面临着职务调整等不利后果。《推进领导干部能上能下规定》规定,在急难险重任务、重大风险考验面前,消极逃避或者应对处置不力的党员干部,应当予以组织职务调整。

党的二十大报告强调,要注重在重大斗争中磨砺干部,增强干部推动高质量发展本领、服务群众本领、防范化解风险本领;加强干部斗争精神和斗争本领养成,着力增强防风险、迎挑战、抗打压能力,带头担当作为做到平常看得出来、关键时刻站得出来、危难关头豁得出来。这实际上是在重申党员干部化解突发危机的担当义务。各级党员干部的能力怎样、担当如何,在危急时刻最能彰显出来。不勇于承担化解突发危机义务的党员干部,绝对不是合格的新时代党员干部。

根据《政法工作条例》的规定,及时妥善处理影响社会稳定的突发事件,是县级以上地方党委的基本领导责任之一,而党委政法委具体负责协调应对和妥善处置突发事件。由此可知,政法部门的党员干部是首要的履行化解突发危机担当义务的主体。在突破危机事件面前,政法领域的党员干部应当首先站出来,勇于作为,积极担当,成为履行化解突发危机担当义务的先锋战士。

第二,创造工作业绩的实干义务。

党章还要求党员干部要坚决执行党的基本路线和各项方针、政策,立志改革开放,献身现代化事业,在社会主义建设中艰苦创业,树立正确的政绩观,做出经得起实践、人民、历史检验的实绩。党员干部要认真调查研究,能够把党的方针、政策同本地区、本部门的实际相结合,卓有成效地开展工作,讲实话,办实事,求实效。这是党员干部创造工作业绩实干义务的规范基础。

严格来说,通过实干以创造业绩是党员干部最核心的义务,也是党员干部区别于普通党员的关键所在。所有的党员干部都应当通过创造工作业绩的实干来证明自身的价值,借助实干来创造工作业绩,是党员干部义务的重中之重。

关于工作实绩的评价标准,有两点值得注意。一是要注重评价标准的更新换代,即在实绩评价标准中与时俱进地融入上级党组织的战略规划。党员干部的工作实绩,之所以要承载上级党组织的战略规划,是因为上级党组织的战略往往兼顾多重利益主体的诉求。倘若缺乏上级党组织的战略规划指引,实践中各地党员干部的工作容易陷入事务性泥淖。这样的话,就难以集中精力办大事,导致逐渐偏离上级党组织规划好的既定发展方向。二是要注重民生领域的工作实绩,即党员干部的工作实绩应当以改善民生为中心,不断满足民生需要才是最大的工作实绩。关于党员干部的工作实绩,"工作实绩"与"群众反馈"不对称、有偏差现象,具有一定的普遍性。这主要表现为:① 唯 GDP 论,GDP 数值很"漂亮",但当地人民群众不"买账";② 实绩考核与人情关系挂钩,工作实绩考核脱离人民群众;③ 对工作实绩搞形式主义包装;④ 以民主测评、推优、民主投票等方式,代替实绩考核。这些表现概括起来,就是党员干部工作实绩考核不重视民生问题,工作实绩未能反映民生改善状况。

党的二十大报告指出,为民造福是立党为公、执政为民的本质要求;必须坚持在发展中保障和改善民生,鼓励共同奋斗创造美好生活,不断实现人民对美好生活的向往。新时代的党员干部应当比以往任何时候,都更加重视民生问题,把民生工程做好、做细、做实,才是履行实干义务的最好方式。民生是否切实得到有效的改善,人民群众最有发言权,而媒体可以有效聚集民众的声音,形成强有力的舆论监督功能,弥合党员干部考核与人民群众民生需要之间的信息差。

第三,反对官僚主义的斗争义务。

党章要求党员干部要带头反对官僚主义,这实际上就是对党员干部施加了反对官僚主义的斗争义务。

官僚主义,是指脱离实际、脱离群众、欺软怕硬、做官当老爷、官官相护、贪污腐败等工作作风。官僚主义实质上是封建残余思想在作祟,根源在于官本位思想严重、权力观被扭曲。关于官僚主义的表现,邓小平曾在多个场合反复谈到过,主要有五个方面:① 脱离实际,典型的就是形式主义,脱离群众需求、思想僵化、墨守成规;② 文牍主义,办事低效,有官僚主义毛病的党员干部做事往往不讲究效率;③ 不守信用,官僚主义者私心太重,为了私利可以抛弃诚信;④ 压制民主,喜欢打击报复、欺上瞒下;⑤ 不负责任,典型的如滥用职权、玩忽职守等。

反对官僚主义,对各种形式的官僚主义展开斗争,是新时代党员干部的重要义务之一。党的二十大报告指出,要锲而不舍落实中央八项规定精神,持续深化纠治"四风",重点纠治形式主义、官僚主义,坚决破除特权思想和特权行为。

反对官僚主义的斗争义务,不应是一句空泛的口号,应当为党员干部认真履行好这个义务扫除一切制度性障碍。党员干部履行反对官僚主义的斗争义务的一个重要条件是,破除党员干部考核标准形式化的陋习。而这个陋习本身,就是官僚主义的表现形式之一。

所谓党员干部考核标准形式化,就是忽视党员干部工作实绩,而注重党员干部在形式层面所做的一些事情。踏踏实实干正事的党员干部在这种形式化考核标准面前往往没有优势,而那些会搞形式主义、擅长表面文章的党员干部则如鱼得水。这种形式化考核标准,是官僚主义在党员干部考核上的反映,它本质上属于一种危害性非常严重的官僚主义。它会在党员干部内部形成一种可怕的逆淘汰机制,最终使得各级党组织机构体系缺乏真正务实能干、清正廉明的党员干部,被重用的反而是一些丧失原则、实干无能但擅长形式主义的次等甚至劣等党员干部。

不可否认,对于大多数的党员干部来说,考核就是行动的指挥棒。如果投入低精力成本、用形式化的简单操作即可完成考核任务,部分党员干部常常就会止步于此。如果低成本、形式化的操作不但可以应付考核,而且还能在考核中将那些实干派比下去,将会进一步"激励"搞形式主义的党员干部,使之在形式主义道路上越走越远,同时,也会进一步"刺激"实干派党员干部,使之对实干本身产生怀疑,容易动摇其理想信仰,践行初心使命的积极性备受打击。总而言之,党员干部履行反对官僚主义的斗争义务的关键是要通过各种方式与考核标准的形式化斗争到底,为实现党员干部考核标准的实质化而不懈奋斗。

第十二章
依规治党

依规治党,是全面从严治党的根本方式,是所有党内法规的价值目标所系,是党内法规学的"落脚点"。从某种程度上说,依规治党是党内法规研究的终极关怀,是党内法规学的"终点",所以,我将它安排在本书的最后一章,即第十二章。

"依规治党"这个概念虽然出现得比较晚,但我们党自诞生之日起,就一直在践行着依规治党,始终高度重视党内法规的制定与修改工作,而制定和修改党内法规的一个基本目的正是为了实现依规治党。十八大以来,以习近平同志为核心的党中央,坚持把依规治党放在管党治党的重要位置。在党的二十大报告中,习近平总书记指出,要坚定不移全面从严治党,深入推进新时代党的建设新的伟大工程,就要坚持制度治党、依规治党,增强党内法规的权威性和执行力。本章将系统探讨依规治党及其相关问题:(一)依规治党的概念;(二)依规治党的意义;(三)依规治党与依法执政;(四)依规治党与依法治国。

一、依规治党的概念

本节主要讨论三个问题,即依规治党这个概念的形成过程,依规治党与制度治党之间的关系,以及依规治党的核心要义。

(一)"依规治党"概念的提出

作为一个新概念,依规治党是十八大以来中央全面从严治党的产物,它的提出经历了一个发展过程。2014年10月,党的十八届四中全会通过了《中共中央关于全面推进依法治国若干重大问题的决定》。该决定强调:依法执政,既要求党依据宪法法律治国理政,也要求党依据党内法规管党治党;党内法规既是管党治党的重要依据,也是建设社会主义法治国家的有力保障;党章是最根本的党内法规,全党必须一体严格遵行;完善党内法规制定体制机制,加大党内法规备案审查和解释力度,形成配套完备的党内法规制度体系;注重党内法规同国家法律的衔接和协调,提高党内法规执行力,运用党内法规把党要管党、从严治党落到实处,促进党员、干部带头遵守国家法律法规。这些论述足以表明,"依规治党"的雏形已然出现。

2015年1月,在中国共产党第十八届中央纪律检查委员会第五次全体会议上,王岐山作了题为《依法治国 依规治党 坚定不移推进党风廉政建设和反腐败斗争》的工作报告。该报告提出,2015年的主要任务之一是坚持全面从严治党、依规治党,为实现"两个一百年"奋斗目标、实现中华民族伟大复兴的中国梦提供有力保证。这应该是依规治党第一次正式出现在党的工作报告中。

2015年6月,在听取十八届中央第六轮巡视情况报告的讲话中,习近平总书记第一次正式提出了"依规治党"这个概念。他指出,要坚持依法治国、依规治党,把纪律和规矩挺起来、立起来,严格按照纪律和法律的尺度,把执法和执纪贯通起来,使全面从严治党的任务真正得到落实。

2015年6月,党中央在印发有关《党组工作条例(试行)》的通知中,要求"各级党委要从全面从严治党、制度治党、依规治党的战略高度,充分认识加强和改进党组工作的极端重要性和现实紧迫性,加强对《条例》实施的组织领导。"这是官方文件首次使用"依规治党"这个概念。

2016年10月,党的十八届六中全会修订《党内监督条例》。修订之后的条例增加了"尊崇党章,依规治党"的规定。这是依规治党概念第一次载入党内法规之中。

2017年10月,"依规治党"被载入党的十九大修订通过的新党章中,强调坚持依规治党、标本兼治,坚持把纪律挺在前面,加强组织性纪律性,在党的纪律面前人人平等。依规治党正式载入党章,以党的根本大法的形式,确立了依规治党这一管党治党的基本方式。

以上就是依规治党这个概念形成过程的大致梳理。从2014年的雏形初具到2015年的正式提出,再到2017年正式载入党章,仅仅三年时间就让依规治党成为一个高度成熟的党内法规概念。"治国必先治党,治党务必从严,从严必依法度",这是新时代面临的新问题,也是新时代提出的新使命。依规治党,既是这个新问题的新答案,也是完成这个新使命的新方式。质言之,依规治党概念的诞生,源于新时代全面从严治党的政治需要,是新时代管党治党的一种高级形态。

(二) 从制度治党到依规治党

当然,依规治党概念的出现也是有条件的,具体来说主要有两个:一是十八大以来党制定和修订了大量的党内法规,为依规治党提供了基本的党内法规依据;二是党成立百年来的制度治党实践,为依规治党提供了丰富的实践经验。严格来说,依规治党并不是在一张白纸上发展起来的,它能够在短短的三年内变为党内法规学的一个核心概念,与我们党百年来的制度治党实践息息相关。在很大程度上,依规治党是制度治党的升级版,而制度治党则是依规治党的初级版,两者之间的关系非常紧密。何谓"制度治党"呢?根据宋功德教授的定义,它是指运用规章制度来引领和保障我们党管党治党、执政治国;既要建立健全党的领导体制和工作机制,在制度轨道上实施党对一切工作的领导,又要把制度建设贯穿于全面推进党的政治建设、思想建设、组织建设、作风建设、纪律建设之中,实现党的建设制度化,充分发挥制度对教育引导、调整规范、考评奖惩党组织和党员的准绳作用,把党的领导和党的建设活动全面纳入制度化、规范化、程序化轨道。

我认为,所谓制度治党,就是指党的建设与党的领导都应该根据既定的规章制度来使之具有程序性、可预期性和效率性。这里面的"规章制度"当然包括党内法规,但它更多的是党的规范性文件,以及党的工作报告、决议等。总之,它是一个内涵特别丰富的概念,不能人为地限定它的内涵范围。

在制度治党的基础上,之所以需要发展依规治党,是因为制度治党中的制度内容过于宽泛,其制定和修改的程序相对简单,其权威性参差不齐、其规范拘束力高低有别。要全面从严治党,就不能完全依赖传统的制度治党,而必须在此基础上发展出一种权威性更高、效力性更强的管党治党模式。依规治党是制度治党的下位概念,制度治党强调的是管党治党的全面性要求,而依规治党则表明了管党治党不仅要全面,更要从严,要有足够的刚性约束,依规治党是制度治党的核心,它在管党治党中发挥着中坚作用。依规治党是全面从严治党的治本之策。

自建党以来,我们党一直都将制度建设贯穿于革命、建设和改革的全过程,始终坚持通过党的制度建设来推进管党治党事业的发展。党的百年历史就是一部制度治党的发展史。改革开放以来,邓小平反复指出,制度是决定性因素。在中国特色社会主义新时代,习近平总书记也强调,制度问题带有根本性、全局性、稳定性和长期性。其中,党内法规属于最重要的制度,是管党治党的根本性制度。制度治党的关键是依据党内法规来管党治党,即依规治党。

因此,制度建设的重点是党内法规建设。1990年7月,为了使党内法规的制定程序科学化、规范化,提高工作效率,保证党内法规质量,中共中央颁布了《中国共产党党内法规制定程序暂行条例》,确保党内法规的制定工作在中央统一领导下有计划、有组织地进行。2012年,党中央对该暂行条例进行修订,在总结吸收党内法规和国家法律法规制定工作中行之有效的经验做法基础上,对党内法规备案、清理、评估制度以及效力、适用、解释等问题作了明确规定,为相关工作的有效开展提供基础和依据。同年,中共中央还印发了《中国共产党党内法规和规范性文件备案规定》,建立健全党内法规制度体系,维护党内法规制度体系的统一性和权威性。2019年8月,根据新的形势、任务和要求,党中央修订了《党内法规制定条例》和《党内法规和规范性文件备案审查规定》,为党的制度建设的顶层设计和整体规划提供了重要的制度基础。可以说,十八大以来,党内法规制度建设进入整体推进、全面发展的新阶段,取得了重大历史性成就。2021年在庆祝中国共产党成立一百周年大会上,习近平总书记指出,党的十八大以来,我们坚持依规治党,已经"形成比较完善的党内法规体系"。

制度治党中的"制度",指的是党组织和党员必须遵守的所有规矩。美国政治哲学家罗尔斯曾指出,制度是一种公开的规范体系,这一体系确定职务和地位及他们的权利、义务、权力等。制度的核心在于能够确定权利、义务和权力等,所以,制度治党语境中的制度核心就是党内法规,而制度治党的重点是遵循党内法规来管党治党,即依规治党。依规治党不是简单的制度建设,而是在制度建设的基础上完善和优化党内法规体系,并通过"治理"这一动力机制,将党内法规内含的价值落实外化到党的建设的具体实践中。依规治党的含义包括四个方面:依规治党的"依"指的是依据;依规治党的"规"指的是党内法规;依规治党的"治"指的是治理;依规治党的"党"指的是党组织和党员。依规治党的一个突出特点是将公开化、法治化、规范化等要求引入党的各项制度建设之中,即通过对党内权力进行有效的监督制约来实现执政党建设的现代化和科学化。

以依据党内法规开展党的领导活动为例,关于党对国家治理各方面的领导权限、领导方式等问题,党的领导法规进行了一系列制度化的安排,为党领导国家治理现代化活动提供了党内法规上的遵循。如2019年发布的《农村工作条例》,对深入实施乡村振兴战略,提高新时代党全面领导农村工作的能力和水平提供了规范基础。该条例对于农村工作的组织体系、制度体系、工作机制等作出了明文规定,有助于加快推进乡村治理体系和治理能力的现代化,有利于坚持和加强党对农村工作的全面领导。又如2019年发布的《政法工作条例》对政法工作的开展作出了一系列规范化规定。政法工作是党和国家工作的重要组成部分,是党领导政法单位依法履行专政职能、管理职能、服务职能的重要方式和途径。《政法工作条例》的出台是坚持和加强党对政法工作的绝对领导,持续做好新时代党的政法工作的表现。

党的建设法规也有助于加强党的领导能力和执政能力建设,保证党更好地承担起领导国家治理现代化的政治责任。如2015年发布的《关于实行党风廉政建设责任制的规定》就明确了领导班子、领导干部在党风廉政建设中的责任,保持和发展党的先进性。而2019年印发的《重大事项请示报告条例》通过加强和规范重大事项请示报告工作,保证全党全国服从党中央,保障政令畅通,有利于提高重大事项请示报告工作的制度化、规范化、科学化水平。

总而言之,依规治党孕育于我们党百年制度治党的历史实践之中,是制度治党的深化与升华。新时代我们需要制度治党,但更离不开依规治党。

(三) 依规治党的核心要义

依规治党,是指我们党根据党内法规开展管党治党活动,是我们党将法治思维和法治方式运用于全面从严治党实践的治理模式创新,是一个实践探索在前、总结提出在后的概念。我们党最鲜明的政治品格就是勇于自我革命。从严管党治党,是我们党践行党要管党、全面从严治党的时代要求和历史抉择。依规治党的核心要义,就是通过党内法规的有效实施来制约党内权力,其关键在于把权力关进制度的笼子里,始终保持权力的人民性。

关于依规治党这个概念,可以从"依规"和"治党"两个方面展开分析。

(1) 关于"依规"。依规,简言之,就是指依照党内法规,是现代法治理念对治党方式的基本要求。它强调依据党内法规来管党治党,以将管党治党活动纳入法治的轨道。将治党的经验和要求类型化、抽象化、制度化,形成明确、具体、规范并且可以普遍适用、反复适用的党内法规规定,进而将纷繁复杂的全面从严治党实践活动转化为规则制定和实施的治理过程,以保证全面从严治党高效有序地进行。

关于依规治党中"规"的范围如何认定,学界主要有狭义说和广义说。狭义说主张"规"仅指党内法规;而广义说认为,除了成文的党内法规外,它还包括国家法律法规,以及一系列不成文的党的规矩。

狭义说认为,依规治党之"规"专指党内法规,即由中国共产党制定和实施的,有关中国共产党的思想与行为建设,能够调整党内关系,且一般只能用以调整党内关系,对全体党员及各级党组织具有刚性约束力,但又不同于国家法的规范。依规治党之"规"并不是泛指作为制度的党的规矩。除党内法规之外的其他规矩,并不在依规治党所依之"规"的范围之内。党内法规作为管党治党的利器,在内容上严于国法,对党员提出了更高的要求。而如果将此处的"规"作扩大解释,则会降低从严治党的要求,从而背离了依规治党的目标。中国共产党作为工人阶级的先锋队,同时也是中华民族和中国人民的先锋队,需要具有代表性与先进性,而保持其先进性与代表性的关键就在于依规治党而绝非仅依法治党。只有将党员与一般群众区分开来,以更加严格的标准要求全党,才能够保持党的纯洁性,进而保持党的先进性与代表性。因此,在狭义说的视角下,依规治党中的"规"只包括党章、准则、条例、规则、规定、办法、细则等在内的党内法规规范。

广义说则认为,这里的"规"应是国家法规、党内法规、政治规矩的集合体,是效力等级有差异的有机整体。首先,依规治党体现了党对规则的敬畏,意味着党高度尊重宪法和法律,因此,国家法规必然是"规"的概念内涵之一。其次,党内法规是以党章为核心的一系列党内规范性文件的统称,它们是依规治党的当然制度渊源。最后,不成文的政治规矩虽然没有形成成文的规范文件,但它们也是我们党在领导革命、建设和改革过程中,经由党的宣传、提倡、实践而不断形成的行为准则、优良传统以及工作惯例。所以,它们也是依规治党中"规"的必不可少的组成部分。例如,在2021年秋季学期中央党校青年干部培训班的开班式上,习近平总书记提出,检验党员干部是否对党忠诚,标准之一就是看其能不能严守党的政治纪律和政治规矩,做政治上的明白人、老实人。这里的"政治规矩"就包括了党在长期实践中形成的优良传统、工作惯例和一些未明文列入纪律的规矩,这些不成文的规矩依靠的往往是党员的自觉遵守、自我约束。所以,作为党员,不能对不成文的政治规矩视而不见,而只以党内法规文件为准则要求自身,对于政治规矩的遵守,也是考核党员党性和觉悟的标准之一。

显然,当我们把依规治党和制度治党并称时,对依规治党中的"依规"作狭义理解更为合适,同时把制度治党中的"制度"作广义理解,它包括国家法规和政治规矩等。这样的话,依规治党和制度治党就都有自己独立的规范依据范围,且相互之间边界清晰而不相互纠缠。当我们只讲依规治党,不再把它与制度治党并举时,对于依规治党中的"依规"理应作广义理解,它除了党内法规之外,还应该包括国家法规和政治规矩等。这样的话,依规治党的规范依据就具有足够的完满性,而不至于人为地将国家法规和政治规矩排除在外了。

(2)关于"治党"。所谓治党,指的是中国共产党作为治理主体,对党组织和党员进行管理、教育和引导等。中国共产党既是治理的主体,同时也是治理的对象。"依规治党"的本质是党内自治问题,是我们党为确保自身先进性与纯洁性而进行自我革命的产物。一方面,通过依规治党来保持我们党及其党员的廉洁性和先进性,发挥其在通过依法治国来实现中华民族伟大复兴进程中的先锋模范作用;另一方面,在依法治国过程中,提升党组织和党员干部依法执政的能力与水平,进一步激发他们依规治党的自觉性和主动性。

依规治党是全面推进从严治党的必然举措和关键一环,体现了我们党从严治党管党的历史传统。同时,依规治党是党的制度建设发展到现代治理阶段的产物,是对传统管党治党理念方法的重大改良与升级。依规治党是过去思想建党、制度治党的飞跃,是运用法治思维与法治方式推动党自我革命、进而有力领导社会革命的创新,是我们党管党治党方式的深化和升华。

关于依规治党的核心要义,可以归结为四点:有规可依、有规必依、执规必严、违规必究。

第一,"有规可依"。这是依规治党的前提,强调我们党要制定充足的党内法规,以使所有的党务事项都可以根据党内法规进行有效的治理。要做到有规可依,就需要规范党内法规的制定工作,确保党内法规制定工作,坚持正确的政治方向,坚持从党的事业发展需要和全面从严治党实际出发,充分发扬党内民主,维护党的集中统一,以此提高党内法规的质量,从而形成"内容科学、程序严密、配套完备、运行有效"的党内法规体系。

而"有规必依、执规必严、违规必究"是依规治党的保障,它们强调的是党内法规的严格执行。关于党内法规的执行问题,习近平总书记进行过十分深刻的阐述,指出要抓好法规制度落实,必须落实监督制度,加强日常督察和专项检查;要用监督传递压力,用压力推动落实,要在全党开展法规制度宣传教育,引导广大党员、干部牢固树立法治意识、制度意识、纪律意识,懂法纪、明规矩、知敬畏、存戒惧,形成尊崇制度、遵守制度、捍卫制度的良好氛围。

第二,"有规必依"。旨在强化党内法规的实施。徒法不足以自行,党内法规制定得再完美,也需要有关主体严格执行和落实才能发挥其应有的规范功能。正如习近平总书记所指出的,有了好的制度如果不抓落实,只是写在纸上、贴在墙上、锁在抽屉里,制度就会成为稻草人、纸老虎;要强化制度执行,加强监督检查,确保出台一个就执行落实好一个。因此,有规必依是依规治党的核心环节。要做到有规必依,就要健全党内法规实施体系,组织党员干部积极主动学习党内法规,做好党内法规的宣传工作,促进党规信仰的形成。

第三,"执规必严"。旨在加强党内法规实施的监督。党的二十大报告指出,要健全党统一领导、全面覆盖、权威高效的监督体系,完善权力监督制约机制,以党内监督为主导,促进各类监督贯通协调,让权力在阳光下运行;推进政治监督具体化、精准化、常态化,增强对"一把手"和领导班子监督实效。要做到执规必严,必须对权力进行制约,一方面要加强日常对各级党组织、普通党员、党员干部,实施党内法规情况的考核检查;另一方面要对党内法规实施进行及时的评估。目前党内法规实施评估体系尚不成熟,常常会出现需要修改或者废止的党内法规并没有得到妥善处理的情况,所以,要建立完备的党内法规实施评估体系。

第四,"违规必究"。这是加强党内问责追责所必须的动作。习近平总书记曾指出,不以权势大而破规,不以问题小而姑息,不以违者众而放任,不留"暗门"、不开"天窗",坚决防止"破窗效应"。对于违反党章和其他党内法规的党员干部,必须追究其责任,否则就会让其他人抱有侥幸心理,纷纷效仿,破坏党的凝聚力和纯洁性,在党内产生极其恶劣的影响。所以,要落实全面从严治党政治责任,用好问责追责的利器,做到违规必究。

一言以蔽之,有规可依、有规必依、执规必严、违规必究,是依规治党核心要义的十六字方针。如何在全面从严治党实践中将这十六字方针贯彻落实好,是依规治党实践面临的终极考验。

二、依规治党的意义

习近平总书记指出:"治国必先治党,党兴才能国强。新时代十年,党中央把全面从严治党纳入'四个全面'战略布局,刀刃向内、刮骨疗毒,猛药祛疴、重典治乱,使党在革命性锻造中变得更加坚强有力。全面从严治党永远在路上,要时刻保持解决大党独有难题的清醒和坚定。"由此可知,依规治党具有深远的意义,它是破解大党独有难题的根本举措,是党以"刀刃向内、刮骨疗毒"的自我革命精神,对党内种种"沉疴""乱象"宣战,以使全党上下始终不忘初心、牢记使命。下面就依规治党的意义展开论述,以进一步认识依规治党。

(一)依规治党是管党治党的基本方式

首先,坚持从严治党是党的建设的基本要求。管党治党,必须严字当头,把严的要求贯彻全过程。在庆祝中国共产党成立一百周年大会上,习近平总书记深刻指出,我们党历经千锤百炼而朝气蓬勃,一个很重要的原因就是我们始终坚持党要管党、全面从严治党。自成立以来,中国共产党就在不断探索从严治党的路径,包括严明政治组织等纪律、开展党内集中教育、持续推进作风建设、构建行之有效的权力监督制度和执纪执法体系等。早在1992年,党的十四大修订党章时,就把"坚持从严治党"载入党章。

自党的十八大以来,从严治党在党的建设中被提到了一个前所未有的新高度,以习近平同志为核心的党中央将"全面从严治党"纳入"四个全面"战略布局。全面从严治党是新时代党的自我革命的伟大实践,是新时代党的建设的鲜明主题,是党治国理政的鲜明特征,在党和国家事业全局中发挥政治引领和政治保障作用。

全面从严治党以来,我们党解决了党内许多突出问题,党的自我净化、自我完善、自我革新、自我提高能力显著增强,不断形成风清气正的党内政治生态,走过百余年奋斗历程的中国共产党,在革命性锻造中变得更加坚强有力。但同时也要清醒地认识到,党面临的执政考验、改革开放考验、市场经济考验、外部环境考验将长期存在,而精神懈怠危险、能力不足危险、脱离群众危险、消极腐败危险也将长期存在。面对新征程上的新挑战和新考验,必须保持高度警醒,驰而不息地推进全面从严治党,使百年大党在自我革命中不断焕发蓬勃生机,始终成为中国人民最可靠、最坚强的主心骨。

其次,制度治党是全面从严治党的根本之策。经国序民,正其制度。2014年10月,在党的群众路线教育实践活动总结大会上,习近平总书记提出,要坚持思想建党和制度治党的紧密结合,强调制定出来的制度要务实管用,突出制度的针对性和指导性、制度的执行力以及制度的严肃性与权威性,使得制度成为硬约束而不是橡皮筋,做到教育与制度同向发力、同时发力。党的十八大以来,党中央高度重视党的制度建设,坚持制度治党、依规治党,努力构建系统完备、科学规范、运行有效的制度体系,把全面从严治党提升到一个新的水平。

制度治党的关键是依规治党。《关于加强党内法规制度建设的意见》从指导思想、总体目标、加快构建完善的党内法规制度体系、提高党内法规制度执行力、加强组织领导等方面,对加强新形势下党内法规制度建设提出了明确要求、作出了统筹部署;强调中央各部门和地方各级党委要认真抓好职责范围内的党内法规制度建设工作,与党建其他工作一同部署、抓好落实。《问责条例》以党章为根本遵循,全面贯彻党的十八大和十八届三中、四中、五中全会精神,聚焦于全面从严治党,规范和强化党的问责工作,完善全面从严治党责任制度,把问责作为从严治党利器,是全面从严治党重要的制度遵循。

最后,依规治党是制度治党的核心。依规治党作为制度治党的核心,它是"四个全面"背景下管党治党理念的独特创新,在维护党的团结统一、监督制约权力、规范党员言行、严肃党内政治生活等管党治党方面发挥着不可替代的重要作用。

第一,它有利于维护党的团结统一。作为一种具有刚性拘束力的制度规范,党内法规的功能本身具有根本性、全局性、稳定性、长期性,以此作为规范党组织和党员的依据,更具有权威性和公平性,在党的纪律面前人人平等,规则适用的平等性,更能实现对党组织和党员的平等规范,实现党的团结统一。

第二,它有利于监督制约权力。有权力的地方就容易滋生腐败,权力需要在监督之下运行。依法治国要求法律至上,任何组织和个人都不得凌驾于法律之上,依规治党吸收了依法治国的精神,要求党规至上,把权力关进制度的笼子。深入推进党风廉政建设和反腐败斗争,健全和改进作风长效机制,着力构建不敢腐、不能腐、不想腐的体制机制,着力解决一些党员干部不作为、乱作为等问题,积极营造风清气正的政治生态,努力实现干部清正、政府清廉。

第三,它有利于规范党员言行。通过依规治党,强化党员的规则意识和制度观念,规范党员的一言一行,在党员自律基础上实现全党参与的共治模式,切实使党的建设朝着优化治理的方向前行。以党章约束党组织及党员的行为。党章是全体党员言行的总规矩。每一个党员都要时刻牢记作为党员的使命和担当,以身作则。只有党员严于律己,党组织才能保持生机和活力。

第四,它有利于严肃党内政治生活。习近平总书记强调,管党治党根子在党委、关键靠担当,各级领导干部要落实全面从严治党主体责任,做到敢管敢治、严管严治、长管长治,营造风清气正的政治生态。要坚持依规治党,把加强纪律建设摆在更加突出的位置,尊崇党章、敬畏党纪,严守政治纪律和政治规矩。对党绝对忠诚是最重要的政治纪律,管党治党责任是最根本的政治责任,守住纪律底线是最基本的政治要求。

作为马克思主义政党,严明的纪律是我们党的内在基因。依规治党究其实质是法治思维在党内生活和管理中的延伸与落地,即以党内法规规范组织运行,以党内法规引导领导方式,以党内法规保障党员基本权利,以党内法规惩戒各类违规、失当行为。通过搭建整体化的制度框架和惩防体系,旨在塑造一个信仰坚定、作风纯洁、清正廉洁的无产阶级政党,确保其在国家法治建设的道路上,切实发挥引领和示范作用。党内法规包括党的组织、党的领导、党的自身建设、党的监督保障,覆盖党的领导和党的建设各个方面,为公正用权、依法用权、为民用权、廉洁用权提供了重要保证,为依规治党优势较好地转化为管党治党、治国理政的治理效能提供了坚实的规范基础。

(二) 依规治党是依法执政的题中之义

依法执政是我们党的基本执政方式,是我们党百年发展历史经验的科学总结。2002年党的十六大就已经明确提出要"坚持依法执政"。现代政治要求执政党的一切行为都要法治化、规范化、制度化,而依法执政就是我们党对现代政治的最好诠释。在党的二十大报告中,习近平总书记强调:"要扎实推进依法行政。法治政府建设是全面依法治国的重点任务和主体工程。转变政府职能,优化政府职责体系和组织结构,推进机构、职能、权限、程序、责任法定化,提高行政效率和公信力。深化事业单位改革。深化行政执法体制改革,全面推进严格规范公正文明执法,加大关系群众切身利益的重点领域执法力度,完善行政执法程序,健全行政裁量基准。强化行政执法监督机制和能力建设,严格落实行政执法责任制和责任追究制度。完善基层综合执法体制机制。"凡此种种,都是依法执政内涵的具体展开。

依规治党要求在党的自身建设中,参照依法治国的原则与精神,结合党本身的实际及特点,加以更加严格的治理和管理。依规治党是依法执政的重要组成部分。它以系统完善的党内法规制度体系为依托,在党自身决策运行与治党全过程形成制度与法规是我们党为了适应全面建设社会主义现代化强国的新要求,坚持从严治党方略,是系统化建构依法执政、实现领导全面制度化的根本保障。

中国共产党作为我国的执政党,是治国理政中最重要的政治力量。依法执政是依法治国方略对执政党提出的一项基本要求。《中共中央关于全面推进依法治国若干重大问题的决定》提出,依法执政是党治国理政的基本方式;依法执政,既要求党依据宪法法律治国理政,也要求党依据党内法规管党治党。所以,依法执政的"法"既包括国法又包括党法,依法执政要求执政党既要受到国家法律的约束,又要接受党内法规的约束,由此可见,依规治党是依法执政的题中之义。

党的十八大以来,面对云谲波诡的国际环境,面对更加严峻化、多元化的风险和挑战,面对更加艰巨复杂的建设任务,我们党必须加强和改善执政方式,真正做到依法执政。而在治国理政的实践中,我们党自身管理的科学化、现代化和制度化,直接影响着国家治理体系和治理能力的现代化,所以,党的领导行为和执政活动都要按照党内法规的要求进行。从这一层面上说,依规治党是我们党维持自我革新优良传统的重要手段。只有通过依规治党,才能实现党的领导的制度化、法治化,才能实现党的依法执政。

依法依规地从严管党治党,既是党执政经验的历史总结,又是全面推进依法治国、建设法治中国的时代要求。在现代民主政治与法治的背景下,我们党必须采取法治的思维与方式,以加强党的自身建设和治国理政。而依法依规管党治党的逻辑起点是,党的领导权必须严格依据党内法规和国家法律的规定而展开,绝不能凌驾于党内法规和国家法律之上。党规党纪严于国家法律,党的各级组织和广大党员干部不仅要模范遵守国家法律,而且要按照党规党纪以更高标准严格要求自己。运用法治思维实现党的领导与依法依规管党治党的协调统一,运用法治方式实现依法依规管党治党的制度化与科学化。

为适应全面建设社会主义现代化国家的新要求,我们党在新时代的治理建设中,积极借鉴国内外治理兴衰的经验教训,顺应时代变化,在历史的洪流中探索和把握马克思主义执政党的执政规律,把法治建设作为党的建设的重要抓手,以制度管党治党,构建高效规范的治理体系。党的十八大以来,党中央坚持将依规治党作为党依法执政的必然要求,把党内法规体系纳入中国特色社会主义法治体系,党内法规的规范作用得到了充分发挥,党内法规治理效能日益彰显。《组织工作条例》《宣传工作条例》《统一战线工作条例》《政法工作条例》等一系列基础主干党内法规的颁布,在制度层面把党总揽全局、协调各方的地位落到实处,极大地提升了党的政治领导力、思想引领力、群众组织力、社会号召力。

依规治党是我们党对执政规律的深刻把握和创新,是落实从严治党的关键一环,是我们党自身建设和执政方式的一个革命性变革,是新时期我们党增强执政合法性、提升执政能力的战略抉择。要推动依规治党事业健康发展,从观念上讲,应树立治党方式的根本变革,接受规则之治、国法党规政规多元、善治价值优先等新观念;从制度方法上讲,要妥善用好管党治党的"法律方法"和"党规方法"。我们党通过依规治党实现自我革命,规范党在执政治国中的各项权力,为依法治国提供保障,最终实现依法执政。

(三) 依规治党是完善党和国家治理体系的必然要求

中国共产党是我国的执政党,是我国政治力量的最高体现,是中国特色社会主义事业的领导核心。中国共产党在我国的领导地位决定了党内治理在国家治理中具有重要地位,而依规治党是党内治理的重要手段,对国家治理现代化的实现具有关键性作用。在推进国家治理现代化的征程上必须坚持依规治党。

2013年11月,党的十八届三中全会指出:"全面深化改革的总目标是完善和发展中国特色社会主义制度,推进国家治理体系和治理能力现代化。"至此,国家治理体系和治理能力现代化正式上升至国家战略层面。所谓国家治理体系,就是由与国家治理有关的组成要素及其体制机制相互作用而形成的一个系统,分别包括国家的行政体制、经济体制和社会体制。国家治理体系包括三大要素,即治理主体、治理机制和治理效果。现代国家治理体系是一个有机、协调、动态和整体的制度运行系统。可以说,我国的国家治理体系就是在党的领导下、在建设中国特色社会主义现代化过程中发展起来的不同于其他社会主义国家的一系列制度体系。

在完善党和国家治理体系中,对于治理体系主体的要求之一就是必须抓住领导干部这个"关键少数",这也是习近平法治思想的重要内容之一。党的十九届四中全会强调,各级党委和政府以及各级领导干部要切实强化制度意识,带头维护制度权威,担当制度执行的表率,带动全党全社会自觉尊崇制度、严格执行制度、坚决维护制度。这既是对各级领导干部提出的要求,也是推进国家治理体系和治理能力现代化的重要途径。党的十八大以来,全面从严治党向纵深推进,领导干部个人有关事项报告工作也不断加强和改进。党的十八届六中全会对坚持和完善领导干部个人有关事项报告制度作出了新的明确规定,新制定了《领导干部个人有关事项报告查核结果处理办法》。为更好适应新形势和新要求,中央对2010年印发的《关于领导干部报告个人有关事项的规定》予以修订。修订之后的规定和新制定的上述办法着眼于建立完善中国特色领导干部个人有关事项报告制度,总结党的十八大以来贯彻执行报告制度的实践经验,坚持突出重点,力求精准科学,强化监督约束,对报告主体、报告内容、抽查核实及结果处理等予以改进完善。这两部党内法规的实施,对于进一步严明党的政治纪律和组织纪律,从严管理监督干部,具有十分重要的意义。

良好的治理制度能够为党和国家治理提供充足的规则指引和体制机制保障。《中共中央关于坚持和完善中国特色社会主义制度、推进国家治理体系和治理能力现代化若干重大问题的决定》强调,要把党的领导落实到国家治理各领域、各方面、各环节。在党的领导下,国家统一推动和组织各项事业、各项工作的展开,落实制度的执行到位。党和国家治理体系的完善与推进,离不开制度治党,制度治党的核心则在于依规治党,由此,我们可以进一步印证依规治党在完善党和国家治理体系进程中居于关键地位。

《党内法规执行责任制规定(试行)》强调,各级党组织和全体党员负有遵守党内法规、维护党内法规权威的义务,都要切实担负起执行党内法规的政治责任。2018年中共中央发布《防范和惩治统计造假、弄虚作假督察工作规定》,以构建防范和惩治统计造假、弄虚作假督察机制,推动各地区和各部门严格执行统计法律法规,确保统计数据真实准确,为经济社会发展做好统计制度保障。该党内法规规定了国家统计局组织开展统计督察,监督检查各地区和各部门贯彻执行党中央、国务院关于统计工作的决策部署及要求。以党内法规的形式规范了国家统计局、国家统计局统计执法监督局相关工作的落实,推动各地区和各部门严格执行统计法律法规,确保统计数据真实准确。

健全和完善党内法规体系,是完善党和国家治理体系的重要制度依赖。2021年7月1日,在庆祝中国共产党成立100周年大会上,习近平总书记指出,坚持和完善中国特色社会主义制度、推进国家治理体系和治理能力现代化,坚持依规治党、形成比较完善的党内法规体系。《党内法规制定条例》《党内法规和规范性文件备案审查规定》的印发实施,旨在提高党内法规质量,维护党内法规和党的政策的统一性、权威性,形成完善的党内法规体系,为党和国家治理体系提供规范制度上的借鉴与遵循。而《政法工作条例》以中央党内法规的形式对党领导政法工作作出了规定,把党长期以来领导政法工作的成功经验转化为制度成效,这既是实现依法治国与依规治党有机统一的重要举措,又是推进国家治理体系完善的必然要求。

如上所述,依规治党是制度治党的深化和升华,是十八大以来我们党在管党治党方式上的一大创新,是在继承党始终坚持自我革命精神的基础上,符合时代潮流的党内自治。依规治党体现了党内治理的现代化,而党内治理是国家治理的重中之重,强化党内治理也是完善党和国家治理体系的必然要求。

三、依规治党与依法执政

如上所述,依规治党与依法执政之间有着非常紧密的联系。所以,有必要对它们之间的关系展开详细分析,以进一步透视依规治党。

(一)依法执政概念的提出

所谓执政,是指中国共产党通过正当方式领导国家机关,以党推选的代表掌握国家机关,并对整个国家事务实施管理的活动。执政最突出的表现形式是依靠国家机关和国家法律,通过法定程序贯彻并落实党的路线、方针和政策。依法执政是依法治国的重要组成部分,是一种党的意志的贯彻落实过程,是我们党在建设社会主义法治国家背景下提出的自我要求,是从严治党的深层次内涵要求。

关于我们党的领导方式和执政方式问题,邓小平认为,在民主政治下,我们党应该采取指导与监督的方式。党对政权要实现指导的责任,使党的主张能够经过政权去实行,党对政权要实现监督的责任;党的领导责任是放在政治原则上,而不是包办,不是遇事干涉,不是党权高于一切,这是与"以党治国"完全相反的政策。

2002年,江泽民在中国共产党第十六次全国代表大会上指出,要改革和完善党的领导方式和执政方式,明确提出要"坚持依法执政,实施对国家和社会的领导"。此外,他还指出,必须增强法制观念,善于把坚持党的领导、人民当家作主和依法治国统一起来,不断提高依法执政的能力。2004年,在十六届四中全会上,胡锦涛发表讲话指出,党通过艰辛探索和实践所积累出来的执政的成功经验,其中一点便是"必须坚持科学执政、民主执政、依法执政,不断完善党的领导方式和执政方式"。这是我们党从根本上转变执政方式、形成新的执政模式的里程碑。至此,"依法执政"正式成了我们党的执政理念、执政内容和执政方式。

此后,党的历次全国代表大会都对"依法执政"予以了重申。尤为突出的是,党的十八届四中全会还对依法执政的内涵展开了论述,强调依法执政,既要求党依据宪法法律治国理政,也要求党依据党内法规管党治党;坚持依法治国首先要坚持依宪治国,坚持依法执政首先要坚持依宪执政;要形成完善的党内法规体系,坚持依法治国、依法执政、依法行政共同推进,坚持法治国家、法治政府、法治社会一体建设。通常意义上说,依法执政,指的是执政党依照宪法和法律确定的国家政权运作方式来掌握国家政权的执政方式。它要求执政党依据宪法和法律而非政策执政。在我国,依法执政的理念日益深入人心,并在实践中不断得到发展和完善。

自党的十八大以来,以习近平同志为核心的党中央高度重视法治建设,对依法治国方略的全面推进多次作出部署。《中共中央关于全面推进依法治国若干重大问题的决定》提出,"依法治国、依法执政、依法行政共同推进"。在习近平法治思想中,依法执政理论贯穿始终、牵涉各方,既是"坚持党的领导"的细化与延伸,也是依法治国与依法行政共同推进的"交汇点",还关切到依规治党、全面从严治党的时代任务。依法执政具有深刻的内涵,是对中国法治理念的深化。

(二)依法执政的关键在于依规治党

作为国家事业发展的核心力量,中国共产党具有严密的组织性,是保有先锋队性质的工人阶级政党。依法执政的关键在于,执政党要能够在宪法和法律的规定下进行治国理政,就需要确保执政党具有严密组织性和队伍先进性,其要旨在于依规治党,加强对党的队伍的建设。所以,要想提高党的依法执政水平,就要不断完善党内法规制度,因为完善的党内法规是提高党依法执政水平的力量之源。

党的十八届四中全会指出,依法执政,既要求党依据宪法法律治国理政,也要求党依据党内法规管党治党。这就明确了党依法执政,需要宪法法律和党章党规的"双轮驱动",党内法规是提高党依法执政水平的内生力量。

首先,要加快形成党内法规制度体系,及时对现有的党内法规进行清理、修订、解释,提高党内法规的可操作性和执行力,以科学完备的制度规范提升党的领导方式和执政方式,为科学执政、民主执政、依法执政提供更加成熟、更加协调的制度依据,实现执政方式的根本转型和变革。在纪念现行宪法公布施行四十周年的讲话中,习近平总书记指出,必须坚持宪法实施与监督制度化法规化;宪法的生命在于实施,宪法的权威也在于实施;必须用科学有效、系统完备的制度法规体系保证宪法实施,形成完备的法律规范体系、高效的法治实施体系、严密的法治监督体系、有力的法治保障体系,形成完善的党内法规体系,加强宪法监督,确保在法治轨道上推进国家治理体系和治理能力现代化、建设社会主义现代化国家。党内法规体系是保证宪法全面实施的制度体系,因此建立完备的党内法规体系能够增强宪法的生命力,保障宪法的实施。此外,党内法规体系的完善有利于加强对宪法实施的监督,确保宪法成为推进国家治理体系和治理能力现代化的核心武器,把我国建设成为社会主义现代化国家。

纵观党的百年历程,我们党一直致力于推进党内法规体系建设。2013年发布的《中央党内法规制定工作五年规划纲要(2013—2017年)》明确提出,力争经过5年努力,基本形成涵盖党的建设和党的工作主要领域、适应管党治党需要的党内法规体系框架。2016年《关于加强党内法规制度建设的意见》出台,这是贯彻落实以习近平同志为核心的党中央关于依规治党的重大决策部署,从指导思想和总体目标方面,加快构建完善的党内法规制度体系。该意见强调,制定党内法规制度必须牢牢抓住质量这个关键,方向要正确、内容要科学、程序要规范,保证每项党内法规制度都立得住、行得通、管得了。2018年印发的《党内法规制定工作第二个五年规划(2018—2022年)》明确提出,着眼于到建党100周年时形成比较完善的党内法规制度体系,并对今后5年党内法规制度建设进行了顶层设计。党的二十大报告指出,比较完善的党内法规体系已经形成,党内法规制度建设成就在百年党史中熠熠闪光。

其次,要不断建立健全党内的各类法规,不断提高党自身的法治意识,加强自身的法治化建设,在全党形成良好的法治氛围,自觉做到依靠党章党规办事,自觉做到依法执政。2021年发布的《中共中央关于加强"一把手"和领导班子监督的意见》强调,党的委员会是党执政兴国的指挥部,"一把手"是党的事业发展的领头雁;要加强对"一把手"的监督,加强对同级领导班子的监督,切实加强党对监督工作的领导,团结带领广大干部群众战胜前进道路上的各种艰难险阻,不断取得中国特色社会主义事业的新胜利。

最后,要健全运行机制,促进党内法规落到实处。要夯实党的基层组织和群众基础,在党内法规建设中,注重激发基层党员、人民群众的政治热情和积极性。农村党风廉政建设事关党的执政基础,2011年中央就出台了《农村基层干部廉洁履行职责若干规定(试行)》,这是新形势下加强党的执政能力建设和先进性建设,造就高素质农村基层干部队伍的重要党内法规。该规定对乡镇领导班子成员和基层站所负责人、村党组织领导班子成员和村民委员会成员等的廉洁履行职责行为予以了规范,并对违反规定行为的处理作出了明确要求,进一步加强了农村党风廉政建设。

（三）依规治党与依法执政的有机统一

依规治党与依法执政的有机统一，是建设中国特色社会主义法治体系的需要。只有充分发挥好党内法规在管党治党建设过程的重要作用，党员干部才能更加严格地遵守党内法规和国家法律，执政党才能真正做到依法执政。所以，在法治中国建设上，要坚持依规治党与依法执政的有机统一，两者必须同时并举、相互支撑。

依规治党与依法执政的有机统一，是全面从严治党的需要。党的二十大报告指出，我们要落实新时代党的建设总要求，健全全面从严治党体系，全面推进党的自我净化、自我完善、自我革新、自我提高，使我们党坚守初心使命，始终成为中国特色社会主义事业的坚强领导核心。我们党作为我国政治体制中唯一的执政党，其掌握的权力是非常大的，所以，要对其权力进行制约，真正把权力关进制度的笼子里，实现全面从严治党。我们党要实现全面从严治党，就必须坚持依规治党与依法执政的有机统一，借助国家法律体系和党内法规体系的双重规范功能使我们党坚持做到"不忘初心、牢记使命"，始终成为中国特色社会主义事业的领导核心。

要实现依规治党与依法执政的有机统一，就需要在正确认识依规治党与依法执政辩证关系的基础上，准确把握依规治党与依法执政有机统一的要求，主要包括依规治党与依法执政必须遵循各自的治理逻辑，依规治党与依法执政共同服务于社会主义法治国家的建设目标。

（1）依规治党与依法执政的辩证关系

依规治党是依法执政的前提和基础，是提高党的执政水平的根本保证。法律是所有公民的行为底线，全体公民必须遵守法律规定，党员也是国家公民，党员没有法外特权，同样不能突破法律这条行为底线。而党内法规是对党组织和党员所立的规矩。以道德水准来衡量这两种规则，党内法规对行为的要求更高。国家法律所规定的一些可由公民自由选择的任意性规范，在党的纪律中，却被定为命令性、禁止性的义务规范。这意味着，对个人行为而言，党纪严于国法，党内法规对党员的要求比法律对公民的要求更加严格。触犯党纪，未必触犯国法，但触犯国法，一定违反党纪。所以，通过从严监督党员的思想言行，党内法规可以做到强固党的执政基础、进一步发挥党的表率作用，赢得人民群众的广泛支持，扩大党执政的社会基础。

依规治党，着力在治。充分发挥党内法规的惩戒作用，严格查处各种违纪违法行为，有助于党员干部时刻保持警惕，牢记执政为民的宗旨，不忘初心,勇毅前行,同时也有助于确立党内法规的权威,真正把权力关进制度的笼子。事实证明,党的十八大以来,我们党从统筹中华民族伟大复兴战略全局和世界百年未有之大变局的高度,布局和推进党内法规制度体系建设,紧紧围绕服务党和国家工作大局的原则,注重运用党内法规管党治党,提高党的执政能力和领导水平,确保党在坚持和发展中国特色社会主义的历史进程中,始终成为坚强的领导核心。

(2) 依法执政是依规治党的必然要求

党章规定,党必须在宪法和法律的范围内活动。党的十八届四中全会对"加强党内法规制度建设"提出了明确要求,而全面推进依法治国,必然要求加强党内法规制度建设。要明确党内法规制定主体,明确党内法规的调整范围,构建党内法规规范体系,完善党内法规的内容,完善党内法规制定程序,提升党内法规执行效率,维护党内法规制度权威等。加强党内法规制度建设是一个复杂的系统工程,要将党内法规制度建设与人民群众根本利益相结合、与自身改革发展实际相结合,明确党的治国理政思路,突出党的核心领导作用,服务于党的事业和新时代下党的全面深化改革与发展。党必须在宪法和法律范围内活动,党规必须与国法保持一致,这是我们党在依规治党实践中应当始终坚持的一项原则。

《党内法规制定条例》明确规定,制定党内法规,应当遵守党必须在宪法和法律范围内活动的原则。《党内法规和规范性文件备案规定》要求,必须严格审查和严肃纠正党内法规和规范性文件同宪法和法律不一致的问题。在实践中,少数"红头文件"所作出的规定并不适当,突破了法律规定的边界,如有的"红头文件"违法规定税收优惠政策,有的违反公务员法有关规定,有的明显有地方保护主义之嫌等,这都需要通过备案审查机制依法依规予以纠正,以维护法制的统一和权威。

(3) 依规治党与依法执政有机统一的实现路径

首先,依规治党与依法执政必须遵循各自的治理逻辑。依法执政要求我们党依据宪法与法律治国理政,依规治党要求我们党依据党内法规治党管党,两者是有机统一的。不过,两者有着不同的治理逻辑,依法执政强调执政活动要在宪法与法律的框架下,其目的在于实现执政的法治化,依规治党的目的在于治党管党,净化党风。所以,实现依规治党与依法执政的有机统一,必须严格遵循依规治党与依法执政各自的治理逻辑。

在党的二十大报告中,习近平总书记指出,完善党的自我革命制度规范体系;坚持制度治党、依规治党,以党章为根本,以民主集中制为核心,完善党内法规制度体系,增强党内法规权威性和执行力,形成坚持真理、修正错误、发现问题、纠正偏差的机制。我们要想深入推进新时代党的建设新的伟大工程,就需要构建完善的党内法规体系,为依规治党奠定完备的规范基础,以党的自我革命引领社会革命。习近平总书记在党的二十大报告中指出,坚持依法执政首先要坚持依宪执政,坚持宪法确定的中国共产党领导地位不动摇,坚持宪法确定的人民民主专政的国体和人民代表大会制度的政体不动摇。宪法是依法执政的总规范,我们党所有的执政行为都需要在宪法的框架下进行。我们党领导人民制定宪法,集中体现了全体人民的意志,实现了党和人民意志的高度统一,必须把党执政行为控制在宪法和法律的范围内,这样才能保证党领导人民依法有效地治国理政,确保党领导人民推进国家治理体系和治理能力现代化、建设社会主义现代化国家。

其次,依规治党与依法执政共同服务于建设社会主义法治国家。党的十八大以来,以习近平同志为核心的党中央着眼于党长期执政和国家长治久安,推进国家治理现代化理论创新、制度创新、实践创新,确立法治为治国理政的基本方式,依规治党为管党治党的基本方式,坚持依法治国和依规治党的有机统一,推动了从依法治国到全面依法治国的重大变革。

依规治党,简单来说,是指依据党内法规管党治党,依规治党是从严治党的基本要求和基本方式。根据经济社会发展现状和党的状况,中央将全面从严治党作为战略布局的重要内容。全面从严治党的基本要求和基本方式是依规治党,依规治党就是严格按照党内法规的要求,规范党的各级组织和全体党员的思想言行,这对于整顿目前党内不良政治风气、加强党的队伍建设至关重要。加强对党的队伍治理,让党的各级组织和全体党员忠实履行法定职责,有效抵御腐败风险,从而履行好宪法所赋予我们党的执政使命,巩固党的执政地位。

依法执政是指作为执政党的中国共产党,依据宪法和法律规定的方式和途径,领导、执掌、监督国家政权及各个国家机关。依法执政和依规治党二者相互协调,有机统一,服务于社会主义法治国家建设的根本目标:在中国共产党领导下,坚持中国特色社会主义制度,贯彻中国特色社会主义法治理论,形成完备的法律规范体系、高效的法治实施体系、严密的法治监督体系、有力的法治保障体系,形成完善的党内法规体系,坚持依法治国、依法执政、依法行政共同推进,坚持法治国家、法治政府、法治社会一体建设。

在中国特色社会主义制度下,党规与国法既有区别,又有联系;既各自发挥作用,又相互协调衔接,二者相辅相成、相得益彰。党规与国法的区别主要在于：党规调整的是党内生活、党内关系以及党的领导和执政行为，国法调整的是社会关系和社会秩序；党规规范的是党组织的工作、活动和党员行为，国法规范的是国家机关以及公民、法人和其他组织行为；党规以党的纪律作为强制手段，国法由国家强制力保证实施。作为执政党，中国共产党的党规与国法又是紧密联系的，党规是党的意志的体现，国法是在党的领导下制定的，二者都是党和人民根本意志的反映，党规与国法是协调一致的。

在党的十八届四中全会上，习近平总书记明确要求，全面推进依法治国，必须努力形成国家法律法规和党内法规制度相辅相成、相互促进、相互保障的格局。通过推动党内法规制度建设高质量发展，将党内法规制度优势更好转化为管党治党、治国理政的治理效能，为党团结带领人民实现中华民族伟大复兴中国梦提供更加坚强有力的制度保障，为坚持和完善党的全面领导提供更加坚强有力的制度保障，确保党在新时代坚持和发展中国特色社会主义的历史进程中，始终成为坚强的领导核心。

四、依规治党与依法治国

法治是党内法规的一项基本价值。依规治党的目标之一在于，使法治之光照亮管党治党的所有领域和各个环节。如此一来，依规治党与依法治国之间就有着紧密的联系。对它们之间的关系展开探讨，有助于深入认知依规治党。

（一）依法治国概念的提出

依法治国概念经历了从"重要理念"到"重要方针"再到"治国方略"，从"党的重要主张"到"正式载入宪法"的过程，并且其内涵在实践中得到不断的丰富。

在"依法治国"成为国家的基本方略之前，一些重要文件和讲话已经出现了能够彰显依法治国精神的表述。例如，1979年《关于坚决保证刑法、刑事诉讼法切实实施的指示》提出，法律"能否严格执行，是衡量我国是否实行社会主义法治的重要标志"。这里面的"法治"二字，在当年具有石破天惊的意义。1996年《国民经济和社会发展"九五"计划和2010年远景目标纲要》提出，"加强法制建设，依法治国，建设社会主义法制国家，是实现国家长治久安的重要保证"。1996年在中共中央举办的法律知识讲座中,江泽民发表讲话,指出:"依法治国是邓小平同志建设有中国特色社会主义理论的重要组成部分,是我们党和政府管理国家和社会事务的重要方针。"这是党和国家领导人第一次将依法治国定位为党和政府管理国家及社会事务的方针。

与此同时,有关依法治国概念的学术讨论也在那时出现。如在《实行依法治国,建设社会主义法治国家》一文中,李步云认为,作为一种治国原则,依法治国或以法治国、法治是相同的概念,法治要求法律具有至高无上的权威,任何组织和个人都不能凌驾于法律之上,都要严格依法办事,并就建立社会主义法治国家提出五条标准:① 要建立一个充分体现社会主义价值取向和现代法精神的完备的法律体系;② 社会主义法制应建立在民主基础上,实现民主法制化和法制民主化;③ 要树立法律至高无上的权威;④ 要建立完善的司法体制和程序;⑤ 要建设先进的现代法律文化。从这五大标准中也可以看出,早期学者对于"法制"和"法治"的区分并不是很严格。

作为党领导人民治理国家的基本方略,"依法治国"最早被正式提出是在1997年党的十五大报告上。在十五大报告中,江泽民指出:"依法治国是党领导人民治理国家的基本方略,是发展社会主义市场经济的客观需要,是社会文明进步的重要标志,是国家长治久安的重要保障。"对于什么是"依法治国",十五大报告中也有具体的论述:"依法治国,就是广大人民群众在党的领导下,依照宪法和法律的规定,通过各种途径和形式管理国家事务,管理经济文化事业,管理社会事务,保证国家各项工作都依法进行,逐步实现社会主义民主的制度化、法律化,使这种制度和法律不因领导人的改变而改变,不因领导人的看法和注意力的改变而改变。"

1999年3月,九届全国人大二次会议通过宪法修正案,增加了"中华人民共和国实行依法治国,建设社会主义法治国家"的规定。至此,"依法治国"正式载入我国的根本大法之中,赋予了这一治国基本方略最高级别的法律效力。2002年,党的十六大修改党章,依法治国正式载入党章。依法治国,建设社会主义法治国家,作为我国政治体制改革的重要目标和内容,第一次成为党章总纲的一部分,具有十分重要的现实意义和历史意义。

党的十八大以来,以习近平同志为核心的党中央高度重视法治,对依法治国方略的全面推进作了精心部署,提出"依法治国、依法执政、依法行政共同推进""法治国家、法治政府、法治社会一体建设"的新思想,并倡导"全面推进依法治国",将"依法治国基本方略的全面落实、法治政府基本建成"作为全面建成小康社会的标志之一,依法治国方略的内涵得到了全面升华。

（二）依法治国的关键在于依规治党

首先，党的领导是依法治国的根本保证。我们党是中国特色社会主义事业的领导核心，把党的领导贯彻到依法治国全过程和各方面，是我国社会主义法治建设的一条基本经验。坚持党的领导，是党和国家的根本所在、命脉所在，是全国各族人民的利益所系、幸福所系，是全面推进依法治国的题中应有之义。忽略中国共产党领导这一关键要素，就不可能正确理解中国特色社会主义法治，它必定是错误和片面的。

2014年10月，党的十八届四中全会审议通过的《中共中央关于全面推进依法治国若干重大问题的决定》提出，全面推进依法治国的总目标是建设中国特色社会主义法治体系，建设社会主义法治国家。而实现这个总目标，必须坚持一系列原则，其中首要原则就是"坚持中国共产党的领导"。2017年，在中国共产党第十九次全国代表大会上，习近平总书记明确指出："必须把党的领导贯彻落实到依法治国全过程和各方面，建设社会主义法治国家。"

2018年8月，在中央全面依法治国委员会第一次会议上，习近平总书记再次强调，"党的领导是推进全面依法治国的根本保证"。2020年11月，中央全面依法治国工作会议就贯彻落实中央全面依法治国会议精神提出了五个方面的要求，其中第一项要求就是要将坚持党的绝对领导落到实处。此次会议最大的成果是将习近平法治思想确立为全面依法治国的指导思想，而习近平法治思想的首要原则即为"坚持党对全面依法治国的领导"。由此可见，党的领导对于实现全面依法治国具有重要意义。

党的十八大以来，依法治国，建设社会主义法治国家的各项工作得到了全面推进和落实。其中，中国共产党在依法治国事业中的领导地位得到了进一步的加强。依法治国并不是要削弱党的领导，而是要不断提高党领导依法治国的能力和水平，进一步巩固党的执政地位。中国特色社会主义最本质的特征就是中国共产党的领导，中国特色社会主义制度的最大优势也是中国共产党领导。中国共产党领导作为全面推进依法治国的根本保证，既是合乎逻辑的，也是在长期的社会主义法治实践中形成的。

其次，依章治党是依法治国的前提和保障。2012年12月，在首都各界纪念现行宪法公布施行30周年大会上，习近平总书记指出："依法治国，首先是依宪治国；依法执政，关键是依宪执政。新形势下，我们党要履行好执政兴国的重大职责，必须依据党章从严治党、依据宪法治国理政。"这里的"依据党章从严治党"，也就是"依章治党"。它旨在强调作为党的"根本大法"的党章在党执政兴国中的关键性作用和决定性意义。

为何要强调"依章治党"呢？这就需要从党章的特殊地位进行探究。党章是党的总章程，对坚持党的全面领导、推进全面从严治党、加强党的建设具有根本性的规范和指导作用。党章的制定和修改机关是党的全国代表大会，这也决定了其在党内的地位，可以说，党章在党内法规体系中的地位，就相当于宪法在国家法律体系中的地位。此外，党章对于党内的基本制度、党内组织生活的基本原则、党内纪律等作出了具体的规定，其他的党内法规都是根据党章而制定出来的。总之，党章是规范和约束全党行为的总章程，在党内具有最高的权威性和约束力。而我们党作为世界第一大党，拥有9600多万名党员、490多万个基层党组织。党员数量之多、党内组织结构之复杂，超乎想象。要想全体党员劲往一处使，就必须要求全党都以党章作为行动的依据，"依章治党"在执政兴国中的重要意义也就显而易见了。

最后，在全面推进依法治国的时代背景下，需要着重加强党对全面依法治国的领导。通过党领导立法、保证执法、支持司法、带头守法，健全党领导全面依法治国的制度和工作机制，推进依法治国纵向发展。通过法定程序使党的主张成为国家意志、形成法律，通过法律保障党的政策有效实施，确保全面依法治国的正确方向。

党的十八届四中全会审议通过的《中共中央关于全面推进依法治国若干重大问题的决定》，针对全面推进依法治国方略，从加强宪法实施、推进依法行政、保证公正司法、增强法治观念等方面提出一系列要求，其中也包括要求加强和改进党对全面推进依法治国的领导。该决定提出了七点要求：① 坚持依法执政；② 加强党内法规制度建设；③ 提高党员干部法治思维和依法办事能力；④ 推进基层治理法治化；⑤ 深入推进依法治军从严治军；⑥ 依法保障"一国两制"实践和推进祖国统一；⑦ 加强涉外法律工作。并对每点要求进行了细化，如在坚持依法执政方面，各级人大、政府、政协、审判机关、检察机关的党组织，要领导和监督本单位模范地遵守宪法和法律，坚决查处执法犯法、违法用权等行为；在提高党员干部法治思维和依法办事能力方面，则将法治建设成效作为衡量各级领导班子和领导干部工作实绩的重要内容，纳入政绩考核指标体系；在推进基层治理法治化方面，则重点发挥基层党组织在全面推进依法治国中的战斗堡垒作用，增强基层干部法治观念、法治为民的意识，提高依法办事能力。

（三）依规治党与依法治国的有机统一

2015年6月，在听取2015年首轮专项巡视汇报时，习近平总书记指出，要坚持依法治国、依规治党，把纪律和规矩挺起来、立起来，严格按照纪律和法律的尺度，把执法和执纪贯通起来，使全面从严治党的任务真正得到落实。2018年8月，在中央全面依法治国委员会第一次会议上，习近平总书记提到，依规治党深入党心，依法治国才能深入民心；党的十八大以来，我们制定和修订了140多部中央党内法规，出台了一批标志性、关键性、基础性的法规制度，有规可依的问题基本得到解决，下一步的重点是执规必严，使党内法规真正落地。2018年12月，习近平总书记在讲话中指出，通过体制机制创新，我们把行政监察部门、预防腐败机构和检察机关反腐败相关职责进行整合，解决了过去监察范围过窄、反腐败力量分散、纪法衔接不畅等问题，优化了反腐败资源配置，实现了党内监督和国家监察、依规治党和依法治国的有机统一。依规治党与依法治国的有机统一是习近平总书记在讲话中反复提到的著名论断，足见坚持依规治党与依法治国的有机统一具有必然性。

实践中，常常出现将党内法规适用于普通公民的情况，或者过于强调党员在国家法律中的公民权利，而忽略了其党内义务的情况，又或是片面突出党员义务，而忽视了其在国家法律中的义务情况，等等。之所以会出现这类依法治国与依规治党冲突的不良状况，是因为人们对于依法治国与依规治党关系的理解存在偏差，没有正确把握依规治党与依法治国之间的辩证关系。在《党规之治：党内法规一般原理》一书中，宋功德教授指出："依规治党和依法治国各自聚焦解决治党和治国问题，二者在功能定位上各有侧重、相对独立，不仅不能缺位，更不能错位越位，避免出现'依规治国'或者'依法治党'。"这个见解是很深刻的。要想实现依规治党与依法治国的有机统一，既要正确把握依规治党与依法治国的辩证关系，同时要在实践中真正将依规治党与依法治国的有机统一落到实处。

(1) 依规治党与依法治国的辩证关系

首先，依规治党与依法治国之所以能够有机统一起来，本质上是"规"与"法"在价值取向上具有一致性。党内法规由中国共产党制定，用以管党治党，反映的是党的意志，而中国共产党是一个"全心全意为人民服务"的执政党，党的意志与人民的意志两者是高度统一的。而我国是人民民主专政的社会主义国家，法律由国家的立法机关代表人民制定，所以，法律必然是反映广大人民意志并维护其利益的。这一点也被载入我国的根本大法——宪法当中。

综上所述,党内法规和国家法律本质上都是人民意志的体现,二者的根本价值高度吻合,都致力于提升和保障人民福祉。我们党将自身置于法治的框架下,接受法治原则的规范和约束,使得掌握国家权力的党员干部能够更加忠实地维护人民的利益;国家法律则同样设定权力清单,通过控权更好地保护人民的权利。党内法规和国家法律在"控权"方面也存在一致性。依法治国这项"革命"能否顺利进行,关键在于我们党的领导是否坚强有力,全党是否具有建设社会主义法治国家的理想信念。

其次,依规治党与依法治国具有互补性。习近平总书记曾对依规治党和依法治国二者的关系作过一系列重要论述,并且成为习近平法治思想的一个重要组成部分。在《加强党对全面依法治国的领导》一文中,习近平总书记指出:"全面依法治国必须正确处理依法治国和依规治党的关系。要发挥依法治国和依规治党的互补性作用,确保党既依据宪法法律治国理政,又依据党内法规管党治党、从严治党。"在我国,中国共产党既是执政党也是领导党,这就决定了"治党"和"治国"在我国是分不开的。在全面依法治国的战略布局下,依法治国必然要求依规治党,依规治党有力保证依法治国,二者统一于中国特色社会主义法治实践。

再次,依规治党是依法治国的前提与保障。党的领导是中国特色社会主义法治最本质的特征和最根本的保证。如果不坚持依规治党,就难以实现法治建设目标。党的十九大报告指出:"党政军民学,东西南北中,党是领导一切的。"由于党具有总揽全局、协调各方的作用,在"治党"和"治国"关系中,党的领导能力将会决定国家的治理水平,所以依规治党是基础。在主持十九届中共中央政治局第三十五次集体学习时,习近平总书记也强调,要发挥依规治党对党和国家事业发展的政治保障作用,形成国家法律和党内法规相辅相成的格局。此外,依规治党要求全体党员以高标准严格要求自己,这也为依法治国提供了良好的示范作用。

最后,依法治国是依规治党的重要依托。依规治党要以依法治国为基础,依规治党不得游离于法治轨道之外,不得违背宪法和法律的规定。国家法律为党组织以及全体党员提供了基本的行为准则,依法治国要解决的是包括党的活动在内的一切政治和经济社会活动的制度化问题,而依规治党是在依法治国解决普遍性问题基础上,进一步解决规范党的领导和党的建设活动的特殊性问题。所以,依规治党必须要在法治的框架下有序进行。对于中国共产党整体来说,依法治国形成的良好法治环境、法治氛围,可以为依规治党提供制度上的保障；对于党内法规体系来说，全面依法治国中"科学立法、严格执法、公正司法、全民守法"的各个环节，都可以为党内法规体系中的相关环节提供借鉴；对于广大党员干部来说，能够不断提高其忠诚为民、遵规守纪的意识。

党的十八届四中全会指出，要"形成完备的法律规范体系、高效的法治实施体系、严密的法治监督体系、有力的法治保障体系，形成完善的党内法规体系"。这就确立了党内法规在建设社会主义法治国家中的重要地位。依法治国是党领导人民治理国家的基本方式，依规治党是法治理念在党内政治生活中的体现，二者共同支撑并保障着党和国家的法治建设。

(2) 依规治党与依法治国的有机统一路径

治国必先治党，治党务必从严，从严必依法度，这是依规治党的逻辑所在。依规治党与依法治国具有内在统一性，二者互相关联协调，共同发挥作用。

第一，加强党的全面领导。习近平总书记强调，党的领导是中国特色社会主义法治之魂，是我们的法治同西方资本主义国家法治最大的区别。近年来，有些人刻意把"党的领导"和"依法治国"对立开来，声称必须在二者之中决定何者更具有权威性，并进一步鼓吹法律才是国家机关的最高遵循，刻意割裂"党的领导"和"依法治国"的统一关系，其最终目的是动摇党的领导，危害社会主义法治国家建设。

我们必须坚决维护党中央权威和集中统一领导，把党的领导落实到党和国家事业各领域、各方面与各环节，使党始终成为风雨来袭时全体人民最可靠的主心骨。习近平总书记指出，时代呼唤着我们，人民期待着我们，唯有矢志不渝、笃行不息，方能不负时代、不负人民；全党必须牢记，坚持党的全面领导是坚持和发展中国特色社会主义的必由之路。其中，党领导立法是重中之重，是习近平法治思想的重要内容，是确保全面依法治国伟大事业成功的根本保障。坚持依法治国和依规治党的有机统一，就要加强党领导立法。通过加强党对立法工作的领导，推进科学立法、民主立法，确保党的主张通过法定程序转化和固定为国家意志，从制度上、法律上保证党的路线方针政策贯彻实施，实现党领导国家和社会事务的制度化、规范化、程序化。

第二，加强党内法规与国家法律衔接协调。《党内法规制定条例》确立了党内法规的制定，需要"坚持党必须在宪法和法律的范围内活动，注重党内法规同国家法律衔接和协调"。加强党内法规与国家法律的衔接协调，关键在于推进宪法与党章的统一实施。依规治党首先要依党章治党，依法治国首先要依宪治国,依法治国与依规治党的有机统一,首先就体现在宪法与党章的关联性上。通过党章与宪法之间的联结和互动,党的路线方针政策及时通过修宪程序转化到宪法之中,同时,党又必须依规治党,使得依规治党与依宪执政、依法治国关联起来,通过依规治党可以体现和弘扬宪法价值,进而推动宪法实施。依规治党有助于践行与弘扬社会主义核心价值观,党章中所蕴含的社会主义核心价值观,也必将辐射到其他党内法规中,由此就可以通过依规治党发挥党的模范带头作用,推动社会主义核心价值观的弘扬和践行。此外,要区分党内法规与国家法律的调整范围,实现两者在中国特色社会主义法治体系下的功能互补,避免两者相互冲突,或者出现空白地带。

第三,完善党内法规制度体系。依法治国是制度治党与依规治党的前提,无论是制度治党还是依规治党,都是依法治国的重要内容之一,都需要在依法的基础上进行,不能违反宪法与法律的规定。就此而言,制度治党、依规治党内含于依法治国之中,是全面推进依法治国的内在要求。依规治党是依法治国的必然要求与重要保障。坚持依规治党与依法治国相统一,一方面应当通过建立和完善清理、审批、备案制度,保障党内法规与宪法法律的一致性,为在宪法法律框架下依规治党奠定基础;另一方面应当落实现代法治的理念和原则,使党内法规具备现代法治的实质和形式品格,为以法治思维和法治方式依规治党创造前提。在进一步完善党内法规的制度建设的同时,更要强化党内法规的实施。党领导全面依法治国,必须从严格约束自身出发,党员干部既要带头遵守法律,更要时刻将党内法规作为自己的行动指南。通过完善党内法规体系和强化党内法规实施,不断促进依规治党的全面落实,坚持依规治党和依法治国统筹并进,为实现中华民族伟大复兴保驾护航。

坚持依法治国和依规治党的有机统一,是中国式法治现代化新道路的鲜明特征。在我国,中国共产党是中国特色社会主义事业的领导核心,是唯一执政和长期执政的党,其领导权和执政权既是历史的选择、人民的决定,又是宪法的规定。中国共产党的这种性质、地位和使命,意味着我们必须坚持依法治国和依规治党的有机统一,统筹推进全面依法治国和全面依规治党,形成国家法律制度和党内法规制度相辅相成、相互促进、相互保障的格局,促进党的制度优势和国家制度优势相互转化、形成合力。

主要参考文献

1. 陈光、赵大千、邵慧峰:《党内法规的运行》,中央编译出版社 2021 年版。
2. 蒋清华:《中国共产党党的领导法规制度基础理论》,人民出版社 2019 年版。
3. 柯华庆主编:《党规学》,上海三联书店 2018 年版。
4. 李斌雄:《扎紧制度的笼子:中国共产党党内法规制度的重大发展研究》,武汉出版社 2017 年版。
5. 刘长秋、段占朝、潘牧天:《党内法规制度执行力建设研究》,法律出版社 2022 年版。
6. 林来梵:《宪法学讲义》(第三版),清华大学出版社 2018 年版。
7. 李忠杰:《党章内外的故事》,中共党史出版社 2017 年版。
8. 欧爱民:《中国共产党党内法规总论》,人民出版社 2019 年版。
9. 欧爱民:《党内法规与国家法律关系论》,社会科学文献出版社 2018 年版。
10. 秦强:《读懂党内法规》,中国人民大学出版社 2022 年版。
11. 宋功德:《党规之治:党内法规一般原理》,法律出版社 2021 年版。
12. 宋功德、张文显主编:《党内法规学》,高等教育出版社 2020 年版。
13. 武汉大学党内法规研究中心编著:《党内法规通识》,新华出版社 2020 年版。
14. 王然:《中国共产党党内法规的规范特质及生成逻辑》,清华大学出版社 2021 年版。
15. 王勇主编:《党内法规教程》,中央党校出版社 2019 年版。
16. 王振民等:《中国共产党党内法规研究》,人民出版社 2016 年版。

17.《习近平谈治国理政》第一卷,外文出版社 2018 年版。

18.《习近平谈治国理政》第二卷,外文出版社 2017 年版。

19.《习近平谈治国理政》第三卷,外文出版社 2021 年版。

20.《习近平谈治国理政》第四卷,外文出版社 2022 年版。

21. 殷啸虎主编:《中国共产党党内法规通论》,北京大学出版社 2016 年版。

22.《中国共产党党内法规制度建设历程研究》,法律出版社 2021 年版。

23. 周敬青主编:《新时代党内法规制度建设研究》,上海人民出版社 2022 年版。

24. 中国政法大学党规研究中心编:《高等院校重要党内法规学习汇编》,中国政法大学出版社 2021 年版。

25. 中共中央办公厅法规局编:《中国共产党党内法规体系》,人民出版社 2021 年版。

26. 中共中央办公厅法规局编:《中国共产党党内法规汇编》,法律出版社 2021 年版。

27. 中共中央党校党章研究课题组编著:《中国共产党章程编介(从一大到十八大)》,党建读物出版社 2016 年版。

28. 张文显主编:《法理学》(第 5 版),高等教育出版社 2018 年版。

29. 周叶中主编:《党内法规理论研究》(第 1—5 期),社会科学文献出版社 2019、2020、2021 年版。

30. 章志远主编:《党内法规专题研究述评》,中国法制出版社 2020 年版。

31. 陈光:《论党内立规语言的模糊性及其平衡》,载《中共中央党校学报》2018 年第 1 期。

32. 段磊:《党内法规渊源论》,载《四川师范大学学报(社会科学版)》2020 年第 4 期。

33. 管华:《党内法规制定技术规范论纲》,载《中国法学》2019 年第 6 期。

34. 蒋清华:《迈向法典的党内法规体系化建设》,载《政治与法律》2022 年第 11 期。

35. 刘长秋:《论党内法规在党的建设中的定位》,载《马克思主义研究》2019 年第 11 期。

36. 李忠:《党内法规制度合宪性审查初探》,载《西北大学学报(哲学社会科学版)》2019 年第 1 期。

37. 莫纪宏:《论党章的最高效力》,载《西北大学学报(哲学社会科学版)》

2017年第5期。

38. 孟涛：《党内法规体系的形成与完善》，载《法学研究》2021年第6期。

39. 欧爱民：《党内法规的双重特性》，载《湖湘论坛》2018年第3期。

40. 强梅梅：《党内法规与国家法律关系的实证分析》，载《华东政法大学学报》2022年第5期。

41. 秦前红、刘怡达：《中国现行宪法中的"党的领导"规范》，载《法学研究》2019年第6期。

42. 宋功德：《坚持依规治党》，载《中国法学》2018年第2期。

43. 苏绍龙：《论党内法规的制定主体》，载《四川师范大学学报（社会科学版）》2018年第5期。

44. 施新州：《中国共产党党内法规体系的内涵、特征与功能论析》，载《中共中央党校学报》2015年第3期。

45. 屠凯：《党内法规的二重属性：法律与政策》，载《中共浙江省委党校学报》2015年第5期。

46. 伍华军：《论党内法规的基本范畴》，载《法学杂志》2018年第2期。

47. 王建芹：《党内法规清理标准的科学化构建》，载《理论学刊》2017年第4期。

48. 王立峰：《忠诚、法治与民主：论党内法规的基本价值》，载《东岳论丛》2021年第6期。

49. 王若磊：《依规治党与依法治国的关系》，载《法学研究》2016年第6期。

50. 王伟国：《国家治理体系视角下党内法规研究的基础概念辨析》，载《中国法学》2018年第2期。

51. 王旭：《党内法规彰显科学治理逻辑》，载《人民日报》2021年9月24日第7版。

52. 王振民：《党内法规制度体系建设的基本理论问题》，载《中国高校社会科学》2013年第5期。

53. 肖金明：《在法学学科体系中创建和发展党章学》，载《法学论坛》2019年第6期。

54. 徐信贵：《党内法规的规范效力逻辑及其理论建构》，载《探索》2021年第3期。

55. 叶海波、刘梦妮：《习近平法治思想中的党章与宪法关系命题》，载《河南社会科学》2021年第8期。

56. 姚琪:《论党政联合发文的分类治理机制》,载《法治社会》2020年第3期。

57. 祝捷:《论党内法规的规范性——基于党史和学理的双重考察》,载《暨南学报(哲学社会科学版)》2021年第12期。

58. 赵谦:《论党内法规制定权限的科层化事项配置》,载《湖北社会科学》2021年第1期。

59. 周叶中:《关于中国共产党党内法规体系化的思考》,载《武汉大学学报(哲学社会科学版)》2017年第5期。

60. 章志远:《从立规论到释规论:党内法规研究范式的时代转向》,载《东岳论丛》2021年第6期。

后　记

2021年6月,东南大学宣告成立"东南大学党内法规研究中心",并任命我为该研究中心主任。自接到任命的那一天起,我就一直在琢磨两个问题:该为党内法规学做点什么,该为党内法规研究中心做点什么。当然,这两个问题实际上是一个问题:在党内法规学研究方面出一些成果,其实也就为党内法规研究中心做出了贡献。

然而,到2021年底,在党内法规学研究方面,我仅仅完成了一篇探讨党章监督条款的论文,且投稿屡屡被拒,至今尚未刊发出来。文章被拒是常态,并未让我感到意外,更没有使我感到沮丧,但论文发表市场太"卷"的残酷事实,也确实转化为一种无形的推动力,激励着我要尝试在党内法规学领域做点"大事"。在党内法规学领域干大事的人真的不多,有一个现象足以证明此点,那就是党内法规学"研究热"少说也有几个年头了,市面上的党内法规学教材也不少,但它们无一例外都是"集体作品",坊间至今未见到独著的党内法规学教材。与写论文相比,写教材无疑是"大事",作者为之付出的时间精力,绝非区区几篇论文能够相提并论的。当然,在知识视野、学科体系和逻辑架构等方面,写教材的要求更是远远高于写论文,与后者相比,前者绝对算得上是"大事"。

没想到的是,此等大事很快就摆到了我面前,且几乎不容我拒绝。经过几年的"研究热"后,党内法规学"转正"为法学二级学科已然势不可当,而一些大学法学院也纷纷面向本科生、研究生开设党内法规学课程。在这种情况下,东南大学法学院也决定补齐短板,先面向硕士研究生开设党内法规学选修课。2021年秋学期,负责开设党内法规学课程的钱小平教授几次与我沟通,希望我承担起党内法规学这门新课的授课任务。起初我甚是犹豫,可想想自己的党内法规研究中心主任"头衔",就觉得不但要接受,而且义不容辞。

于是，从2021年秋学期开始，我就陆续买来市面上的党内法规学教材并认真阅读。经过慎重考虑，我大胆地决定按照自己编的提纲来讲授，并将讲课录音整理出版，作为自己独著的党内法规学教材。

无数的案例证明，作出决定是容易的，将决定付诸实施则非常困难，而坚持到最后，让曾经的决定变为现实更是难上加难。它是一个充满艰辛乃至备受煎熬的过程。尽管从2021年秋学期开始，我就在着手准备教案，为此翻阅了现有的教材不说，还从知网上下载了百余篇学术论文，将之分门别类后逐一阅读，但真正开始着手做党内法规学课件（PPT），并面对学生讲授时，我依然强烈感受到讲授一门新课有多么的不容易，而把授课录音稿修订到可以出版的水准，更不是一项简单的工作，它是一项超高难度的挑战。

为了全力迎接这个挑战，2022年秋学期我放下了其他一切工作，有意识地远离学术会议和生活社交，每天睁开眼都是在围绕着党内法规学转，要么在做授课课件，要么在修订授课录音稿，要么在查找党内法规学文献。在这个过程中，力不从心之感有之、孤寂无聊之感有之、身心俱疲之感有之。它们时不时地冲上来挑战我的意志与韧劲。老实说，中间有过数次想放弃的念头，但我最终咬牙坚持了下来。

回头想想，始终鼓舞我执着坚定而绝不放弃的，主要有如下三个因素。

一是写本法学教材的心愿。我内心有个留存许久的"执念"：一个成熟的学者应该有一本自己独著的专业教材，这是一个学者走向成熟的标配。对于自己算不算一个成熟的学者，我确实不是很自信，但写本自己较为满意的教材，以"证明"自己可以忝列成熟学者队伍，这个想法始终盘旋于我的脑海，挥之不去。尽管我的专业是宪法学，但写本宪法学教材的想法是"愚蠢"的。因为授业恩师——林来梵教授的《宪法学讲义》已经出到了第四版，是业内公认的优秀宪法学教材，要我写本超越《宪法学讲义》的宪法学教材，实力完全不允许。既然没机会出版自己的宪法学教材，那写本党内法规学教材，也算是实现了出版教材的心愿。

二是一个不容错过的"风口"。就写一本党内法规学教材而言，现在是最佳时机，是一个难得的机遇，必须紧紧抓住。如今多数法学院都在开设党内法规学课程，党内法规学教材的市场需求量大增。而如上所述，当下市面上的党内法规学教材都是集体作品，尚未出现独著的真正意义上的教材。此时如果能出版一本独著的有一定品质的党内法规学教材，应该会有不错的市场反响，作者自然会随之获得党内法规学界的广泛认可。随着党内法规学课程的普及，将来势必会有更多的学者出版自己的独著教材。当市面上出现了公认的优质教材后,这个"风口"也就彻底谢幕了。所以,务必抓住这个"风口"机会,利用它来拉一拉自己独著教材的"排面"。

三是党内法规学发展的需要。党内法规学是一门富有中国特色的新兴学科。实事求是地说,作为一门学科,当下的党内法规学还是稚嫩的,尚处于发展过程中。推动党内法规学发展的方式诚然多种多样,但出版独著的党内法规学教材无疑是最重要的方式之一。与主编的或合编的教材不同,独著的教材带有学术专著的性质,它一定会表达作者个人的学术见解,打上作者个人的思想烙印。对于党内法规学来说,富有学术个性的独著教材,能够极大地丰富它的概念体系与范畴内涵,并扩大其学科体系的外延。党内法规学要真正成为一门成熟的学科,就必须有几本流行的独著教材。从这个意义上说,出版一本独著教材,对于党内法规学研究和东南大学党内法规研究中心而言,都是一件值得肯定和赞赏的"大事"。

以党内法规学授课录音整理为蓝本,在此基础上经反复修改后作为独著教材出版,这个想法的产生源于林老师的《宪法学讲义》。事实证明,林老师以授课录音整理为底本出版独著宪法学教材,非常成功。谈到林老师的作品时,中国政法大学焦洪昌教授曾说,林来梵老师的《宪法学讲义》是他多年的授课实录,把人生的知识、思想和良心都投入其中了,影响了众多年轻人。《党内法规学讲义》是参照《宪法学讲义》模式而产生的,它同样包含着我人生的知识、思想与良心,但我不敢奢望它能像《宪法学讲义》那样影响众多的年轻人。我深知,作为一本独著教材,《党内法规学讲义》还是幼稚的,所以,期待党内法规学界的前辈、同侪及后辈多多批评指正。

在本教材的撰写及出版过程中,得到了众多师友及学生的支持与帮助。走《宪法学讲义》路线,出版《党内法规学讲义》是否具有可行性,我当初心里很没底。经请教林老师,得到他的肯定及鼓励后,我才决定开始干。在写作过程中,每每陷入疲惫、苦闷、彷徨,我都不自觉地随手翻开《宪法学讲义》读一两段,以从中得到启发或让自己冷静。毫无疑问,《宪法学讲义》是对《党内法规学讲义》影响最大的一本书。

2021年暑假,伍华军教授快递了一箱武汉大学党内法规研究中心出版的党内法规文献资料给我,感谢他的"投喂"义举。

硕士生付晨承担了授课录音的整理工作,此外,她还帮忙收集、整理了一些文献资料。参与后项工作的还有硕士生甘丽倩、高明智、李澍、薛博文。本科生郭智航、韩东辰参与了讲义第一稿的文字校对工作。由衷感谢学生们的辛苦付出。

本书出版过程中得到了东南大学法学院毛惠西书记、欧阳本祺院长和刘启川副院长的大力支持,特此鸣谢!

责任编辑徐音女士曾就本书绪论部分提出了颇有见识的修订建议。她的职业精神和细心编校,令我由衷感谢!

最后,本书是献给所有党内法规学前辈及同侪的,没有他们的前期研究成果,就不可能有这本《党内法规学讲义》的问世。

刘练军

农历癸卯年正月

于江西省都昌县刘桂柱村